本书得到青田归国华侨联合会资助,一并致谢!

"一带一路"视野下
侨商回归与侨乡文化研究

李其荣 主编

林源西 张小倩 副主编

中国社会科学出版社

图书在版编目（CIP）数据

"一带一路"视野下侨商回归与侨乡文化研究/李其荣主编．
—北京：中国社会科学出版社，2019.11
ISBN 978-7-5203-3964-3

Ⅰ.①一⋯ Ⅱ.①李⋯ Ⅲ.①归国华侨—商人—研究②侨乡—文化研究 Ⅳ.①D634

中国版本图书馆 CIP 数据核字（2019）第 019586 号

出 版 人	赵剑英
责任编辑	张　林
特约编辑	张　虎
责任校对	周晓东
责任印制	戴　宽

出　　版	中国社会科学出版社
社　　址	北京鼓楼西大街甲 158 号
邮　　编	100720
网　　址	http://www.csspw.cn
发 行 部	010-84083685
门 市 部	010-84029450
经　　销	新华书店及其他书店

印刷装订	北京明恒达印务有限公司
版　　次	2019 年 11 月第 1 版
印　　次	2019 年 11 月第 1 次印刷

开　　本	710×1000　1/16
印　　张	23.5
字　　数	351 千字
定　　价	128.00 元

凡购买中国社会科学出版社图书，如有质量问题请与本社营销中心联系调换
电话：010-84083683
版权所有　侵权必究

第二届国际移民与海外华人丽水论坛开幕式

第二届国际移民与海外华人丽水论坛与会代表合影

目　录

前言：丽水经验　世界视野
　　——第二届国际移民与海外华人丽水论坛综述 …………………（1）

第一编　侨务理论与政策研究

凝聚侨心侨力共铸民族复兴伟业
　　——学习领会习近平关于侨务工作的新理念 …………刘芳彬（3）
海外中国公民权益保障研究 ………………………………周小明（9）
"一带一路"倡议下广西侨务政策研究…………杨静林　夏会儒（20）
俄罗斯移民新政策对旅俄华侨的影响 ……………………姜　丹（33）
"华创会"对"长江经济带"发展的作用及相关建议 ……杨　海（41）

第二编　"两山"战略与华商研究

跨国主义视角下海外华商投资中国的驱动因素及对策研究……廖　萌（51）
清末民国时期红河县侨乡迤萨籍侨商探讨 ………………何作庆（68）
新时期践行"两山"理论与侨商兴业的思考 ……………罗　荔（82）
青田华侨回归创业与青田经济发展 …………周　峰　胡洪浩（91）

第三编　中华文化在海外传播与交流研究

中华文化海外传播与华人精英作用
　　——以美国和马来西亚华人社会为例 …………吴前进　夏　雪（105）

"一带一路"视野下海外华人与儒家思想、中华文化的认同和传承
　　——以印尼孔教、三教为中心 ………… 鲁锦寰　王爱平（124）
以侨为桥推动丽水与欧洲文化创意产业交流和合作 ……… 倪建平（137）
试论当代印尼华人办学及其对中印尼人文交流的影响 …… 施雪琴（147）

第四编　华人历史、社会与宗教

"海上丝绸之路"上的海南人 ………………………… 唐若玲（161）
客家人主动移民海外的历史实践
　　——以东马沙巴及沙捞越为例 ……………………… 周云水（178）
面对新时局的中东欧华人探讨
　　——青田人的困境与契机 ………………（中国台湾）郑得兴（193）

第五编　华人认同与侨乡文化研究

华人和华文：马来西亚教育制度下新生代
　　华人的认知 ……………………………[马来西亚] 何佩瑶（209）
美国"台裔"华人群体的历史与未来 ………………… 林中威（222）
教育促进认同：印度尼西亚爪哇华校历史与
　　现状的考察 ………………………………………… 张小倩（236）
1910年至20世纪70年代新马闽籍华人的方言群分布 …… 王付兵（249）
政府在助推海外中餐业发展中的角色定位
　　——以丽水市青田县为例 …………………………… 夏凤珍（280）

第六编　地区国别华人研究

关于旅泰中国新移民的若干观察与思考 …………[泰国] 杨保筠（291）
英国"脱欧"与英国华人 ……………………………… 廖小健（301）
泰国政争与泰华社会发展 ……………………………… 潘艳贤（309）
近年来马来西亚华人公会与中国共产党
　　关系研究 …………………………………… 李　斌　钟大荣（328）
晚清客家籍外交官与美洲华侨 ………………………… 叶小利（346）

前言：丽水经验　世界视野

——第二届国际移民与海外华人丽水论坛综述

2017年12月9日至10日，由中国华侨华人研究所、浙江省侨联、丽水市侨联、青田县侨联、丽水学院主办的第二届国际移民与海外华人丽水论坛在丽水学院顺利召开。2016年的第一届论坛为此次论坛的召开打下了良好的基础。论坛继续秉承"立足丽水、放眼世界"的原则，将主题定为"携手与共创：'一带一路'视野下侨商回归和丽水'大花园'建设"。来自15个国家和地区的100多名代表与嘉宾参加了开幕式。本次论坛反响强烈，《人民日报》（海外版）、人民网、新华网等中央媒体以及丽水市、青田县包括电视台、报纸等主要新闻媒体，对论坛的召开进行了报道，并有多家网络媒体进行了转载。

本次论坛主要为了对接浙江省的"浙商回归工程"和丽水市"大花园"建设，但论坛的内容更为丰富，论坛共收到论文50余篇，内容涉及"华商、社团、社区与'一带一路'""'两山'战略与华商""侨务理论与政策""中华文化在海外的传播与交流""华侨华人历史、社会与宗教""华人认同与侨乡文化""国际移民与华人经济、社会"等论题。论坛所发表的论文是当前"浙商回归工程"和"大花园"建设以及华侨华人研究的最新成果，可为浙江和丽水的建设提供借鉴。

一　华商、社团、社区与"一带一路"

本次论坛的主题报告，分别由庄国土、高伟浓、武斌、王琛发四位海内外教授提交。厦门大学庄国土教授的《海上丝绸之路回顾与展望——兼论海上丝绸之路的中国移民》一文高屋建瓴,回顾了海上丝绸之路的起源及其在中外交流中的重要作用,认为商贸往来只是海上丝绸之路上中外交往的内容之一,"相比中外商贸关系,移民所带动的宗教文化、艺术和科技的相互交流,其价值远过于商贸交往"。因此,在未来,文化与人员交往,应当是中国"21世纪海上丝绸之路"倡议的主要内容之一。暨南大学高伟浓教授的《战后海外华人社团的演变与中华文化软实力——以华人社团类型为基础》一文总结了华人社团的主要类型及其发展。文章认为,传统的宗乡社团、宗教与文化社团、业缘社团和商会组织在华侨华人的历史上起到了重要作用,而在当今社会,传统华人社团的社会功能呈多样化趋势,其转换形式也表现出灵活多变的特点。新移民社团的功能主要是经济利益类的活动、协助新移民融入当地社会、积极推动和发展与中国的友好关系、开展华文教育等,他们的活动与中国的崛起息息相关。英国诺丁汉大学武斌教授的《"一带一路"背景下的海外华人社区建设:基于英国诺丁汉的研究探索》一文关注中国留学生涌入英国对当地华人社区会变化的影响。文章指出,留学生的社会网络可以区分为四种类型:封闭同质结构、多元开放结构以及介于这两者之间的开放同质结构和开放异质结构。区分留学生的社会网络,有助于打破华人社会固有的封闭性。中国留学生对海外华人社会建设的积极作用,是在中国崛起、大学国际化和中国实施"一带一路"倡议的背景下实现的,英国的大学可帮助、支持留学生参与社会活动,使华人留学生个人和群体健康成长,更可同中国"一带一路"倡议对接,促进双方经济、社会及文化等方面的交流与合作。来自马来西亚的王琛发教授提交的《"工业4.0"时代的侨商回归:当前背景与未来趋势》一文聚焦工业发展新时代("工业4.0"时代,在中国则表述为《中国制造2025》)侨商回归的问题,认为"侨商回归"很多是以外资的姿态进入中国,"甚至,其对中国的'回归',也可能在法律上的投资者之外,采取如今科技界一些流行的操作模式,以购买者、输出者的合作伙伴姿态出现。"作者同时认为,中国的"一带一路"倡议提出共商共享共建,"工业4.0"体现在物联网的核心标志无疑是有力实现"一带一路"理想的技术载体。现在中国各地招商引资，如果目标锁定在迈向"工业4.0"的投资者，应考虑我们的政策、基础建设是否有利于外来工商业在本地落地生根。

四篇主题报告既有深邃的历史叙述，也有具体的现实关怀，体现了华侨华人研究既注重历史也关注现实的研究传统。

二 "两山"战略与华商研究

丽水"大花园"建设是本次论坛的主题之一，这一主题的理论基础就是"两山"理论。而践行"两山"理论需要华商（侨商）的参与。本部分内容主要关注"两山"战略和华商两方面的内容。

澳大利亚墨尔本大学教授高佳的《海外华人、留学生与跨境电商》认为，跨境电商最开始由海外华人和留学生带动起来，而促进跨境电商发展的是中国庞大的中产阶级消费人群，以往认为跨境电商的兴起和发展出于国内消费者对中国产品缺乏信心是一种片面的理解。跨境电商是中国外向型经济以及由此形成的外向型社会所产生的中国中产阶级消费的世界主义倾向的必然产物。华中师范大学教授李敬煊的《新时代构建新型政商关系的思考》认为，新时代构建新型政商关系，就是要改变当今政商关系中的强弱关系、主从关系、被动关系，建立领导干部与企业家之间的平等关系、互动关系，推动政商关系健康、有序发展。构建新时代政商关系，必须培育优良的政商文化，一方面，要重塑新时代"为官"文化；另一方面，也要培育新时代企业家文化，并在全社会营造法制文化。云南红河学院教授何作庆的《清末民国时期红河县侨乡迤萨侨商探讨》一文从历史、地理、民族、经济、国际五个因素提出了迤萨侨商形成的原因，并简要地概况了迤萨侨商的兴衰和经商运作，指出迤萨侨商对国内外经济和文化交流做出了重要贡献。福州大学副教授杨宏云的《海外新华商政治参与"双重嵌入"现象研究——以巴西华商为例》一文指出，直接或间接参与居住国政治活动和跨域参与中国的政治是巴西华商政治参与"双重嵌入"的具体表现，它的原因在宏观方面是中国崛起推动巴西与中国关系友好发展、中国对华人实施公共外交的需求以及"一带一路"倡议推进的需要；在微观实践方面，巴西政治和种族意识较为宽容、华人社会融入较深、华人与家乡联系紧密以及华人期望政治参与助力华商经济等几个方面。针对海外华商的这种"双重政治嵌入"现象，国内需因势利导，充分发挥海外新移民的特性制定华侨华人政策，最大限度地发挥他们的正面效应，服务好海外华侨华人利益，为中国海外发展、"一带一路"倡议创建最优局面。湖北第二师范学院副教授罗荔的《新时期"两山"理论与侨商兴业的思考》阐述了"两山"理论的演进和内涵，指出"两山"理论的发展之路，为侨商归国兴业、繁荣故里提供了很好的机遇。对侨乡丽水来说，落实"两山"理论、推进侨商兴业，第一，要依托侨商资源讲好丽水故事，弘扬"两山"理论；第二，优化侨商服务环境，助推绿色金融快速发展；第三，推进侨商发展康美产业、争当践行"两山"理论的示范者和引领者。福建省社科院副研究员廖萌的《跨国主义视角下海外华商投资中国的驱动因素及对策研究》一文以跨国主义理论为视角，分析了海外华商投资中国各阶段的特点，他认为海外华人投资中国的驱动因素有内因和外因两个方面，内因方面，主要是海外华商对祖（籍）国的感情、对利益的追求、分散投资风险等；外因方面，主要是中国政府制定各项优惠政策形成的拉力、华商网络的推力以及中国新的投资需求拉动。当前制约海外华商投资中国的因素主要有低成本优势减少、住在国无形的阻力、其他国家的竞争和华商"二代"热情减弱。为了进一步吸引海外华商投资中国，在国内应营造良好的投资环境、对海外华商投资进行产业引导、适度维持对海外华商的优惠政策，同时搭建海外"二代"沟通交流平台。青田县侨联主任科员周峰的《青田华侨回归创业与青田经济发展》一文聚焦青田侨商回归，分别分析了青田侨商回归创业的三大优势：文化传承、资本和全球资源网络，以及三大劣势：投资存在盲目性、对国内法律法规存在盲点、缺乏相关专业知识与管理技能。为了更好地服务侨商回归创业，地方各级部门应有针对性的保障措施，比如加强顶层设计，全面向侨资开放三大产业；强化侨务系统功能，推动部门间协作；加大人才保障，培养华侨创业创新新生力量等。

本部分内容与本次论坛的主题关系紧密，特别是罗荔和周峰的文章，直接对应会议主题。另外，我们也可以看出浙江的侨商回归与"大花园"

建设的研究仍是较为薄弱的,特别是侨商回归如何融入丽水乃至整个浙江的"大花园"建设,需要有成果进行研究性的指导。

三 侨务理论与政策研究

侨务工作需要理论的指导和政策的指引,通过对侨务理论和政策的研究,可以更深刻地认识侨务工作的本质和解读侨务政策。

中央社会主义学院副教授刘芳彬的《凝聚侨心侨力共铸民族复兴伟业——学习体会习近平关于侨务工作的新理念》一文阐释了习近平总书记关于侨务工作重要论述的三个特点,分别是:"根""魂""梦"论述彰显侨务格局的国际视野;"包容互惠""互利共赢"彰显侨务理念的博大胸怀;"同圆共享中国梦"彰显侨务实践的大国担当。丽水学院华侨学院副教授周小明的《海外中国公民权益保障研究》一文概括了浙籍海外公民权益受侵害的现状,提出了海外公民权益保障的几点对策,动用国内外资源加强海外公民保护预防机制建设是基础,积极利用当地行政司法程序是最重要救济途径,公共外交和领事保护至关重要,外交保护和国际人权救济措施则是权利救济的重要补充。广西民族大学东盟学院副教授杨静林和硕士生夏会儒的《"一带一路"倡议下广西侨务政策研究》认为,在当前国家大力倡导"一带一路"建设的新形势下,广西地方的侨务工作赋予了新的内容,一是改革侨务机构,加强侨务机制建设,完善侨务公共服务;二是加强海外联谊交流,涵养新的侨务资源;三是以东盟博览会为平台、海外世界广西同乡会为桥梁,服务侨资企业的内外发展,推动广西产品与企业"走出去",开展对外产能合作;四是承接全国侨联、侨办举办海外华裔青年夏冬令营,外派教师增强对外华文教育,开展与海外华文媒体的合作,促进世界海外桂籍华人与侨乡的社会互动,提升广西对外开放力度,扩大海外影响力。总之,在"一带一路"建设中,广西地方的侨务政策与侨务外交以东盟国家为主,辐射欧美国家,以内、外侨并重,以广西籍海外社团为纽带,引进侨力、以侨引侨。黑河学院外国语学院讲师姜丹的《俄罗斯移民新政策对旅俄华侨的影响》指出俄罗斯 2016 年根据新移民法,在移民税收、移民法律等方面有所变化,这些变化对旅俄华侨在政治、经济方面产生了极大影响,对他们的日常生活和未来也产生了不可忽略的影响。丽水学院商学院讲师叶小青的《海外华侨"一带一路"形象构建对策研究——以浙江海外餐饮为例》分析了餐饮文化对构建海外华侨华人形象的重要作用,文章以浙江海外餐饮为例,认为以浙菜所蕴含的精致内涵,可改变中国美食不佳形象,通过浙菜向海外传播浙江文化"意象",其实现途径是建立相应的浙菜人认证标准,加强浙菜在海外的统一形象传播。华中师范大学历史文化学院副教授杨海的《"华创会"对"长江经济带"发展的作用及相应建议》通过对 633 份问卷调查的分析,认为历届"华创会"(华侨华人创业发展洽谈会)有效地吸引了华侨华人人才,推动了长江经济带的发展,充实了长江经济带的人才资源、助推长江经济带的现代化、高端化发展。文章还在"华创会"的规划建构、地区联动、部门协同、自主创新、遴选人才方面提出了建议。

四 中华文化在海外传播与交流研究

中华文化是华侨华人民族认同的根本因素。中华文化随着华侨华人的移民史不断向外传播,随着中国国力的增强,影响力也逐渐增强,传播与交流也更加深入。上海社会科学院国际问题研究所研究员吴前进、助理研究员夏雪的《中华文化海外传播与华人精英作用——以美国和马来西亚华人社会为例》一文以美国和马来西亚这两个中华文化在海外传播最具成功的地方为例,指出在美国,华人精英在传播中华文化中具有自觉性,其传播的表现形式主要是华文文学、华语电影、中国书画艺术、中国音乐建筑艺术等;在马来西亚,中华文化传播的主要特点是在地化,华人社团是中华文化传播的基本途径,华文教育则是中华文化传播的根本所在,华文报刊是中华文化传播的重要平台。美国和马来西亚华人社会在传播文化上有共同的普遍特征,即在全球化视野和本土化要求中凸显中华文化的内在价值。华侨大学研究员鲁锦寰、教授王爱平的《"一带一路"视野下海外华人与儒家思想、中华文化的认同和传承——以印尼孔教、三教为中心》以两位作者多年在印度尼西亚的实地调查为依据,论述了孔教在印度尼西亚的发展，探讨了海外华人与儒家思想、道德伦理、中华文化传统在海外传播的相关问题，作者认为，孔教是印度尼西亚华人以宗教的形式坚持华人民族身份认同、维护保存华人民族文化的方式，它以日常生活为基础，是能够保存和传承华人文化传统的根本所在。海外华人传承儒家文化是一个文化传承与创新的实践过程，他们在适应异文化环境和现代化社会的实践中创造性地实现了对孔子思想、儒家文化的现代转化。华中师范大学国际移民与海外华人研究中心副教授詹娜、研究生邹旋的《法国华文报刊与华侨华人社会融入研究——以〈欧洲时报〉为例》回顾了法国华文报纸的发展，文章以《欧洲时报》为例，指出法国华文报纸在积极促进法国华侨华人社会融入所起的重要作用。但是，网络媒体的发展和华侨华人移民的变化与发展对《欧洲时报》造成了巨大的冲击，这是新时期欧洲传统华文媒体所面临的巨大挑战。上海市美国问题研究所研究员倪建平的《以侨为桥推动丽水与欧洲文化创意产业交流与合作》认为，华侨文化、生态优势和传统文化优势构成了丽水的核心优势，这也奠定了丽水文化创意产业发展的良好基础。鉴于目前丽水仍然面临着文化创意人才匮乏、过度倚重传统资源、产业链尚不完备等劣势，应加强中欧文化交流，不断营造多元文化共存的文化生态。作者认为，只有高度重视中欧文化交流对侨乡生态经济创新的推动作用，加强政府、社会和市场、在地政府的四维协同互动，才能充分利用侨乡的文化创意产业的自然生态和人文生态的优越条件，更好发挥侨乡生态经济的教育、科技、人才等潜在优势。同时，还要设计有利于侨乡文化特色的文化创意产业与生态经济融合发展的推进机制和发展路径，更要真正做到在每一项具体工作中，凝聚侨心、汇集侨智、发挥侨力，以扎实工作推进丽水与欧洲的文化交流工作再上新台阶。厦门大学南洋研究院教授施雪琴的《试论当代印尼华人办学及其对中印尼人文交流的影响》概括了当前印度尼西亚华人创办三语学校的情况，指出印度尼西亚国内的政治稳定和中国和平发展、国力提升及与东盟、印度尼西亚的合作，为印度尼西亚华社的发展提供了良好的外部环境。在华人办学方面，无论是印度尼西亚华人创办的三语学校，还是印度尼西亚华人创办的高等教育机构，其产生的背景与发展前景，都与其"华人性"

以及"跨国性"有十分密切的联系，在中国崛起、中国—东盟区域经济整合以及经济全球化浪潮的席卷下，印度尼西亚华人在促进中国和印度尼西亚政治互信、密切经贸往来与推动人文交流方面正扮演着越来越重要的角色。

五 华侨华人历史、社会与宗教研究

华侨华人的历史与社会现状一直是华侨华人领域的研究重点，本次论坛也有数篇有关华侨史的重要论文提交。美国杜鲁门州立大学教授令狐萍的《美国华侨华人研究：历史、现状与前瞻》一文作为其著作《美国华侨华人史》的绪论部分，讨论的问题较多，如华侨的历史源流与国际移民运动的宏观背景，"华侨华人"的定义与历史演变，国际移民理论及其在美国华侨华人研究中的运用，新移民对美国华侨华人社会的影响与对北美华侨华人研究的挑战，北美新移民研究的现状等，虽然内容较杂，但信息量大，有助于我们对美国华侨华人研究进行全方位的把握。韩国首尔大学教授郑永禄、首尔数码大学教授李和承的《中国人社区动态转变情况：统计资料分析》一文表明，以往韩国是对华侨最排斥的国家，现在还在用电影对华侨华人进行负面描写。但是，随着全球化的展开，中韩经济交流正常化后，韩国人改变了对在韩华侨的想法，这其中留学生起到了非常重要的正面作用。韩山师范学院研究院黄晓坚的《柬埔寨华人社会的变迁（1991—2017）》一文论述了1991年后柬埔寨经济重建过程中华侨华人经济的发展，指出26年来，柬埔寨华人经济已经从以劳动密集型企业为主过渡到以房地产为代表的资本密集型企业为主的新阶段。华侨华人经济在最近26年的快速发展，除了获益于柬埔寨实行开放、自由的市场经济体制，还仰赖于柬埔寨相对稳定的政局和当局长期奉行的亲华政策。在经济发展过程中，柬埔寨华人社会的结构也发生了巨大的变化，社团组织得以重构，华文教育不断发展，华文媒体日益活跃，柬埔寨华人的政治参与热情也不断高涨。在"一带一路"倡议中，柬埔寨处于非常重要的地位，因此，有必要加强以下工作：第一，重视华人社团、老一辈华商在经贸领域的咨询、引领作用，增加在柬埔寨投资的透明度和正面宣传;第二,适当接触反对党和新一代华裔政界人士,妥善解决历史遗留问题,为"后洪森时代"奠定基础;第三,加大华文教育投入力度,培养新一代对华友好力量;第四,密切广东及潮汕侨乡与柬埔寨华人社会之间的文化交往,增强中华文化影响力和向心力。海南师范大学马克思主义学院教授唐若玲的《海上丝绸之路上的海南人》探讨了海南人在"海上丝绸之路"上的贸易活动,特别是在清代以后,海南人大量出洋,留居南洋,成为华侨。参与海上经济之路的商贸活动,并因此留居南洋,是海南人下南洋的原因之一。除此之外,生活贫困等经济因素,逃避战火、匪患和动荡政局等政治、社会因素,通过血缘、宗亲、乡谊等结成的连带关系,留学等,也是海南人下南洋的原因之一。广东嘉应学院客家研究院副研究员周云水的《客家主动移民海外的历史实践——以东马沙巴及沙捞越为例》聚焦客家华侨群体,文章回顾了客家人迁居沙捞越和沙巴州的历程,指出客家人通过三条路线迁居沙捞越,分别是直接从中国迁来,从荷属西婆转来和从星马与被婆罗州迁徙过来,而关于客家人迁居沙巴州,作者通过政府颁发的契约文书来印证:客家人移居沙巴州主要是通过当地政府招徕土地开垦者而迁居的。台北东吴大学社会学系副教授郑得兴的《面对新时局的中东欧华人探讨——青田人的困境与契机》对比了越南移民与中国移民在融入中东欧社会的区别,认为中国移民应该要从移居心态转化为定居的认知,中国政府也应多鼓励中东欧华人来建构中华文化在地化,创造出一种跨文化的独特性与双向认同评价。浙江移民有丰富的移民在地生活经验,作为有鲜明文化特色之地的青田或温州移民,都应将青田或温州的地方性介绍给中东欧社会。中东欧华侨华人在当前"一带一路"倡议及"16+1合作"的国家政策下,尤其是浙江移民应该发挥中国与中东欧之间最佳的桥接功能,改变旧有思维,第一代和第二代一起合作,积极参与国家的文化、经济与社会有机联结之建构。中国政府也应正确认识中东欧的过去及历史,最好是能选择当地华人作为进入中东欧的引介者,可以节省很多不必要的进入成本。浙江移民特别是青田人可以利用现在难得的历史契机,或许能够趁机改变自己的文化、社会、政治、经济及象征等格局及结构,真正融入当地社会。河南牧业经济学院国际教育学院副教授庞卫东的

《丹佛华人基督教会调查报告》一文探究了美国丹佛华人基督教会的起源与现状,作者认为,丹佛华人基督教会在一定程度上是科罗拉多州乃至美国中西部地区华人基督教会的一个缩影。华人移居丹佛的历史已有100多年,但华人基督教会的历史并不长。由于丹佛所在的科罗拉多州华人较少,新移民信基督教比例较低,华人教会仍处于缓慢发展阶段。与东西海岸的华人基督教会相比,丹佛华人基督教会的规模偏小,社会影响力不强,但教会的社会功能却不弱。尽管丹佛华人教会的信众不多,但教会联系的华人却十分广泛,涵盖诸多不同的地域、阶层和职业。作为美国华人社会的重要组成部分,丹佛华人基督教会不仅局限于教人向善、提升华人道德水准的宗教功能,而且还为不同地域华人之间的交流提供了平台,在帮助新移民尽快融入美国社会、团结华人、增强内部凝聚力方面起到了积极的推动作用。更为重要的是,华人基督教会在救助弱势群体方面、特别是在提供精神支持方面,具有不可替代的作用。丽水学院华侨学院讲师徐文永的《海外华侨华人宗教信仰问题研究——以浙籍华侨华人为中心》分析了浙籍华侨华人宗教信仰的现状、原因及发展趋势,文章估计欧洲信教的华侨华人在25万—50万,以浙江人为主。华侨华人信仰宗教的原因主要是以宗教的方式聚集在一起,相互帮助,分享经历,希望得到物质帮助和精神寄托。当前华人宗教的跨国移动方兴未艾,华裔新生代大量流入本土教会。华侨华人宗教信仰对海外华人社团有积极的影响,促进了文化融合,凝聚了华人社区,扩展了华侨华人的人脉资源,也极大地改变了侨乡的文化。最后,作者对新时代侨乡宗教工作与侨务工作提出了几点建议:第一,鼓励和引导华侨华人宗教团体在"一带一路"倡议中发挥特殊作用;第二,引导和依法管理互联网宗教,净化侨乡宗教网络空间;第三,更加注重海外华侨华人的情感需求,鼓励华侨华人社团梳理人文情怀意识;第四,开辟公共外交的新领域;第五,拓展海外侨务工作新渠道,将信教华侨华人作为海外侨务工作的重要服务对象。华侨大学华侨华人研究院讲师胡越云的《美国华侨华人专业社团的数量、分布与职能初探》一文认为,全球的专业社团主要分布在新移民集中的发达国家,如美国、加拿大、澳洲、新西兰、日本、新加坡等地,据估算,目前全球华侨华人专业社团数量已达2500多个,其中以美国为最多，达到2000多个。文章还分析了美国华侨华人专业社团的特点和职能，指出美国华侨华人专业社团的特点主要体现在专业性和跨境互动性上，其职能主要是作为人才流转的平台，或者承担专业服务，以及公共外交等。

六　华人认同与侨乡文化研究

对于华侨华人来说，对华人身份的认同根源上是对中华文化的认同，对中华文化的认同很大一部分又来自对故乡的文化认同，因此，研究侨乡文化对研究华人认同有重要的意义。马来亚大学中文系教师何佩瑶的《华人和华文：马来西亚教育制度下新生代华人的认同》通过对调查问卷的分析，表明在现今马来西亚的教育制度下，虽然教学媒介语、学生族群分布、学习华文的程度不尽相同，但马来西亚新生代华人学生延续了祖辈的华人身份认同。同时，华人学生对华文有基本的认同感，中学生在华文被边缘化的情境下有深刻体会、了解维护和传承华文教育的必要。马来西亚新一代华人的身份认同在政治思想和民族意识上虽然与上一代有所差异，但仍然和华文教育息息相关。因此，在教育制度下坚持、维护和传播不同层次的华文教育能构建华人身份的独特性。福建省社会科学院现代台湾研究所助理研究员林中威的《台湾地区在美侨民"台裔"认同的建构及其前景》一文分析了"台裔"一词从文化概念到美国政治名词的转变，这种变化是"台独"势力推动下的结果。"台裔"认同建构产生了极大的消极影响，它一方面为海内外"台独"活动提供了支持，另一方面也在国际场合传播了对台湾地位的错误认识。当前，"台裔"认同的建构正由依赖外力扶持走向自主推进，但从长远看，支持"台裔"认同的理念和现实都缺乏稳固的基础，"台独"群体的发展势头将难以为继。丽水学院华侨学院讲师张小倩的《教育促进认同——印尼爪哇华校历史与现状的考察》一文以田野调查为研究基础，认为目前印度尼西亚的中文补习班主要是速成学习，成人学生补习中文主要是为了找工作，学生补习中文，有的是父母要求，有的是想提高中文水平，因此，补习班对华人的文化教育意义不大。三语学校的学生从小开始接受系统的华文教育，在长期潜移默化中接受自己的华人身份和文化传统。印度尼西亚华文教育的主要功能已经从中华文化传承转变为服务于多元化文化交流，促进华族与其他民族的相互理解、沟通与合作。厦门大学南洋研究院副教授王付兵的《20世纪头十年至70年代新马闽籍华人的方言群分布》显示，从20世纪头十年至70年代的新马华人中，以闽南人最多。在闽南人当中，永春人、安溪人是人口比较多的方言群。目前，闽籍的华人在马来西亚估计占当地华人总数的一半，在新加坡，闽南人同样是最大的华人方言群。闽南人是20世纪头十年至70年代新马华人社会最大方言群的主要原因是：闽南地区的自然地理和人文状况；移民网络的作用；闽南人较早在新马海岸地区从事商贸活动的影响；殖民地政府建设新马对中国劳动力的需求等。丽水学院商学院教授廖峰的《当下海外中餐馆面临的机遇与挑战》一文总结了当前海外中餐馆面临着四个前所未有的机遇，一是"一带一路"带来的政策红利，二是新侨带来的人口红利，三是互联网带来的技术红利，四是侨联活动（"海外中餐馆活动计划"）带来的平台红利。但目前海外中餐馆也面临着严峻的挑战，主要是人力保障滞后，中餐人才资源匮乏，优质食材缺乏，品牌意识薄弱，金融形势严峻，食物成本急剧上涨。文末，作者提出了对策建议：一是要加快实施规模化建设，调动利用一切资源，全面推进行业整体提升和文化外宣工作；二是全面推进信息化建设，利用"互联网+"构建海外中餐馆数据库，实施调控；三是扎实开展品牌化建设；四是逐步实现标准化建设，不断提升海外中餐馆服务和菜品的标准化水平；五是努力完善金融化建设，为海外中餐馆提供融资渠道。浙江工商大学马克思主义学院副教授夏凤珍的《政府在助推海外中餐馆发展中的角色定位——以丽水青田县为例》一文认为，由于海外中餐馆是在"他者"的语境下谋发展的行业，产业属性都为个人所有，消费对象跨种族国别，因此，政府的角色定位应该是助推者，而不应该成为决策者。政府部门需要通过各种途径了解和掌握自己所扮演的助推者角色的义务、权利、态度情况和行为要求，这对政府部门来说也是一种学习过程。政府部门应该了解海外中餐业的整体状况和发展趋势，梳理掌握海外中餐业一片繁荣背后难掩其发展中的许多难题困境。在推动海外中餐业发展时，政府科学定位

"给"的角色（如"给"扶持政策和措施），有效地实现与海外中餐馆在"给"与"受"之间的链接。政府部门应该推动海外中餐业建立完善培育行业协会，制定海外国别中餐业标准，鼓励中餐业展示中国礼仪文化以助添中餐魅力。在浙江方面，政府部门推动浙菜打持久战，使将来浙菜成为中华文化走向海外的重要载体。丽水学院华侨学院讲师韦丹辉的《青田华侨华人社团职能转型分析》一文论述了20世纪80年代以来青田侨团的职能变化。青田侨团的传统功能主要有两个：一是为海外青田同乡提供互帮互助的平台；二是弘扬海外华侨华夏赤子的爱国报国之心。20世纪80年代以后，青田侨团出现了许多新的特点：一是致力于协助华侨华人融入当地主流社会；二是维护侨胞尊严、保障华侨华人利益；三是在经济贸易活动中的作用增强；四是构建和完善自身的政治功能；五是发挥民间外交功能，充当住在国与中国桥梁纽带的作用。

七　国际移民与华人经济、政治研究

福建省社科院华侨华人研究所助理研究员卢雨婷、研究员林勇的《移民汇款对南亚地区经济增长的作用机制和路径选择研究——基于两部门经济增长模型》一文通过对南亚地区的研究，认为移民汇款对南亚地区的经济增长效应的确存在，但具体对经济影响的方向在不同区域间存在差异。具体从物质资本积累促进移民汇款对经济增长影响来看，印度、孟加拉国和尼泊尔均较为显著；从资本投资激发移民汇款促进经济增长来看，孟加拉国和尼泊尔较为稳定。依据对各国的实证分析结果，不同国家中移民汇款的经济这种效应呈现出一定的差异，保证物质资本积累路径对移民汇款促进经济增长的有效运作是金融发展路径起作用促进经济发展的基础，而金融发展在一定程度上也会促进物资资本积累路径对移民汇款促进经济增长的过程，如印度和孟加拉国。物资资本积累路径的作用不构成人力资本激发移民汇款对经济增长促进作用的基础，如印度。福建省社科院华侨华人研究所教授黄英湖的《福建、浙江的出国移民链及其原因分析》一文指出，福建、浙江两地的出国移民，都是依靠兄弟姐妹等家族成员，以及宗亲、乡亲和亲戚朋友等的相互引带。由于他们之间的连锁移民，形成了一条逐渐延伸发展的移民链，使当地走出国门的人不断增多。闽浙两地移民链的形成并不是海外移民中必然会出现的社会现象，这种移民链的形成与发展，与闽浙两地人们思想意识里的血缘、地缘观念存在密切的联系。华侨大学华文学院教授王爱平、研究员鲁锦寰的《海外华侨华人与"一带一路"建设发展的新时期》一文在如何发挥华侨华人在"一带一路"中的重要作用提出了建议，他们认为首先要加强对华侨华人（包括归侨）的研究，准确认识华侨华人的地位与作用。在操作层面上，应该制定整体和长远规划和分国别的具体工作计划，建立有效可行的机制，使有关工作能够顺利"落地"，顺利进行，在认识华侨华人群体差异性的基础上，有针对性、有区别地对华侨华人的不同群体开展工作。在开展有关工作时，要以同时有利于海外华人、居住国中国三方共惠、发展共享为基本理念和出发点，以习近平主席提出的构建人类命运共同体的理念作为指导思想，在华侨华人工作中将其落在实处，突出体现。广东工业大学通识教育中心讲师齐顺利的《马来西亚在"一带一路"中的作用》一文认为马来西亚有外资的强烈需求，中国应积极予以对接。当前，马华公会与一马公司（"一个马来西亚发展有限公司"）就"一带一路"与中国开展了积极合作，这对身处困境中的马华公会与一马公司是非常珍贵的。但是，马华公会与一马公司同属执政党阵营，在马来西亚两线制下，中国的企业投资还是有一定的风险。目前马来人和华人都能从"一带一路"中受益，马来西亚与中国之间又能实现"双赢"甚至是"多赢"，"一带一路"能在马来西亚推进得较为顺利。泰国法政大学比里·帕侬荣国际学院教授杨保筠的《关于旅泰中国新移民的若干观察与思考》考察了旅泰新移民的现状，指出与早期移民相比，旅泰中国新移民有一些明显的特点，如他们来源地要广泛得多，受教育程度明显高于老华侨，职业结构多元化，有较大的流动性，逐利趋势也比较明显。新移民的移民原因、条件和在泰国所面临的生存环境，与当年老华人已经有了很大的差异，他们在认同方面也面临各类问题，对他们在泰国的生存和发展构成了实际的挑战。广西民族大学东盟学院助理研究员潘艳贤的《泰国政争与泰华社会发展》讨论了泰国政坛"红黄之争"对泰国华人社会的影响。在政治方面，华裔的政治参与积极性高涨,"红黄之争"使泰国华人族群在泰国政治舞台上进入了一个新的时期;在经济方面,"红黄之争"后,以泰国华人的社会为基础而发展起来的商业关系网络受到或多或少影响,华人社会因"红黄之争"造成一定程度的分裂,华裔企业主对于政治观点不一的合作方均持谨慎态度。而对所有大小企业华人经营者而言,受"红黄之争"所导致的低迷的经济环境影响,其经营也受到负面影响。暨南大学华侨华人研究所教授廖小健的《英国"脱欧"与英国华人》认为英国"脱欧"公投大大促进了英国华人的参政热情,绝大部分有投票权的英国华人都倾向投票留欧,英国的"脱欧"对华人造成了诸多影响:第一,由于移民问题是引起"脱欧"的主要原因,公投后的英国移民政策有可能进一步紧缩;第二,英国公投决定"脱欧"后,由于有可能失去欧盟这个统一市场和全球金融中心的地位,不少企业对英国的经济前景抱悲观情绪,表示撤资或减少招聘,对华人就业造成消极影响,同时,一些华人餐馆和华人超市因受原材料上涨的影响,成本加大,而"脱欧"也会造成人员的减少。除此之外,工资降低,税收增加,福利减少,以及不能自由到欧盟国家旅游,也是"脱欧"对华人产生的负面影响。华中师范大学国际移民与海外华人研究中心副教授彭慧,研究生王蒙蒙、龙武的《东南亚社会中的庇护主义:历史与影响——以泰国、印尼及菲律宾为例》指出经过长期的发展演变,庇护制已经内化为东南亚社会的一种"潜规则",其影响有一定正面性,但也有相当大的负面影响,其表现主要在以下几个方面:第一,庇护文化可以一定程度上消解阶级矛盾、聚合社会,有利于地方经济发展、国家内部稳定;第二,庇护主义的存在深刻影响了东南亚各国的民主与法制发展进程,不利于东南亚各国现代公民意识的形成;第三,尽管庇护主义对东南亚经济政治的正常发展有相当大的负面作用,但由于其强大的适应能力,可能会在东南亚社会长期存在,这是当代东南亚历史发展的重要特征之一。华侨大学华侨华人研究院硕士研究生李斌、助理教授钟大荣的《近年来马来西亚华人公会与中国共产党关系研究》回顾了历史上中国共产党与马来西亚华人公会的党际交往,着重分析了现阶段两个政党的交流,认为中国共产党推进与马华公会的关系有着重要的意义:有利于涵养侨务资源,发展友好的国际力量,有利于推进"一带一路"倡议。同时，对马华公会也有重要意义：能改善其在政府中的地位，能凝聚华人社会的民心以及巩固了自身政党的实力。因此，中国共产党和马来西亚华人公会的关系在可预见的将来必将进一步发展。广东嘉应学院讲师叶小利的《晚清客家籍外交官与美洲华侨》分析了以黄遵宪为代表的晚清时期客家籍外交家在对外交涉、保护美洲侨民合法的出入境、经商等权益所做出的贡献。同时，他们积极推动有利于美洲华侨的国内立策、侨务管理，在转变清王朝对侨态度和政策上起着重要作用，促使清王朝开始重视和保护、利用华侨，对中国侨务管理近代化做出了有益探索。温州大学副教授严晓鹏的《发挥欧洲新华人华侨跨文化跨区域优势，东西双向打造"一带一路"建设新格局》指出，新华侨华人成为新时期侨情变化和"一带一路"建设的主要力量，目前欧洲新华侨华人积极开展公共外交，促进中西教育文化交流。而对未来，欧洲新华侨华人参与"一带一路"建设，作者也提出自己的建议：第一，搭载"中欧班列"这条横贯中欧的"贸易黄金之路"；第二，进军新兴科技产业，打造中欧网上"数字丝绸之路"；第三，开发"第三方"市场，联合多国多地区共建；第四，尝试跨境电商，搭建"金融丝绸之路"；第五，联合欧洲华文媒体，谱写"一带一路"新歌。

此次论坛是上一届论坛的延续和深化，与2016年的论坛相比，浙江的华侨华人研究方面论文较2016年增加许多，是很好的现象，说明论坛对加强浙江华侨华人研究起到了一定的作用。但是，我们通过这些论文也可以看到，浙江的华侨华人研究仍然是较为薄弱的。利用会议增进华侨华人研究合作交流，同时促进浙江学界吸收华侨华人研究发达省份的经验，也是丽水学院举办"国际移民与海外华人丽水论坛"的初衷之一。

第一编

侨务理论与政策研究

凝聚侨心侨力共铸民族复兴伟业
——学习领会习近平关于侨务工作的新理念

刘芳彬[*]

习近平总书记关于侨务工作重要论述是习近平新时代中国特色社会主义思想的重要组成部分,是新时代侨务理论创新和实践创新的基本遵循。党的十八大以来,习近平总书记延续了党和国家领导人重视侨务的优良传统,紧紧围绕实现"四个全面"战略布局,重新定位海外侨胞对中国的独特意义,创造性地提出许多新理念新思想,为凝聚侨心侨力共铸民族复兴伟业,开创侨务工作新局面指明了方向。

一 "根""魂""梦"论述彰显侨务格局的国际视野

"大时代需要大格局,大格局需要大智慧。"面对正发生着深刻复杂变化的国内外形势,习近平总书记在党的十九大报告中明确指出:"经过长期努力,中国特色社会主义进入了新时代,这是我国发展新的历史方位。"这个新时代,是全体中华儿女勠力同心、奋力实现中华民族伟大复兴中国梦的时代。我们要高举爱国主义、社会主义旗帜,牢牢把握大团结大联合的主题,坚持一致性和多样性统一,找到最大公约数,画出最

---

[*] 刘芳彬,中央社会主义学院副教授。

大同心圆，广泛团结联系海外侨胞和归侨侨眷，共同致力于中华民族伟大复兴。

正是基于对国际国内两个大局的基本判断和对国情、侨情的正确把握，习近平总书记从历史和文化的角度首次明确界定了海外侨胞与祖（籍）国"血浓于水"的共生关系。他指出："团结统一的中华民族是海内外中华儿女共同的根，博大精深的中华文化是海内外中华儿女共同的魂，实现中华民族伟大复兴是海内外中华儿女共同的梦。"这一新的表述和论断，是习近平侨务工作重要论述的核心和精髓。

"根""魂""梦"论述准确定位了海外侨胞与祖（籍）国关系的性质，指明了民族认同和文化认同是海外侨胞与祖（籍）国连接的纽带和渠道。在我国"单一制"国籍政策下，海外侨胞包括"华侨"和"外籍华人"（以下简称"华人"）两部分：华侨是指定居在海外的中国公民；外籍华人是指已经加入外国国籍的原中国公民及其后裔。外籍华人政治上认同入籍国，他们与中国的关系是基于历史文化和民族传统因素的一种情感关系。此外，还有一部分"华人"虽然仍保留有明显的民族生理样貌印记，但其政治、文化和族群认同已完全"本土化"，甚至不认同中华文化。习近平总书记的"根""魂""梦"论述正是从海外侨胞、侨胞住在国和中国三方的立场、视角和利益上，寻求最大同心圆和最大公约数，改变了长期以来单向利用"侨"、强调"侨力助国"的片面做法，彰显了中国侨务格局的国际视野。

习近平总书记强调，"实现中华民族伟大复兴，是全体中国人共同的梦想"。全体中华儿女要顺应历史大势、共担民族大义，把民族命运牢牢掌握在自己手中。海外侨胞是中华民族和中华文化大家庭的重要组成部分，与国内人民血脉相通，共同承载着民族文化和传统，共同承担着中华民族的命运和国家的兴衰。"一荣俱荣，一损俱损。"近代以来，海外侨胞因国家积贫积弱和民族衰落而遭遇种种歧视和排斥，实现中华民族伟大复兴是爱国侨胞普遍的精神追求和价值认同。"根""魂""梦"论述正是从海外侨胞与中国"根"和"源"的关系，构建起"侨胞梦"与"中国梦"的内在联系，确立了侨务工作的切入点和着力点。

二 "包容互惠""互利共赢"
彰显侨务理念的博大胸怀

"大道之行也，天下为公。"党的十九大报告再次强调，"中国人民的梦想同各国人民的梦想息息相通，实现中国梦离不开和平的国际环境和稳定的国际秩序。必须统筹国内国际两个大局，始终不渝走和平发展道路、奉行互利共赢的开放战略，坚持正确义利观，树立共同、综合、合作、可持续的新安全观，谋求开放创新、包容互惠的发展前景，促进和而不同、兼收并蓄的文明交流，构筑尊崇自然、绿色发展的生态体系，始终做世界和平的建设者、全球发展的贡献者、国际秩序的维护者"，推动构建人类命运共同体。这种和平、包容、普惠、共赢的外交理念延伸至侨务领域即是：鼓励侨胞融入住在国主流社会，与其他族群和睦相处，为新的家园多做贡献；同时，希望广大海外侨胞"积极参与中国改革开放和现代化建设，推动中国人民同世界各国人民的交流和合作，在互惠合作中实现华侨华人自身事业更大发展"。这是构建人类命运共同体和实现中华民族伟大复兴中国梦两大背景下，习近平侨务论述的重大创新，彰显了"各美其美，美人之美，美美与共，天下大同"的天下情怀。

海外侨胞长期生活、工作在海外，是住在国社会的有机组成部分，只有更好地团结和融入当地主流社会才能实现自身事业和族群的更大发展。他们关心祖（籍）国的命运，是中国发展的重要资源和独特优势，更是住在国的宝贵资源，是推动当地经济发展和社会进步的重要力量。但长期以来，我们的舆论宣传却忽略了侨胞在海外的贡献，在国际社会形成一种偏见和误解，甚至成为某些反华势力排华的借口。"己欲立而立人，己欲达而达人。"习近平总书记关心海外侨胞在当地的长期生存与发展，以"互利共赢"理念处理中国与海外侨胞、侨胞住在国的关系，确立中国、侨胞住在国和侨胞个人共谋发展的新型合作模式。2012年习近平总书记访美时，曾语重心长地希望旅美侨胞积极融入当地主流社会，在维护自身合法权益的同时，注重回馈当地社会。2014年习近平在北京会见第七届世界华侨华人社团联谊大会代表时，再次强调："广大海外侨胞要运用自身优势和条件，积极为住在国同中国各领域交流合作牵线搭桥，更好融入和回馈当地社会，为促进世界和平与发展不断做出新贡献。"这一重要论述是我国侨务思想的新发展，反映了习近平总书记从海外侨胞与住在国"融"的关系，从有利于华侨华人和中国实现"双赢"的角度，重新思考了侨胞的双重作用和贡献，为侨务工作实践的拓展提供了新思路。

"虽有智慧，不如乘势。"习近平总书记高度重视海外侨胞连接中国与世界的桥梁和纽带作用，以"互惠合作"新理念定位海外侨胞与"一带一路"倡议的贯彻落实。历史上的"丝绸之路"正是早期华人移民的主要通道，如今他们扎根于"一带一路"沿线的每个重要节点，人才济济、资金雄厚、人脉深厚，且具有融通中外的人文优势，是"一带一路"互联互通建设的天然宝库。侨务工作者要深刻领会习近平总书记涉侨论述的创新精神，以"互惠合作"为桥，以血缘亲情为纽带，将海外侨胞的资源优势转化为落实"一带一路"的工作优势，引导广大侨胞发挥民间大使和"金丝带"作用。一方面，侨胞自身要自觉维护"守法诚信、举止文明、关爱社会、团结和谐"的族群形象，积极回馈当地，用公益爱心赢得当地社会的认同和尊重，为中国发展创造良好的国际环境；另一方面，广大侨胞要积极"推动中外文明交流互鉴，讲述好中国故事、传播好中国声音"，促进中外民心相通，在助力中国"走出去"、推动中外友好合作、构建人类命运共同体中发挥独特优势。同时鼓励侨胞将自己的事业融入"一带一路"倡议，与全球共享共创发展机遇。

三 "同圆共享中国梦"彰显侨务实践的大国担当

为国家大局服务和为侨服务既是侨务工作的基本任务之一，也是改革开放以来我国侨务工作得以不断发展的基本经验和做法之一。中国特色社会主义新时代，人民幸福、民族复兴是我们的时代主题和历史使命。以人民为中心的发展思想是我们一切工作的出发点和落脚点。习近平总书记指出，侨务战线的同志要当好海外侨胞和归侨侨眷的"贴心人"，成为侨务工作的实干家，凝聚侨心侨力同圆共享中国梦。这既是对海外侨胞的庄重承诺，也是对侨务工作赋予新的责任、提出新的要求和任务。

"同圆"即是引导海外侨胞充分认识"个人梦"与"中国梦"的联系，积极参与中国现代化建设，为实现"两个一百年"奋斗目标、实现中华民族伟大复兴的中国梦不断做出新的更大的贡献；"共享"则体现在，中国的强大和民族复兴所产生的丰硕成果应及时惠及海外侨胞和归侨侨眷，为他们创造更多发展机遇和合作机会，让他们有更多"获得感""自豪感"，帮助他们提升整体素质和社会地位。

"国强则侨强，国兴则侨兴。"党的十九大报告强调："中国特色社会主义新时代，中华民族迎来了从站起来、富起来到强起来的伟大飞跃，迎来了实现中华民族复兴的光明前景，为世界文明的发展和进步贡献了中国智慧和中国方案。"祖国的强大、民族的复兴，与全体中华儿女息息相关，是海内外中华儿女共同的期盼。中国特色社会主义新时代，开启了中华民族伟大复兴的新时代，也开启了侨务工作理论创新和实践创新的新阶段。分布在近两百个国家和地区6000多万华侨华人是实现中华民族复兴的宝贵资源和独特机遇。凝聚侨心侨力同圆共享中国梦，"同圆"是基础，"共享"是价值导向。这一侨务理念要求侨务工作要以"侨"为本，一切为了侨、一切依靠侨，发挥侨的最大优势，最大限度地实现为国家大局服务和为侨服务的有机统一。一方面，我们要重视侨务资源，扩大侨务工作的覆盖面，以多种形式、多种渠道增进与海外侨胞和侨社的团结联系联谊，善于将侨力化为国力，利用侨务资源为国家发展服务；另一方面，我们要加大涵养侨务资源的力度，树立"为侨服务"新理念，拓展工作领域，丰富工作内容，深化各项服务，完善为侨公共服务体系，始终把侨胞的冷暖和关切挂在心上，"想侨胞之所想，急侨胞之所急"，维护好、发展好广大侨胞的根本利益，让中国改革发展的成果更公平惠及海外侨胞和归侨侨眷，增强为侨服务的实效性。同时，为侨服务要树立"大侨务"观，推动形成新时代侨务工作发展新格局。侨务工作涉及党政群、国内外方方面面，必须打破部门、地区的局限，改革完善侨务工作体制机制，使各方优势和积极性发挥最大功能，形成合力，以"凝聚侨心侨力同圆共享中国梦"为主题，最广泛团结联系侨胞，普及惠侨工程、改善侨界民生，让广大侨胞在实现中华民族伟大复兴中国梦的新征程上有新的作为。

海外中国公民权益保障研究

周小明[*]

维护侨益是侨务工作的重要内容，维护侨益分为维护国内归侨侨眷的合法权益和维护海外华侨华人的正当权益两方面。华侨产生于唐代，从另一个角度来看，只有从唐朝开始，中国人海外利益保护问题才成为一个重要问题。但从唐朝到中国改革开放的近1500年，中国公民赴海外定居、经商或学习的数量规模仍相对较小。并且中国企业和个人"走出去"仍是自发现象，海外公民维权问题主要是公民个人的事情，政府对海外公民权益保障问题不太重视。改革开放之后，华侨华人和未在海外定居的华商、留学生、劳务人员、游客等都成为权益保障的重要对象。海外华侨华人和未在海外定居的人群在正当权益保障上并无大的区别，因此，本文将包括华侨华人在内的所有海外中国公民权益保障问题一并论述。

一 中国"走出去"战略与海外利益保护

1997年党的十五大报告提出"更好地利用国内国外两个市场、两种资源，积极参与区域经济合作和全球多边贸易体系，鼓励能够发挥我国比较优势的对外投资"。中国官方正式提出"走出去"这一概念。2001年12月

---

[*] 周小明，丽水学院华侨学院副教授。

11日中国正式成为世贸组织第143位成员，积极融入世界经济体系中。2002年党的十六大报告提出坚持"走出去"和"引进来"相结合的方针。

在外交层面，胡锦涛在第十次驻外使节会议上强调"要增强外交工作的创造性、主动性、进取性，维护和拓展我国国家利益。要增强我国海外利益保护能力，完善相关法律法规，健全预警和快速反应机制，改进工作作风，满腔热情地为在国外的我国公民和法人服务"。① 2003年之前中国知网上几乎没有以"海外利益"为主题的直接的相关研究，有学者结合学界研究和中国政府层面的行动，因此认为2004年是海外利益研究元年。②

就中国人的"走出去"的实际情况而言，2014年中国内地公民出境旅游首次突破1亿人次。1982年在海外办企业的只有43家，中方投资总额仅3700万美元③，但截至2012年，中国已成为世界第三大对外投资国。据商务部统计，2014年中国境内投资者共对全球156个国家和地区的6128家境外企业进行了直接投资，累计实现非金融类对外直接投资6320.5亿元人民币（折合1028.9亿美元），同比增长14.1%。截至2014年年底，中国累计非金融类对外直接投资3.97万亿元人民币（折合6436亿美元）。④ 另外，2014年中国共派出各类劳务人员56.2万人，较2013年同期增加3.5万人，同比增长6.6%。截至2014年12月底，对外劳务合作业务累计派出各类人员748万人。⑤ 另外，就中华文化海外传播而言，截至2014年9月28日"孔子学院日"，全球已有123个国家和地区开办了465所孔子学院和713个中小学孔子课堂。⑥ 从这些数据看，中国海外利益存量和增量都已经极

---

① 《第十次驻外使节会议在京举行》，人民网，2004年8月30日。
② 参见李志永《"走出去"与中国海外利益保护机制研究》，世界知识出版社2015年版，第8页。
③ 李兆熙：《中国企业如何迈向国际化经营》，《国际经济合作》1993年第5期。参见李志永《"走出去"与中国海外利益保护机制研究》，世界知识出版社2015年版，第29页。
④ 李志永：《"走出去"与中国海外利益保护机制研究》，世界知识出版社2015年版，第29页。
⑤ 同上书，第30页。
⑥ 网易新闻：http://news.163.com/14/0928/15/A786KGC300014JB6.html，2017年9月26日访问。

为巨大，海外公民利益保护已经是一个极为重要的热门课题。

二 浙江侨情与浙籍海外公民权益受侵害现状

中国海外公民包括定居国外的华侨以及其他未定居国外的包括华商、劳务人员、游客和留学生等在内的人群。华侨因长期定居国外，他们与居住国联系更加紧密，权益受侵犯的概率也会更高。浙江共有202.04万华侨华人和港澳同胞，遍布180个国家和地区。截至2017年9月，浙江省累计备案、核准的境外企业和机构有近9000家，境外直接投资备案额累计达到600多亿美元。[①] 另外，浙江每年有1万多人赴海外留学[②]，因此一般估计海外共有4万多浙籍留学生。从这些数据看来，浙江已经成为名副其实的海外利益大省。

就侨情特点而言，与广东、福建等侨务大省和老侨乡相比，浙江侨情的最大特点是浙江新侨数量多且影响广泛。另外，浙江的华侨华人主要集中在欧美发达国家，其余少数华侨华人则散居世界各地，与广东福建等省的华侨华人集中在东南亚地区和北美有很大的不同。浙江华侨华人正当权益受到侵犯的情况也有所不同，维权方式和手段因此有所差异。

与此相对应，中国公民海外权益受侵犯也极为严重。据相关统计，目前中国已成为世界上仅次于美国的第二大海外公民遇险国。[③] 就浙籍海外公民而言，近十几年来，随着浙籍公民出境数量剧增以及海外公民经济地位特别是华侨华人财富的显著上升，浙籍海外公民权益受侵害也日渐成为焦点问题。2004年9月16日，近千名西班牙埃尔切市鞋商和鞋厂

[①] 《浙江打造境外投资服务平台大数据助推外贸转型》，http://www.howbuy.com/news/2017-09-20/5500541.html，2017年9月26日访问。

[②] 《浙江90%留学生回国就业！普通家庭巨额投入送孩子留学真的要非常慎重了！海归大贬值》（下），中国网，http://henan.china.com.cn/latest/2017/0906/5613825.shtml，2017年9月26日访问。

[③] 李志永：《"走出去"与中国海外利益保护机制研究》，世界知识出版社2015年版，第123页。

工人聚集在埃尔切市的中国鞋城内,喊着口号,号召当地人"把进入这个城市里的所有鞋子烧掉"。烧毁温州鞋共16个集装箱、1.2万双,直接经济损失约800万元。① 2008年9月11日,俄罗斯政府突然关闭切尔基佐沃市场("一只蚂蚁"市场),共查封约6000个集装箱货物,总重约10万吨,货值约20亿美元。关闭原因涉及复杂的俄罗斯国家政治经济背景②,其中浙籍华商也占相当比例。2012年10月,西班牙警方启动代号为"皇帝行动"侦查缉捕工作,有300多个地方警察局参与了此次行动,没收涉案金额1000多万欧元,84人被捕,其中58人为华侨。主要涉案人员——马德里国贸城经理高平至今封口,致使案件陷入僵局。③ 2017年3月26日晚,警察过度执法枪杀刘姓青田华侨,警方和受害人家属各执一词,该事件引起法国华侨华人世界震动。④

三 海外公民权益保障途径及对策建议

(一)加大海外国别和地区研究以及出国人员的培训

传统的"亲戚带亲戚"出国模式符合中国传统"宗法社会"和人情社会的国情,但亲戚所提供的海外信息也有缺陷,即缺乏对该国经济政治等全局性和专业性的把握。缺乏对当地国家和社会局势的精准预判也是造成权利受损害的重要原因,例如"一只蚂蚁"市场被关闭有很深的政治经济背景,应该是可以事先成功预判的。

值得关注的是,教育部2015年印发教外监〔2015〕4号文件《国别和区域研究基地培育和建设暂行办法》启动海外国别和地区研究基地培育工作。重点侨乡政府应该积极推动地方高校申报本籍侨民聚居国家以

---

① 《"西班牙烧鞋事件"震惊中国温商历经七年维权》,http://zjnews.zjol.com.cn/05zjnews/system/2011/05/16/017522164.shtml,2017年9月17日访问。
② 《俄罗斯为什么关闭"一只蚂蚁"大市场》,http://www.360doc.com/content/09/0723/09/39300_4397452.shtml,2017年9月25日访问。
③ 新浪专栏:《"皇帝行动"是打黑行动还是一场闹剧?》,http://finance.sina.com.cn/world/ozjj/20121031/094313534723.shtml,2017年9月17日访问。
④ 李志永:《"走出去"与中国海外利益保护机制研究》,世界知识出版社2015年版,第77—78页。

及将来拓展业务地区的"国别和区域研究基地"的培养和申报工作。就浙江省为例，已经成功在教育部备案和培育的国别研究机构有：浙江大学的东北亚研究中心、中东欧研究中心、德国文化研究所，浙江师范大学非洲研究中心，越秀外国语学院的东北亚研究中心，浙江工商大学的日本研究中心，浙江海洋大学的非洲沿海国家研究中心，温州大学意大利研究中心等。但浙江高校对浙江华侨华人聚集的西班牙、其他西班牙语国家研究甚少，西班牙是青田华侨的聚居区，其他西班牙语国家则是浙江华侨华人未来发展事业的重要区域。

加强海外国家和区域研究的同时，要积极将研究成果转化成政策建议，向侨乡地方政府和准备赴海外留学或工作的中国公民提供咨询顾问服务，以弥补传统出国模式中的"亲戚带亲戚"造成的知识的缺陷。国别研究内容要集中于华侨华人关心的海外国家和地区的安全、法律政策和经济环境等。有学者把发达国家的英美日海外利益保护手段归纳为外交、法律、政府机构建设、信息服务、海外投资保护、预警、军事、企业本土化八种手段。[①] 其中信息服务非常值得中国借鉴。

（二）将海外法律纳入政府普法计划范围

当前我国的普法工作集中于中国法律的普及，普及对象限于中国境内的公民，而没有将海外公民纳入法律普及的对象中。但实际上，外国法律知识对于身在国外或者即将赴海外工作学习或者旅行的中国公民来说至关重要。

普法范围的拓展也属于前述公民海外权益保障中信息服务的范围，但该信息内容极为专业，非一般人员所能提供。司法行政部门可以和前述的高校研究机构合作开展相关工作，并积极推动中外法律的学习交流，特别是中外法学院校之间的交流合作。

[①] 甄炳禧：《新形势下如何保护国家海外利益——西方国家保护海外利益的经验及对中国的启示》，《国际问题研究》2009年第6期；参见李志永《"走出去"与中国海外利益保护机制研究》，世界知识出版社2015年版，第17页。

(三）将法律援助向海外延伸

现行的法律援助仅局限于国内，政府仅向部分刑事案件被告人和经济困难的民商事案件和少数行政案件的当事人提供法律援助。实际上，普通海外中国公民也是事实上的弱势群体，在无法享受外国政府提供法律援助的时候，中国政府应该向他们提供包括外国法律咨询、聘请外国律师在内的新型法律援助服务。

因司法主权的原因，中国政府不能派中国律师为海外中国公民辩护或提供代理服务，因此仅限于法律咨询和领事协助性质的介绍外国律师等方面的帮助。侨乡地方政府可以和外国领事馆积极合作开展相关工作，建议整合驻外使领馆、侨乡地方外事部门、侨乡司法行政部门、外国法律研究机构和中外律师事务所等多部门的资源，在外国领事机构或其他有关机构内设立外国法律咨询服务机构。

（四）通过公共外交树立中国国家和公民的良好形象

公共外交的经典含义是一国政府为争取他国民心而采取的公关行动。[①] 中华文化则是中国公共外交的实力和手段。[②] 除了传统的电台、电视和最新的网络媒体传播平台之外，从 2004 年开始，中国政府开始在海外设立孔子学院。总体上来说，孔子学院在发挥海外公共外交功能上是成功的，但也遭遇部分外国政府的"文化侵略"的质疑，如邻国印度就不愿意接受中国的孔子学院，甚至连孔子学院在印度都成为一个比较敏感的话题。

另外，据外交部门估计，每年约 3 万件领保案件，大概有一半是由于中方人员的不当行为引起的。[③] 就华侨华人而言，华侨华人移居外国初期在各方面都是弱势群体，居住国国民某种程度上还会同情华侨华

[①] 唐小松：《论公共外交的两条战线》，《现代国际关系》2007 年第 8 期。

[②] 韩方明：《中华文化是中国公共外交的实力和手段》，http：//news.163.com/12/0818/14/896PU9AB00014JB6_all.html，2017 年 9 月 26 日访问。

[③] 沈国放等：《企业和个人，海外遇事怎么办》，《世界知识》2008 年第 17 期；参见李志永《"走出去"与中国海外利益保护机制研究》，世界知识出版社 2015 年版，第 100 页。

人。但一旦华侨华人的经济实力超过本地人，外国人对华侨华人的态度逐渐发生转变，从同情转变成"羡慕、嫉妒、恨"。另外，浙籍华侨华人中也有部分人通过偷税漏税等非法途径致富，这更增加了居住国国民对华侨华人的不满，这些都对华侨华人的生存环境和维权产生诸多负面的影响。矫正中国海外公民的不当行为，加大公共外交力度任重道远。

虽然公共外交是以政府为主导的，但公共外交的最大活动空间在于非政治领域。[①] 实际上，在"中国威胁论"还有广泛市场的情况下，淡化公共外交的政府因素是一个明智的选择。通过前述浙江首推的"海外万家中餐馆"行动计划传播中华文化可以达到"潜移默化"的效果，完全避免了"文化侵略"的嫌疑。浙江青田籍的华侨华人海外发展的重要产业仍然是餐饮业，因此，浙江的相关地方政府特别是重点侨乡政府可以积极参与该行动计划。一方面，通过中餐业的发展及在中餐馆内播放的视屏，成功提升中国国家和华侨华人的正面形象；另一方面，通过该行动计划提升海外中餐的品位，自然提高中餐的价格和利润水平。

（五）加强海外领事保护工作

我国外交部《中国领事保护和协助指南》（2007年版）规定"领事保护是指派遣国的外交、领事机关或领事官员在国际法允许的范围内在接受国保护派遣国的国家利益、本国公民和法人的合法权益的行为"。从2004年开始，我国领事保护机制建设有了长足的发展。2004年7月外交部成立涉外安全司，协调处理涉外领保事务。2004年11月国务院批准设立由外交部牵头的多个部委参加的境外中国公民和机构安全保护工作部际联席会议。2006年5月外交部领事司内设立领事保护处，2007年8月23日领事保护处升格为领事保护中心。2011年11月开通领事服务网，为公民海外出行提供"一站式"信息服务的平台。领事机构开展领事保护的框架为事前预防机制、事中应急机制、事后善后机制和

---

① 唐小松：《论公共外交的两条战线》，《现代国际关系》2007年第8期。

后勤保障机制。①

首先,侨乡地方政府和出国人员要积极利用领事保护的预防机制。中国事前预防机制由时效性逐渐缩短的宣传教育机制、海外政治风险评估机制、境外企业员工安全管理机制、海外公民信息登记机制、海外政治风险预警机制五部分组成。② 中国外交部门和其他有关涉外单位都制定了高质量的"指南",如外交部编写了《中国领事保护和协助指南》《海外中国公民文明指南》《中国企业海外政治风险防范指南》《中国企业海外安全风险防范指南》。2006年外交部会同有关方面起草了首部《海外安全状况分级评估报告》,首次建立起国家层面海外安全风险评估与预警机制。③ 每两年发布一次,是最权威的安全参考。2009年起商务部国际贸易经济合作研究院和中国驻外机构每年编写更新《对外投资合作国别(地区)指南》。2010年8月13日,商务部会同外交部、发展改革委、公安部、国资委、安全监管总局和全国工商联制定《境外中资企业机构和人员安全管理规定》。2012年1月11日商务部编写了《境外中资企业机构和人员安全管理指南》。另外,中国海外企业的规定也值得参考,例如中石化制定的《中石化重特大事件应急预案》。侨务部门要积极利用上述《指南》,组织出国人员进行培训学习,预防海外侵权事件的发生。

其次,侨务部门和出国人员要积极参与应急保护机制的建设中。应急保护机制是一国国民在非本国国境内处境危难,受到实际损害或有实际损害的威胁,这时国籍国有权在不影响他国内政及利益的前提下,对本国国民进行保护及救济。④ 应急保护机制的主要内容包括成立应急小组、制订工作计划、确定联络方案、保障信息畅通、开设热线电话、收集各方信息、协调国内外有关单位共同展开工作。这其中,地方政府在收集信息、协调海外公民方面起到重要作用,如基层海外领事保护联络处的设立就是地方政府参与应急保护机制的重要方式。据媒体报道称,

---

① 李志永:《"走出去"与中国海外利益保护机制研究》,世界知识出版社2015年版,第96页。
② 同上。
③ 同上书,第98页。
④ 殷敏:《海外华人利益诉求的应急保护机制》,《国际商务研究》2012年第1期。

截至2017年8月，文成县已在玉壶、珊溪、南田、大峃、周壤、黄坦、周山等乡镇成立了7个基层海外领事保护联络处，基本覆盖了重点侨乡镇。① 应急保护机制仍属于领事保护的范畴，并不要求用尽当地救济原则，且更多地属于领事协助的范畴。但也有人认为，应急保护机制是一种"依托于外交保护和领事保护，但又不完全等同于外交保护和领事保护"的机制。②

最后，加大善后安置机制、调查评估机制和后勤保障机制建设。即使海外中国公民权益受侵害的事情暂时得以平息，但维权的过程则仍然漫长，事后总结也需要时间精力。因此要加大事后处理机制，包括组织法律、心理等各方面专家进行调查评估以吸取教训，防止下次类似损害事件的发生。同时，要加大经费和人员投入以保证善后安置等工作得以顺利进行。2012年领事司司长黄屏说"领事保护中心就十几个编制，有20多个人"，再加上中国驻外使领馆一共500多名领事工作人员，按照2011年出境7000万人次计算，中国领事官员平均每人需面对约14万名海外中国公民的领保事务。2013年，每位驻外使领馆官员要服务18万海外公民。③ 领事保护人员不足是海外维权面临的极为现实的问题，2013年6月11日中国驻比利时大使在布鲁塞尔举行了领事保护联络员大会暨共建海外民生座谈会，该联络员制度是一个创新。建议地方侨务部门和驻外使领馆密切配合发挥海外侨领、侨团的力量，增加驻外使领馆"编外领事"。就财力投入而言，2002年生效的企业备用金制度为中国领保行动的实施提供了最基本的财政保障。除此之外，近年来中央政府以及企业不断加大的安保投入保障了领事保护行动的顺利推进。④

（六）加大外交保护的力度

党的十九大报告在第三部分"新时代中国特色社会主义思想和基本

---

① 《侨乡温州文成新增三个基层海外领事保护联络》，中国侨网，http：//www.chinaqw.com/gqqj/2017/08-03/156072.shtml。
② 殷敏：《海外华人利益诉求的应急保护机制》，《国际商务研究》2012年第1期。
③ 李志永：《"走出去"与中国海外利益保护机制研究》，世界知识出版社2015年版，第116页。
④ 同上。

方略"中指出要"明确中国特色大国外交要推动构建新型国际关系,推动构建人类命运共同体"。国际法主要协调的是国家之间的关系,也体现了人类命运共同体思想。利用国际法外交保护机制保护华侨华人和其他海外中国公民利益是保护海外公民的重要手段。

2006年联合国授权国际法委员会制定通过的《外交保护条款草案》第1条规定:"为本条款草案的目的,外交保护是指一国对于另一国国际不法行为给属于本国国民的自然人或法人造成损害,通过外交行动或其他和平解决手段援引另一国的责任,以期使该国责任得到履行。"外交保护是将个人和国家之间的关系转变成国家和国家之间的关系。外交保护的原理是瓦尔特拟制——任何人不公正地对待了一国国民,就间接地对该国造成了损害,而该国必须保护其国民。[1] 不过,这里的"任何人"是指他国国家行为,而非私人行为。可以说,外交保护是更正式或更高级别的但不常用的海外公民权益保护方式。学者认为,外交保护是"发挥补缺作用,而非以往的主导作用"。[2] 外交保护必须具备国籍原则、用尽当地原则、实际损害原则。也就是说,外交保护的对象必须从事发到实施外交保护的时候一直是中国公民,同时,海外受害人必须用尽了所在国的所有行政和司法程序但权益仍得不到有效保护。另外,受害人的权益已经受到他国国家行为的实际损害,这与领事保护有明显的不同,领事保护并不要求用尽当地救济原则,也不要求损害的实际发生,领事保护针对的也并非都是他国国家不法行为。但2006年《外交保护条款草案》第15条规定了用尽当地救济规则的例外:不存在合理的可得到的、能提供有效补救的当地救济,或当地救济办法不具有提供此种补救的合理可能性。

外交保护的具体方式有外交交涉、抗议、国际求偿和国际法院裁决等方式。其中,外交交涉最为常见,外交交涉是指一国政府部门(主要指外交部)或其驻外使领馆的代表就某一事件正式向另一国政府表明立场,并提出要求。外交交涉通常由交涉国政府部门负责人召见被交涉国

---

[1] 张磊:《外交保护国际法律制度研究》,法律出版社2011年版,第6页。
[2] 同上书,第8页。

驻该国使领馆的代表,或由交涉国驻有关国家的外交代表约见该国有关部门负责人,面对面地陈述。

(七) 积极利用国际人权救济机制

外交保护是将个人与国家之间的关系升级为国家之间的关系,国际人权救济机制则是将个人与国家之间的关系升级为国家与国际组织之间的关系,在某种程度上说,这是最高一级的海外公民权益保障机制。

联合国及其相关机构是人权保护方面最重要的机构,安全、发展和人权本身就是联合国的三大主题,保护人权是联合国责无旁贷的责任。联合国通过了《公民权利和政治权利国际公约》和《经济、社会和文化国际公约》两大普遍性公约外,还通过了《消除一切形式种族歧视国际公约》(1965)、《消除对妇女一切形式歧视公约》(1979)、《禁止酷刑和其他残忍、不人道或有辱人格的待遇或处罚公约》(1984)、《儿童权利公约》(1989)、《保护所有移徙工人及其家庭成员权利国际公约》(1990)、《残疾人权利公约》(2006) 和《保护所有人免遭强迫失踪公约》(2006),共 9 大核心人权公约。同时组建相应的机构和设置包括个人申诉、国家报告和国家指控等几大机制来监督公约的执行。迄今为止,经缔约国同意(通过签订公约附属的《任择议定书》),人权事务委员会、消除对妇女歧视委员会、禁止酷刑委员会、消除种族歧视委员会、残疾人权利委员会、强迫失踪问题委员会和经济、社会和文化权利委员会可以接受和审议个人的申诉(个人来文程序)。除此之外,《欧洲人权公约》《美洲人权公约》和《非洲人权公约》三大地区性人权公约则明确规定了缔约国必须接受个人人权申诉。因此,海外中国公民应当积极利用国际人权公约及其相应机制保护自己的人权和正当权益。

中国公民海外权益保障是个极为复杂的课题,涉及政治、法律等多方面问题。动用国内外资源加强海外公民保护预防机制建设是基础、积极利用当地行政司法程序是最重要救济途径、公共外交和领事保护在海外公民维权中至关重要,外交保护和国际人权救济措施则是权利救济的重要补充。

"一带一路"倡议下广西侨务政策研究

杨静林　夏会儒[*]

广西是中国—东盟合作的重要门户，2015年中央政府赋予了广西在"一带一路"建设的"三大定位"，构建面向东盟区域的国际通道，打造西南、中南地区开放发展新的战略支点，形成"21世纪海上丝绸之路与丝绸之路"经济带有机衔接的重要门户。特别是2017年4月，国家主席习近平在广西考察时提出，广西有条件在"一带一路"建设中发挥更大作用，要写好新世纪"海上丝绸之路"新篇章。广西作为中国第三大侨乡，海外有800多万广西籍华人华侨、180多万侨眷，集中分散于印度尼西亚、越南、马来西亚、新加坡、泰国等东盟国家。[①] 他们以祖籍地为纽带在海外建立的广西会馆、商业行会、同乡会、宗亲会等社团组织，同广西侨乡保持文化与血缘的联系，热心于广西祖籍地的社会发展和文化建设。庞大的海外侨社资源在广西地方社会经济发展及扩大对外联系中发挥了重要的作用。在当前国家大力倡导"一带一路"建设的新形势下，广西地方的侨务工作赋予了新的内容，一是改革侨务机构，加强侨务机制建设，完善侨务公共服务。二是加强海外联谊交流，涵养新的侨务资源。三是以东盟博览会为平台、以海外世界广西同乡会为桥梁，服务侨资企业的内外发展，推动广西产品与企业"走出去"，开展对外产能合

---

[*] 杨静林，广西民族大学东盟学院副教授；夏会儒，广西民族大学东盟学院研究生。
[①] 广西壮族自治区地方志编撰委员会办公室编：《广西年鉴·2016年》，广西年鉴出版社2016年版，第76页。

作。四是承接全国侨联、侨办发动海外华裔青年夏令营与冬令营，外派教师增强对外华文教育，开展与海外华文媒体的合作，促进世界海外桂籍华人与侨乡的社会互动，提升广西对外开放力度，扩大海外影响力。

一 侨务机制建设与侨务公共服务

广西侨务政策受中央与地方政治的影响，在"一带一路"建设的推动下，改革侨务机构，完善侨务公共服务，开展涉侨攻坚扶贫，鼓励侨胞创业创新，以科技创新增加就业，助推广西侨企的发展。近年来，广西侨务政策体现了精准扶贫及发挥广西在中国与东盟"一带一路"建设的战略价值。

（1）侨务机构的精简与完善，探索侨务工作的新思路、新方法、新机制。为了统筹侨务外事工作，广西壮族自治区政府撤销自治区外事办公室、侨务办公室，组建自治区外事侨务办公室；侨联以问题为导向，出台改革方案，推进改革工作。[①] 拟增设权益保障部、文化交流部等业务处室，开展侨务理论研究工作，与高校、科研机构、专家学者合作，举办"海外华人与中国侨乡文化"国际研讨会，吸纳国内外的专家学者参与广西籍华侨华人研究。地方各县市侨办、侨联结合实际情况，完善组织机构建设，在归侨侨眷较多的县区，重点侨乡的村镇、街道、社区和归侨侨眷、留学归国人员较多的科研院校、大学校区，以及华侨农林场及林业、农垦等归难侨安置点逐步建立起基层侨联组织。以激活创新创业机制为侨务工作新的内容。2014 年，李克强总理首次提出"大众创新、万众创业"的理念，创新创业随即上升为国家战略。广西侨联为了吸引海外留学生来广西创业，筹备成立广西侨联留学生服务中心，广西侨商会成立科技创新委员会，广西侨办建设华侨华人创新创业聚集区，成功申报创建"侨梦苑"，解决印度尼西亚和越南归侨侨眷的就业问题，为海外高层次人才到桂创业发展服务，以科技创新助推广西侨企的新发展。

---

① 在全国上海市、重庆市最早推行侨联改革，接着就是中央国家机关侨联、河北省侨联和广西侨联下发改革方案，广西侨联改革走在全国前列。

（2）重视涉侨网络信息工作，建立广西侨情的大数据，完善信息报送工作制度。广西侨务信息存在问题有基层侨办对信息工作重要性认识不够，信息工作发展不平衡；反映全局性的信息少，前瞻性信息不多；调研类信息少，信息时效差等问题，广西侨联对信息工作有所加强。广西各级侨办以及华侨农林场不断重视和加强侨务信息工作，建立了一支由各市、县侨办，各华侨农林场和安置点及自治区侨办机关各处室和直属事业单位信息员构成的工作队伍，及时上报侨情，特别是上报中国侨联的信息，加强对侨情信息的考核工作。开展侨情调研，建设侨情数据库。广西侨联制定和下达了《关于开展全区基本侨情调查工作的通知》，组建的侨情调研小组到下属各县市、华侨农场、华侨社区、侨资企业实地调查，培训信息工作人员的侨务理论与掌握信息、通讯的写作方法和技巧；建立归侨侨眷和海外侨胞等侨情数据库及信息管理档案，掌握新老归侨的新变化和新特点及留学人员的新动态与诉求。全面开展网上侨联的建设，通过新媒体等手段，提供网上政策宣传、法律咨询、活动发布、需求调查等服务，实现侨务资源共享、信息互通。《桂侨信息》《广西侨务》、广西侨办门户网站、"广西侨务"微信公众号、向海内外发行的《华声晨报》等信息平台建设初显成效。此外，还充分调动社会各界力量，加强与侨务专家学者、中新社广西分社等社会各界人士的信息交流，全区新增的侨务系统信息队伍报送系统信息稿件数量增加，质量得到提高。

（3）推进生活贫困归侨侨眷的攻坚扶贫工作。华侨农林场企业改制后大部分归难侨侨眷下岗自谋出路，由于归侨普遍文化素质低，就业比较困难，且大多数年龄偏大，体弱多病，收入低，生活极其困难。国务院出台《国家侨务工作发展纲要（2016—2020年）》，要求全国侨务扶贫工作，广西贯彻精准扶贫、精准脱贫的工作部署，侨务扶贫以产业扶贫、就业扶贫、创业扶贫的方式推进。2016年广西侨办制定出《贫困归侨侨眷扶贫攻坚五年计划》，2017年11月又制定和下发了《广西贫困归侨侨眷扶贫攻坚指导意见》，下拨的精准扶贫专项资金，实施扶贫方案，加大改善归侨侨眷民生的支持力度，一是深入基层开展侨情调研，摸底调查侨界困难群体，掌握侨情民意，向区侨办报送贫困侨眷实际情况。二是建立贫困归侨、侨眷信息档案。对困难的归侨侨眷开展"一对一"的结对扶贫。三是培训归侨、侨眷就业技能技术，提高就业能力，帮助归侨、侨眷下岗职工再就业；鼓励和扶持归侨、侨眷下岗职工自谋职业，自主创业。开展"送温暖、献爱心"活动，每年元旦、春节、中秋等节日慰问，落实"一对一"结对帮扶。四是对特困归侨、侨眷子女上学难的帮扶，特别是散居在农村的贫困归侨、侨眷子女接受高等教育和就业技能培训，对患重大疾病的归侨侨眷进行适当医疗救助，帮助其摆脱贫困。百色市外侨办在百色华侨管理区、右江区华侨建材厂以及靖西、那坡贫困归侨侨眷家慰问220户，共投入经费11万元。每年春节前夕区侨联赴广西下属14个地级市开展贫困归侨的新年慰问，每个市20户，每户发放500—1000元不等，慰问贫困学生10名，每名学生200元。①

（4）推动农场改制，改善归侨侨眷社区的基础设施建设。广西壮族自治区成立了华侨农林场改革发展工作领导小组和办公室，"因地制宜、一场一策"原则推进广西华侨农场的改革，加强华侨农场社区的公共设施建设，落实《国务院关于推进华侨农场改革和发展的意见》，探索华侨农场、华侨林场改革发展新模式。武鸣华侨农场作为广西最大的华侨农场，也是广西华侨农场转变经营模式最成功的范例。武鸣华侨农场直接转为经济技术开发区的改革发展模式，以"体制融入地方""管理融入社会""经济融入市场"的理念，优惠的政策引进印度尼西亚金光、泰国正大、美国波尔等世界500强巨头在内的270多家公司落户，发展特色鲜明的食品加工、生物医药、机械制造三大优势产业，提供"一站式"办理民政、社保等业务，享受养老、医疗等社会服务，一跃成为国家级开发区，是南宁市乃至广西发展速度最快、最具潜力的经济开发区之一，2016年完成工农业总产值达到284亿元人民币。② 教育领域投入大，明显

---

① 笔者于2017年11月23日在防城港采访广西壮族自治区侨联官员得到的信息数据。
② 中国最大的华侨农场之一，经济开发区前身武鸣侨场曾先后安置印度尼西亚、越南、马来西亚等9个东南亚国家的归难侨1.2万人。《裘援平考察广西—东盟经开区，点赞华侨农场发展成就》，南宁市外事侨务办公室官网：http：//wqb.nanning.gov.cn/qwgz_8977/201709/t20170915_774591.html。

改善了教学环境。2011年以来累计投入约4亿元人民币，建设东盟二中等一大批一流学校，归侨侨眷子女实行了从幼儿园到高中15年免费教育；改善归侨侨眷的住房条件，投资5亿元用于建设华侨城，通过"以房换房"的方式，散居在偏远地区的归侨侨眷迁入中心区集中居住，加快归侨侨眷的城市化进程。

二 搭建经贸合作平台的侨务经济外交

广西地方侨务利用国内外的涉侨资源优势，开展经济外交，引进地方经济发展所需技术、高端人才及侨社建设的资金，侨务机构加强与海外华商、商会的社会经济关系，搭建贸易、投资信息平台，扶持侨资企业的对外合作及优势产业，开拓东盟及其他国际市场。

（1）利用涉侨资源，启动引资引智的华商广西行等活动。广西侨联携手地方政府启动"华商八桂行""侨商广西行""侨资企业西部行""世界桂商大会""海上丝绸之路华商经济论坛"等诸多涉侨引资引智的社会活动，加强与海外华商的对接，推动广西企业"走出去"参与对外国际产能合作，提供引进侨资、海外华侨华人高层次技术人才的渠道。海外侨胞为当地企业与广西投资、贸易牵线搭桥，为中国企业到当地创业规避跨国风险，实现广西、住在国、侨商利益互利互惠、共同发展。2011年以来，广西地方启动"华商八桂行"，相继在崇左、防城港、柳州等6个城市开展，各个城市邀请印度尼西亚、马来西亚、泰国、柬埔寨、越南、老挝、缅甸等东盟国家有实力的海外华商考察广西各地的特色优势产业，助力广西地方企业拓展海外市场。如桂林的基础设施及房地产、旅游文化体育、商贸流通、农业开发农副产品等方面商贸项目，柳州的高新技术、工程技术、汽车配件等产品；激励广大海外桂籍侨胞发挥自身的优势，推动广西优势产业参与国际产能合作，构建跨境产业链、价值链，把企业、人才、资金、技术吸引到广西，实现广西与"一带一路"沿线国家合作共赢，为广西地方工业产品拓展海外市场。"侨商广西行"促成世界各地1000多名侨商来广西考察项目，贵港市中心医院、来宾东方广通实业公司等重大项目，达成项目合同总额超 100 亿元。① 菲律宾中国商会与广西华侨学校达成合作协议，决定每年推介 100 名菲律宾青年到该校学习中华文化，并捐资 100 万元支持学校教学楼建设。②

（2）建设金融、贸易等服务平台，扶持区内侨资企业的发展。目前，广西侨资企业发展所面临的问题和困难是项目审批、土地使用、融资等服务工作滞后，政策服务体系不健全，侨资企业资金缺乏、管理经验不足。广西侨务管理部门协调各区县（市）以及招商、工商、国土、住建、国税、地税等多个行政部门推进侨资企业的发展，开展"侨资企业走访活动"和侨资企业专题调研会，为侨资企业发展提供开拓市场、品牌推广、商贸洽谈、国际交流的平台，从企业服务、企业权益保障等方面给予支持，成立广西为侨服务法律顾问团、广西华侨投资服务中心和广西侨商投资创业协会，搭建侨商服务平台，为侨胞在广西投资提供法律、融资和信息沟通等全方位的服务。③ 广西侨办与中国银行签订服务侨商企业合作备忘录，金融机构为侨商提供金融服务，在贸易结算、融资贷款方面提供便捷服务。广西区内涉侨企业近 3000 家，分支机构近 5000 个，总投资 300 多亿美元，占广西引进外资的 78%，项目涉及医疗、汽车制造、港口建设、石油化工、现代农业技术、生态旅游等 40 多个领域，为推动"海上丝绸之路"建设和广西经济社会发展做出了积极的贡献。

（3）利用中国—东盟博览会的平台，吸引广西地方经济发展所需侨商资本、人才与先进技术。博览会活动，成为加强广西与海外侨胞交流合作的重要平台。广西是中国与东盟之间唯一既有陆地接壤又有海上通道的省区，地处华南、西南和东盟三大经济圈接合部，作为中国—东盟合作的"桥头堡"，海外侨商看重广西辐射中国华南、华中以及西南地区的广大市场和重要的交通节点，每年南宁召开中国—东盟博览会、中

---

① 《八桂大地侨商投资正当时》，人民网（《人民日报》海外版），2016 年 9 月 10 日，http://paper.people.com.cn/rmrbhwb/html/2016-09/10/content_1711420.htm。

② 菲律宾中国商会成立于 2007 年，现有九个分会，会员遍布全菲各地，主要从事房地产、贸易、食品加工等行业。《菲律宾中国商会访问团到访广西华侨学校》，广西华侨学校官网：http://www.gxhqxx.edu.cn/html/2017/guojijiaoliuhezuo_1107/1254.html。

③ 《广西侨务工作思考：依托侨力资源打好"侨牌"》，侨务网：http://www.qiaowu.cn/qwlt/news_40.html。

国—东盟商务与投资峰会、"海外华商相聚中国—东盟博览会",华商积极参与商品展销、项目合作、招商投资,广西侨务部门借中国—东盟博览会召开之际开展侨务经济外交,与海外侨商开展交流座谈,推介广西南宁及地方市县地理、资源优势,推动工业、旅游、物流业发展。2016年第13届中国—东盟博览会高层论坛之一的"汇商聚智携手圆梦——共建21世纪海上丝绸之路"知名企业·专业人士交流会召开,广西侨联与美国、法国、日本、澳大利亚、加拿大以及中国香港等国家和地区的企业家和专业人士代表共500多人以"引资引才引智,创新创业创富"为主题,交流项目合作、成果转化、人才交流等。菲律宾华商经贸联合会、菲律宾中国总商会、马来西亚广西总商会等东盟海外侨团在参会之际受邀考察中马钦州产业园区、钦州坭兴陶文化创意产业园、钦州保税港区、中越跨境经济合作区、东兴边民互市贸易区、百色新山铝产业示范园区、百色国家农业科技园区等广西经济发展示范区。东博会以东盟国家为重点,通过"华商识外商、借外商引外商"方式,吸引侨商、外商投资兴业。泰国侨商封家正在祖籍容县侨乡投资15亿元人民币建设"华侨创意文化产业园"。广西地方利用华商在金融、科技、人才等方面优势服务于广西地方经济的发展。

(4)涉侨政府机构、商会及侨资企业"走出去"寻求国外新的商机与市场,扩大国际商贸合作。广西侨务机关、广西商会及侨企利用广西的区位、资源优势、资金、技术、海外广西籍华侨华人等优势并结合国家"一带一路"建设的机遇,积极促进中国与所在国的商贸关系。在对外经济合作上,广西侨务机关、商会及企业利用地域、族群、语言文化、血缘优势,已与东盟国家的100多个侨团商会建立了密切联系,其中与广西经济关系密切的东盟国家有越南、印度尼西亚、老挝、柬埔寨等国。由于大多数东盟国家土地、劳动力价格低廉,企业出口享受免税政策,与广西经济合作互补性强,东盟国家成为广西企业投资办厂的热土,建立工业园区、生产基地和营销网络,主要涉及房地产、矿产、农业、基础设施、汽车工业、旅游等领域的投资。在柳州市外事侨务部门的支持下柳州侨商会在泰国、印度尼西亚、柬埔寨、缅甸、老挝建立了6家海外侨商联络处,助推柳州支柱性产业拓展海外市场及在海外推介柳州的投资、创业、汽车工业、旅游。广西侨商会应越南广西同乡会、越南越香工业园的邀请赴越南开展商会交流，考察越南河内、芽庄两地的房地产、海产品深加工等产业。由印度尼西亚华人牵线，广西农垦集团承建在印度尼西亚西爪哇省贝卡西县的500公顷中国·印度尼西亚经贸合作区，是中国商务部批准设立的19个境外经贸合作区之一，是广西设在境外的第一个经贸合作区，三一重工、五菱汽车等公司投入建设。① 广西企业家在柬埔寨成立吴哥迪亚蒙特房地产开发公司，投资逾2亿元人民币，在国际旅游城市暹粒建设文化商业步行街项目，该项目建成后将成为暹粒省首家集餐饮娱乐、休闲生活、精品购物于一体的城市综合体，将被打造成暹粒省的商业标杆，该项目成为广西与柬埔寨合作的典型。②

三 广西传播特色民族文化的侨务公共文化外交

广西是以壮族为主少数民族聚居的地区，民族文化多姿多彩，广西壮族自治区海外侨务工作以传播广西特色民族文化，促进广西与世界各国尤其是东南亚国家的文化交流，加深海外侨胞认识和了解壮乡文化，增强民族认同感。通过侨务渠道，将广西特色壮乡文化推向海外，扩大广西的对外文化交流，提升广西的知名度和文化软实力。

（1）承接国务院侨办、全国侨联举办的海外华裔青少年夏（冬）令营活动，加强与华裔新生代的联系。自2006年以来，广西共计开展了150多期海外华裔青少年夏（冬）令营，菲律宾、印度尼西亚、老挝、泰国、荷兰、美国、加拿大等30多个国家超过6000余名华裔青少年参与了"中国寻根之旅"夏令营——壮乡之行，广西侨办、侨联承办的夏（冬）令营相继在南宁、梧州、桂林、柳州、贺州、百色、贵港等14个地级市和东兴、凭祥等边境特色城市开营，来桂的华裔青少年感受广西壮乡多

---

① 李卓辉编著：《"一带一路"与印尼政治发展》，印华日报出版社2017年版，第64页。
② 《广西与柬埔寨企业家共谋"一带一路"发展新机遇》，南博网：http://www.caexpo.com/news/info/focus/2016/07/04/3663460.html。

姿多彩的风土人情，了解广西传统民族文化。海外桂籍社团中青年骨干培训班、"华裔青少年寻根之旅"等相继开办，华裔青少年在广西学习汉语基础知识、武术、民族舞蹈、彩绘、少数民族特色手工艺等课程，提高海外华裔青少年对中华文化的认知力，增进华裔学生对中国大陆祖籍地的情感。

（2）重视外派华文教师的选拔与培训，提升广西外派华文教师的质量与口碑。近年来，受国务院侨办委派，广西共派出1000余名华文教师分赴老挝、柬埔寨、泰国、菲律宾、印度尼西亚51所华校任教，主要教授汉语和幼儿科目，小部分专职或兼职教授音乐和舞蹈、体育、数理化、计算机等科目。外派教师派出单位分布在广西全区14个市的60个县（区）200多所学校。广西还承办了国侨办80余次期海外华文教师培训班活动，组织"外派教师工作座谈会"，让延聘的和新派的老师交流外派教学经验，曾经两次到老挝援教的黄日文老师绍了自己根据外国学生特点总结的教学技巧：一要"慢"，放慢语速和讲解课文内容的速度；二要"范"，反复"范读课文""范写文字"；三要"巧"，把中华传统故事融入课堂，提高学生学习兴趣。为了解决广西外派教师教学技能不高的问题，提高外派教师积极性和工作质量，2016年广西侨办制订"广西优秀外派教师评选方案"，给予表现优秀的外派教师"广西优秀外派教师"奖；还举办"中国（广西）—东盟教育开放合作交流会"活动，推动海外华校与广西开展教育交流合作，完善外派教师人才储备库，收录业务精良、素质较高的教师队伍，为优选外派教师奠定人才基础。

（3）加强海外华裔新生代与广西侨乡的联系，传播中国文化。首先，设立华裔青少年奖学金，吸引不同层次的海外华裔学生来广西接受语言教育、高等教育和职业技能教育。广西区政府专门设立东盟留学生奖学金，广西大学、广西师范大学、广西民族大学、广西中医药大学等高校设立校级奖学金吸引东盟国家华裔留学生。自2009年起，广西华侨学校获得中国华文基金会[①]的支持，设立"海外华裔高中学历教育奖学金"项

---

① 中国华文教育基金会是为海外华文教育事业服务的全国性公募基金会，其宗旨是弘扬中华文化，发展华文教育事业，促进中外文化交流。

目，资助金额已达 500 万元，受益的海外华裔青少年达 964 人次。广西成为中国接纳东盟留学生最多的省份之一，是中国与东盟国家教育文化合作的重镇。广西80%的留学生来自东盟国家，其中不少是华裔青少年留学生。其次，广西灵活地拓展与东盟国家华文教育机构、政府部门的文化交流，开展联合办学、互派留学生、中高级管理干部培训、教育代表团互访及科研交流等多种形式的合作。柳州铁道职业技术学院与印度尼西亚苏利亚大学签订培养高铁和汽车技术人才合作协议，广西外国语学院与印尼—中小企业商会签订共同成立广西外国语学院印度尼西亚文教交流中心协议。此外，广西高校在海外设立孔子学院，进行汉语教学。广西民族大学与泰国共建玛哈沙拉坎大学孔子学院，与老挝共建老挝国立大学孔子学院，与印度尼西亚丹戎布拉大学共建孔子学院，广西大学与泰国川登喜皇家大学合办素攀孔子学院，与爱沙尼亚塔林大学共建孔子学院等 8 个孔子学院。这些孔子学院与当地华文学校合作，举办学术讲座、汉语演讲比赛，开展文艺交流，展示中华文化，促进广西与当地侨社、主流社会的文化交流。

（4）加强同海外华人媒体合作的文化传播。广西加强侨务外宣工作的力量和手段，支持海外华文媒体与区内新闻媒体开展交流与合作，为海外华人记者来广西考察、采访提供服务，开展涵盖了报纸、电视、广播、网络、新媒体等多种传播平台的华文媒体之间的宣传与交流，建立新闻合作机制。自 2015 年来广西侨办联合中国新闻社总社及广西分社每年举办"文化中国—海外华文媒体广西行""海外华文媒体聚焦广西向海经济新篇章"等系列活动，美国、加拿大、西班牙、瑞典、意大利、葡萄牙、匈牙利、日本、印度尼西亚、马来西亚、泰国、越南、菲律宾、柬埔寨、澳大利亚、加纳等五大洲 20 多个国家和地区的华文媒体记者受邀在广西的南宁·中关村双创示范基地、南宁创客城、世界最大的药用植物园——广西药用植物园、梧州六堡茶之乡、崇左中泰产业园等地参观游历，塑造广西在海外媒体的新形象，扩大对外宣传的力度和实际效果。在中国—东盟博览会召开期间，东盟国家的华人媒体菲律宾、印度尼西亚、马来西亚最大的华文报纸《世界日报》《国际日报》《南洋商报》，菲律宾的《商报》，印度尼西亚的《印华日报》，柬埔寨的《金边晚报》，泰国的《东盟经济时报》等华文媒体报道了中国—东盟博览会的近况。

四　广西与海外桂籍华人同乡会、宗亲会社会关系网络互动

目前，广西在海外的华人社团有 100 多个，其中规模较大的有 68 个，海外桂籍华侨华人及华人社团是广西发展与海外友好交流的重要纽带。2006 年以来，共接待来自世界 80 多个国家和地区的华侨华人组团 500 多个，共 56000 人次，参与和组织 462 个团组出访了 85 个国家和地区，与 500 多个海外重点侨团、科技社团、商会建立了友好合作关系。

（1）侨务公共外交以世界广西同乡联谊会和世界钦廉恳亲会为社会网络平台，拓展海外联谊，加强情感联络与互动。1983 年东南亚、港台等地区的重要广西籍华人社团侨领在新加坡成立世界广西同乡联谊大会（又称世桂联），每两年召开一次，迄今为止已经在新加坡、曼谷、吉隆坡、中国香港、中国南宁、中国台北多个城市成功举办了十八届联谊大会，汇集世界 40 多个国家和地区 100 多个桂籍侨团，成为全球广西籍海外华侨华人规模最大的常规性盛会和重要桥梁，在团结世界海外桂系华侨华人、服务广西社会经济发展中发挥着举足轻重的作用。据不完全统计，全球有 200 万海外钦廉籍华侨华人。2006 年，中国香港钦廉同乡总会、中国台湾广东钦廉同乡会、澳大利亚钦廉同乡会、美国钦廉同乡会发起成立首届世界钦廉恳亲会，先后在中国香港、美国、越南、中国防城等地连续举办了五届，成为影响越来越大的海外国际桂籍华人省会之一，是海内外钦廉人恳亲联谊、经济合作、文化交流的主要载体。[①]
2011—2016 年，广西海外交流协会共接待来自 60 多个国家和地区的华侨

---

① 钦廉地区也成为钦廉四属，指清朝时期广东省钦廉道廉州府的四个属县，即合浦县、钦县、灵山县和防城县，1965 年，钦廉四属划拨归广西管辖，即今广西北部湾沿海三个地级市——北海市、钦州市和防城港市，钦廉人是一个以客家、广府等民系为主在历史上形成的特殊族群，操粤语、客家话和廉州话（又称钦廉话）。钦廉沿海是汉代"海上丝绸之路"的始发地之一，两千多年来钦廉华侨华人为"海上丝绸之路"的繁荣与发展做出了积极的贡献。吴小玲：《钦廉籍华侨华人与海上丝绸之路》，第三届"海外华人与中国侨乡文化"国际研讨会，第 469 页。

华人访问团组2860批次41526人次，共组织325个团组1896人次到美国、丹麦、澳大利亚、泰国、新加坡、越南、中国香港等30多个国家和地区访问。

（2）开展文化"走出去"活动，增进与海外华社的文化联系。广西推动"亲情中华"艺术团出访菲律宾、柬埔寨、印度尼西亚、泰国等东盟国家，已促成广西与东盟建立了44对姐妹友好城市，居于全国之首，广西各市与友城经贸、教育、文化、卫生、科技等多个领域合作方面成果丰硕。另外，侨务部门联合广西卫生厅每年都举办"中华文化东盟行—中医药文化行"活动，派出广西中老名医和知名专家赴东盟国家华人社区开展义诊、健康养生知识讲座、免费诊治，传播中国博大精深的中医药文化。

（3）凝聚侨界力量，调动全区归侨侨眷和海外侨胞的积极性。侨务部门发挥团结、教育、引领、服务职能作用，创建"侨胞之家"，丰富侨界群众的精神文化生活。2017年广西侨联在全区各级侨联、华商企业中创建"侨胞之家"活动，初步计划截至2020年在广西归侨侨眷社区、街道、农林场挂牌设立100个"侨胞之家"，建成侨胞的活动交流平台、文化交流载体、侨务政策咨询基地、联谊窗口、凝聚侨心民意的阵地。[①]

（4）保护侨乡文化遗产，建设侨乡文化。玉林是广西第一大侨乡，广西玉林籍海外华侨华人、港澳同胞有200多万，遍布世界20多个国家和地区。在广西海外侨团侨社中，有30多个玉林籍华侨担任创建人或首任领导人，在广西籍社团侨领190多人中玉林籍的多达130多人，占侨领总数的68%。玉林地方政府扩充容县华侨博物馆，举办"海外华侨华人玉林恳亲大会"、侨乡文化论坛，弘扬玉林侨乡文化。

总而言之，在"一带一路"建设中，广西地方的侨务政策与侨务外交以东盟国家为主，辐射欧美国家，发挥涉侨资源的优势，在"一带一路"沿线国家建设方面发挥了重要作用。广西侨务政策是以内、外侨并

---

① 南宁首个"侨胞之家"是由南宁市正培五金机电有限责任公司总经理、美国侨眷陈正陪无偿资助建立，建筑面积1680平方米，有多功能球馆、书画馆、游泳馆、舞蹈馆、唱歌娱乐五个功能区，一期总投资380多万元，二期还将建设约500平方米的排球馆和羽毛球馆。

重，以广西籍海外社团为纽带，引进侨力、以侨引侨。广西籍华侨华人同乡会、行业商会等社会组织加强与广西社会关系互动网络，构筑广西与海外华侨华人的文化、血缘、地缘关系及社会关系的互动。

俄罗斯移民新政策对旅俄华侨的影响

姜 丹[*]

随着俄罗斯大规模移民潮现象的出现，俄联邦政府不得不面对大量入境移民所带来的众多问题而制定一系列相关的法律、法规。随着移民法、移民政策的产生，对旅俄华侨的政治、经济、文化及日常生活都产生了极大的影响。

一 旅俄华侨在俄的基本状况

当今社会，国际侨民是现代世界一体化发展过程中的一个重要因素，国家的发展离不开旅俄华侨的贡献，旅俄华侨也是促进中俄友好关系发展不可或缺的一部分。

朱杰勤先生定义："我们惯称的华侨是指长期侨居在外国的中国人，为着特殊任务在外国短期居留的留学生、外交人员和来往客商不在其列。"[①] "旅俄华侨就是泛指留居俄（苏）保留中国国籍的华人，它包括早期的华农、华商、华工等取得长期或永久居留权的居民，也囊括了赴俄（苏）短期居住、工作、学习的中国人。"[②]

俄罗斯是世界领土面积最大的国家，然而人口密度极低，在俄罗斯

---

[*] 姜丹，黑河学院外国语学院讲师、系主任。
[①] 朱杰勤：《东南亚华侨史》，高等教育出版社1990年版，第3页。
[②] 宁艳红：《旅俄华侨史》，人民出版社2015年版，第3—4页。

广阔的领土上，居住了仅仅 147000000 万人口，其中大部分俄罗斯人民居住在欧洲部分，大约为 110000000 万，而在亚洲部分，即西伯利亚及俄远东地区仅有 3700 万—3800 万人，其人口密度为世界最低，每平方千米约为 1.9。在这片广阔的领土上，不难见到旅俄华侨的身影。据资料显示，至 2015 年 7 月 2 日，哈巴地区的旅俄华侨达 3898 人，莫斯科市达 3222 人，沿海地区达 2857 人，克拉斯诺亚尔斯克边疆区达 2436 人，新西伯利亚地区达 1926 人，斯维尔德洛夫地区达 1772 人，圣彼得堡市达 1578 人，伊尔库茨克地区达 1118 人，阿穆尔地区达 672 人。在俄罗斯经济不同领域中都能够看见旅俄华侨的身影。在这片领土上，旅俄华侨积极从事着各项事业，如农业、食品业、服务业、运输业、建筑业、批发及零售业等。

二 俄罗斯移民政策的历史演变及新移民政策

俄罗斯在 1991 年苏联解体后成立移民人口委员会，1992 年成立内部移民局，制定《俄罗斯移民政策的基本方针和实施办法》《移民长期纲要》，2001 年起草《移民法》，通过新《国籍法草案》。同年，为加强对移民的监督管理力度，俄罗斯联邦政府批准了《关于向外国公民和无国籍人士颁发临时居住许可的规定》《俄罗斯联邦外国公民法律地位》及其配套规定《行政违法处罚法》。

自 2015 年开始，俄罗斯联邦对俄境内所有居民实行新的法律制度，其中对移民法进行了更加严格的修订。其中，尤其针对独联体国家制定了一些新的法律。

（一）俄罗斯移民新政策对独联体国家的影响

自 2015 年 1 月 1 日起，对于独联体所有国家居民入境有如下规定：对于侨民在俄逗留期限的限定。在无特殊允许下，独联体国家侨民有权 6 个月内在俄逗留 90 天，一年累计 180 天。所有侨民必须在入境时填写移民卡并将其保存好。自 2016 年 1 月 1 日起，禁止企业主雇用土耳其公民。

对于想招聘一些有经验的土耳其工人为其工作的，则需将其列入俄罗斯联邦社会保障与劳动部的清单中。移民局将严格执行此项规定，并进行监控。若是雇主与其在2015年12月31日前签订的劳动合同，则仍可以延期。2016年白俄罗斯公民若想在俄罗斯联邦获得居住权，则必须通过俄语、俄罗斯历史及法律基础三门考试。2016年1月1日起，对于乌兹别克斯坦国家来说，禁止其使用非外国公民护照，必须更换其旧式护照，否则护照持有者将面临被驱逐出境或禁止入境。2016年针对塔吉克斯坦国家将严格控制非法移民，同时取消其移民特权。2015年12月23日起格鲁吉亚因私邀请函入境者，无须再证明与其邀请者的亲属关系。这里值得一提的是，违反在俄逗留者，即按照法律要求超过在俄逗留时间者，在没有特殊原因及必需文件的情况下，将会受到罚款制裁。根据新的法律要求，将禁止多次赴俄多次入境，在俄逗留期超过90天，只有留学或具有军事合同，否则其他情况在俄境内逗留期将会被限制。除此之外，无论在任何情况下，移民卡都应有移民局所盖签的"居住延期"专门印章。

独联体国家新移民法中还涉及一些劳务移民的事宜。2016年劳务移民应提供无犯罪证明、医疗保险、现居地证明及个人所得税发票。地方区域机关有权独立确定发放给劳务移民健康证的医疗组织。除此之外，地方区域权利机关根据移民者的基本信息、职业资料、职务和专业有权决定是否给予许可证。由于俄罗斯在苏联解体后，与很多独联体国家在政治、经济关系上关系微妙，因此，针对独联体国家移民，近年来制定了许多新的移民政策。

（二）俄罗斯近年来新移民政策的体现

2016年根据新移民法，在俄移民税收有所变化。2016年在俄移民局办理的工作手续平均费用为1568卢布，需要指出的是，俄罗斯联邦每个地区均有权在此基础上增加区域系数。因此，此项费用最终是由移民者所在区域所决定。如2016年在莫斯科办理手续费用达4000卢布。

除此之外，2016年对于入俄罗斯境内移民法律增加一项内容，即对所有入俄境内外国人必须进行指纹鉴定。这一项规定对于企图持他人护照出境或犯罪分子来说，是极其必要的。需要强调的是，指纹鉴定现在针对免签国家，对于办理签证的国家是否也实施，暂时还未确定。此项指纹鉴定目前计划实行4年，即2016—2020年，4年后是延续使用还是扩展范围将在2020年后得以明确。实行指纹验证最初是2014年在莫斯科及圣彼得堡的机场实行，通过此项身份验证手续发现企图持他人证件入境者达200人左右，近3000人因违反移民法而被禁止入境。

值得一提的是，在俄逗留超过俄移民法所规定的时间，除了要接收罚款处罚之外，还有禁止入境的制裁。

根据法律要求，以下情况禁止再次入境俄罗斯：

（1）非法在俄逗留超过180天者，5年内禁止入境；

（2）在俄逗留超过280天者，10年内禁止入境。

对于在俄逗留90天者，则增加以下条件：

（1）具有在俄长期居住权或工作权；

（2）具有临时居住许可权；

（3）具有买卖许可权；

（4）具有俄联邦部队服兵役合同者；

（5）在俄联邦留学人员。

2016年针对移民合同法内容也有一定的修订：

（1）工作许可方面。根据与企业签订的现有合同，可以获得工作许可。其期限以合同期限为准（最多为入境后起算一年）。

（2）对于免签国家取消移民定额制度。

（3）在俄获得劳动许可人员可为个人，也可为法人代表。

（4）在一定情况下，移民或侨民有带薪休病假权利。雇主应保障其社会保险，其条件是必须在所在工作处满6个月。其缴费及偿付低于俄罗斯公民。对于移民或侨民怀孕或生育的补助暂时未有规定。

（5）必须通过俄语等级测试、俄罗斯历史及俄罗斯联邦法律基础考试。目前所有在俄就业的移民或侨民必须通过以上考试，并在通过考试之后颁发专门的证书。

（6）对于由外国国家（非俄罗斯）所颁发的司机驾驶证，在俄均不给予承认。

（7）医疗保险。所有在俄移民或侨民必须具有医疗保险。

三 对远东地区旅俄华侨的影响

俄罗斯远东地区是俄罗斯经济发展的重要地区，其农业、贸易、食品等各个行业发展均在俄罗斯居领先地位。俄远东地区与我国东北紧密相连，在拥有地缘优势的有利条件下，我国东北城市与俄远东地区的合作发展相当密切，在这其中，旅俄华侨起着不可忽视的作用。据资料显示，当今在俄正式登记在册的中国人近200万人。这个数字可与一个俄罗斯大城市的人口相媲美，旅俄华侨占绝大比例，而大部分旅俄华侨都分布于俄罗斯远东地区。

1858年不平等的《中俄瑷珲条约》规定：黑龙江、乌苏里江居住的两国之人，令其一同交易，官员等在两岸照看两国之人。此条约共四款，其主要内容是：①以黑龙江为界。②乌苏里江以东至海所有土地由中俄公管。③黑龙江、乌苏里江只准中俄两国行船。④准许黑龙江、乌苏里江两岸人自由贸易。按照最初规定，即"约定暂且每隔八天轮流在海兰泡与瑷珲组织一起集市，为期七天"，后因俄方无货到我国贸易，只能我方到布拉戈维申斯克市"日以过江贸易"。由此，形成了远东地区最初的规模型的旅俄华侨。"1861年12月12日，阿州州长布谢发布《阿穆尔州边境贸易整顿条例》，1860—1880年在沿海地区实行一系列关于税收方面的制度。因此，在远东地区，可以说，一直到1917年前，并没有正式、统一的移民法。"[1]

在俄侨民的法律地位、权利与义务、出境权、居住权、劳动权、经营活动权、入籍权及其他与侨民有关的问题都受国家机关合法法令及私法或国际公约管辖。由于外交部和内务部之间的矛盾，没有通过俄罗斯移民法。根据当时的规定，外国人在俄逗留最多为6个月，且需持有国

---

[1] Сорокина Т. Н. Почему в начале XX в. так и не был принят иммиграционный закон для дальневосточных областей? //«Мост через амур». Внешние миграции и мигранты в Сибири и на Дальнем Востоке. Сб. материалов межд. Науч - исслед. Семинара/ Под ред. В. Д. Дятлова. Иркутск: Наталис, 2004. С. 172 – 181.

家护照，期满后，或离开或取得期限为 1 年的长居权。长居许可由州长办公室授予。在苏维埃俄国统一后，在远东地区实行俄罗斯苏维埃联邦社会主义共和国法律法规，并为移民建立护照检查中央集权制。1925 年苏联对移民实行新的注册制度。1937 年侨民卡片登记制度在个别地区被取消。逐渐在地缘政治及经济的影响下，形成了远东地区边境城市的移民政治。

近年来，旅俄华侨赴俄人数急剧增加，但是很多劳务华侨却不希望留在俄罗斯，尤其是不希望留在莫斯科。虽然旅俄华侨人数众多，但是真正与乌兹别克斯坦相比，只是其 1/3，与乌克兰相比，只是其 1/12。究其原因，是薪金及新政策的实施。据俄罗斯联邦新的法律规定，在俄侨民必须要通过俄语等级测试、俄罗斯历史及俄罗斯联邦法律基础考试，未通过以上三门考试者，禁止在俄境内逗留。中俄两国实施签证制度。俄远东地区的大量旅俄华侨从事农业及饮食业，还有很多从事服务业、交通运输业及商品批发与零售。旅俄华侨还是俄罗斯建筑业的一大生力军。俄罗斯专家称，旅俄华侨在很大程度上促进了俄罗斯经济的发展。然而，这对俄罗斯地区本地的劳动力也产生了一定的冲击，普京总统曾发表过对俄罗斯远东地区未来的观点，他说：在几十年后，也许远东地区的俄罗斯居民不仅仅只讲俄语，还将讲汉语和日语。

俄罗斯人普遍认为，中国人是最勤劳的民族，各个行业都能看见其身影。俄远东地区的旅俄华侨约占整个远东地区 600 万人口的 8%，达 48 万人左右。对于旅俄华侨在俄不断增加的情况，俄罗斯居民存在一定恐慌情绪，因此，他们对待旅俄华侨秉持一定的不信任和不友好的态度。虽然俄罗斯移民法有一些新的政策，但是却不能改变旅俄华侨人数在增多的事实。这从一方面反映了俄远东地区对旅俄华侨的吸引力，另一方面也反映了旅俄华侨对远东地区的发展发挥着重要影响。具体表现在以下几个方面：

（1）旅俄华侨赴俄目的性强。由于中国东北地区与俄罗斯远东地区的地缘优势，旅俄华侨赴俄目的明确，多为经商或劳务输出。虽然在新的移民法中对其逗留期限做出了一定的限制，但是这并不影响他们前往远东地区寻找新的出路和发展的决心，例如在远东地区的"三条金鱼"

中国服装大市场，2017年"经济滑坡"之前，最多有两百余家旅俄华侨经营的中国商铺。

（2）旅俄华侨文化素养有所提升。在新移民法中有在俄移民必须通过俄语等级测试、俄罗斯历史及俄联邦法律基础考试的规定，对旅俄华侨同样产生了巨大的影响。旅俄华侨人数众多，但是多数从事服务业、建筑业、农业及私人经商贸易，在国内并没有受过系统的高等教育，不是俄语专业科班出身，文化水平较低，在新移民法实行后，俄语及历史法律考试对于他们无疑是一大挑战，他们本身的俄语口语能力较强，但是对于俄语理论知识和俄罗斯国情文化知识知之甚少。要想继续在俄罗斯从事自己的事业，则必须要提高自身的俄语水平，促进本身文化素养的提升。因此，近年来在边境城市，出现了很多"恶补"俄语的成年人。

（3）旅俄华侨与俄罗斯籍公民通婚现象增多。俄罗斯政府对于外来移民国籍限制较严，因此与俄罗斯籍公民通婚现象近年来不断增多。由于俄罗斯是一个男少女多的国家，且俄罗斯由于其民族特点，俄罗斯男人大男子主义者较多，且很多缺乏责任感，许多旅俄华侨为了能够取得俄罗斯国籍或长居权而迎娶了当地居民。"2011年吉林出现了'俄罗斯新娘村'，22名中国小伙娶回了异国新娘。"[1]

（4）促进旅俄华侨回国发展，助力推动中俄两国友好关系。随着俄罗斯新移民政策的实施，又随着俄罗斯卢布贬值、汇率降低，导致许多旅俄华侨在俄经商获得的仅是微利或无利，有的甚至是面临着大面积的亏损，这导致近年来许多旅俄华侨纷纷返回了国内。他们回到国内，带回了一系列新的商机，比如在很多旅俄华侨的帮助下，国内许多旅行社积极与俄罗斯旅行社合作，共同制定中俄旅游项目，在去俄罗斯旅游观光成本较低的情况下，带动了中国旅游业，尤其是边境城市旅游业的发展。除此之外，近年来，代购、微商不断兴起。很多旅俄华侨与中国商家进行合作，在俄罗斯远东地区，尤其是边境城市的各大商场分别建立了庞大的微商、代购圈，极大程度上促进了中俄两国人民的消费，推动

---

[1] 《吉林现俄罗斯新娘村，22名小伙娶回异国新娘》，2011年11月18日，俄罗斯中文网，http://huaren/eluosi.cn/xinwen/2011/1118/24972_4.html。

了中俄两国的经济发展。

近年来,随着俄罗斯联邦对新移民法的修订,其中很多新的政策法规对旅俄华侨产生了极大的影响,尤其是在俄罗斯远东地区的旅俄华侨。习近平总书记提出"一带一路"倡议,已成为中俄长期合作发展的指导方针,在习总书记提出的"五通"中法律对接和制度对接都将进一步实现,旅俄华侨定会在对接的过程中发挥其特殊的桥梁和纽带作用,促进中俄两国的友好合作关系,推动经济的发展。

"华创会"对"长江经济带"发展的作用及相关建议

杨 海[*]

一 导言

"华侨华人创业发展洽谈会"（以下简称华创会）是在中央海外高层次人才引进工作小组直接指导下，由国务院侨办、湖北省人民政府和武汉市人民政府联袂主办的涉侨经济科技年度主题活动，自2001年以来在湖北武汉连续举办。历届华创会在吸引华侨华人高层次人才为国服务方面发挥了重要作用，为湖北及周边地区的经济科技发展做出了巨大贡献。

"长江经济带"战略是2013年党中央、国务院做出的重大战略决策，覆盖上海、江苏、浙江、安徽、江西、湖北、湖南、重庆、四川、云南、贵州共11个省和直辖市，其主要任务是提升长江黄金水道功能、建设综合立体交通走廊、创新驱动促进产业转型升级、全面推进新型城镇化、培育全方位对外开放新优势、建设绿色生态廊道、创新区域协调发展体制机制。

那么华创会能否对"长江经济带"的发展切实起到助推作用？又该如何改进华创会的工作、使其更好地为"长江经济带"的发展服务？本研究就此开展匿名问卷调查（调查对象全部是华人华侨专业人士，均具有硕士及以上学历。本研究共回收有效匿名调查问卷633份）和个人访

---

[*] 杨海，华中师范大学经济学院副教授。

谈，并收集湖北省外事侨务办公室的华创会相关资料，致力于通过第一手资料和权威统计数据对上述问题进行解答。

二 调查结果

针对华侨华人人才的调查和官方权威统计资料表明，华创会在助推长江经济带发展方面起到了显著而独特的作用，具体分析如下。

（一）问卷调查的"相关性"分析结果

1."华创会知名度"与"长江经济带了解程度"之间的相关性

结合问卷调查第1题（您参加过几次华创会？）和第6题（您了解"长江经济带"吗？），计算"华创会知名度"与"长江经济带了解程度"之间的相关性。

对选项赋值如表1所示：

表1　"华创会知名度"与"长江经济带了解程度"选项赋值

华创会知名度		长江经济带了解程度	
选项	赋值	选项	赋值
参加过（不论次数）	1	很了解	4
知道有华创会，但没参加过		了解一些	3
不知道有华创会	0	不了解，但有兴趣了解	2
		不了解，也没兴趣了解	1
		不知道/不想说	剔除

运用 Kendall Tau - B 法分析相关性，计算结果如表2所示：

表2　"华创会知名度"与"长江经济带了解程度"之间的相关性

	长江经济带了解程度	
	相关系数	p值（双侧）
华创会知名度	0.397	0.042

可知，在华侨华人人才调查对象中，"华创会知名度"与"长江经济带了解程度"呈正相关性，即"知道华创会的华侨华人人才"也更有可能"了解长江经济带"。

这说明：华创会在推广过程中，为宣传长江经济带发挥了显著的作用。

2. "华创会参与度"与"长江经济带机会预期"之间的相关性

结合问卷调查第 1 题（您参加过几次华创会）和第 7 题（您认为，"长江经济带"战略能给您带来机会和收益吗?），计算"华创会参与度"与"长江经济带机会预期"之间的相关性。

对选项赋值如表 3 所示：

表3　"华创会参与度"与"长江经济带机会预期"选项赋值

华创会参与度		长江经济带机会预期	
选项	赋值	选项	赋值
参加过（不论次数）	1	很大机会和收益	3
知道有华创会，但没参加过	0	有些机会和收益	2
不知道有华创会		有点机会和收益	1
		不知道/不想说	剔除

运用 Kendall Tau – B 法分析相关性，计算结果如表 4 所示：

表4　"华创会参与度"与"长江经济带机会预期"之间的相关性

	长江经济带机会预期	
	相关系数	p 值（双侧）
华创会参与度	0.122	0.090

可知，在华侨华人人才调查对象中，"华创会参与度"与"长江经济带机会预期"呈正相关性，即"参加过华创会的华侨华人人才"也更有可能认为"长江经济带战略会给自己带来机会和收益"。

这说明：华创会在举办过程中，为吸引华侨华人人才加入长江经济带建设,发挥了显著的作用。

3. "华侨华人人才参会意愿"与"参与长江经济带建设意愿"之间的相关性

结合问卷调查第5题(您希望以后参加华创会吗?)和第8题(您愿意以什么方式参与到"长江经济带"建设中?),计算"华侨华人人才参会意愿"与"参与长江经济带建设意愿"之间的相关性。

对选项赋值如表5所示:

表5　　　　"华侨华人人才参会意愿"与"参与长江经济带建设意愿"选项赋值

华侨华人人才参会意愿		参与长江经济带建设意愿	
选项	赋值	选项	赋值
很希望	5	任意参与方式	1(不累加)
较希望	4		
一般	3		
较不希望	2		
很不希望	1	我不想参与到"长江经济带"建设中	0
不知道/不想说	剔除	不知道/不想说	剔除

运用 Kendall Tau-B 法分析相关性,计算结果如表6所示:

表6　　　　"华侨华人人才参会意愿"与"参与长江经济带建设意愿"之间的相关性

	长江经济带机会预期	
	相关系数	p值(双侧)
华创会参与度	0.481	0.000

可知,在华侨华人人才调查对象中,"华侨华人人才参会意愿"与"参与长江经济带建设意愿"呈正相关性,即"希望参加华创会的华侨华人人才"也更有可能"愿意参与长江经济带的建设"。

这说明：华创会在吸引华侨华人人才、助推长江经济带发展方面，发挥了显著的作用。

(二) 历届华创会有效吸引了华侨华人人才，推动了长江经济带的发展

自创办以来，历届华创会有效地吸引了华侨华人人才，一直对长江沿线地区的发展发挥着重大的作用。华创会历届参会海外代表人数和引进高层次人才数如图1所示：

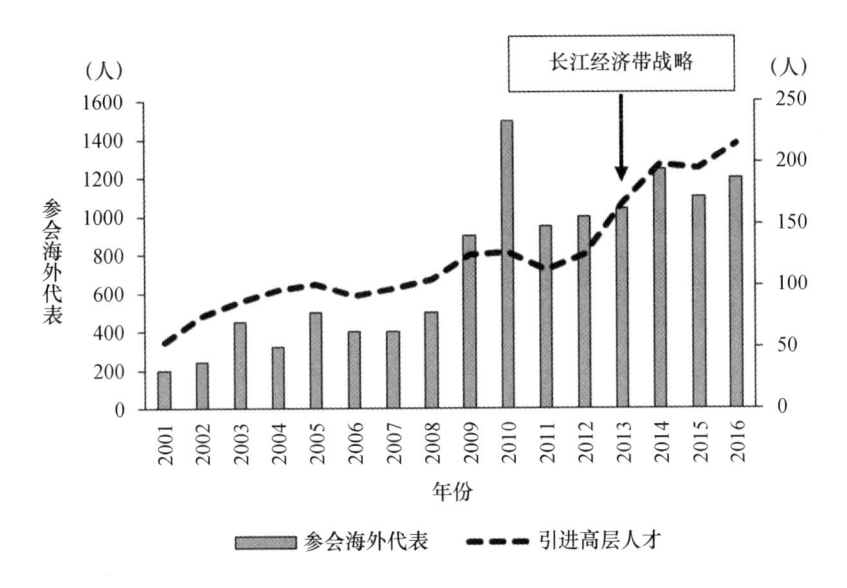

图1 历届华创会的海外参会代表人数和引进高层次海外人才数

资料来源：湖北省外事侨务办公室历届华创会统计资料。

可知，历届华创会参会海外代表人数总体呈上升趋势，华创会在海外华侨华人群体中的知名度和影响力不断扩大。华创会先后吸引华侨华人人才5万多人次参会。经华创会牵线搭桥，约2000名华侨华人人才被企业、高校和科研院所聘请为科技顾问、长江学者和客座教授，300多人入选国家"千人计划"，1000多人入选各省"百人计划"及市州高层次人才引进计划。在湖北124家上市公司中，有约70%通过华创会从海外引进了技术和管理人才。这些华侨华人人才为国内经济、科技、教育等事业的发展做出了杰出贡献。

访谈对象、经华创会引进的某海归人才表示："华创会让我眼睛一亮。我过去创业忽视了武汉这个地方，总觉得武汉是中部，是内地，是落后的、封闭的。但华创会的引荐最终使我决心落户武汉。没有华创会，我就不可能在（武汉）光谷创业。"

2013 年，"长江经济带"战略提出后，华创会的参会海外代表数和引进人才数保持在较高的水平。华创会在吸引华侨华人人才、助推"长江经济带"发展方面发挥着显著的作用。

（三）华创会对长江经济带的人才倍增效应

结合问卷调查第 5 题（您希望以后参加华创会吗？）和第 8 题（您愿意以什么方式参与到"长江经济带"建设中？），有强烈参会意愿的华侨华人人才（统计中剔除参会意愿"一般""较不希望""很不希望"的华侨华人人才）中，有约 62% 愿意以"帮助培养人才"的方式助推"长江经济带"发展。

访谈对象、某参加过华创会的华侨华人人才表示："美国的发展，不是靠的几个人才，而是因为人才占了社会的很大比例。我愿意帮助国内培育人才，希望国内有成千上万的人才出现。人才越多，中国越有前途。"

可知，华创会将以"滚雪球式"的倍增效应充实"长江经济带"的人才资源，助推"长江经济带"的现代化、高端化发展。

三 进一步改进华创会工作、促进"长江经济带"发展的建议

经广泛征求湖北省外事侨务办公室干部职工和华侨华人人才的意见后，本研究对改进华创会工作、促进"长江经济带"发展提出以下建议。

（一）规划构建

华创会班子应根据中央规划制订自身发展规划，根据国家战略编制自身发展纲要。对华创会的工作不仅要有年度计划，不仅要紧随上一届

会议马上启动下一届工作，而且要按照国家战略节奏，配套制定自身规划方案。例如，《长江经济带发展规划纲要》设定了 2020—2030 年的战略目标，华创会也应相应制订自身长期规划予以契合。

（二）地区联动

根据国家发展战略，"长江经济带"将形成大规模创新型现代化产业集群。华创会班子有必要站在"长江经济带"产业一体化发展的战略高度，致力于通过系列工作为"长江经济带"产业整体发展提供支持，使会议主题、交流内容、专场设置、项目推介、人才邀约等要素均紧密围绕长江经济带现代化产业集群发展这一核心，推动"长江经济带"产业发展的联动，助推"长江经济带"战略的实施。

（三）部门协同

华创会之所以成功举办多年，就是因为得到了湖北省、武汉市地方政府的大力支持。今后在"长江经济带"的大背景下，华创会还要努力争取长江经济带其他地区地方政府的支持，通过与各地政府的密切合作，共同建功立业，共同助推"长江经济带"的发展。

（四）重视新颖

"长江经济带"的发展需要真正具备原创性、新颖性的科学技术。华创会高度重视自主创新，要求海外人才携带具备自主知识产权的技术项目参会。在以后的工作中，华创会要继续严格把关，确保参会技术项目在当届华创会上的新颖性。华创会班子应建立数据库，且与其他平台充分合作、及时交换信息，进行纵横向对比，避免同一代表携带同一技术项目反复参会、到处参会、多年参会，以确保华创会引进人才的高端性和推动创新的有效性，切实助推"长江经济带"的发展。

（五）遴选人才

人类科技史证明，创新是以中青年（尤其是青年）为生力军的。华创会在今后的工作中应该适度向年轻人倾斜，并应争取在参会代表中逐年增加年轻人的比例。年轻人是"创新创业"的生力军，代表着发展潜力和增长空间。中老年人才可能已经取得了一定的成绩、获得了一定的资质，成了现在的"高层次人才"，但这只能说明过去，而不能代表将来。在瞬息万变、日新月异的当今社会，要更加注重发挥明天的潜能，而不是表彰昨日的辉煌。为切实促进长江经济带的长远发展，华创会有必要进一步优化参会人才年龄结构，将华创会办成具有创新创业激情与活力的盛会，推动"长江经济带"如长江后浪推前浪一般波澜壮阔地奔腾发展。

第二编

"两山"战略与华商研究

跨国主义视角下海外华商投资中国的驱动因素及对策研究

廖 萌[*]

一 跨国主义理论及概述

跨国主义（transnationalism）是20世纪90年代以来西方学术界提出的一种理论，主要用来研究全球化背景下移民在维持祖籍国与住在国的联系过程中建立起来的一种跨越国界的社会场域。波斯特把跨国主义分为底层跨国主义和上层跨国主义，其中底层跨国主义以草根现象为主，上层跨国主义以政府和跨国公司为主。[①] 丁月牙在此基础上，根据行为发生的领域以及行为主体的制度层级对跨国主义做了划分。（见表1）在经济领域，企业家借助跨国网络寻找供应商、资本和市场；政治领域的跨国活动则以实现对输出国和输入国的政治影响为目标；社会文化跨国主义以加强国家认同或者共享文化产品为主要取向。[②] 各领域的跨国主义虽有各自的侧重，但没有明显的界线，某一领域的跨国主义很可能与其他领域的跨国主义有着千丝万缕的联系。海外华商投资中国属于经济跨国

---

[*] 廖萌，福建社会科学院华侨华人研究所副研究员。

[①] Alejandro Portes, Conclusion: Theoretical convergencies and Empirical Evidence in the Study of Immigrant Transnationalism, *International Migration Review*, Vol. 37, No. 3, 2003.

[②] Alejandro Portes, Luis E. Guarnizo and Patricia Landolt, The Study of Transnationalism: Pitfalls and Promise of an Emergent Research Field, *Ethnic and Racial Studies*, Vol. 22, No. 2, 1999.

主义最常见的形式。

表1　　　　　　　　　　　　跨国主义分类

	经济跨国主义	政治跨国主义	社会文化跨国主义
个体	移民的个人投资行为、涉外劳工输出、移民汇款	移民通过募资、捐赠、信息发布和新闻媒体等方式影响祖（籍）国的政治活动、政治难民和流亡者、移民社区的政治活动家	移民个体回国探亲访友、移民的家庭和家族及朋友间的跨国联系、和祖（籍）国的宗教联系
草根社团与社区	非正式的跨国贸易、家庭或家族跨国商业网络的发展	在移居国建立的移民政治社团和草根组织、海外移民社团和国内社团的政治联盟、人权和环保等民间组织的跨国活动	民间社团的跨国文化艺术交流活动（文艺交流和体育赛事等）、移民社区组织祖（籍）国的传统节日庆典
政府和跨国公司	企业的跨国投资、全球跨国公司的商业行为、银行业的跨国金融服务	向海外派驻领事官员和设立代理机构、成立海外政党分支机构、实行双重国籍、移民参与祖（籍）国的党政部门和立法机关的选举	国家级的文化艺术交流活动、驻外使馆组织的文化交流活动

资料来源：丁月牙：《论跨国主义及其理论贡献》，《民族研究》2012年第3期。

跨国主义行为衍生出跨国社会空间。费斯特将这一空间阐述为"连跨多国边界的各种纽带、网络和组织中的位置以及组织的网络三者的综合体"。[1] 在空间内，个体或者组织是跨国网络结构中的节点，他们通过各种方式和其他节点建立联系，并在节点间实现资源的传输和转换。通过跨国社会空间，移民可以和祖籍国保持紧密联系，获得情感和经济的支持。海外华商网络就是一种跨国社会空间，在空间内华商个体和华商社团成为网络中的节点，海外华商资本通过网络不停地积累、转

---

[1] Thomas Faist, *The Volume and Dynamics of International Migration and Transnational Social Spaces*, p. 40.

换、交换和使用。海外华商网络在海外华商投资中国中发挥不可替代的作用。

跨国主义的兴起是个人、社团、祖籍国和住在国单方或者多方力量共同作用的结果。从个人来说，跨国活动的目的是寻求更好的发展机会，从而提高个人在住在国的社会地位，并对祖籍国的经济社会产生一定的影响。从祖籍国的角度来看，积极调整和完善各项政策，鼓励和引导海外移民通过侨汇、侨捐和投资等形式，与祖籍国互动。但是，跨国主义也有可能对移民同化或融入住在国主流社会带来挑战。这些理论对分析海外华商投资中国的驱动因素有着借鉴作用，海外华商投资中国受到住在国和祖籍国双重驱动，其中海外华商对祖籍国的感情不可忽视。

二　海外华商基本经济状况

"华商"指具有中国国籍或华裔血统、活跃在世界经济舞台上的商人群体，其中包括中国大陆商人、港澳台商人以及遍布世界各地的华侨华人中从事商业活动者。"海外华商"是"华商"的一个子概念，指中国大陆以外的华商企业及其经营者。经过多年的发展，海外华商的经济实力逐渐增强，在中国和住在国经济中发挥重要作用。适时分析海外华商区域分布、发展实力、行业结构、跨国投资等新变化和趋势，有利于更好地吸引海外华商对中国的投资。

（一）海外华商总资产规模及变化

2005年，中国市场学会分管海外华商服务工作的会长助理兼副秘书长张萍女士介绍，海外华商遍布168个国家和地区，拥有的资金高达2万多亿美元。[①] 据《世界华商发展报告》课题组计算，2007年世界华商总资产为3.7万亿美元，2008年减少为2.5万亿美元，2009年恢复增长到

---

① 连锦添、马世领：《海外华商：中国经济的第二种力量》，《中国经济周刊》2005年第24期。

3.9万亿美元①。截至2011年年底，世界华商企业资产约为4万亿美元②，其中东南亚的华商是全球华商财富最主要的力量。2013年8月，国务院侨务办公室主任裘援平在第三届中国侨务论坛上的讲话指出，据不完全统计，全球华商总资产已近3.7万亿美元。2014年1月香港《亚洲周刊》发布"全球华商1000排行榜"，其中上榜的333家海外华商总资产就达4.7万亿美元。截至2017年7月，数据表明，全球华商企业资产总规模约5万亿美元。③ 各统计数据虽然口径不太一致，但总体可以看出，海外华商经济实力相当雄厚。

（二）海外华商行业结构变化趋势

早期大部分海外华商从事商业贸易、餐饮服务和制造业等传统行业。近年来，海外华商在行业选择上呈现多元化、科技化和资本密集型等发展趋势，在计算机软件、互联网、生物工程、金融服务等新兴产业领域崭露头角。从2014年"全球华商1000排行榜"来看，333家海外华商从事行业主要集中在石油及能源、钢铁及金属、电子产品、食品及饮料、汽车、运输及物流、金融、通信及传媒等。每个地区的海外华商偏重的行业有所不同。香港华商在房地产、石油及能源、运输及物流等行业表现抢眼，其中有超过1/3的香港华商从事房地产行业；台湾华商行业主要集中于电子产品、汽车制造、钢铁及金属等；东南亚华商主要从事金融、食品及饮料、通信及传媒等行业，其中马来西亚在金融和种植业表现突出，新加坡在金融和房地产行业表现非凡，印度尼西亚在农业、烟草制造、食品等行业"一枝独秀"，泰国在金融、食品和百货方面有所建树，菲律宾主要集中在金融、电讯和百货等行业，澳门的博彩业和酒店娱乐等行业方面引人注目。值得注意的是，海外华商在发展到一定阶段后，都会向多元化和国际化发展。比较有代表性的是菲律宾的施至成和马来西亚的李深静。施至成旗下业务遍及地产、零售、金融、娱乐、银

---

① 中国新闻社课题组：《2009年世界华商发展报告》，2010年5月20日。
② 《中华全国归国华侨联合会副主席王永乐在首届"中国海外投资年会"上的演讲》，2011年11月15日。
③ 朱琳：《侨胞侨企积极参与"一带一路"建设》，《经济日报》2017年7月4日。

行和制造业等领域,李深静旗下业务也涉及种植业、加工业、房地产等。多元化和国际化为海外华商分散风险、长远发展起到了重要作用。在2014年"全球华商1000排行榜"前130家海外华商中,多达19家海外华商从事多元化经营,多元化经营的海外华商占据了15%的比例。

(三) 海外华商地区分布与结构变化趋势

从区域分布来看,大部分海外华商都分布在亚洲,在中国香港、中国澳门、中国台湾、新加坡、马来西亚、泰国、印度尼西亚、菲律宾等地,华商是当地经济的支柱。从2014年"全球华商1000排行榜"中333家海外华商分布来看。(见图1)海外华商主要分布于中国香港和中国台湾地区,其中来自香港的137家,占比41%;来自台湾地区的108家,占32%。在东南亚华商中,来自新加坡的30家,马来西亚的23家,印度尼西亚的12家,泰国的11家,菲律宾的10家,分别占比9%、6.9%、3.6%、3.3%、3%。

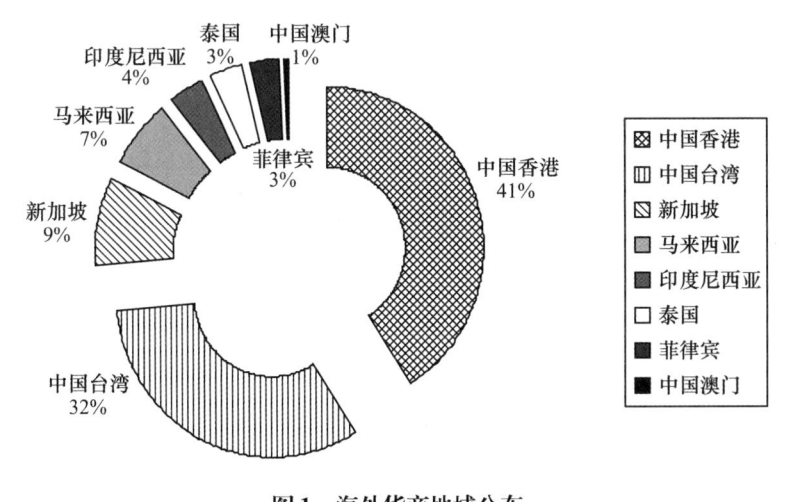

图1 海外华商地域分布

(四) 海外华商跨国投资结构变化趋势

华人跨国公司发展大致可以分为四个阶段:一是起步期(20世纪初至第二次世界大战期间)。这一时期华人跨国公司数量较少,多为家族所有和经营。二是成长期（"二战"结束到70年代）。这一时期，华人企业陆续开始海外直接投资，向成长为跨国公司迈出了头几步。三是发展期（20世纪80年代至2000年）。这一时期华人跨国公司逐渐发展，开始进军房地产、酒店、银行、金融业、电子业。四是扩展期（21世纪初至今）。这一时期华人跨国公司进入新阶段。华人跨国公司覆盖到非洲，从而首次实现覆盖五大洲。另外，由于新华商的涌现，在美国和日本出现了高科技跨国公司。在海外华人跨国公司"2008榜"中，有103家华人跨国公司新上榜，它们在中国有直接投资的公司为98家，比重高达95%；第一次海外直接投资地为中国的公司有40家，占总数的38.8%。[1] 2010年公布的《中国侨资企业发展年度报告2009》[2] 指出，海外华人跨国公司已成为一种全球现象，在每个大洲中，都拥有华人跨国公司。其中亚洲有111个，居第一位，占总数的73%。在"全球华商1000排行榜"中有不少海外华商实现跨国投资。以在新加坡设立总部的丰益国际为例，它在中国大陆、马来西亚及全球都有不少投资，其中马来西亚的PPB集团就与该公司有关系。此外，马来西亚的云顶集团、丰隆集团、IOI集团在荷兰、美国、马来西亚和埃及主要生产棕油产品的集团，董事局主席为李深静，该集团为"《福布斯》全球华商500强"。及杨忠礼机构，他们在马来西亚及全球都有不少投资，而且投资额不小。

三 海外华商投资中国的阶段及特点

改革开放以来，我国吸引外资规模稳步增长，利用外资质量进一步提升。据商务部数据显示，截至2015年年底，我国非金融领域累计设立外商投资企业83.6万家，实际使用外资金额1.6万亿美元。[3] 海外华商投资是我国利用外资的主体，据中国国务院侨办统计，海外华商投资企业占外资企业70%以上，投资金额占利用外资总额60%以上。[4] 海外华

---

[1] 康荣平：《海外华人跨国公司与中国经济发展》，《侨务工作研究》2009年第3期。
[2] 清华大学：《中国侨资企业发展年度报告2009》，2009年。
[3] 《2015年中国实际使用外资金额同比增6.4%》，《中国证券报》2016年1月15日。
[4] 胡庆亮：《全球化与东南亚华人经济的互动与影响》，《东南亚》2005年第6期。

商投资中国大陆对带动中国产业结构升级、引进外资、缓解就业与再就业压力、规范投资环境、发展经济等方面都做出了巨大的贡献。改革开放以来，海外华商投资中国大概可以分为四个阶段：

（一）投石问路（1978—1991年）

这一阶段是海外华商投资中国大陆的起步阶段，以中国香港和东南亚华商为主。据统计，1978—1987年，中国香港和东南亚华商的投资约占外商直接投资的55%。[1] 海外华商投资主要集中于经济特区和沿海侨乡，尤其是东南亚华商祖籍地广东、福建吸引大量投资。其投资领域比较单一，主要集中在加工工业等。大多采取来料加工、来件装配、来样加工和补偿贸易的方式，在"三来一补"的基础上逐步发展为中外合资企业或外商独资企业。

（二）快速发展（1992—1997年）

1992年邓小平"南方谈话"后，政府调整产业政策和投资导向，海外华商投资中国大陆稳步发展。截至1997年年底，外商在中国大陆直接投资2236.77亿美元，其中华人投资总额为1596.70亿美元，占中国大陆实际使用外商直接投资总额的71.38%。[2] 换言之，海外华商成为外商直接投资中国大陆的主体。这一阶段海外华商对中国大陆的投资出现"西进北移"的新动向，即华商投资领域从靠近东南亚的华南地区向北、向西延伸，其中投资软硬环境较好的长江流域6省吸引海外华商投资的增势明显。海外华商投资领域也从加工工业、房地产业拓展到贸易、金融和信息等第三产业以及能源、港口等基础产业。投资方式也更为灵活，在独资、合资的基础上采用补偿贸易、租赁等新形式。

（三）调整发展（1998—2008年）

1997年爆发的亚洲金融危机，对海外华商住在国的经济产生巨大影

---

[1] 庄国土：《东亚华商网络的发展趋势——以海外华资在中国大陆的投资为例》，《当代亚太》2006年第1期。

[2] 林金枝：《港澳台及海外华人在中国大陆投资的现状及发展》，《世界华商经济年鉴（1996—1997年）》，第204—205页。

响，尤其是东南亚华商资本实力剧减，导致海外华商对中国投资有所下滑。海外华商对中国实际投资额由 1997 年的 268.31 亿美元降为 2000 年的 219.80 亿美元。① 2001 年中国加入 WTO，欧美日韩等国跨国公司涌入中国，使海外华商投资在外资中的比例进一步下降，2005 年仅为 34%。② 2006 年以来，随着中国经济强劲增长和成熟的投资环境给海外华商投资增添了不少信心。截至 2007 年，海外华商在中国大陆投资企业数量累计已达 34 万家，占外商投资企业数 60%，投资额累计约达 4000 亿美元。③ 这一阶段，受中国"西部大开发"等战略的影响，海外华商投资中国的"西进北移"趋势更加明显，尤其是中西部的引资潜力较大，相应地，华南地区对海外华商的吸引力逐步下降。金融危机使海外华商意识到，以金融、房地产等短期性、投机性较强的非生产领域作为海外投资的主导产业，极易被国际投机资本引入经济泡沫。因此，海外华商对中国的投资逐渐转向电信、互联网等高科技产业。

（四）稳步发展（2009 年至今）

受金融危机和欧债危机的影响，海外华商把投资中国大陆作为转嫁风险并获取新的发展机遇的契机。这一阶段海外华商在中国的投资呈逆势上扬态势，2010—2011 年达到峰值，占中国当年新增外资的 65%。④ 目前，海外华商投资区域仍较集中于东部沿海区域，但其活动范围已遍及全国，尤其是中西部地区和东北老工业基地成为海外华商投资的新热点。海外华商投资领域逐渐由劳动密集型产业向资金、技术密集型产业转变。服务业成为海外华商投资的主要增长点，其中房地产、金融、保险和信息服务等为海外华商投资重点。此外，跨国公司通过上下游产业配套的需要和业务外包等方式进一步带动海外华商对中国的投资。

---

① 郑义绚：《华侨华人资本对华投资对中国经济发展的作用》，硕士学位论文，对外经济贸易大学，2006 年 4 月 1 日。
② 张妮、暨佩娟：《华商中国寻找新机遇　中国侨资企业正在形成新格局》，《环球时报》2013 年 9 月 29 日。
③ 清华大学侨资企业数据库。
④ 张源培等：《从南京到成都　海外华商中国发展路线图》，新华网，http：//news.xinhuanet.com/fortune/2013-09/24/c_117475652.htm，2013 年 9 月 24 日。

四 海外华商投资中国的驱动因素

20世纪90年代，国内外学者开始关注并讨论跨国公司对华投资动机。Fittock 和 Edwards（1998）认为，外商对华投资是看中中国市场的规模与发展潜力。① Zhang 和 Yuk（1998）指出，外资企业对华投资的决定因素有庞大的市场容量、廉价的劳动力成本和投资的高额回报率。② Li 和 Li（1999）对跨国公司细分，认为拥有创新技术和管理方法的跨国公司对华投资的主要动机是开拓中国巨大而富有发展潜力的市场；而其他外资企业则主要是想利用中国廉价的劳动力成本。③ 魏后凯、贺灿飞、王新（2001）通过对秦皇岛市外商直接投资的实证研究，指出外商在中国投资的最大动机是利用廉价劳动力、扩大和占有中国市场、确保原材料和零部件的供应。④ 吴斯丹、毛蕴诗（2008）对日本在华投资的驱动因素进行实证分析，认为开拓中国巨大的市场潜力、利用中国的低成本生产、实现母公司全球战略及其业务活动一体化为重要动因。⑤ 国内外学者通过理论和实证的研究表明，虽然跨国公司对华投资的动机有一定的变化，但大致集中为寻求市场、获取低生产成本、全球战略导向、利用先进技术、规避贸易壁垒等方面。海外华商及其企业对华投资的动机与跨国公司对华投资的动机有相似之处，但也有其特性，而国内外学者在这方面较少关注。海外华商投资是外商投资的主体，因此，专门研究海外华商投资中国的动机，寻找共性与特性，有助于我国更有针对性地改善投资环境，吸引更多的海外华商投资中国。

---

① Fittock, C. S., W. R. Edwards, "The Determinants of Australian Direct Investment in China", *Journal of Asian Business*, 1998, 14（3）：41-51.

② Zhang, X., H. P. Yuk, "Determinants of Hong Kong Manufacturing Investment in China: A Survey", *Marketing Intelligence and Planning*, 1998, 16（4）：260-267.

③ Li, F., J. Li, *Foreign Investment in China*, Macmillan Press Ltd., Houndmills, 1999.

④ 魏后凯、贺灿飞、王新：《外商在华直接投资动机与区位因素分析——对秦皇岛市外商直接投资的实证研究》，《经济研究》2001年第2期，第67—76页。

⑤ 吴斯丹、毛蕴诗：《基于实证研究的日本跨国公司对华直接投资的驱动因素》，《中大管理研究》2008年第3期，第1—21页。

(一) 海外华商投资中国的内因

1. 海外华商对祖（籍）国的感情

海外华商与其他群体不同，他们投资中国不仅仅是为了单纯的商业往来，更含有浓浓的思乡之情，对中华民族强烈的归属感是他们投资的一个很大动因。正如港澳台侨委员会委员、加拿大中国总商会会长舒心表示："回到祖籍国投资，对华商来说在情感上和外资是不一样的。华侨华人就像嫁出去的女儿，中国是她的娘家。娘家有困难时她不会嫌弃，会尽可能帮助。改革开放之初，许多其他外资企业到国内投资还不放心，但海外华侨华人则非常愿意帮助祖籍国经济建设，这其中蕴含着帮娘家快速发展的特殊情感……"虽然现在中国经济发展较为稳健，但是海外华商对祖籍国的感情依旧不变。南美洲闽南同乡联谊会会长刘振魁在回乡参加同乡恳亲大会和闽商大会时表示："投资兴业首选家乡，现在同乡会中已经有部分人想在国内投资，我首先都会把他们带到自己的家乡来，听到他们夸漳州环境好，我也感到自豪。如果要在国内投资，一定会在漳州，因为我也是漳州人，不管走多远，'根'总牵系着自己的心……"正是在这份浓浓的乡情指引下，海外华商投资首选中国，首选家乡。一般来说，泰国的华商喜欢到广东和海南投资，菲律宾、马来西亚和新加坡的华商则选择到福建投资。

2. 海外华商对利益的追求

投资利润和市场占有是海外华商投资中国的另一个重要的驱动因素。逐利是商人的本性，海外华商也不例外。中国国土面积大、人口多，有丰富的原材料、低廉的土地价格、庞大的市场需求和廉价的劳动力资源。有关资料显示，中国大陆工厂用地价格较为优惠，劳动力成本不到台湾、香港的 1/10，投资回报率远远高于其他国家和地区。[①] 其次，相比其他外商，海外华商有语言与文化等方面的优势，在中国拥有更多的人脉关系，能够更快、更深入、更全面地适应中国社会经济。同时，他们与中国各

---

① 李怀、朱邦宁：《改革开放以来东南亚华人资本对中国大陆的 FDI 分析》，《新视野》2011 年第 9 期。

级政府的联系较为密切，及时了解政府的经济规划和发展导向，从中获取资源，捕捉商机。最后，不同于西方跨国公司投资中国以全球化战略利益为目的，海外华商投资中国更多考虑的是寻找出口替代市场以获取较高的回报率。

3. 海外华商分散投资风险

海外华商经济实力强大了后，为避免将"鸡蛋放在一个篮子里"，往往都会以分散风险与寻求市场为主要目的进行海外投资。尽管1997年亚洲金融危机、2008年国际金融危机和2009年以来的欧债危机给中国经济发展带来一定影响，但是中国经济发展仍较为稳健，没有明显的波动，这给海外华商投资中国带来很大信心，甚至一些海外华商把中国当作经济"避风港"。再加上中国长期稳定的政治社会环境和逐步与国际市场接轨的经商环境，使海外华商在中国大陆投资风险小、成本低、效益高、回收快，有利于自身的持续发展。

(二) 海外华商投资中国的外因

1. 中国政府制定各项优惠政策形成的拉力

改革开放以来，中国政府制定一系列优惠的政策吸引海外华商投资中国。1983—1998年，中国政府先后颁布《国务院关于鼓励外商投资规定》等20余项鼓励外资进入中国的法规法令。此外，政府特别颁布《国务院关于鼓励华侨和香港澳门同胞投资的规定》《中华人民共和国台湾同胞投资保护法》，赋予海外华商比其他外商更优惠的投资条件，这些政策和法规的出台和实施，使海外华商投资中国做到有法可依，保障了海外华商投资中国的合法权益。加入WTO以后，我国对外资的各项准入限制基本取消，外资除享受与内资一样的待遇外，还享受特殊的税收优惠，如"三免两减"以及各级地方政府的优惠。再加上土地、贷款、用汇等优惠与便利，吸引了更多海外华商投资中国。

2. 海外华商网络的推力

海外华商网络是以海外华商群体为主体，以家族、族群、地区、行业和社团为社会基础，以"五缘"为连接纽带，以共同经济利益为核心而形成的商业网。许多研究表明，海外华商网络在推动华商投资中国方面发挥着重要的作用。Baghdadi 和 Cheptea（2010）证实，有组织的族群网络在传播商业信息方面更有效率，能促进东道国与资本来源国之间的双边投资。① 阎大颖等使用1993—2008年93个国家的面板数据，建立引力模型和知识—资本模型，认为海外华人网络对我国的外商直接投资有显著的促进作用，且这种影响对短期年度流量比长期累积存量更为明显。② 海外华商网络是海外华商联络乡情和互助发展的平台，它在维护侨益、拓展乡谊、融入住在国社会、积极推动住在国和家乡经济科技文化交流合作，尤其是推动海外华商回国投资方面做出了巨大的贡献。目前，海外华商网络与各国当地的工商网络及跨国公司联系密切，逐渐发展为开放型的国际经贸网络。它不仅将海外华商紧密联系起来，也将华商和中国政府、中国企业联系起来，投资、商业等信息通过网络快速传播，从而节省了大量收集信息的成本。此外，海外华商网络通过自己的影响力还能对其他外商投资中国起到宣传、示范、聚集的作用，逐渐形成具有中国特色的"以侨引侨、以侨引台、以侨引外、侨港台外联合投资"吸引外资方式。

3. 中国新的投资需求拉动

中国新的投资需求拉动也是促使海外华商投资中国的动因之一。2008年，中国政府推出"4万亿"投资计划，向包括海外华商在内的各种社会资金，发出积极参与中国扩大内需投资的信号。海外华商积极响应，通过参股、"抄底"收购、兼并重组、股票二级市场等直接和间接的投资方式，共享投资商机。2009年中国推出"十大产业振兴规划"，为海外华商投资新能源等战略性新兴产业提供新的机遇。2013年国家主席习近平提出"一带一路"倡议，这一倡议的筹划、酝酿和实施给海外华商带来发展自身事业和服务国家发展规划的双重机遇。在"一带一路"建设中，海外华商既是投资者，也是受益者，可通过产业、资金、平台等方式的对接，进一步发挥他们在基础设施建设、交通运输、融资等方面

---

① 阎大颖：《海外华人网络如何影响中国引进外商直接投资：一个经验研究》，《南开经济研究》2013年第2期，第20—43页。

② 同上。

优势，为"海上丝绸之路"沿线国家和地区推进产业合作提供资金、技术交流、产业对接等方面的支持。自 2013 年 9 月上海自贸试验区成立以来，2015 年天津、广东、福建自贸区也相继挂牌，自贸试验区的设立被视为中国正在掀起的"第二次"经济特区建设浪潮。四大自贸区各具特色：上海自贸试验区打造经济、金融、贸易、服务中心以及建设具有国际影响力的科技创新中心；福建自贸试验区开放度最高，除了负面清单外，在专业服务、社会服务、商贸等领域对台湾率先开放了 50 多个行业；作为北方第一个自由贸易区，天津自贸试验区为国家试验制度为地方谋求发展；广东自贸试验区依托港澳、服务内地、面向世界，以制度创新为核心，着力打造与国际贸易、投资高标准规则体系对接的政策高地。目前自贸区引资聚集效应明显，2016 年 1—10 月，上海、广东、天津、福建自贸试验区共设立企业 11.79 万家。其中，外商投资企业 7729 家，吸收合同外资 5492.2 亿元。[①] 这中间不乏海外华商活跃的身影。

五 制约海外华商投资中国的因素

虽然海外华商投资中国的驱动因素很多，但是也存在一些制约因素，包括来自住在国、祖籍国、海外华商自身和其他竞争国家等方面的阻力。这些问题值得我们进一步关注。

（一）低成本优势减少

近年来，随着经济发展和产业转型升级的需要，中国开始调整涉及外商及华商的一些政策。2008 年实施的新《企业所得税法》，取消了外商投资企业的超国民税收待遇，税收因此提高 10 个百分点，从某种程度上减少了外商投资企业的投资收益。另外，生产要素价格提高带来的投资成本增加。由于劳动力、土地、电力等生产要素的需求旺盛，价格逐渐提高，从而进一步提高了外商的投资成本。再加上近年来人民币持续升值，使这种情况变得更为突出。部分海外华商企业因低成本优势减少，

---

① 《四个自贸区去年设立企业超过 11 万家》，《中国产业经济动态》2017 年第 1 期。

面临转移或转型,甚至一些企业主动转为内资企业。

(二) 住在国无形的阻力

海外华商资本虽然相当雄厚,但可供对外投资的数量却是有限的,并不是西方舆论媒体宣扬的那么庞大。海外华商资本尤其是华人资本已经当地化,与住在国民族资本融为一体,特别是许多大财团,由各种族裔的资本构成,更不能随便投放在中国。此外,海外华商对中国大陆的直接投资经常受到住在国政府的或明或暗的阻力。东南亚一些国家认为海外华商大量投资中国是对当地社会不效忠的表现,甚至认为华人资本到中国大陆将对住在国经济安全和国家利益构成威胁。因此,海外华商尤其是东南亚华商不得不选择香港"转口投资"中国。

(三) 其他国家的竞争

争取国际投资,包括华商投资的竞争,越来越激烈,中国面临越来越多的竞争对手。目前,海外华商投资的区域是全方位的,有相当一部分投资到西方发达国家。海外华商有相当一部分是东南亚华商,集中在东盟国家,他们在地理上更靠近越南、老挝、柬埔寨和缅甸等国,加上这些国家在优惠政策、劳动力素质和价格等方面具有更强吸引力;与此同时,中国的优惠政策、人口红利逐渐消失,此消彼长,中国在吸引海外华商投资方面将逐渐失去优势,部分海外华商因势利导,将投资逐渐转向越南、老挝、柬埔寨和缅甸等国。

(四) 海外华商"二代"热情减弱

目前,大多数海外华商企业已经或即将由"二代"接班。新一代华商很多在欧美留学,他们对中国的亲切感、对中国文化的了解都不如上一代。与老华商相比,他们的投资理念也发生一些变化,在投资的过程中更注重利益而非对祖籍国的感情。相比其他国家来说,他们对中国没有特殊的情感,这或多或少会影响到海外华商对中国的投资。

六 跨国主义视角下吸引海外华商投资中国的对策建议

新形势下,海外华商投资中国的部分驱动因素有所弱化,并伴随出现一些阻碍因素。进一步吸引海外华商在跨国主义实践中选择中国作为投资对象应做好以下几方面工作。

(一) 营造良好的投资环境

一是政府采取各项措施,吸引海外华商回中国投资。对海外华商投资大型项目实行"一企一策",由地方政府"一把手"负责,建立项目"一条龙"服务团队,为项目接洽、审核批准、开工建设、运营管理等提供全过程服务。二是探索服务海外华商的新模式。在全国推广北京、福建、广东等地打造侨商产业聚居区"侨梦苑"模式,为海外华商回国发展提供全方位的服务。三是保障海外华商投资合法权益。2016年5月,江苏实施首部华侨投资权益保护地方性法规——《江苏省保护和促进华侨投资条例》。条例重点突出了对华侨投资者人身权、财产权和其他合法权益的法律保护,明确了政府及其有关部门在涉侨事务上的职责,并细化了投资方式、投资待遇、扶持政策和服务等方面内容。这一做法值得其他地方效仿。

(二) 海外华商合力参与"一带一路"建设

一是参与互联互通基础设施建设。基础设施互联互通是"一带一路"建设的优先领域。海外华商企业可以与具有丰富海外工程承包经验的中国企业联合,在高铁、公路、港口、园区建设等方面合作。二是深化海洋经济开发与合作。在建设"一带一路"过程中,海内外华商可依靠在运输业、仓储业、船舶、货运代理、能源开发等领域的坚实基础以及广泛人脉网络,通过参与海洋经济开发与合作,推动中国与东盟经济合作与友好关系。三是构建科技与智力支撑网络。建设"一带一路"需要新的发展思路、科技和智力支撑。海外华商能有效配置区域智力资源,并与科技和资本更好结合,这对"一带一路"的建设产生广泛和基础性影响。

(三) 对海外华商投资进行产业引导

一是大力引导海外华商投资到产出效率较高的资本密集型产业,鼓励通过海外华商资本改造和提升传统产业部门的产品质量和技术水平,特别是吸收海外华商的风险资金直接参与创业型企业的投资。二是重视和加强基础设施产业的引资工作,吸引海外华商投资参与垄断行业的改革,提倡海外华商投资于金融、旅游、交通设施建设、能源生产与供应、环保等领域。三是鼓励海外华商投资于第三产业和资本装备程度比较高的劳动密集型产业,吸引海外华商资本进入劳动力吸纳效果明显且具有一定技术含量的企业。

(四) 适度维持对海外华商的优惠政策

一是财税支持政策。建议从海外华商企业的利税贡献和产业需求等方面综合考察进行财政补贴,补贴在一定起点上分额度按比例给予,既可给予企业本身,也可以给予引进企业的中介机构。二是金融支持策略。支持海外华商金融机构在我国设立办事处、分支机构,成立合资银行,为我国海外华商企业贴近提供服务。在合规和风险可控的前提下,积极创新金融产品,推出适合海外华商投资企业的金融产品和服务方式。三是人才支持策略。对海外华商500强企业的高层次管理和技术领军人才给予住房和生活补助,对引进的国外高管和技术领军人才,支持其申报国家"千人计划""外专千人计划""高端外国专家项目计划",给予办理一定期限的来华工作许可和外国专家证。四是市场支持策略。协助海外华商投资企业建立"海外华商产品营销中心",扩大海外华商投资企业的产品在中国销售。

(五) 搭建海外华商"二代"沟通交流平台

通过侨界社团、侨商协会青年委员会、海归协会等机构搭建海外华商"二代"沟通交流平台。一是建立健全海外华商"二代"信息库,进一步加强与新华侨华人、华裔新生代和侨团新力量的联谊工作，帮助他们加快熟悉中国政商环境，协助解决海外华商企业的代际传承问题。二是通过举办各种研修班、研习班、海外华裔青少年"寻根之旅"夏令营等，加强与侨团中青年骨干、华裔青年企业家的联谊，帮助他们更好地了解和适应中国的社会和生活，增强他们管理内地投资企业的热情和信心。

清末民国时期红河县侨乡
迤萨籍侨商探讨

何作庆[*]

本文通过对红河县迤萨镇多民族侨乡形成的地理、历史、民族等原因的讨论讲述迤萨民族侨乡与马帮商队的形成与发展的过程及其侨商文化。探讨多民族侨商对近代中国西南边境地区社会经济发展的影响,对边疆多民族地区市场经济建设、边贸具有一定的借鉴意义。探讨重要商号与侨商发展过程中遇到的困难兴衰,可以为云南商贸在"一带一路"倡议中走向东南亚给各级政府及侨务部门制定相关侨务政策提供智力支持和事实依据。

一 红河侨乡迤萨侨商形成的原因

红河侨乡迤萨侨商,顾名思义就是云南省红河县迤萨侨乡中跨国贸易的商人。迤萨镇是一个历史悠久的侨镇。清朝乾隆年间迤萨商人开采铜矿,冶炼铸造器皿。随着迤萨镇人经商,迤萨商人们组成了跨境马帮,进行跨国贸易,并在东南亚多国开辟了新市场,部分商人在东南亚国家定居下来,形成侨商。迤萨逐渐成为著名的多民族侨乡。迤萨成为侨乡的主要原因如下。

---

[*] 何作庆,云南红河学院云南侨乡文化研究中心主任、教授。

（一）历史因素

新中国成立以前红河县分属元江县、石屏县、建水县，1950年由三个县逐步划设而成。明清时期该地区居住的主要是部落族群聚居的少数民族，有铁容甸部、官桂思陀部、伴溪落恐部、七溪溪处部等部落，与外部交流较少，经济落后贫穷。明洪武十五年（1382年），明政府在此地区设立了土司制度，内地建水、石屏等府州的人们陆续迁入红河县迤萨等地，汉族人与当地的少数民族杂居，促进了当地的农业、手工业、商业发展，繁荣的多民族贸易集市——老博街为当地的居民以物易物提供了极大的便利。明朝年间，该地区开始使用海贝当作货币，明末清初改为使用银子、铜钱，该地区商品交换也十分频繁，内地汉族商人与该区域的迤萨、浪堤、大羊街等地之间的商业往来也明显增多，这些发展都为迤萨镇居民的跨境跨国商业之路打下了坚实的基础。

（二）地理因素

迤萨镇位于云南省南部红河南岸，哀牢山中峡谷地带，山高坡陡，地势险峻，干旱缺水。红河沿岸由于地势复杂，红河水限于技术等原因无法被开发利用。由于交通极其不便，当地居民所需的许多生活用品都是由外地的商人凭借人力、马驮才能运入，因此，迤萨逐步成为该区域一个重要的驿站，过往商人都会在迤萨食宿、贸易。各民族居民与商人接触频繁，参与商贸，为迤萨商人走出国门提供了机会。资源相对匮乏和贫穷的迤萨小镇，外出经商的确是一个很好的生存出路。因此，迤萨独特的地理环境是跨境跨国马帮商队形成和发展的一个重要原因。

（三）民族因素

明清时期迤萨地区的居民大多是少数民族——彝族、哈尼族、傣族等，明代土司制度在该区域建立之后，汉族人的迁入为迤萨地区带来较为先进的生产技术、新的生活方式，也为此地居民提供了新的生存之道，促进了当地各民族的经济文化交流。为了保护自己的利益，这些汉族商人非常重视与当地少数民族群众处理好关系，主动与当地少数民族建立联系，与之和睦互助，增加贸易往来，为当地居民提供了与汉族人打交道的机会，让当地居民了解了外面汉族区的生产生活情况，认识到当地独特的资源和物品是汉族人民需要的。

（四）经济因素

迤萨镇人主要从事农业生产，但农业技术相对落后，生产方式陈旧，经济贫困。人们希望能致富提高自己的生活水平。当迤萨镇侨商跨境跨国贸易致富时，他们看到了更好的生存出路，那就是参与商贸活动——跨境跨国马帮贸易。在经济贫困的社会背景下，当迤萨镇的居民了解到从事跨境跨国经商更好于从事农业生产时，他们纷纷选择参与跨境跨国商贸。

（五）国际因素

红河地区隶属于云南省南部的红河哈尼族彝族自治州，与东南亚各国相邻。东南亚各国与红河州的经济、文化交流也就较为频繁，位于红河县的迤萨镇受到东南亚各国的影响，在常年的多元文化交融下，迤萨居民随着对东南亚各国的了解加深，对双方各自的特色产品和缺乏的生活用品与生产工具，在长期交往中形成了调节余缺的互惠贸易。因此，迤萨与东南亚各国的商品贸易，逐渐成为迤萨人生活中的重要部分。

二　迤萨侨商发展基本概况

（一）迤萨侨商的兴衰

1. 清末侨商小额边贸的起步

迤萨在内地人的心中是贫穷、落后的不毛之地，人们甚至很少听说过迤萨这个地名，直至清朝乾隆年间，内地商人在迤萨镇东北郊发现了铜矿，建水、石屏、通海等地商人纷纷组织了一批批的矿工来迤萨开采矿产。不久，铜矿丰富的迤萨镇更是吸引了内地的一些汉人手工业者闻讯赶来淘金。"到了1736年，迤萨民间开始集资兴办铜矿，这就是著名的炉坊铜矿。采矿点也逐渐增多；狮山、小岭旮、石头墙、大平地、小天山、倮倮地这六个地段都是著名的矿点。"① 开矿过程中挖出的坑道有百余个，浅的有十余米，挖得深的坑道能达到上千米。迤萨铜矿矿冶基本上是就地采掘，就地冶炼，迤萨进入了一个全新的兴盛期，迤萨镇名气增大，在周边地区都非常具有影响力。

历经了70年迤萨的铜矿资源由于过度开采，近于枯竭，铜矿业也因此停业。为了生存，咸丰三年（1853年），迤萨人组织了马帮开辟了去李仙江（今绿春县、江城县附近）、勐野井（今江城县）的商路。他们利用组织的马帮驮运着食盐，去卖给少数民族地区的人们，从此，迤萨的跨境马帮商贸经济逐渐壮大。

2. 民国中期侨商的繁荣

"到了民国时期，政府下令禁烟，烟价上涨迅速，利润非常高。然而迤萨镇位于我国西南方，地理位置偏僻，政府可谓是鞭长莫及。"② 社会动荡不安，政府对迤萨的有效管辖效率并不高，于是大批内地商人跑到迤萨购买烟土，迤萨镇安邦村的商人认为这是大好的机会，许多村民都把资金转移到了烟土上；他们将各自的资金整合起来，共同组织马帮商队，去墨江县一带采购大烟驮运回来再转销给内地商人。就这样，马帮商人的资金逐渐增多，马帮也就越来越壮大。销售量变多，马帮商人采购烟土的地区也从以前的墨江，扩展到澜沧、耿马等地，甚至有些商人还去了缅甸的景栋，接着又转向泰国。还有些商人去了老挝的琅勃拉邦地区、越南的莱州。部分商人为了经商的方便，在东南亚一些国家定居了下来，成为侨商，这就是迤萨人"走烟帮"的历史。由于老挝、越南地区的地势较为平缓，相对于地处哀牢山区的迤萨而言，坝子宽阔，因此，这些去老挝、越南的迤萨商人的经商过程被称为"下坝子"。

由于"走烟帮"和"下坝子"的利润空间大，收入高，使迤萨的商人们纷纷加入其中，1914—1951年，迤萨掀起了"下坝子""走烟帮"的热潮，人们有钱的出钱，收购马匹、枪支以及周转货物，没有钱的人

---

① 红河县人民政府侨务办公室、红河县归国华侨联合会编：《侨乡迤萨》，云南民族出版社1995年版，第154页。

② 王谦、何作庆、黄明生：《陆疆侨乡名村》，社会科学文献出版社2010年版，第67页。

家就将自己家的马提供出来做交通工具，有些家中实在贫困的就提供人力，派出家中年轻人加入经商过程中，有枪的还拿出枪来作为经商路上保护自己的武器。迤萨侨商的发展进入了一个空前繁荣的时期。

3. 民国后期侨商的衰落

民国末期，中国国内连年的战争以及抗日战争影响，尤其日本入侵东南亚，占领越南、缅甸，中外交通断绝，社会持续动荡不安，跨境马帮商路基本被阻断，侨商的经营与发展开始逐渐衰落。20世纪40年代中共地下党在红河地区宣传鼓动群众，建立革命武装，迎接全国解放，派遣专员到迤萨、浪堤、大羊街等地区，以教员身份为掩护开展工作。赶马人的家成了地下党的联络点、活动室。赶马人的子弟接受了革命思想，投身革命。有的人加入了中国共产党，有的加入了中国民主青年同盟组织，成为地下党的交通联络员。

4. 中华人民共和国成立初期侨商的衰亡

中华人民共和国成立初期，因多种原因，国门封闭，在东南亚各国的迤萨侨商无法回归祖国的怀抱，有许多侨商因此留在了国外。1949年12月，当地的许多革命青年响应党的号召，奔赴昆南地区参加中国人民解放军滇桂黔边纵十支队红河护乡团，转战红河、元阳、绿春等地，"这些人中就有许多侨属——王存厚、戴信海、王丽华等人"。[①] 直至1950年2月，迤萨地区和平解放，3月红河县人民政府筹备处成立，有许多当地的侨属都让出了自己的住房给县、镇等政府机关办公。20世纪50年代中期的"一化三改造"侨商的资产纷纷折价入社，失去了对外经商的控制权。"大跃进"时期，政府开始动员当地的归侨、侨眷捐献金银首饰以及存款，用于当地的工业投资，"有27间归侨、侨眷房屋被拆除用于炼制钢铁，37间房屋被停付租金，缝纫机被折价入社，严重地损害了当地归侨、侨眷的利益"。[②] "文化大革命"期间，"左"倾思想十分严重，迤萨地区的侨务政策受到了严重的践踏。许多归侨和侨眷都背上了政治包袱，

[①] 红河县归国华侨联合会、红河县人民政府外事侨务办公室编：《红河侨乡60年》，2011年，第5页。

[②] 同上。

在政治上遭到了歧视，被强加了"里通外国"的罪名，许多人都遭到批斗，导致伤残，更有甚者含冤而死。不少侨眷怕在国内招来麻烦，都中断了与国外亲人的联系。侨务组织名存实亡，侨商活动走向衰亡。

（二）侨商经商的运作

1. 迤萨商号

迤萨地区的侨商在漫长的经商过程中，形成过许多著名的商号。"迤萨地区的第一家有字号的坐商形成于清朝光绪元年（1875年）——'天佑祥'商号。合资组建该商号的商人有杨秉、孙重、周绍、姚用四人。"[①] 大约用了四千两银子，主要经营的商品是食盐、布、日用百货等。食盐主要是从元江购买，由红河船运到斐脚，再由人、马等驮运到迤萨，其余的日用百货则是从建水、河西、通海等地区购买，由马帮直接驮运到迤萨。光绪三十年（1904年）该商号分伙停业。

清朝末期出现的商号不止这一家，大多数商号都是经营食盐、日用百货以及布料生意。

表1　　　　　清末、民国年间迤萨部分商号基本情况

商号名称	创办时期	创办资金	创办者	经营范畴	停业时间
恒丰号	1878年	一千两白银	罗亮 罗建	土布 日用百货	1904
同昌号	1880年	一千两白银	杨攀	土布 日用百货	1912
泰昌号	1908年		何永珍	食盐、百货 大烟	1944
复润祥	1912—1918年			大烟 日用百货	1953
顺兴号	1912—1918年			大烟 日用百货	1944

---

① 朱子昌：《红河县商业发展简史》，载《红河文史资料选集》第12辑，1996年，第141页。

续表

商号名称	创办时期	创办资金	创办者	经营范畴	停业时间
义盛祥	1912—1918 年			大烟 日用百货	1937
元兴祥	1912—1918 年			大烟 日用百货	1949

资料来源：谭泓工作记录。

这些商号主要经营的商品是大烟，少数兼营日用百货。

1928—1936 年迤萨地区创办的商号经营的商品相对丰富，不再像清朝末期多数商号集中经营食盐，以及民国初期多数商号集中经营大烟。这个时期的商号众多，产品丰富，可以看出迤萨地区常年经商之后，当地的经济得到了发展，人们的生活水平逐渐提高。这个时期的主要坐商见表2。

表2　　　　　　　　1928—1936 年部分迤萨商号基本情况

商号名称	开创时间	经营范畴	停业时间
永吉祥	1921 年	药材、杂货	1946 年
广兴昌	1921 年	药材、杂货	1939 年
春林翔	1924 年	木材	1937 年
永兴昌	1925 年	木材	1943 年
鼎明昌	1928 年	木材	1932 年
元集祥	1930 年	木材	1935 年
明星利	1930 年	木材	1944 年
成　兴	1931 年	木材	1934 年
宝鑫隆	1932 年	木材	1948 年
光华昌	1932 年	木材	1937 年
美香斋	1936 年	甜食、糕点	1948 年
广顺利	1936 年	药材	1940 年
谦信祥	1933 年		1937 年

资料来源：朱子昌：《红河县商业发展简史》，载《红河文史资料选集》第12集，1996年。

表 2 中的商号都是迤萨地区著名的商号，有不少是侨商创办，如棺材生意"光华昌"的创办者邵光廷、李华廷将商号总部设立在老挝，在老挝收购木材，运回到昆明、广州、香港、上海等地出售。

2016 年 3 月 11 日，笔者采访了"迤萨镇活地图"——钱存广老先生。钱老先生是迤萨地区马帮头领的后裔，他的父亲钱德清是当地有名的马帮商人，老先生年轻的时候（1951 年）在蒙自上学。据他回忆，从红河去蒙自的道路并不像现在这么方便，当时要步行三天时间，先从红河到建水，再从建水坐火车，通过"滇越铁路"到蒙自，火车要走整整一天。通过这一点也反映出了红河迤萨地区由于是山区，交通十分不便，道路修建困难，当地民众起初外出经商，依靠的交通工具主要是马匹。这也是当地特有的马帮形成的原因之一。

在访谈过程中，钱老先生介绍了迤萨地区著名商号的情况。说起商号，他印象最深刻的是"同义丰"商号，该商号创办于 1932 年，创办者之前是经营大烟生意的，与老挝的法国人有经济上的来往。经营大烟使他们获得了大量的利润。在当时的交易过程中，许多都是以物易物，而大烟就是各地最为需要、最受欢迎的商品。钱先生告诉我们说："大烟是万能的，无论经商到哪个地方，大烟都是好东西。"举一个例子：有一个商号叫"中兴昌"，专门从建水地区收购布料，经迤萨运到老挝地区，换取大烟，再将大烟运回到迤萨、建水等地区出售或者换得其他物品。3.5 半开的布料，运到老挝换取的大烟，运到迤萨及周边地区可以卖到 100 半开，利润之大是难以想象的。这也表现出了大烟在迤萨侨商的商品经营中所占的重要地位。同义丰商号不断发展壮大，慢慢地不再局限于大烟生意，商人们开始将目光放到其他货物甚至开始经手熊胆、鹿茸、虎骨等商品，开设分店，发展成为连锁的"钱庄"。在当时的昆明同义丰存的钱，到了其他地区的任何一个同义丰商号里，都可以取出来。同义丰商号的规模非常大，建水、昆明、东南亚的老挝等地区都有分店，这就方便了不同地区商业信息的相互交流，进一步地促进了迤萨地区与其他地区的物资调节，增加了当地与外界的联系。

当时迤萨有经营不同商品的重要商号，除了"同义丰"商号之外，还有主要经营丝绸的"泰昌号"，主要经营木材的"光华昌"。光华昌在老挝包下山头，在山中开采珍稀木材，制作门板、木板、棺材等木质用具，商品销售于云南的迤萨、昆明等地，并远销广东、香港。

老挝、缅甸等国多次遭受帝国主义国家的侵袭。殖民者把目光扩展到中国，想要在中国牟取更多的利益，他们封锁东南亚各国与中国滇南边境的商路，企图封闭中国对外贸易的道路交通，进而入侵在封锁下日益贫困的中国滇南地区。然而，迤萨地区的商人不畏艰险，为了生存，他们冒着丢失性命的危险，坚持进行经商活动，在他们的不懈努力下，我国滇南地区在最困难、最危险的时期也能与东南亚各国进行经济往来，直接打击了帝国主义国家的企图。迤萨商人在家园面临威胁的时刻，坚持进行商业活动，拯救家园于水火，这种坚韧的精神一直延续了一代又一代，这就是迤萨侨商为我们留下的精神财富。

迤萨侨商经商得来的财富，不仅仅用于建造家园，许多财产也都用于保卫家园。在马帮商人外出经商的时候，迤萨地区很容易被周边的土匪入侵，在经商的道路上也容易遇到土匪和军阀的抢劫，到了东南亚国家，当地的殖民者也会抢劫马帮商队带来的商品货物。外出经商的商队必须有武器，这些武器在当时非常先进，枪支弹药是经商路上保护自己，也是保卫家园必不可少的东西。

迤萨侨商经商遇到土匪抢劫，他们会英勇战斗，遇到天灾人祸，他们也不忘落叶归根。在经商过程中，如果有人不幸去世，其余的商人会帮助同胞回归故土。他们将尸体用布包裹起来，挂在附近的树上，或者是将树干挖空，把尸体放在树洞中，做好标记，在经商归来的路上再把尸体运回故乡。在东南亚国家定居的商人在去世的时候也要穿上带去的传统服饰，寓意着虽身在异地，但灵魂已回归故土，落叶归根！迤萨侨商百年历史为我们留下了许多财富，我们不能忘记老一辈的努力与精神。

2. 迤萨马帮跨境商贸

马帮是我国西南地区一种特有的交通运输方式，是指民间的商人在遵守相互之间的约定，共同合资出钱，组成马队，用以驮运商品，开辟商道，共同经商的一种方式。在我国西南地区，多山多谷，道路非常难走，交通不便利，民间常用的交通工具在这些地区无法使用，只有用马驮运商品，甚至是人力背运商品。迤萨的交通就是非常典型的山路，前面也提到过，迤萨位于红河南岸，哀牢山中的峡谷地带，这也决定了迤萨地区马帮商贸形式的形成。迤萨的马帮商贸对迤萨这个小镇的发展起着非常重要的影响。迤萨地区的马帮跨境运输与当地的商业发展相结合，对当地人民的生存方式产生了改变，商品经济与封闭的自然经济相互冲突，使商品经济意识深入人心，人们纷纷选择经商谋生，使迤萨地区的经济得到了发展。迤萨人随着开辟的商路，走到了世界各地，并且在不同的国家定居，泰国、越南、老挝、日本、美国以及一些发达西欧国家都有迤萨籍的华侨，迤萨也因为马帮商贸的运行，逐渐发展成为我国著名的多民族侨乡。

3. 商帮路线

迤萨的商队除了国内线路外还有出国经商的线路，主要是去老挝、缅甸、越南等东南亚国家。

迤萨至勐野井的路线是：迤萨—窝伙垤—浪施—阿扒村—鲁珠坝（绿春）—鹿角箐—撒马大水沟—半坡寨—攀枝花—李仙江渡口（江城）—李仙江坡头—大路边—勐野井。该行程大约12天。

迤萨至石屏的路线：迤萨—斐脚—大石洞—冲莫—莫白—大钻营—二台坡—范白寨—沙坡脚—关子坡冲—石屏。该行程有2—3天。[①]

迤萨至建水的路线：迤萨—斐脚—大石洞—冲莫—姚家寨—所补邑丫口—牛莫西部—羊厩—团田—秧草沟—业租—青龙—建水。该行程需要3—4天。

迤萨去老挝桑怒的路线：迤萨—瓦渣（甲寅）—哈甫—上六村—下六村—者米河—骑马坝—半坡寨—坝留渡口—东村—江城—麻粟寨—仙西里—陈老痞—小墨江—南乌江—蓬戴河—猛乎窝尼寨—坡头大象—阿卡大寨—窝泥大寨—大花寨—苗子大寨—老象小河—老象坡—苏兵大河—南马—南马大河—老虎场—海闹河—扒梯小河—勐优—苗子撒拉—苗乡大象—班纲—桑怒。该行程需要47天。

迤萨去老挝川圹的路线：迤萨—思坨（乐育）—窝伙垤—浪施—阿

---

① 红河县归国华侨联合会、红河县人民政府外事侨务办公室编：《红河侨乡60年》，2011年，第33页。

爬—鲁珠坝—鹿角箐—撒马水沟—半坡寨—攀枝花—渡口—江坡头—勐野井—整董—漫滩—勐腊会瓦—象庄田—曼半—曼晏—勐伴—勐腊—尚得—尚勇—边关—董棕包—老挝境内—漫东—黄土—富埃山—甘地龙开—渡边南乌江—爬厅—爬都—得莫鲁—琅勃拉邦—苏尾—腊博—腊红—川圹。该行程需要 44 天。

迤萨去越南莱州的路线：迤萨—利莫—垤施—哈普—上六村—下六村—三勐—略卡—坪河—都鲁—勐底—勐蚌—莱州。此路线行程需要 13 天。①

在当时，迤萨商人经商的这些道路，大部分是荒无人烟的山路、水路，遇到的困难不仅仅是道路难走这么简单。在荒无人烟的道路上若是商队之中有商人突发疾病，很难及时就医。在长达几十天的经商过程中，商人们要随时应对土匪的抢劫、恶劣的自然环境、匮乏的食物供应等多方面的困难。不过这些困难难不倒迤萨商人，人们在经商过程中遇到食物不足时，往往在荒山野岭中找可以食用的动植物充饥。

4. 商贸制度

迤萨侨商外出经商有多种不同的形式，在当时，多数人的家境并不富有，想要组成一个商队，组织马帮，多数商人都选择与他人合资，共同出钱组成跨境马帮。获得的利润依据各家各户出资所占的比重，按股分配，这种经营方式使相对贫穷的家庭也可以参与外出经商的行列中，使他们集体致富，提高相对贫穷家庭的生活水平。还有一种经营方式是拼帮，集体出国经营，这种经营方式是指各家各户出人出力组成马帮，亲自出国，但是出国之后都是独自经营，盈亏自负。这种外出经商的商人们大多是为了共同应对马帮路线上出现的危险。经商的道路都是一些险峻陡峭的山路，多数地方荒无人烟，气候环境恶劣，在路上生病、身体不适都是常有的事情。有的地方更是藏有山贼土匪，独自经营的商人若不拼帮，出国经商是一件非常危险的事情。当然，迤萨经商者也有资金实力雄厚的商人。这些商人就可以自己出资组织马帮，自成商队，经

---

① 红河县归国华侨联合会、红河县人民政府外事侨务办公室编：《红河侨乡 60 年》，2011 年，第 33 页。

营量大，经营范围也就更广。盈亏量也都大大超过拼帮、合股的商队，生意做得红火的也就自行注册了商号。商队外出经商基本都是每年的10月左右出发，到东南亚各国经商，次年的春季再返回家乡，这也是为了避免恶劣的环境。

关于马帮的经营，2016年3月9日在迤萨实地考察时，笔者有幸采访到了马帮的后代——红河县志办副主任杨立功，杨立功的祖辈世世代代为马帮商人，他的舅爷邵进臣是一位美国华侨，五年前从美国回国定居，直至去世。杨立功家族曾经创办了迤萨地区的"马店"，全名为"人马店"，人们称为"杨家马店"。该店已经有了一百多年的历史，专门为迤萨地区的商人提供食宿服务。

杨氏家族创建的"马店"至今仍然保存着完整的遗址，地址为迤萨镇东门街009号，遗址坐北朝南，东西两侧在当时走马帮期间用于拴马，经过的马帮商人都是将其马帮商队的马匹拴在东西两侧，然后将他们需要晾晒货物晾晒在位于北边主屋的平台上，主屋的台阶有五阶，大门有四扇。

迤萨马帮商贸发展促进了中西文化的交流。清末民初，杨家马店招待过从缅甸随马帮商队进入迤萨的英国人，英国人参观了马店的建筑，为当地人提供了新式枪支——卡宾枪。当地的马帮侨商为了加强对自己利益的保护，在马店碉院围墙上多处设置了枪眼。枪眼就是在墙体上一个正方形的射击洞，用于枪头的伸入。枪眼面对的方向都是一些可以进入马店的要道，或者是迤萨地区的主干道。如果马店遭受到土匪的攻击，或者是其他组织的武装袭击，那么各个枪眼的设置用以抵挡敌人的入侵。马店碉院建筑材料多为石头砌成，或是大石块与土基砌墙而成，这种材料的建筑，不仅可以抵挡子弹的攻击，就连大火都能抵挡得住，大火难以损坏"马店"的围墙，进一步保护了当地马帮商队的财产。

三 迤萨侨商的贡献

（一）对国外的经济贡献

由于我国与东南亚各国相连的边境地区相对贫困。迤萨侨商的小额边境边贸,是"民间先行,以民促官"的一种表现。这些民间商人由小额的跨境边贸到跨国贸易的发展,在一定程度上带动了当地经济的发展,提高了当地的收入,带动经济增长。如商号经营的木材生意在东南亚国家大量收购木材到国内出售,推动了边境地区商贸经济发展。许多迤萨籍侨商在长期经营后为了方便,就在东南亚各国安家,开设分店,经营规模不断扩大,带动了我国与东南亚各国的经济来往。双方的经济交流也逐渐从小额的跨境边贸演变成了大规模的跨国贸易,带动了东南亚各国经济的发展。

(二) 对国内的经济贡献

1. 调节边境民族地区物资余缺

我国西南与东南亚国家接壤的边境地区经济发展相对落后,但自然资源以及各种经济作物、农作物的拥有量都非常丰富。迤萨侨商的跨境商贸有利于当地以及周边地区的物资余缺调节。如将盐矿矿产资源开采出售到境外地区,又将少数民族地区所需的日用百货、食品运入,丰富了人们的生活。迤萨的侨商们辛勤的劳作,为我国西南边陲民族地区开辟了一条条与外界联系的道路,使当地相对封闭的地区得到了急需的物资,方便了人们的生活。

2. 促进跨境区域初级市场形成

时隔上百年,迤萨镇的道路上仍保留着当年马帮商队的影子,马帮驮出来的"茶马古道""南方丝绸之路"给我们后代留下了宝贵的财富。迤萨商队的经商之路使民间边境贸易不断活跃,多数商人在边境地区开设商号、分店,甚至定居国外,促进边境地区初级市场的形成。迤萨侨商先辈们探索的经商之路,为我们今天发展与东南亚各国跨境商贸提供事实依据、历史经验和智力支持。以现今我国西南地区与东南亚地区的初级市场为基础,逐渐地使西南地区的边境贸易、跨国贸易正规化、系统化,影响范围扩大化,不仅仅双方互惠互利,共同致富,也符合"一带一路"视野下的人类命运共同体的构建设想。

3. 增进中外物质文化交流

迤萨侨商的商贸活动将国内的土布、茶叶、药材等货物运到东南亚地区，又从东南亚各国运回当地特有的商品如象牙、香料等，极大地丰富了双方人民的物质生活，有力地促进了国内外的物质与精神文化的交流。双方的生产技术相互交流，生产方式也在交流中得到提高进步。在长期交往中，迤萨侨商马帮的商贸活动使不同国家的人们增加了双方的友谊，促进了双方的风俗习惯、文化的进一步融合，如迤萨地区的许多碉院建筑大多吸纳了东南亚各民族、英法的元素形成了中西合璧的建筑风格，就是中外文化交流的例证。

总之，迤萨侨商百年历史，依然值得被后人铭记，我们要尊重、珍惜，也为今后我国与东南亚各国的跨境商贸经济交流提供了宝贵的经验。

新时期践行"两山"理论与侨商兴业的思考

罗 荔[*]

"绿水青山就是金山银山"（"两山"理论）是习近平总书记绿色发展思想的核心理论，是被实践证明的具有重大创新与突破的新理论、新战略。侨商兴业对于推进"两山"理论的实践探索具有一定的引导与借鉴作用。

一 "两山"理论概述

"两山"理论自提出以来，其理论演进历经了多次完善，内涵不断丰富，涌现出了"源泉论""目的论""阶段论"等七种阐释，这对于更好地理解和领会"两山"理论具有重要的作用。

（一）"两山"理论演进轨迹

自"绿水青山就是金山银山"论断提出以来，其发展演进轨迹如表1所示。

---

[*] 罗荔，湖北第二师范学院马克思主义学院副教授。

表1　　　　　　　　　　　　"两山"理论演进内容

时间	内容
2005年	时任浙江省委书记习近平同志在湖州市安吉县考察工作时,首次提出"两山"理论,即"我们过去讲,既要绿水青山,又要金山银山。其实,绿水青山就是金山银山"。
2006年	习近平同志以笔名"哲欣"在《浙江日报》"之江新语"发表了《绿水青山也是金山银山》,在中国人民大学的一次演讲中系统地阐述了"两座山"之间的辩证统一关系。"第一个阶段是用绿水青山去换金山银山,不考虑或者很少考虑环境的承载能力,一味索取资源。第二个阶段是既要金山银山,但是也要保住绿水青山,这时候经济发展和资源匮乏、环境恶化之间的矛盾开始凸显出来,人们意识到环境是我们生存发展的根本,要留得青山在,才能有柴烧。第三个阶段是认识到绿水青山可以源源不断地带来金山银山,绿水青山本身就是金山银山。以上这三个阶段,是经济增长方式转变的过程,是发展观念不断进步的过程,也是人和自然关系不断调整、趋向和谐的过程"。
2008年	时任中央政治局常委、国家副主席习近平在中央党校发表重要讲话,强调"要牢固树立正确政绩观,不能只要金山银山,不要绿水青山;不能不顾子孙后代,有地就占、有煤就挖、有油就采、竭泽而渔;更不能以牺牲人的生命为代价换取一时的发展"。
2013年	国家主席习近平在哈萨克斯坦纳扎尔巴耶夫大学发表演讲时,指出"我们既要绿水青山,也要金山银山。宁要绿水青山,不要金山银山,而且绿水青山就是金山银山"。
2015年	习近平总书记主持召开中央政治局会议,通过了《关于加快推进生态文明建设的意见》,正式把牢固树立"绿水青山就是金山银山"的理念写进中央文件。
2016年	国家主席习近平在G20工商峰会主旨演讲中强调:"绿水青山就是金山银山,保护环境就是保护生产力,改善环境就是发展生产力。"

资料来源:《习近平"两座山论"你读懂了吗?》,2015 - 08 - 06,http://news.xinhuanet.com/video/sjxw/2015 - 08/06/c_1116158786.htm;《"两山论"是生态文明的理论基石》,2017 - 11 - 15,www.xchb.gov.cn。

(二)"两山"理论的内涵阐释

"绿水青山"就是优质的生态环境,就是与优质生态环境关联的生态产品;"金山银山"就是经济增长或经济收入,就是与收入水平关联的民生福祉。因此,践行"绿水青山就是金山银山",一方面要生态经济化,另一方面要经济生态化。关于"两山"重要思想的理论意蕴可以从以下六个角度进行理论解读,如表2所示。

表2   "两山"理论的内涵解读

名称	内容
"源泉论"	"两山"重要思想是马克思主义、中国传统文化、可持续发展思想的继承和发展。"两山"重要思想的理论源泉至少有三点:一是马克思主义尤其是马克思主义的自然辩证法;二是中国传统文化;三是可持续发展思想
"目的论"	"两山"重要思想是"四个全面"战略布局的理论构成和理论支撑。"两山"重要思想是习近平生态文明思想的形象表达,它不是就生态论生态,也不是就经济论经济,它是"四个全面"战略布局的理论构成,是"四个全面"战略布局的理论支撑
"阶段论"	"两山"重要思想是与不同发展阶段紧密相关的唯物史观。"两山"重要思想是习近平同志在总结认识论的三个阶段的基础上提炼出来的。它是与发展阶段紧密关联的,在不同的发展阶段有不同的追求,在不同阶段要做不同的事情。但是,不管在什么发展阶段,都必须做到:第一,坚持发展要务不动摇,不能否定发展,没有发展什么事情都无从谈起。第二,坚持环境保护不动摇,必须守住底线,坚决守护人类赖以生存发展的"绿水青山"
"方法论"	"两山"重要思想是马克思主义唯物辩证法的生动体现和发展创新。唯物辩证法关于普遍联系的观点可以指导人们对生态系统、经济系统及生态经济系统的相互关系的把握;关于永恒发展的观点可以指导人们对经济、社会、生态发展规律的把握;关于对立统一规律可以指导人们对经济发展与生态保护的矛盾及其冲突的把握;关于质量互变规律可以指导人们对生态环境容量的有限性、生态环境质量的可逆性或不可逆性的把握;关于否定之否定规律可以指导人们对"人不敌天——天人合一——人定胜天——天人和谐"等生态变迁和生态创新规律的把握。"两山"重要思想充分展示了唯物辩证法的精髓,是唯物辩证法的生动体现

续表

名称	内容
"民生论"	"两山"重要思想是充分体现为人民服务宗旨的民生关切。它不仅体现了党和政府为人民服务的民生关切，而且展现了生态公平论和环境正义论。它关注的是最广大人民的根本利益和长远利益，反映的是生态公平论和环境正义论。从这个角度审视，"两山"重要思想已经远远突破了生态经济的范畴，已经上升到政治和社会的战略高度
"制度论"	生态文明制度建设是践行"两山"重要思想的根本保障。要将"两山"重要思想真正落到实处，必须形成生态文明制度体系。从制度运行看，要建立起源头控制制度、过程管控制度和末端惩处制度等；从制度刚性看，要建立起强制性制度、选择性制度和引导性制度等；从制度结构看，要建立起正式制度、非正式制度和实施机制。当前，强制性制度尤其是法律制度的建设和实施显得特别重要。因此，在推进绿色发展的进程中，必须做到有法可依、有法必依，而且要做到重典治乱、重点治污，真正走上依法推进生态文明建设的健康轨道
"发展论"	"两山"重要思想要求大力倡导绿色发展。"两山"重要思想本质上是发展观问题。"两山"重要思想就是要求我们从"黑色发展"转向绿色发展，从"线性发展"转向循环发展，从"高碳发展"转向低碳发展。以绿色发展观为指导，就要求做到绿色生产和绿色消费，做到产业绿色化和消费绿色化

资料来源：沈满洪：《"两山"重要思想的理论意蕴》，《浙江日报》2015年8月12日。

（三）"两山"理论的重大理论与实践意义

"两山"理论蕴含着对人类文明发展经验教训的历史总结，体现着对人类发展意义的深刻思考，彰显了中国共产党人高度的文明自觉和生态自觉，具有重要的理论意义和实践价值。

"两山"理论运用辩证唯物论，准确地把握了人类文明发展的规律。我们通过回顾人类文明史可以发现，从农业文明、工业文明再到生态文明，是否定之否定的历史过程。①"两山"理论中，绿水青山代表生态文明，金山银山代表物质文明，最主要的是在人类社会进步发展的过程中，指明了如何和谐地处理两者之间的关系，使我们社会的发展更加健康。我们要以生态环境保护倒逼供给侧结构性改革，倒逼新旧动能转换，不断推动产业迈上中高端。要因地制宜选择好发展产业，让绿水青山充分发挥经济社会效益，切实做到经济效益、社会效益、生态效益同步提升，实现百姓富、生态美有机统一。保护生态环境，就是保护生态环境价值、实现自然资本保值增值的过程，就是保护经济社会发展潜力和后劲的过程。把生态环境优势转化成经济社会发展的优势，那么绿水青山也就变成金山银山。这是我们党积极探索经济规律、社会规律和自然规律的认识升华，带来的是发展理念和方式的深刻转变，也是执政理念和方式的深刻转变。

"两山"理论创新生态环境也是生产力，是对世界环境治理的新贡献。在生态经济的范畴内，环境保护与财富增长是密不可分的互动关系，而不是对立的关系。我们脱离环保搞经济发展，是"竭泽而渔"，离开经济发展抓环境保护，是"缘木求鱼"。环境资本也是经济资本，生态环境也是生产力。生态环境保护得好不好，直接关系到经济发展的后劲，直接制约着产业结构和规模。当前要做到"既要金山银山，也要保住绿水青山"，而且还要在"保住绿水青山"的基础上实现发展，这恰恰是基于东方智慧的系统内生的治理之路。② 例如 2016 年 5 月，联合国环境规划署根据习近平总书记的"两山"理论发表了《绿水青山就是金山银山：中国生态文明战略与行动》报告，该报告对习近平总书记的绿色发展思想和中国的生态文明理念给予了高度评价。

"两山"理论的发展之路，为侨商归国兴业、繁荣故里提供了很好的

---

① 农耕时代虽然"绿水青山"，但生产力极不发达，食不果腹、衣不蔽体。工业革命以资源和环境为代价，将"绿水青山"变成"金山银山"，否定了农业文明，但带来了"两山"矛盾，人们饱受污染之苦，"伦敦烟雾""洛杉矶光化学烟雾"等世界八大公害事件都发生在工业文明时代。要解决"两山"矛盾，既不能为了"绿水青山"，退回"靠天吃饭"的农业文明；更不能停留在工业文明，为了"金山银山"而忍受雾霾污水。

② 张孝德：《"两山"理论：生态文明新思维新战略新突破》，《人民论坛》2017 年第 9 期。

机遇。在生态文明时代背景下，中国不能走以乡村文明终结为代价的城镇化道路。乡村无法承载工业经济，是中国走向城乡两元文明共生、均衡发展的特色城镇化之路遇到的最大难题。但在"两山"理论指导下进行的美丽乡村建设则破解了这一难题，使中国乡村发展看到了希望，也为侨商归国兴业提供了良机。① 在"互联网+"、绿色消费、文化消费等的作用下，乡村的绿色经济迎来了发展的新契机。在建设"产业美""生产美""制度美""生活美""环境美"的"五美"农村中，在发展路径上将以延伸农村产业链为方向，以农产品加工能力提升、农村流通网络完善、乡村休闲功能融入为重点，完善利益联结机制，构建农业第一、二、三产业交叉融合的现代产业体系，通过对接"互联网+"供求，使远离市场的乡村获得新优势，让美丽乡村产出源源不断的"美丽效益"。

二 践行"两山"理论的浙江样本

在"两山"理论的指导下，浙江省率先走向了生态文明之路，并取得了许多重要的经验和突破。2005年，浙江省在全国率先出台了生态保护补偿制度。2009年，浙江先后出台了《浙江省跨行政区域河流交接断面水质保护管理考核办法》《浙江省人民政府关于开展排污权有偿使用和交易试点工作的指导意见》。2014年，"国家清洁能源示范省"落地浙江。经过十多年的探索，浙江省实现了由高质量绿色GDP取代高速度经济GDP的转型发展，初步形成了一套环境保护与绿色发展并举的"两山"发展之路，成为走在全国前列的生态文明省。② 近年来，又要建设全国生态文明示范区，提出"坚持生态立省方略，加快建设生态浙江"，提出建设"两美"浙江，打造"美丽中国先行区"。"绿水青山就是金山银山"就是一场信念笃定、薪火相传的接力赛。涌现出了诸如美丽乡村建设、五水共治果实、生态旅游路径、循环农业技术……一批浙江经验正在向各地输出，成为破解各地经济增长与生态保护共生问题的"发展之匙"。

---

① 周世锋、柯敏：《坚定不移贯彻"两山"理论》，《浙江日报》2016年9月8日。
② 王国锋：《浙江：加快打造践行"两山"理论的样板》，《浙江日报》2016年7月22日。

作为"绿水青山就是金山银山"重要思想的诞生地,人们强烈感受到绿色转型具有的独特优势和扎实基础,不断加快传统产业绿色低碳化改造,促进能源资源高效循环利用,实现产业发展和生态文明建设协调共生。生态禀赋是丽水最宝贵的战略资源,也是丽水后发赶超的最大潜力、根本出路。丽水探索绿色发展之路,彰显生态优势,通过大力发展生态经济,集中精力做好"生态+"文章,切实把生态全方位融入产业升级和经济转型的各个方面;进一步培育发展生态旅游业,全面开展国家全域旅游示范区创建,加快参与浙皖闽赣国家东部生态旅游实验区建设,做好"旅游+"文章,推进农旅、文旅、工旅融合发展,科学规划全域城乡旅游业布局,增强旅游集散功能,促进全方位旅游消费,切实保护古村古镇古建筑,尽可能修旧如旧,强化地域文化传承。例如"丽水山耕",是丽水市政府2014年主导推出的全国首个地级市农产品区域公用品牌。近年来,通过美丽乡村建设推动农业园区化、农村景区化,让生态精品农业园区、农业景观带、家庭农场变成旅游目的地,精品农产品变成旅游地商品,农房变成农家乐、民宿。继种植业、养殖业、外出务工"老三宝"之后,农村电商、来料加工、农家乐与民宿,成为丽水农民致富"新三宝"。另外,丽水一批"候鸟式"养生养老基地渐显雏形,一批"乡村创客"集聚区正在打造。有越来越多的人返乡,开展"拯救老屋行动",实施历史文化村落保护利用工程,投身"休闲+创业"产业。"绿水青山就是金山银山",正给丽水人带来美丽环境、美丽经济、美好生活,也赋予他们走向世界的文化自信。

在深化"五水共治""三改一拆"、保护提升一流生态的同时,加快营商环境的培育,不断丰富美的产品、提高美的层次、升华美的感受,让人留得下来、消费起来,吸引更多高端游客。充分保护好、挖掘好、包装好、推销好深厚的地域文化,与生态之美遥相呼应、相得益彰。深入推进绿色金融探索与发展。银行通过信贷调节对"两高一剩"行业进行限制,重点支持清洁能源光伏电站经营、绿色交通、"五水共治"等绿色项目,促进绿色金融发展。浙江省区域特色十分明显,金融机构需要在产品开发和服务模式方面制定有针对性的政策,不断从产品、服务创新到制度创新绿色金融的创新发展(既包括创新产品,填补空白、满足需求，也包括优化、改进已有的金融产品）等方面推陈出新。做好农旅融合文章，吸引更多农民参与生态服务业，大力发展生态旅游休闲、观光体验农业、农村电商和绿色制造业；突出抓好低收入农户扶贫开发工作，因地制宜发展低收入农户参与度高的区域特色产业。

三 落实"两山"理论、推进侨商兴业的对策

丽水因侨而闻名，因侨而兴盛。习近平总书记曾八次前往丽水调研并强调，丽水华侨众多，是浙江重要侨乡，要把这一资源充分地用好。侨胞积极投身家乡建设，加快产业回归、资本回归、总部回归和人才技术回归，为丽水践行"两山"之路凝聚强大的发展动力。所以，在新的历史时期，我们必须以更高的战略视野和更具影响力的务实态度去对待侨商回国投资发展。

一是依托侨商资源讲好丽水故事，弘扬"两山"理论。"华侨华人是'一带一路'建设中不可忽视的重要力量，对于实施'一带一路'倡议意义重大。华侨华人熟悉和了解中国和住在国的国情，在语言、文化、法律、环境等方面具有得天独厚的优势，海外华商了解国外市场信息，通晓国际商业规则，在推进'一带一路'建设过程中理应成为直接的参与者和受益者、民心沟通的铺路者和夯实者，从而为'一带一路'建设这一全球治理的中国方案锦上添花。尤其是海归人才是强国富民的新生力量，通过引导全社会共同为侨商、为人才提供服务、解决难题，吸引更多的华侨华人、高层次人才来投资兴业。即将召开的首届世界丽水人大会，能进一步密切与海内外丽水乡亲乡贤的联系，扩大丽水在海内外的知名度、美誉度，激发丽水人爱国爱乡、创业创新热情，更好地助推丽商、侨商回归，激发在外丽水人的归宿感、认同感、使命感、成就感、获得感和幸福感"。[①] 这在一定程度上拓展深化"两山"理论发源地的形象展示、文化宣传带动作用，保护利用各类文化遗产资源，为地区发展

---

① 《市委书记史济锡在京走访看望丽商代表　广泛发动在外丽商侨商助推丽水打造绿色样板》，《丽水日报》2017年5月23日，https://item.btime.com。

提供永续动力。

二是优化侨商服务环境，助推绿色金融快速发展。在不断改善硬件环境的同时，致力于系统重构经济、城市、社会、自然、政治五大生态，优化营商环境、政务环境，要搭建多元化侨商投资平台，集聚、整合、优化华侨资源，通过抱团、借势、借力发展，让华侨资源稳步软着陆；要打造侨商回归示范项目，增强侨商回归投资信心，以侨引侨。① 尤其是面对当前绿色金融领域的产品创新层出不穷，但恰恰是因为产品形式和交易结构千变万化，属于典型的非标产品，所以行业基础数据无法共享，绿色金融难以定量评价的现状，侨商可以结合先进的金融管理理念及丰富的金融实践，通过产品集中交易和依托互联网的数据集成与信息透明规范披露，来实现绿色金融的规范化和标准化等方面的创新，形成稳定、共通的产品形式，从而使绿色金融可计量、可评价、可获得、可执行和可控制，进而形成风险评估标准，提升金融效率，从而为充分动员社会资源支持绿色金融创新发展，共建"两美浙江"做出新的贡献。②

三是推进侨商发展康美产业、争当践行"两山"理论的示范者和引领者。加快生态富民，勇当绿色发展的探路者和模范生，拓展"两山"转化通道，努力成为践行"两山"理论的示范者和引领者。③ 要主动顺应供给侧结构性改革要求，突出做好"生态、融合、创新"三篇文章。立足现有产业平台，努力壮大绿色产业体系，以全域旅游为抓手，推动第一、二、三产业深度融合发展，加大创业创新力度，加快生态经济化和经济生态化进程，提高生态产业的核心竞争力和可持续发展能力。通过加快提升大旅游产业、大力发展绿色农业、康体养生产业、高端制造产业以及总部、文创等新兴产业，按照生态化、景区式、高效益的要求，推动产业主平台建设，推进特色小镇和特色乡镇建设，构筑康美产业体系。

---

① 卢静依：《2017 中国中东欧国家华侨华人宁波峰会开幕》，浙江省侨商会网，2017 年 6 月 21 日，http://www.zaoce.com/newsdetail.php?id=8127。

② 高国华：《从"两山理论"到绿色金融实践——2017 浙商国际·绿色金融发展论坛综述》，《金融时报》2017 年 1 月 2 日。

③ 《突出文化引领坚持品质发展努力成为践行"两山理论"的示范者和引领者》，《丽水日报》2017 年 1 月 22 日。

青田华侨回归创业与青田经济发展

周　峰　胡洪浩[*]

"十三五"时期，是青田县坚定不移走"绿水青山就是金山银山"的绿色生态发展之路，围绕"美丽青田、幸福侨乡"的战略目标，实现与全省同步高水平全面建成小康社会的决胜期。在这期间，如何鼓励青田侨商回归创业，并让他们参与提升县域经济的发展，关系着青田华侨群体以及县域经济的长远发展，对于华侨更大范围与更广深度上参与青田县经济社会大建设与大发展，有重要意义。

本研究的主要依据是：《丽水市国民经济和社会发展第十三个五年规划的建议》《青田县国民经济和社会发展第十三个五年规划纲要》《青田县基本侨情调查分析报告》等。

本研究的基准数据是2015年。

一　青田侨商回归创业的现状与基础

（一）青田华侨基本情况

33万青田华侨分布在世界121个国家和地区[①]，他们具有三大基本特征，即"侨中有石、石中有侨""侨中有外、外中有侨""侨中有台、台

---

[*] 周峰，青田县侨联主任科员；胡洪浩，浙江大学教师。
[①] 来自青田县侨办2015年3月发布的《青田县基本侨情调查分析报告》数据。

中有侨"。

青田侨商回归创业有三大优势。第一，文化优势。传承了中国社会主义核心文化价值观，保持了吃苦耐劳、质朴敦厚、敢闯敢冒、勇于拼搏的宝贵素质。第二，资本优势。一般以家族和股份制形式进行优势合作与分工，在经营中不断融合西方先进的企业管理文化，逐步完成原始资本积累。第三，全球资源网络优势。在国外积累了丰富的商务资源与社会网络资源，涉足领域涵盖进出口贸易、房地产、电子、物流运输、装饰建材、生态农业、部分高科技产业以及足球经济等，形成了产业渠道优势和市场优势。

但是同时青田侨商也有三大劣势。第一，投资存在盲目性。凭借资本优势，大量华侨投资国内房地产行业，由于缺乏对国内经济发展周期以及产业规律的深入了解，遭遇重挫。第二，对国内法律法规存在盲点。部分华侨在投资项目落地过程中，忽视、无视甚至藐视相关法律法规，导致投资项目失败。第三，缺乏相关专业知识与管理技能。部分华侨学历层次低、专业水平差，导致投资兴业趋向"短平快"的项目，无法有效经营可持续的"有根产业"。

（二）青田侨商回归创业的基础

青田县域经济发展的优、劣势明显。青田县域经济发展具有四大核心优势，包括华侨创业积极性高、优惠的政策支持、充足的自然资源和充沛的融资渠道与资金。同时，青田的县域经济发展也存在四大劣势，包括高层次人才匮乏、相关产业政策落地时存在偏差、交通不够便利以及产业配套设施不够完备等。

已经回归投资的青田侨商，重点活跃在清洁能源、房地产和服务业领域。根据县侨办数据[1]，青田侨商回国投资的侨资企业共491家，分布在国内22个省份，其中投资在浙江省内占了83.7%，产业领域主要分布在房地产、餐饮酒店、食品制造、服装制鞋、水电站、进出口贸易及机械制造等行业。

---

[1] 来自青田县侨办2015年3月发布的《青田县基本侨情调查分析报告》数据。

为了更加全面、即时地掌握青田华侨在青田的创业创新现状以及发展动向，我们采用案例访谈与在线问卷[①]的方式，对青田华侨群体进行了实证调研。通过为期四周的密集调研，共发放问卷数量为600份，回收问卷120份，剔除漏填等不符合要求的问卷21份，共计有效问卷99份，有效回收率为82.5%。

这些华侨最关注的问题是国内社会稳定、人民币汇率、子女接班和人才战略等问题，未来3—5年的意向投资领域包括进口贸易、餐饮以及旅游等行业。华侨群体认为青田县值得重点培育和发展的产业主要包括生态旅游、进口商贸、健康养老和互联网金融等，热衷参与青田欧洲小镇和青田商贸金融小镇建设。

分析青田侨商早期回国投资兴业失败的原因有多种。最根本的原因主要体现在缺乏系统全面的项目考察，盲目投资导致失败。过度依赖"社会关系"，以及企业经营管理能力薄弱也是造成青田华侨失败的主要原因。无法融入当地商业文化，找错合作伙伴等因素也对华侨回国投资产生负面影响。

青田县政府清楚存在的这些问题，在各项经济规划与报告中已作出一定的展望，青田县将继续夯实"华侨经济"的产业基础、资源禀赋基础、社会网络基础等，向华侨全面开放投资领域，把"创新、协调、绿色、开放、共享"五大发展理念深度融入"华侨经济"，不断提高国际化水平，培育华侨经济的升级版。

二 关键路径

（一）深耕第三产业，优先参与小镇经济建设

1. 深度参与商贸金融小镇的综合立体式新服务板块

围绕"商贸兴县"的战略目标，整合华侨资金资源和商务资源，引导侨资参与集商贸、金融、休闲、特色餐饮于一体的环湖商贸金融小镇建设，优先引进现有相关侨资企业开展业务升级与优化，鼓励潜在华侨

[①] 课题调研问卷：https://www.sojump.hk/jq/9381297.aspx。

有序投资新项目。

2. 加快投入欧洲小镇的专业化进口新零售板块

依托侨乡进口城的成功经验,打造集商贸、旅游、文化、生活四位一体的"欧洲小镇"。继续以进口商品市场为流量入口,大力培育特色餐饮、住宿与娱乐等配套服务产业发展,充分挖掘流量价值,形成一个功能齐全的进口商品中心。加大文化特色产品的开发以及服务升级,提升现有商铺的专业化管理与服务能力。①

3. 有序探索健康产业的体育健身特色板块

依托丽水市相关健康产业规划,结合青田县健康产业的发展基础与优势,重点引导侨资投资足球服务业、养生健身业和疗养康复业等健康产业。依托青田华侨在海外足球俱乐部、教练以及球员等资源,开发与足球经济相关的球员训练、外教交流,依托青田鞋服产业的优势基础,开发与足球运动配套的系列产品,如运动鞋服、足球用品等;发展瑜伽、专业SPA、形体训练等室内运动养生产业,垂钓、跑步、骑车、登山等户外运动养生产业,以及依托千峡湖的游艇、帆船等高端运动养生产业;发展特色疗养服务,整合全县疗养院、度假村、健康型餐饮、休闲设施等资源,开展品牌化运营。②

(二)凝聚侨资侨力,全力夯实华侨总部经济

1. 建设创业创新产业基地与园区

充分利用全县基础设施相对完备但企业效益不明显的区域,采用政府投入的方式,建设华侨经济商务楼,优先引进高潜力华侨企业,恢复和巩固全县经济结构多样性的传统优势。与此同时,建立青商创业创新主题产业园,汇集全县科研资源,弥补创新"短板",适应后工业社会城市经济结构变化的新趋势。

---

① 转引自2016年4月青田县人民政府发布的《青田县国民经济和社会发展第十三个五年规划纲要》。
② 转引自2016年3月丽水市人民政府发布的《丽水市国民经济和社会发展第十三个五年规划的建议》。

2. 振兴外向型服务业等第三产业部门

继续组织浙商大会、世界青田人大会、青田石雕文化节等大型活动，策划以旅游、进口商贸等活动来刺激全县旅游业发展，推动青田成为进口商贸集散地和旅游胜地；重点强化青田的金融服务与进口商贸的地位，吸引更多华侨企业落户青田；全面改善和提高全县的投资环境和生活质量，营造更好的总部环境，促使人才回流。

（三）总结试点经验，合力打造侨乡特色品牌

全面总结与回归侨乡进口商品城的阶段性进展与成果，牢牢抓住国内消费升级的新趋势，重点向国内二、三线城市整体输出侨乡进口商品城的品牌连锁模式。大力扶持"青田侨乡进口商品城"区域品牌培育与建设工作，一方面加大国内二、三线城市的营销与推广力度，以标准化服务体系的品牌连锁方式输出；另一方面继续健全青田总部商城的管理体系、商贸物流体系以及品牌标识体系，形成一定的盈利模式，争取5年内在全国开设50家青田侨商进口商品城的连锁机构。

（四）拥抱"互联网+"，协力推进电子商务平台

1. 打造全国石雕产品电子商务中心

依托石雕产业坚实的基础，整合青田及国内石雕产业的各类要素和资源，利用电子商务相关技术、3D打印以及虚拟现实技术，打造具有产地优势的全国石雕产品网络货源集散地、石雕专业人才集聚地和服务于石雕产业在线交易的电子商务大平台。

2. 筹建侨乡跨境电子商品平台

利用华侨资源和国内跨境电子商务的发展契机，依托青田华侨总部经济大楼和进口商品城等项目，大力发展以进口为导向的国际名品全渠道跨境电子商务。引导制造业运营主体和电子商务运营主体积极参与跨境电子商务业务经营。通过发展跨境电子商务，带动青田进出口企业的转型升级、贸易附加值的提升和自主品牌的塑造。

3. 开发青田智慧旅游新体系

深入挖掘石门洞、千峡湖等自然景观以及伯温、石雕、田鱼、梯田

等人文景观的潜在价值。基于云计算、大数据等技术进行全县各类旅游资源的统合与重塑。基于物联网、情景感知等技术推动全县主要旅游景区或景点的服务智能化，打造青田智慧旅游体系。

（五）打造金融平台，努力探索华侨金融新模式

1. 打造新农村建设金融平台

依托"百千工程""引侨治水""华侨村官"等美丽乡村建设重大工程，充分发挥侨资参与农村景区与文化旅游的带头作用，打造"新农村建设"的侨资金融平台，调动侨界知名人士，发挥侨领影响力，吸引更多侨资参与新农村建设。

2. 打造高潜力产业金融平台

积极发挥政府功能，创新服务手段，在商贸、旅游、健康等高增长潜力产业领域，推出华侨产业基金；通过政府牵头，多渠道引入金融资本参与各类产业基金建设；筹建专业投资队伍，开展投资业务与基金管理。

3. 打造华侨理财大金融平台

大力推进侨乡民间投融资运营平台、总部经济金融服务中心和华侨金融理财服务中心"两中心一平台"建设。加大引进全球金融机构，包括财富管理、会计事务所、资产评估等，打造华侨理财大金融平台。

三 重点工程

（一）侨乡进口商品城品牌连锁工程

1. 加快推进侨乡进口商品城综合体建设

加快推进一期项目建设，包括进口商品城周边在建的第四和第五市场、商住楼盘以及会展中心；积极谋划二期项目，按照欧洲小镇整体布局，有针对性地定位二期各功能分区，重点加大特色商品展销、西方文化体验、欧洲美食品鉴、休闲娱乐等空间布局。与此同时，加快制定招商政策与方案，重点引进青田华侨，兼顾温州以及省内其他地区华侨以

及相关浙商群体投资建设。

2. 启动侨乡进口商品城整体品牌连锁模式的开发

组建侨乡进口商品城品牌连锁专项工作小组，启动侨乡进口商品城整体品牌连锁模式方案规划，率先确立商品城商标专利，扩大注册保护范围，逐步申请国家或省著名商标或驰名商标。与此同时，分步骤制订连锁品牌工作流程标准、城市推广计划以及盈利模式计划。

3. 加大侨乡进口商品城标准化服务体系基础建设

建设商品城店铺管理标准体系，包括人事管理系统、财务管理系统、产品管理系统、库存管理系统、客户管理系统、危机处理系统、服务管理系统、信息管理系统；建设商品城营销标准体系，包括服务策略与服务标准、销售管理体系与标准、促销策略与传播体系的规划、新产品开发与推广体系等；建设服务人员培训标准体系，包括产品培训体系、服务培训体系、财务培训体系、人事管理体系、产品管理体系、营销技巧体系等。

（二）青田智慧旅游平台工程

1. 系统梳理全县旅游资源，加快资源的平台联网

按照"一心三区六带"的全县旅游发展总体布局，系统梳理旅游景点资源，深入挖掘石门洞、千峡湖等自然景观资源以及伯温、石雕、田鱼、梯田等人文景观资源。基于云计算、大数据等技术统合全县各类旅游以及相关配套资源，包括酒店、餐饮、休闲、健康等。基于物联网、情境感知等技术逐步推动全县主要旅游景区或景点的服务智能化。率先对石门洞、山口石雕风情小镇以及千峡湖等打造理念先进、功能完备、服务智能的青田智慧旅游体系，涵盖智慧景区、智慧酒店、智慧旅行社、智慧旅游零售商。[1]

2. 加大特色旅游景点的网络营销与推广

组建青田智慧旅游网络营销与运营工作组，加大特色旅游景点的网

---

[1] 资料来源于2016年7月青田县人民政府出台的《关于促进侨家乐与民宿、农村电子商务、来料加工产业发展的三年行动计划》。

络营销。全网推广华侨大会和石雕文化节，通过建立官方网站、微博微信公众号等方式，吸引网络"粉丝"；通过搜索引擎优化以及热点营销等方式，积累客户流量；利用侨乡进口商品城的商贸资源，推动商旅互动，实现确保商贸和旅游之间的人流、商流和信息流能及时地交流和共享。在操作流程上，推动旅游与消费的无缝融合，通过二维码等网络技术的应用和普及，与第三方电商平台和支付平台的对接，持续改善游客或消费者的旅游和购物体验，让游客在旅游中轻松购物，让顾客在购物中愉快旅游。

（三）华侨创业创新产业园工程

1. 加推十大园区的华侨创业创新特色板块

围绕全县"一核四组团十园区"整体产业布局，引导十大园区引进华侨创业创新项目。重点发展油竹工业园区的智慧商贸类华侨创业项目、山口工业园的石雕产业升级与转型项目、海口工业园的休闲椅跨境电商项目等。

2. 建设青田华侨创业创新产业园

筹建青田华侨创业创新产业园，将闲置的、供而未用的、用而未尽的、粗放利用的，特别是高能耗、低效益的华侨企业土地和厂房置换出来，引导华侨企业将有发展潜力和较好效益的既有项目投向创业园；与此同时，抓住青田欧洲小镇建设良机，通过招才引智、产业链扩展、众创空间培育等措施引进、培育环保装备、电子商务、电子信息等高科技创业项目，努力培育下一个十年的华侨经济新增长点。

3. 大力培育华侨龙头企业与新兴企业

按照优势产业和新兴产业行业门类，重点培育主业突出、拥有自主知识产权和自主品牌、核心竞争力强、总部型、品牌型、上市型、高新型、产业联盟主导型的华侨龙头企业；依托全县丰富的金融与资本资源，积极帮助华侨龙头企业对接各类创业风险投资机构，全力推动华侨龙头企业与高潜力成长企业接轨国内外资本市场，优化全县产业链结构，提升华侨龙头企业品牌价值。

(四) 华侨创业与投资指导中心工程

1. 筹建青田华侨创业创新研究中心

依托与浙江大学全球创业研究中心的成功合作经验，积极引进国内外专业的创业创新研究机构，通过设立研究分支机构以及筹建合作研究中心等多种方式，筹建青田华侨创业创新研究中心。合作中心围绕华侨创业创新的主题，积极向相关部门申报课题，开展具有区域性、群体性与时代性的研究课题，服务全县华侨经济建设与发展。

2. 启动青田华侨创业与投资指导中心

由统战系统牵头、联合相关部门，联合成立青田华侨创业与投资指导中心，为华侨提供创业与投资的专项服务；建立全县各个产业重点投资项目数据库，定期向华侨提供投资分析报告；建立华侨企业培育数据库，采取股权投资、项目扶持、要素保障等综合措施，扶持推动华侨企业发展壮大；加快引进创业服务中介机构，共同参与华侨创业创新生态圈建设。

3. 推出青田侨商领军人才培育计划

着眼于提升青田侨商的创新与变革能力，引导青田侨商领军人才以新理念、新思路、新举措引领企业与产业发展。以准备接班、正在接班的二代新侨企业家为主要对象，与国内外知名商学院联合举办训练营，加快新一代华侨企业家的成长；围绕全县重点发展产业，每年举办青田华侨创业创新大会。

四 保障措施

(一) 加强顶层设计，全面向侨资开放三大产业

深入实施"青商回归"工程，搭建更多"华侨创业创新新平台"，鼓励青商回归安居创业，进一步促进"青田人经济"向"青田经济"转化。继续出台有关华侨总部经济、跨境电子商务、侨资金融创新等政策，加大青商回归政策优惠力度。

全面向侨资开放三大产业，进一步打造"总部经济"和"进口商品

城"等特色品牌,重点鼓励并引导华侨投入第三产业,尤其是在旅游、商贸、金融、体育健康等现代服务领域。尝试向青田华侨开设绿色通道与专项行政窗口,加快华侨重点项目落地。

(二)夯实基础配套,推动智慧城市建设

加强青田网络基础设施与平台建设,确保青田与全球的"零距离"智慧连接。加快推进"三网融合"工程,全面满足全县人民和海内外游客随时随地的无线通信、无线办公、无线娱乐需求。加快青田官方网络平台建设,实现全球青田华侨可以实时掌握侨乡各类资讯与信息。

加强城市大数据服务中心的建设,让数据成为青田的智慧大脑。[①] 依托青田电子商务综合产业园,合理有序发展公共数据中心、海量存储中心、服务器托管等服务功能,推进云服务、云计算等技术在电子商务和电子政务两个关键领域的应用。

(三)强化侨务系统功能,推动部门间协作

充分发挥侨务系统协调作用,突出侨务系统组织服务经济发展的新角色,努力打造侨务系统工作升级版,实现侨务系统事业新跨越。围绕华侨经济发展的新要求,不断运用"千差万别、千变万化、千思万想、千家万户""四千思维",要求各部门将服务华侨创业创新列入年度工作计划;加强侨务系统的日常沟通与协调功能,定期组织相关部门召开部门间协作会议,集中解决华侨创业创新的困难,确保华侨重点投资项目的落地效率。加快建设"网上统战",注重应用互联网思维和技术开展联系、引导、服务侨社和侨胞工作。健全海外华侨联谊机制,为华侨回国创新创业搭建更多平台。

(四)加大人才保障,培养华侨创业创新新生力量

积极培养引进一批具有国际视野、通晓全球产业发展规则、熟悉国

[①] 资料来源于2014年9月青田县商务局出台的《青田县电子商务产业发展规划(2014—2020)》。

内法律制度的外向型、复合型华侨创业创新人才。建立和完善引进华侨高层次人才专项补助、生活补助、特殊津贴等政策，为高层次华侨人才创造良好的制度环境。

大力营造"来得了、待得住、用得好、流得动"的人才发展氛围，全面推进人才强市建设工作，加快"十三五"期间侨资企业紧缺人才目录建设工作，鼓励侨资企业引进各类技术与管理人才，培育并构建全县人才生态圈。

第三编

中华文化在海外传播与交流研究

中华文化[①]海外传播与华人精英[②]作用

——以美国和马来西亚华人社会为例

吴前进　夏　雪[*]

>"传播"的本义为"共享"。
>
>我们在传播的时候，是努力想同谁确立"共同"的东西，即我们努力想"共享"信息、思想或态度。
>
>——当代西方传播学创始人威尔伯·施拉姆（Wibur Schramm）

文化是民族的血脉、人民的精神家园，是民族凝聚力和创造力的重要源泉，同时是综合国力的重要标志，是经济社会发展的重要支撑。中华文化（或中国文化）的传承与传播，历来是炎黄子孙千秋万代的事业，每一个有中国血统的人都引以为傲。在中国国际地位不断提高的今天，

[①] 本文的"中华文化"，指以儒家文化为核心的多元文化在长期历史发展过程中融合、形成并发展起来的、具有稳定形态的中国传统文化，它包括思想观念、价值取向、生活方式、礼仪制度、风俗习惯等多层面内容。

[②] 华人精英，指在文化建构和文化传承传播方面具有关键性引领作用的人物。中华文化的海外传播包括两个层面的内容，即精英文化与民俗文化。一般认为，所谓精英文化，主要指思想观念、礼仪风范的传承与传播，其载体以文化人的思想言论和艺术作品为主，具有精神引领作用；所谓民俗文化，主要指风俗习惯、生活方式的传承与传播，其载体以民众的日常活动和节庆仪式为主，具有世俗表现作用。本项研究重点在海外华人的精英文化层面，探讨他们在传播中华文化方面的做言起行及其效果和特点。

[*] 吴前进，上海社会科学院国际问题研究所研究员；夏雪，上海社科院助理研究员。

在中国经济、文化、政治不断发展、革新的今天，如何让中华文化承担起她的历史使命，承上启下，汇通中西（或在地），有益人群，乃中华文化在新时代的追求和方向。长期以来，中华文化在海外传播最有影响或者说最成功的地方，一个是在北美的美国，另一个是在东南亚的马来西亚，二者尤具典型意义。前者是中西文化的结合汇通之所，人文荟萃，不胜枚举；后者是中华文化与马来文化和印度文化的混合交错之地，精英集聚，极有声色。两地的华侨华人，特别是其中的精英人物，都通过不同方式为中华文化的传承传播做出了多重努力和积极贡献，许多成功的作品和著名的人物，都由于汇通了彼此的文化而获得了世界或地区的影响。本项研究希望通过对两地华人精英在传承传播中华文化及融汇多种文化方面的努力说明，随着中国的和平发展及国际地位的上升，中华文化的传承传播更具有了它的时代价值和生命意义，而海外的华侨华人如何把中华文化的地方知识扩展并上升到人类共同文明的有价值内容之中，值得我们回顾、总结并在新的形势下发扬光大。

一　中华文化的全球化：美国华侨华人精英的作用

所谓中华文化的全球化，指中国本土文化通过华人移民的日常经验和生活思考而传播散布到世界各地的过程。它通过思想文化和艺术实践，把中华文化的核心价值与在地文化的核心价值结合起来，表达华人移民族群的多元认同与内在关怀。这种中华文化的全球化，是弱势文化向强势文化的逆向传播，其所能起到的作用，是促进不同文化的包容理解，是促进多元文化的再生繁荣。它与文化帝国主义[①]（文化全球化理论之一种）完全不同。

美国是中国人较早选择移民的主要目的地之一。自 1848 年沿海地区中国人被大批招募到美国从事金矿采掘和建筑中央太平洋铁路之后，移民美国的历程虽然一度由于排华法案而停滞，但之后仍然在各种因素促

[①] 文化帝国主义是将文化全球化理解为西方文化向全世界各地扩张，把自身喜好和价值观输往世界各地，从而实现国际政治经济领域里的文化霸权。

动下，得以持续和发展。第二次世界大战结束后，美国修订移民政策，20 世纪五六十年代中国台湾移民的赴美以及 80 年代后中国大陆移民的赴美，都令美国成为中国移民，特别是精英移民的荟萃所在。如今，经过 160 多年的移民历程，美国的华人社会结构不仅是一个以新华侨华人为主的社会，也是一个包括多种来源地、不同教育背景和各个阶层的华人集聚地。本文从中华文化传播的当代视角呈现美国华侨华人如何把人类历史上最能代表中西文化突出优势的两大主流文化进行嫁接、汇通与融合的努力与探索，说明文化传播与族裔群体的关系互动有赖于移民精英之于祖籍国历史记忆的调用、反璞与归真，以及移民精英之于住在国主流文化的选择、吸纳与融入。进言之，中华文化的当代传播和走向世界，乃华人移民精英群体念兹在兹、身体力行的结果。

（一）华人精英传播中华文化的自觉

移民族群的社会影响取决于移民人口在住在国所占比例及本身受教育程度。美国华人之所以相对于其他国家和地区华人在总体上更具有一定社会影响力，关键在于他们在上述两方面都占有一定的比较优势。首先，在移民人口数量方面，华人属美国亚裔中最大族群，是所有少数族裔中仅次于墨西哥人的第二大族群，其在美国人口中增长速度最快。2015 年 5 月 2 日，美国人口普查局数据显示，全美华人约 452 万，其中自认"中国人"的 434.7 万，只认自己"中国台湾人"的 17.3 万。在 452 万美国华人中，出生在美国之外的 273 万，即 60% 为华人新移民。而在 273 万华人新移民中，162 万人已入籍美国。[①] 其次，在受教育程度方面，美国华人群体明显高于美国民众总体教育水平。移民美国的华人，在生活习惯上容易被同化，但重视教育的传统理念，不但没有改变，反而有进一步加强趋势。许多华人家庭，采中西合璧教育方式，鼓励孩子成为行业精英，打入主流社会。[②] 人口比例的相对提升和受教育程度的普

---

① 美国侨报网，http://news.uschinapress.com/2015/0502/1021462.shtml，2015 年 6 月 10 日登入。

② 《美华人受教育程度高于全国平均水平》，《人民日报》（海外版）2015 年 5 月 8 日。

遍提高，令美国华人在传承和传播中华文化方面独树一帜。用他们自己的话说，对于故土，他们有一种"中国执念"或"中国情结"，有着身为漂泊者的牵挂。① 在美国，此类"中国执念"或"中国情结"者为数不少。有学者自述，"在美国教书十几年，虽然只是一两年回国一次，与国内纽带有些疏离，但对中国情况远远无法采取一种纯粹求知和客观研究的心态，无法像美国学者和在美国长大的学生那样，以一种超脱态度对待中国事务。在这种情况下，构造、呈现什么中国形象，就是每天都要寻思的问题。也就是说，需要认真地把中国的政治文化历史，以自己研究理解的那样，以自己在中国生活形成记忆中的那样，在课堂上传达。然而，恰如其分地解释中国的历史和发展，一直是难题。"② 今日的中国，某种程度上幻化为西方的投影或西方文化的"对象化"。当中国必须面对"西方"这个强大的他者，所谓的西方梦就产生了。"到美国去，到美国去"的呼声响彻了整个20世纪下半叶，这背后潜藏着中国人自我的身份焦虑和认同危机。③ 而美国华人学者和其他文化精英，则通过异域的生活实践和工作经历，反思中华文化以及中华文化与西方文化、全球化的关系④，进而在此过程中找寻和发现中华文化的历史价值、当代意义以及身为华人在传承传播中华文化中的自觉承担。

（二）华人精英传播中华文化的作为

中华文化的海外传播，除了传统华人社团、华文报刊和华文学校的历史功能之外，在美国，它事实上具有更新的内容与表现形式。这些新内容和表现形式集中体现在华人文学、音乐、影视和艺术等多方面的成果。虽然这些表现形式属于既有的文化样式，不能称其为"新"，但在异域的土壤里，它们独树一帜地展示了中华文化的持久魅力而获得住在国多元文化社会

---

① 王亚丽：《边缘书写与文化认同——论北美华文文学的跨文化写作》，中国社会科学出版社2013年版，第88页。
② 王斑：《全球化、地缘政治与美国大学里的中国形象》，载王斑、钟雪萍编《美国大学课堂里的中国：旅美学者自述》，南京大学出版社2006年版，第50页。
③ 王亚丽：《边缘书写与文化认同——论北美华文文学的跨文化写作》，中国社会科学出版社2013年版，第39页。
④ 同上书，第37页。

的接纳和认可，充分实现了与西方文化的嫁接，并在全球舞台上赢得美誉度和影响力，故可称为中华文化在异域的新突破。其表现样式主要如下。

（1）中华文化传播与美国华人文学。美国华人文学[①]，指美国华人用华文（汉语）或英文为书写载体所创作的、反映内心情感和再现一定时期、特定地域社会生活的艺术，包括戏剧、诗歌、小说、散文等，是糅合了中西文化的重要表现形式。自中国人踏上美国国土开始，美国华人文学创作就没有停止过。但真正给美国华人文学带来突破性影响的当推20世纪六七十年代的台湾留学生文学。这一批因政权变迁漂落到台湾的大陆人士及其第二代，他们远离中国，拒斥中国，却不能忘怀中国，故而在美国备感前途迷惘、痛苦和忧伤，这是一群郁积着复杂中国情结的海外"浪子"和"赤子"，他们之中涌现过许多重要作家[②]，一般认为，台湾留学生文学属于美国华人文学自觉创作的开端。之后，美国华人本土作家在当地文坛的声名鹊起构成美国华人文学创作的第二波高峰。这些本土出生的华人作家通过对于中华文化的念想、改编和再创作，把西方人对于中华文化的认知以及华裔美国人对中华文化的判断，糅合进各自作品的"中国想象"内。他们的"中华文化观"成为当地社会不同族群人们认识和了解中华文化的一个重要来源。20世纪80年代后，中国大陆新移民赴美，为美国华人文学创作迎来新一轮高峰。事实上，无论是留学生文学、本土华人文学，还是华人新移民文学——美国华人文学对中国形象的塑造和描述，其实质是华人作家在自我与他者、本土与异域等多重二元关系的对立与交融中对中国所做的文学想象和欲望投射。[③] 中华文化透过华人作家的笔触而得以在异域呈现不同的风貌，但她是万变

---

① Chinese American Literature，可有多种翻译，但笔者在此，选择"美国华人文学"名之：一为"华人"一词的丰富性，可以涵盖所有在异域出生的移民后代或新到异域的移民第一代；二为华人文学，可以包括所有以华语或英语等各类语言载体创作的，具有华人族群文化特征的文学作品，以避免"华文文学"仅仅指涉华文创作的文学作品。事实上，美国华人文学的双语创作特点十分明显，它已经不仅仅是母语文学的海外版。

② 朱骅：《是进亦忧，退亦忧，然则何时而乐耶？——谈多元文化时代美国华人文学对"文化中国"的怀想》，《世界华文文学论坛》2007年第2期，第4页。

③ 张晶、蒋金运：《美国华人文学跨文化视野下的中国想象》，《深圳大学学报》（人文社会科学版）2010年第2期，第6页。

而不离其宗的。中华文化为海外华文文学的创作提供了重要的文化资源和想象支撑,她不仅维系着离散华人的文化认同和身份意识,而且也在东西方关系中追寻中华民族的传统血脉和文化烙印,从而把她传递给世界各国不同文化的人们。①

(2) 中华文化传播与跨国华语电影。"跨国华语电影"(translational Chinese cinema)概念,在电影界已有共识。它蕴含这样一种现象:"语言与国家之间的非等同性和不相称性,表明当今世界各地华人之间在国家和文化联系方面既存在着一脉相承之处,也存在着裂痕与分歧的现实与困境。"② 对此,鲁晓鹏表示,"国族想象"绝对是海外华语电影研究中一个非常中心的议题,也是一个切身实际问题。生活在海外的华人多少有点儿精神分裂症。电影有时就探讨这些身份问题。在全球化时代,跨境流通越来越频繁,华语电影研究的是学术问题,但反映的是有关现实生活的问题。③ 在华人导演中,李安是一位标杆性人物。两种不同文明的冲击造就了李安与众不同的视野,并获得卓越的艺术成就。从《饮食男女》《冰风暴》《卧虎藏龙》《断背山》《色戒》到《少年派的奇幻漂流》,李安拍摄了各种不同风格的电影题材,无论是伦理、武侠、喜剧甚至科幻,他都能在东西方文化中游刃有余。李安的电影已经成为中国和美国之间的跨文化桥梁。2001年,《卧虎藏龙》在美国大获成功,成为美国电影史上入围奖项最多的外语片。《卧虎藏龙》恰恰通过中西方艺术形式的综合表达,呈现了一种独特的中国意象。李安的电影艺术,不仅跨越国界,而且重新包装并运用了中华文化认同——那是一个海外华人具有深切情感共鸣和充满乡愁的符号。同时,它也获得了西方世界对于中华传统文化现代表达形式的好奇、认同和赞赏。④ 全球化不只代表地理界线与地域观念的消除,而且代表对立面的融合与超越——包括民族主义、认同、叙事与民族性。

---

① 刘桂茹:《海外华文文学的母体文化传承》,《福建论坛》(人文社会科学版)2014年第10期,第131页。
② 李凤亮:《"跨国华语电影"研究的新视野——鲁晓鹏访谈录》,《电影艺术》2008年第5期,第34页。
③ 同上书,第35页。
④ 柯玮妮:《看懂李安》,黄煜文译,山东人民出版社2012年版,第184页。

（3）中华文化传播与中国书画艺术。中国书画艺术作为一种视觉艺术形态，是不用翻译的语言，是中华文化走向世界最具代表性的艺术样式之一。许多具有国际影响的中国艺术家，正是成功结合了中西方文化的思想内容和表现形式而获得广泛赞誉。这类画家有定居美国的丁绍光，有在国际画坛享有盛誉的陈逸飞（已故）等。陈逸飞油画作品的最大特点在于画面上弥漫着宁静和柔美，在美国照相写实主义中渗透着东方神韵，无论是江南水乡还是古典仕女，无不体现他的一种追求："运用西方的技巧，赋予作品中国的精神。"① 跨文化的会通，正是陈逸飞享誉国际的成功所在。人们承认，人的跨国流动所形成的思想和文化的交流，以及由此产生的精神共鸣和相互激活，才是艺术家丰富灵感的创作来源。个人或国家，"恰恰是在跨国语境之中形成了自己的民族性，而不是通过反抗跨国语境来型塑之"。② 同样，在书法艺术领域中，中国书法也将成为一项跨国界、去区域化、超越政治边界的文化实践。20世纪晚期的书法以"混血兼容"之风——融会传统及当代，并具有某种自觉式的批判性反思。这种反思，令绘画及书写两种迥异的表现模式在中西传统中并行不悖。在这个文化跨国的时代，人、影像、资讯流通迅速，单一的文化中心消失，制作及展示当代书法的重镇不止一处，它遍及北京、台北、东京、纽约、巴黎等全球性的大都市。③ 中华文化艺术的跨域流转，不仅是一种地理跨域，更是一种心理跨域，从母体向外离散，并在世界各地形成新的文化中心和文化品种。全球化时代，中华文化的再出发，正是凭借着具有多种文化优势和文化悟性的华人知识分子和艺术家的再思考和再创作。

（4）中华文化传播与音乐建筑艺术。20世纪50年代之前，美国的中国音乐一般不超出唐人街华人社团的范围，音乐的表现形式主要为粤剧和广东音乐。从80年代中期开始，一群年轻的中国大陆作曲家来到美国，在美国的新音乐圈子中掀起了对中国新音乐的强烈兴趣。这些作曲家包括陈怡、盛宗亮、谭盾、周龙等，他们被20世纪西方作曲家的音乐

---

① 魏红珊：《陈逸飞绘画：后殖民批评解读》，《文化研究》2001年第5期，第126页。
② ［英］裴开瑞：《跨国华语电影中的民族性：反抗与主体性》，尤杰译，《世界电影》2005年第1期，第8页。
③ 古德柏：《全球化时代的中国书法》，少儿艺教网，2006年9月6日。

以及对于中国文化更深层、更全面的理解所鼓舞,在为各种形式所创作的音乐中——包括传统的西方管弦乐队或歌剧的交响性和戏剧性作品、各种新的组合形式的室内乐、非传统乐器的实验性作品、中国器乐音乐以及中西乐器混合的乐队作品——探索了新的织体、音色、形式和技巧,并把它们综合存在于不同的层次。[1] 这些音乐家中,如今最负盛名的当推谭盾。谭盾的音乐被视作跨越古典与现代、东方与西方、多媒体与表演艺术的众多界限。他已赢得多项世界最具影响的音乐大奖。谭盾的多媒体代表作品《地图》,由马友友和波士顿交响乐团进行世界首演,作品手稿已被纽约卡内基音乐厅世界作曲大师手稿廊永久收藏并展出,他是第一位获此殊荣的东方音乐家。谭盾音乐的最大特点在于把中国传统音乐融汇到西方现代音乐之中,而楚文化对其音乐创作影响至深。音乐是流动的建筑,建筑是凝固的音乐。在美国,建筑大师贝聿铭的作品特别具有表现力和多元文化融汇的象征意义。这位自诩"西方建筑师"的华裔建筑大师,用他的建筑理念和建筑作品印证了文化融合的成功范例。

华人移民美国的过程,就是中国文化与西方文化靠近、碰撞、交流的过程。20世纪80年代后,美国华人精英正是在不断的中西方文化交汇的实践中,返本开新,融会贯通,从而把两种文化最富表现力的艺术形式贡献给世界各国人民。华人移民正是在自身的经历体验中,把文学、影视与书画艺术等中华文化内在价值演绎和展现给世界各地不同的人们。当世界各地人们欣赏和认同这些艺术创作的同时,他们更在感受和领悟中华文化的核心价值和思想光辉。美国华人文化传播的历程和成果证明中华文化走向世界的价值所在:吐故纳新,兼容并蓄。

二 中华文化的在地化:马来西亚华人精英的作用

所谓中华文化的在地化(或本土化),是相对于中华文化全球化的另

---

[1] [美]郑苏:《中国音乐在美国与加拿大》,王小夕译,《中央音乐学院学报》(季刊)1999年第1期,第65页。

一种趋势和潮流,指华人移民文化适应以及符合当地社会要求的过程。在这种跨文化交流中,华人移民既重视保持中华文化传统,维持族群身份认同,又注重和住在国各个群体进行日常交往,主动与在地主流文化相融合,而不是有意抗拒、逃避或者企图支配他者。它属于一种移民个人和群体的跨文化适应,即在与异文化交往和变迁中如何自我定位,如何改变个人经历和承受压力从而获得最终的认同和接纳。实际上,文化适应的过程对发生相互接触的两个不同文化或文明都会产生影响,只不过主流文化受影响程度较小而已。

马来西亚[①]是一个拥有 3000 万人口（2014 年数据,其中,华人人口占 25%）的多种族、多文化、多语言和多宗教的国家。建国以来,马来西亚国家建设所走过的道路,特别是政府团结多种族社会的成功经验,以及占本地总人口约 1/3 的第二大族群华人给予政府的广泛支持与多方合作——此种相辅相成的过程,均令政府、学界、民众和媒体认真审视和评估国家政策之于华人族群的意义,以及华人族群之于国家建设和社会发展的作用。本文关心和论述的重点在后者,即马来西亚华人社会的发展经验,虽然在世界各地是独特而难以模仿的,但它终究显示了华人族群致力于把地方传统[②]（华人的民族文化）弘扬和贯穿到住在国历史和现实中的文化自觉和身体力行。进言之,马来西亚华人社会的发展,不仅取决于住在国政府施行多元包容的民族种族政策的结果,而且有赖于本地华人社群为了维护民族文化的根本而不断奋斗和争取的努力。可见,华人领袖和华人精英人物的思想和实践,对于华人社会方方面面的推动,

---

[①] 1957 年 8 月 31 日,英国同意"马来亚联合邦"在英联邦内独立。1963 年 7 月 9 日,英国、马来亚、新加坡、沙捞越和沙巴在伦敦签署关于成立马来西亚的协定。1965 年 8 月,新加坡退出马来西亚成立了新加坡共和国,同年 9 月 16 日马来西亚宣告成立。

[②] 王赓武教授在谈及马华社会的地方传统时指出:"第二次世界大战以后的马来亚,马来民族建立'马来联邦'新兴国家后,他们的传统就被当作是国家传统的机制。马华社会的反应是,不再坚持'华侨'概念,也不再认同中国的国家传统,而是以华人的民族文化,来争取平等待遇,标志认同马华的地方传统。"他认为,马华社会有很强的地方传统,如新山、槟城、霹雳、吉兰丹或东马等地,各自拥有不同的地方传统,他称为"小传统"（Little Tradition）。这些传统有些是从中国传统中发展出来,有些则从地方"文化"形成。《政治体系差异所致　新马华人传统不同》,《"新马华人:传统与现代的对话"国际学术研讨会》,《星洲日报》2001 年 7 月 3 日。

无疑具有特别重要的意义。

（一）华人社团：中华文化传播的基本途径

马来西亚地处儒家、兴都教、伊斯兰教及西方基督教四大文明交汇之所，不同种族、不同宗教及不同文化能够在同一个国家内和平相处、互相交流，使马来西亚的经济发展、物质建设和对外贸易以及文化交流均占优势。而华人文化能够在马来西亚拥有一定地位，则有赖于华人社会的"三宝"——华人社团、华文教育、华文报刊。其中，华人社团又是"三宝"之首。① 反观马来西亚建国历史，可以发现 1957 年马来亚（马来西亚）独立后，政府对华文教育和华人文化的打压，一直未见松懈。在这种情形下，华人民间组织毫不妥协，坚持华人的文化教育必须符合马来西亚多元社会的现实情况，以确保华人的文化传统永续。正因此，马来西亚华人社团的最大功绩：一是争取和维护华文教育权利，二是倡导和推广华人思想文化，以争取和实现华人文化的平等权益。也因此，华人社团已成为马来西亚华人社会民族文化的重要基础性社会组织。有学者认为，马来西亚华人社团虽然数以千计，源流复杂，有同乡会、商会、校友会、宗亲会之别，然而一般看法却视之为一个整体，而非许多个体。这是因为华人社团固然名目繁多，且对华人社会的事务、立场、观点时有不同，但方向目标大体相当一致。只要有关华人社会的课题，华人社团都可以被动员起来。华人民间组织皆意识到华文教育的重要，若要谈华人文化的保存与发扬，先决条件是华文教育必须坚持下去，舍此，则中华文化与华人身份认同，根本无法开展和持续。

（二）华文教育：中华文化传播的根本所在

语言传播事关文化存亡。华文教育在马来西亚已有 190 余年历史。② 华人初到马来半岛时多开设私塾以教育下一代，当时的私塾多半以

---

① 莫顺宗：《马来西亚华人与中华文化》，台湾《侨协杂志》2011 年第 127 期。
② 马来西亚的华文教育，若从 1819 年在槟城建立的第一间私塾五福书院算起，已有 190 余年历史。

《三字经》《千字文》或四书五经等为教材，办学初期英殖民政府对其采取放任态度。但到 1920 年，殖民地政府见华人势力日渐庞大，遂颁布《1920 年学校注册法令》对其进行阻挠和打压。第二次世界大战时期，日本侵占马来半岛迫使民间教育陷入停顿状态，直至战后方见复苏。在此期间，殖民地政府先后颁布《1952 年教育法令》《1956 年教育（修正）法令》《1957 年教育法令》和为数众多的报告书。独立以后，联邦政府采纳 1955 年的《拉萨报告书》和 1961 年的《达立报告书》颁布了《1961 年教育法令》，大大削弱了华文教育发展，引起华人社会极大反弹。在马来西亚华文教育史上，因此涌现出许多不畏牺牲，为华文教育拼命抗争的华人知识分子，如林连玉、沈慕羽、陆庭谕、林水濠等。

"语文乃民族的灵魂"，中华文化与华人族群的关联通过华文教育得以体现。在马来西亚，保持民族文化记忆之道在于两个面向的努力：一是在体制内通过政党政治方式，争取华文教育的平等地位；二是在体制外透过民间社团方式，寻求华文教育的自救之道。第二次世界大战结束后，冷战的国际背景，以及东南亚各民族国家建设的迫切要求，导致华人面临强制同化、华文教育受排斥和限制的艰难处境。但与其他一些东南亚国家不同的是，马来亚/马来西亚的华人没有因此消沉。相反，为了保存和延续族群文化的香火，他们以合作的态度、合法的步骤、合理的论说，向具有一定民主精神的马来执政当局表达作为公民、政党和社团的各种建设性主张。尽管在此过程中，对如何维护华文教育权益在方法手段和目标达成上，华教人士、马华公会各有观点和侧重，但作为华人族群的一分子，任何人都无法否认有必要保持民族文化的根本！这是他们作为华人族群与中国文化联系的根本渠道和最好方式。

目前，马来西亚已经成为中国以外华文教育体系最为完善的国家。马来西亚华人的汉语水平，也属中国大陆、香港和台湾之外，最为优异的。建国以来，马来西亚的华文学校在提升国民素质、促进经济与社会发展方面起着重要作用。华文独中培育了近 10 万名具有三种语文基础的高中毕业生，其中半数先后在国内外继续接受大专教育。这批接受华文教育的建国人才，无论在政治、经济或文化领域，都做出了重要贡献。[①]而华文教育的另一个重要贡献则是直接催生了马来西亚华文作家队伍的形成与华文报业的繁荣，此乃马来西亚华人，较之世界其他各地华人所独有的文化优势。无可否认，在马来西亚华文教育发展过程中，政府人士基于民主政治的雅量在一定程度上为华文教育的维持留下了适当空间。它也因此提示给人们一个无可避免的话题，马来西亚政府主导的国家文化整合政策和华教斗士追求的华文教育平等权是否经过磨合达到了一种相对平衡的状态？华人文化教育权利的维护，是影响到马来西亚民族国家建设目标的达成，还是有助于共同目标的形成？马来西亚建国历史显示，中华性和本土性透过文化教育政策的不断争执，至今未有平息，但这种文化争执背后，归根结底仍在于族群政治的纠结，它绵延缠绕，延续着马来西亚社会多元文化的曲折发展。

（三） 华文报刊：中华文化传播的重要平台

华文报刊与中华文化的关联度特别明显。初期的马来西亚华人对祖籍国有割舍不断的感情，渴望加强与祖国的联系，故早期华文报刊内容多以中国新闻为主。但独立以后，马来亚/马来西亚政府开放让侨民入籍以及第二代马来西亚华人的诞生，华文报刊慢慢地转变编辑方针，逐步加强华人社群与政府及其他民族之间的讯息交流，扮演着桥梁沟通角色。今天马来西亚华文报刊的重点在报道国际新闻、本国时事、地方情形、观点评论、华社动态，尤其是社团活动、华教动态、华社文化活动等消息。[②] 他们已经真正体现为海外华文媒体的当地特色，反映华人社会心声，维护华人社会权益。

马来西亚是世界华文报纸最多的国家，历史最为悠久。1815 年世界第一份华文报《察世俗每月统记传》在马六甲创刊，在此后的 200 年间，华文报刊作为传承传播中华文化的重要平台和华人社会思想舆论的主要

---

① 《办好华校 协助实现我国 2020 宏愿：有关当前我国华教的迫切问题和我们的要求与建议——董教总呈给政府的教育备忘录》，马来西亚华人公会网站，1995 年 7 月 21 日。
② 林金树：《马来西亚华人的多元文化经验》，http：//www.nandazhan.com/jijinhui/nfl7p033.htm，2007 年 4 月 21 日。

"喉舌"，以及与住在国社会交流沟通的重要工具之一，在马来西亚华人社会乃至整个马来西亚社会均得到迅速发展。中国改革开放以来，马来西亚华文报刊更是在国际意识形态对立冲突和缓的大背景下，在中国和平发展大势下，拥有了更多受众基础和话语主题。如今，马来西亚750万华人中，87%华人掌握华文，77%华人是华文媒体的受众。每天阅读华文报刊的华人在230万—260万，华文媒体所涵盖的华人家庭达到60%。① 2012年4月，马来西亚发行审计机构发布数据显示，截至2011年年末，马来西亚发行各类华文报纸有19种，华文期刊63种，是海外拥有华文日报最多的国家。② 各报每天出数版至50—60版不等，发行量为数万份至数十万份。其中《南洋商报》是马来西亚历史最为悠久的华文大报之一，1972年10月15日率先采用简化字。③ 发行量最大的《星洲日报》目前是马来西亚第一大华文报纸④，有超过100多万的马来西亚华人阅读《星洲日报》，它不仅是东南亚最大的华文报纸，而且也是除中国大陆、香港和台湾之外拥有最多读者的中文日报。

需要指出的是，在传承传播华人文化方面，华文报刊的一个突出贡献是对马华文学的推动。多年来，华文日报的文艺副刊在培养新一代马华文学作家，以及延续资深作家的创作力上，始终扮演着促进角色。由于销路广、影响大，《星洲日报》的《文艺春秋》和《南洋商报》的《南洋文艺》成为马华文学发展的两大支柱，特别是《星洲日报》主办的"花踪文学奖"，属马来西亚最高荣誉文学奖之一，深得华人社会和华人文坛的关注和认同。

---

① 彭伟步：《东南亚华文报纸研究》，社会科学文献出版社2005年版。
② 陈俊林：《马来西亚华文媒体对中华文化传承》，《东南亚纵横》2012年第5期，第55—60页。
③ 《南洋商报》，陈嘉庚于1923年在新加坡创办，1962年开始在吉隆坡出版马来亚版。1965年该报马来亚版成为马来西亚《南洋商报》。它是马来西亚历史最久、发行量较大的华文日报。陈俊林：《马来西亚华文媒体对中华文化传承》，《东南亚纵横》2012年第5期，第55页。
④ 《星洲日报》原系新加坡大药商胡文虎于1929年在新加坡创刊，1965年该报开始出版马来西亚《星洲日报》。它曾于1987年一度被迫停刊，后在热心华族文化的张晓卿的全力支持下，于1988年4月8日复刊，复刊后的《星洲日报》努力革新版面，增加信息量。该报现已成为马来西亚华文报纸中发行量最大的报刊。《马来西亚：世界华文报纸最多的国家》，作者不详。http://blog.sina.com.cn/s/blog_4ef893540102vz7c.html。

过去一个半世纪以来，马来西亚华人社会是一个多层次、多侧面的社会，不具有一种"集体人格"的一致性。华人身份意识的流变，既有迁移中的认同困惑，挣扎与坚持，又有面临外部环境不公正时的抗争和坚持，以及与西化相协调和与全球化浪潮相同步的趋势。可以说，正是华人身份意识的灵根自植和立体多元，才催生出东南亚地区中具有中国意象的多姿多彩的文化景象。近年来，"中国热"（普通话班、中餐、华文报纸、华语广播和电视、中国音乐、电视连续剧在该地区越来越受欢迎）在东南亚社会和华人社会中持续升温，令马来西亚的华人文化更加生机勃勃，有助于中、马两国在文化、教育和旅游等方面的民间交往和交流。随着2011年《中华人民共和国政府和马来西亚政府关于相互承认高等教育学历和学位的协定》签署，一些马来西亚华裔青年已经从过去选择留学中国台湾，转而留学中国大陆，在北京大学和厦门大学[①]，马来西亚华裔学生都在逐渐增多，当他们毕业以后回到马来西亚时，中华文化的海外传播又会体现出新的活力和新的景观。还有，马来西亚的一些华人企业家，特别愿意为中华文化的传承传播给予资助和支持，这方面事例大大小小不胜枚举。2012年10月28日，马来西亚富贵集团投资打造的东南亚第一座"中华人文碑林园"揭幕庆典在吉隆坡举行，集团负责人邝汉光表示，马来西亚华人一直以来都以传承中华经典、发展中华文化为己任。书法蕴含了丰富的文化内涵和动人的艺术魅力，希望借助碑林园，在马来西亚再现中国古代先贤的人文结晶和艺术创新，深化马来西亚人民对中华文化的理解。马来西亚中华人文碑林园的落成，体现了华人社会对于中华文化的热爱与执着。[②] 而华人企业家对中华文化事业的热心与推动，更是功不可没。2014年厦门大学93周年校庆时，祖籍福州的马来西亚首富郭鹤年捐款2亿元人民币，指定用于厦门大学马来西亚分校主楼图书馆大楼的建设；马来西亚IOI集团执行主席、丹斯里拿督李深静捐款3000万元，指定用于马来西亚分校主楼

[①] 厦门大学在东南亚拥有良好的声誉和庞大成功的校友群，是马来西亚学界较为熟悉的中国知名高校。如今，厦门大学在校的马来西亚留学生已有200多人，是该校人数最多的留学生群体之一。

[②] 中国文物信息网，2012年11月2日。

群一号楼建设。①研究显示，由于华人社会全面而持续的努力，以及系统而完好的华文教育，马来西亚已经取代新加坡成为东南亚传播中华文化的中心。②

建国以来，马来西亚华社领袖、知识分子、企业家通过各种方式，在和马来族与印度族的共处与发展中，在多元文化的交汇中，不断致力于维护国家利益、民族团结与社会经济的发展。如果说，马来西亚建国后第一代华人精英为本土华人文化发展呕心沥血，不惜牺牲的话，那么当今一代华人精英则在前辈先贤的文化精神感召下，持续不断地为中华文化的传承传播奋发有为。这一批马来西亚华人文化的中流砥柱人物，多属20世纪五六十年代人，他们以及新近崛起的70年代人，钟情于中华文化，热爱足下的土地，认同所居住的国家，愿意为住在国的愿景而努力奋斗。这种思想实践，贯穿于当今马来西亚的华人知识精英群体中，他们在努力把中华文化、本土文化熔于一炉，从而催生出马华文化——渊源于中华文化，并在新的土壤下发展出符合当地特色的华族文化。它是马来西亚华人族群至今最为自豪的文化象征。可以预见，作为海外华人社会中的一个独特群体，马来西亚华人所选择的道路，不仅代表着一种中华文化和当地文化结合的方向，更代表着全球化时代，华人群体在不断的跨国实践之后所采取的一种致力于本土化的努力：和谐与共，务实开拓。

三 美国、马来西亚华人社会文化传播的特点比较

文化传播的主体或媒介主要指人的迁移和流动，生生不息的移民运动乃文化传播的重要途径。由于地理的相隔，文化和宗教意识形态的相异，通过移民群体而实现的文化传播主要表现为跨文化传播，即处于不

---

① 《厦门大学昨日迎93周年校庆 获赠3.2亿元捐款》，《厦门日报》（网络版）2014年4月7日。

② 彭伟步：《星洲日报研究》，复旦大学出版社2005年版。

同文化背景的社会成员之间的人际交往与信息传播活动。它涉及各种文化要素在全球社会中迁移、扩散、变动的过程，及其对不同群体、文化、国家乃至人类共同体的影响。这种跨文化传播往往关联到两个层次内容：①日常生活层面的跨文化传播，主要指来自不同文化背景的社会成员在日常交往互动中的融合、矛盾、冲突与解决方式等，本项研究没有对此着墨；②人类文化交往层面的跨文化传播，主要指基于文化系统的差异，不同文化之间进行交往与互动的过程与影响，以及由跨越文化传播过程所引发的文化变迁、发展与融合，此乃本项研究的重点。也就是说，美国华人或马来西亚华人精英所经历的跨文化传播，涉及的是特定文化之间的传播路径与方式方法，其目的在于通过文化异同与文化理解，消除不同地域背景内人们由于文化屏障造成的传播差异以及由此导致的误解或冲突，从而更宽容地看待文化分野与文化创造及文化融合的进程。

　　文化传播有多种方式，从方向上可分为两种类型：一种为纵向传播，表现为同一文化体系内知识、观念、价值规范等的传承，属于本民族的文化传递；另一种为横向传播，表现为不同文化体系间的接触、采借，与文化输出或文化输入、文化借用类同。本项研究有关美国和马来西亚华人社会的文化传播研究，涉及上述两个方面的主要特征：就马来西亚华人社会而言，纵向文化传播的意义大过横向传播的意义，这是第二次世界大战结束以来当代东南亚民族国家建立后华人社会文化传播的主要特点，马来西亚也不例外，即华族的文化传承与文化权益的维护构成本地区文化传播的主要任务，这是一个以多代移民为主的本土华人社会。就美国华人社会而言，文化传播的当代特征主要体现为横向传播的意义大过纵向传播，本地华人精英善于融汇中西文化的多种元素，并积极参与对主流社会的各种思想实践中，从而在一定程度上为中华文化的海外传播赢得了知名度和美誉度，这是一个包括了多种来源地和多重身份背景的以华人新移民为主的社会。

　　美国华人社会和马来西亚华人社会在致力于中华文化传播方面有许多共同性，但也有各自特点。从共同性来说，文化传播意义在于有目的地输出，在于赢得受众理解、尊重和欣赏，在于输出主体华人精英融合多种文明的集体意识和积极作为，在于移民住在国政府和人民对于多元文化的包容；从差异性来说，由于两国华人社会结构不同，住在国种族民族政策差异，以及西方化和在地化的不同压力，中华文化海外传播方式以及取得效果截然有别：在美国，中华文化海外传播，除了族群身份维系之外，更是不断面向主流社会，争取中华文化在国际社会，特别是西方世界的话语影响；在马来西亚，中华文化海外传播，除了族群身份维系和文化权益保持之外，更是不断融入本土，实现多元文明的交汇，形成华人世界中为之自豪的独特的马华文化。

比较美国和马来西亚华人社会在传承传播中华文化方面的特点，可以看到他们与中华文化紧密联系的普遍特征：在全球化视野和本土化要求中凸显中华文化的内在价值。这一批华人精英，不仅包括住在国的文学艺术创作者，也包括人文和社会科学学者，在北美、在东南亚，都有人们熟知的大师和名家，他们把中华文化、西方文化和本土文化尽情交融，荟萃于自身的艺术实践和学术思考，从而为中华文化与世界各国文化的汇通作出了突出成就，同时为住在国多元文化的繁荣和更新作出了不懈努力。这其中有杜维明教授对于儒家文化的推展和思考，有王赓武教授对于中国历史和华人研究的权威阐释，有陈志明教授对于族群关系、华人宗教以及饮食与文化的人类学研究，有建筑大师贝聿铭在全球各地的凝固艺术，有陈逸飞的绘画、李安的电影、谭盾的音乐等，所有这些成就，都在显示中华文化走向世界的多种途径和多元表达，以及全球文明之于中华文化的接纳和认可，虽然它的表现方式不完全是中国的，但它的精髓所在和脉络提示又时时处处表明，中华文化的烙印在这些学者和艺术家的心中无法抹去，他们在全球化的舞台上自觉地把各种文化熔于一炉，从而在成就自身同时，更彰显了中华文化的固有魅力和独特价值。他们是中华文化的自觉维护者和积极阐释者，他们从不故步自封、画地为牢，而是随时以新的姿态接受各类不同文明的冲击和挑战，从而成为具有革新精神和进取精神的中华文化的海外杰出代表。

在传承传播中华文化的形式方面，美国华人社会和马来西亚华人社会除了共同性之外，也有各自特殊性。以华人社会的三大支柱，华人社团/华文教育/华文报刊而言，长期以来，它们都是海外传承传播中华文化的主要载体，是凝聚海外华人社会的基本纽带，是体现海外华人社会存在的主体结构。然而，在当今美国华人社会，华人社团/华文教育/华文报刊这三大支柱不再具有文化传承传播的显要功能。换言之，美国主流文化非常强大，移民美国的各类不同教育背景者，他们的文化选择重点首先是融入美国，与主流社会打成一片，而不是刻意保持民族文化的根脉。正因如此，有关中华文化传承传播的基础性工作，对于美国的华人社会和非华人社会而言，虽然在民间层面能够起到一定的凝聚和团结的作用，但范围非常有限，不具有广泛的主导地位和重要影响。事实上，真正能够具有主导地位和重要影响的是融入美国的华人精英群体，他们具有把中华文化核心价值推向美国主流社会的话语能力，因为他们中西汇通的努力和贡献，美国人民乃至西方世界才得以认识和了解中华文化，进而尊重并欣赏人类文明中最有价值的一部分。这是美国华人社会不同于东南亚国家，特别是马来西亚华人社会的地方，因为马来西亚华人社会的精英力量和民间力量均十分强大而有影响，故本地的华人社团/华文教育/华文报刊能够延续历史的脉络，继续成为马来西亚华人社会传承传播中华文化的重要载体，并促使马来族重视华人文化作为多元文化之一的平等权益。本项研究在分析两地华人社会在传承传播中华文化方面突出成就时，一方面强调美国华人精英在文学影视绘画等艺术方面的国际性影响，以及他们为中华文化海外传播所赢得的声誉，这是中华文化走向世界的积极成果；另一方面强调马来西亚华人精英依托华人社团/华文教育/华文报刊三大支柱积极发挥中华文化的在地影响，致力于中华文化与在地文化的融合，从而形成中华文化本土化的积极成果。

当然，中华文化的海外传播在取得重要成果和影响同时，她曾经并且现在仍然遭遇到一系列压迫、矛盾甚至冲突。海外华人移民的百多年历史，也是中华文化"走出去"遭遇重重困难的奋斗史和曲折史。海外华人不断迁徙的本身，即在加深和加强与世界各不同种族、民族和文化交流和切磋的经验，从而更清楚地知道，"我们是多种文化和冲力的产物，我们的力量在于把我们熟悉的东西与外国的东西结合起来；寻求一种排外的内向文明注定是要失败的。"① 移民文化作为一种融合生长的"边际文化",有着自己特殊的"杂交"面目。在那里,文化变迁和融合正在进行,通过它们,我们可以更好地研究文明和进步的历程。②

---

① 《联合国秘书长科菲·安南2001年2月5日在新泽西州南奥兰治县西顿·霍尔大学外交和国际关系学院的讲话》,http://www.un.org/chinese/dialogue/messagesg.htm。
② 帕克:《种族和文化》,纽约出版社1950年版,第356页,转引自王亚丽《边缘书写与文化认同——论北美华文文学的跨文化写作》,中国社会科学出版社2013年版,第10页。

"一带一路"视野下海外华人与儒家思想、中华文化的认同和传承

——以印尼孔教、三教为中心

鲁锦寰　王爱平[*]

本文谨以多年在印尼的实地调查为根据，论述探讨海外华人与儒家思想、道德伦理、中华文化传统在海外传承播布的有关问题。

首先让我们回顾研究印尼孔教的缘起和印尼孔教的发展历史。

我们来自侨乡厦门和泉州，华侨大学华文学院也就是著名华侨领袖陈嘉庚先生20世纪50年代初创办的集美华侨补习学校，1997年划归国务院侨办所属华侨大学。我们均为学历史出身，后来王爱平有幸在北京大学社会学人类学研究所学习了社会学与人类学。

我们是从做华侨华人研究，从研究印尼华侨华人的历史文化进入对印尼孔教、东南亚儒教儒学的研究的。

1998年5月，印尼发生排华暴乱以后，有将近400名印尼华裔青少年（甚至儿童）突然涌入我校学习汉语，这实际上带有避难性质，对我们有很大的触动。此后就开始研究印尼华裔青少年的认同问题。以后有机会去印尼担任汉语教学，进一步了解并且为印尼华人对自身民族、文化的使命感、责任感所深深感动，即开始对印尼华人的历史文化进行调

---

[*] 鲁锦寰，《华侨大学学报》（哲社版）原常务副主编、研究员；王爱平，华侨大学人文学院教授。

查，最后确立对印尼孔教做专题深入研究。

对印尼孔教的研究，采取了历史学、人类学和宗教学相结合的研究方法，搜集、分析文献资料与参与观察、深入访谈相结合。每年利用暑假去印尼，住在华人的家里，进行调查研究。

一 印尼孔教概况及渊源、历史

印尼孔教是以宗教的形式传承孔子思想、儒家文化。印尼孔教以孔子为教主，以中国的孔子学说（儒学）为宗教信仰，从有正式组织算起，已有百余年的发展历史。印尼孔教是为海外华人宗教，其信仰者主要是以不谙华语的中下层土生华人为主体。印尼孔教已经成为印尼化的、制度化的宗教，早在1965年已被政府宣布为与伊斯兰教、基督教、天主教、佛教和印度教并列的印尼六大合法宗教之一。

印尼孔教的形成与发展，经历了一个艰难困苦、曲折复杂的历史过程。由于印尼华人生活在与中华文化大不相同的异文化环境中，印尼孔教的形成与发展，始终与印尼华人要维护和坚持华人传统文化及自身的华人身份认同紧密结合在一起，大致经过以下几个阶段。

（一）印尼孔教源于中国儒学（儒教），缘起于19世纪中晚期

中国儒学（儒教）在印尼的传播由来已久，是伴随着华人移居印尼开始的。最初主要是通过华人的家庭教育和庙堂宗祠的祭祀以及私塾、书院的文化教育。

19世纪中晚期，随着印尼华人民族意识的觉醒，印尼华人开始有目的地维护华人文化传统和华人身份认同。当时华人团体为了阻止华人被"番化"（同化），开始建立公共宗祠和丧葬组织，在祭祖、婚丧仪式、妇女着装等方面大力恢复华人传统习俗。同时翻译儒学经典和有关读本，其翻译一是指由中文翻译成当时印尼通行的马来文，二是由荷兰文、英文翻译成马来文，三是把经书原文改写成"口语"（白话文）。这一时期，《论语》《大学》《中庸》《孝经》都翻译了马来文读本。

特别是19世纪80年代在印尼第二大城市东爪哇首府泗水（soerabaja）出现了孔诞纪年的使用。这一切都早在康有为到印尼之前以及戊戌变法之前。

（二）1900—1945 年

1900 年巴达维亚中华会馆成立，这是第一个正式的公开的孔教组织。公开地宣称要以圣人孔子学说为指导改进华人的风俗习惯要进行孔教的教育，要推广华人学习中国语言文化。

此前在泗水已经建立了亚洲最大规模的文庙，并成立了孔教组织"斯文会"。

1923 年印尼各地的孔教会联合成立了印尼孔教总会。

（三）1945 年至 1965 年 9 月 30 日

1945 年印尼独立以后，1955 年在梭罗重新成立了印尼孔教联合会，这就是现在印尼孔教总会的前身。

1965 年苏加诺总统发布第一号总统法令，宣布孔教为印尼六大宗教之一，他把孔教当作印尼土生华人的宗教。

（四）1965 年 9 月 30 日至 1998 年

1965 年"9·30"事件后苏哈托执政，最初对宗教采取利用的政策，宣布承认苏加诺总统的 1965 年一号法令。

当时苏哈托政府对华人实行强制同化政策，并很明确地把清除华人的文化特性作为其同化政策的重点。自 1979 年开始，苏哈托政府不承认孔教为合法宗教，对孔教从各方面进行打压。宗教部、内政部、教育部发布一系列法令，身份证上不得登记宗教信仰为孔教，学校里的孔教宗教课被取消，政府不再承认孔教主持的结婚仪式和注册等。

此后直到 1998 年的 20 年间，印尼孔教顶住了各方面的压力，一直在坚持宗教活动，使许多年轻人仍然有机缘接触孔教，加入孔教。

目前孔教年青一代的领导人和骨干，如现任林孔升总主席（Liim Khung Sen；Uung Sendana L. Linggaraja），前任两届总主席、总统大学监事长黄金泉博士（Candra setiawan），前任总主席陈清明先生（Budi. S.

Tanuwibowo）和黄耀德先生（Wawan Wiratma），都是那一时期加入孔教的。

（五）1998年至今

1998年苏哈托下台不久，印尼孔教即不失时机地召开了第13届全国代表大会。自2000年开始，先后有印尼三任总统瓦希德总统、梅加瓦蒂总统和苏西洛总统每年都参加孔教的新年（春节）庆祝活动，他们以此表示对华人的态度。到2006年上半年，在苏西洛总统命令下，印尼宗教部、内政部和教育部都发布有关文件，最终解决了印尼孔教的法律地位问题。印尼孔教获全面平反之后，不失时机地提出"满招损、谦受益"，将此作为工作的指导思想。

现在印尼政府的高层领导对印尼孔教很重视，10年前，2007年11月第四届国际儒学研讨会暨首届世界孔教国际研讨会在雅加达召开，印尼宗教部部长和宪法院院长亲自出席致辞祝贺。

2017年10月，我们去雅加达参加了印尼孔教总会举办的2017年世界儒教大会和儒教与伊斯兰教对话论坛。

这一次印尼孔教总会主办的世界儒教大会，主题为"中和之道为世界和平的枢机"，也得到宗教部及政府各有关领导的大力支持。印尼孔教和伊斯兰教等也都保有友好和谐的关系。这次举办的论坛就是一个明证。有近20个国家和地区的代表和学者参加会议。印尼宗教部部长亲自到场为大会鸣鼓揭幕，并发表了很有专业与学术水平的讲话。本来佐科维总统也准备到会，但因有紧急事务临时改变了计划。

二 印尼孔教源自中华文化，是宗教化、印尼化的华人文化

（一）印尼孔教源于中国儒家文化（儒学、儒教），是制度型宗教，是中国儒教的宗教化

如上所述，印尼孔教的形成源于中国儒家文化在印尼的传播和19世纪中晚期印尼华人为恢复华人文化传统的努力。印尼孔教的文化内涵的

核心内容就是中国儒家文化。

印尼孔教的文化内涵的核心就是中华传统文化的基本特质：

致中和（整体和谐和均衡）的宇宙观：自然系统的和谐，人与自然界的和谐，人与人的和谐，个人系统的和谐；天命、天道。

中华文化传统的伦理道德观念：仁义礼智信；忠孝仁爱，礼义廉耻等。

敬天，拜祖先，重视家庭和社会的责任，等等。

印尼孔教宗教化的表现主要是：

（1）有系统的宗教教义体系。孔教以孔子为教主，以孔子学说为教义。

（2）有宗教经典。孔教的经典是儒学经典四书五经。

（3）有严明的教规。

（4）有专门的、独立的宗教活动场所：文庙、"礼堂"、三教庙宇等。

（5）有教徒。印尼孔教总会认为，凡是敬天、拜祖先、尊孔者都可视为孔教徒。

（6）有比较完整的宗教组织及制度。有中央组织和各种类型的地方组织。有专门的教职人员（神职人员），并实行教阶制度。

（7）有系统的信仰体系的宗教仪式体系，包括礼敬仪式、礼拜宣道仪式、祭祀仪式。

（二）印尼孔教的本土化（印尼化）

印尼孔教的宗教化本身就是印尼化（本土化）的一种表现。

印尼孔教已经是印尼的宗教，吸纳融入了许多印尼本土文化，有着鲜明的印尼化特点，其外在形式与中华文化有较大差异。

印尼孔教使用的语言文字主要为印尼语。

关于教义，印尼孔教也没有完全照搬作为中华文化的儒家思想，而是遵循印尼国家有关规定，往往以伊斯兰教为标准。

印尼孔教的宗教仪式体系，也纳入了印尼国家颁布的纪念节日，纳入了地方认同、面向社会的慈善活动的内容，纳入了作为印尼国家公民义务的内容。

印尼孔教对原有的华人传统节日加上了宗教意义的内容。如每年七月的普渡节、"敬好朋"和年末的祭灶节成为印尼孔教的社会节，加入了大规模开展慈善救济活动的内容，在印尼社会产生了很大的影响。

三 印尼孔教与华人文化的传承、中华文化的传播

笔者认为，印尼孔教在华人传统文化的传承、中华文化的传播方面有几点特别值得我们重视。

（一）以宗教的形式坚持华人民族身份认同、维护保存华人民族文化

在印尼特定的环境、条件下，孔教成为印尼华人坚持华人民族身份认同、维护保存华人民族文化的重要途径；在特定的历史时期，甚至是唯一合法的途径。孔教在印尼维护和保存华人文化功不可没。

华人文化借宗教名义渗入、融入印尼社会——这是华人文化的传承，也是中华文化的传播，华人宗教由此也成为华人融入当地社会的重要途径。

例如：孔教将华人传统节日——中国汉族传统岁时节庆几乎全部纳入宗教仪式体系，作为宗教节日，如华人新年、元宵、清明、端午、中秋、冬至等。华人文化逐渐被整个印尼社会所接受，产生了较大的影响，华人新年——春节已成为印尼全国公共假日。

（二）宗教信仰的实践性与生活化

印尼孔教使用孔圣诞历法和宗教节日的设定，显示出孔教所传承文化的整体性，有助于形成群体的集体记忆，加深和坚定对华人文化及身份的认同。

宗教仪式以人们日常生活为基础，是能够保存和传承华人文化传统的根本所在。

孔教的教义、信仰者的道德实践体现在人们日常生活、工作、家庭、事业、社会交往之中。

印尼孔教的仪式虽然是一种宗教行为，但是它以人们的日常生活为基础，已经成为信众人生实践、世俗生活的一部分。同时，孔教的仪式把印尼华人原有的日常生活中的习俗、传统给予宗教性的解释，将日常生活赋予了宗教性即神圣性的意义。

这一点突出地表现在孔教的人生礼仪中。印尼孔教以人为本，把人生礼仪——个人的完整的生命周期仪式完全纳入了宗教的仪式体系，使之成为一个完整的人生仪式体系，成为印尼孔教仪式体系中的重要组成部分。孔教的人生仪式体系，除了包括通常所说出生（及命名）仪式、婚姻仪式和丧葬仪式等，还根据孔子自述从志学到成圣的修学过程，规定孔教徒在自15—70岁及以后各个年龄阶段的生日时举行庆祝与祈祷仪式。我们将这些仪式归纳命名为"修学成长仪式"。另外，还有孔教徒任公职、担当证人等时须履行的宣誓仪式等。总之，孔教的人生仪式体系涵盖了人的一生。

虽然由于孔教曾经长期遭受印尼政府打压，但就任何政权、任何时代都不可能取消的婚丧仪式来看，孔教的人生仪式较多地保留了从中国带去的华人传统习俗。笔者近年的观察，深感印尼孔教徒的婚丧习俗有些方面比中国国内更为传统。仅从孔教徒的婚姻仪式中来说，不管是城市还是乡村的，至今仍保留了要先拜天地、拜祖先以及"上头"的仪式，婚礼服饰也很看重传统，并一定要有一整套传统的婚礼服饰，更不消说丹格朗的孔教徒至今仍然有许多新郎穿清代服装、新娘凤冠霞帔明代打扮的现象①。印尼国家的有关法律和宗教政策也为此提供了保障。目前主持办理订婚、结婚和丧葬仪式已经成为印尼孔教一项重要的繁忙业务活动——既是宗教活动又是人生礼仪，是人们世俗生活必不可少的组成部分。

另外，印尼孔教把源自中国传统的岁时节日纳入祭祀的仪式体系。虽然成为孔教祭拜天、孔子圣人、神明与祖先的宗教"大节日"，被赋予宗教性的意义，但作为宗教仪式，仍保留了端午节包粽子、冬至节搓汤

---

① 王爱平：《婚姻礼仪与宗教信仰——印度尼西亚孔教的研究》，载金泽主编《宗教人类学》第一辑，民族出版社2009年版。

圆、中秋节吃月饼等节日生活习俗。所以，这些孔教最核心的祭祀仪式，既体现了宗教教义，也是普通信众生活不可或缺的部分。

孔教仪式在许多方面已经成为信众生活的一部分，成为民俗、成为习惯，人们习焉而不察，仪式成为日常礼仪。仪式也是"礼"，或者说它本来就来自华人的风俗习惯。孔教对人与人之间的日常礼仪和宗教祭礼中人的礼敬姿势都做了详尽的规定。孔教徒见面时互相以"抱心八德"礼敬姿势致意，看起来与中国传统的"作揖"大致相同。点香、敬天、祭祖、跪拜、磕头这些宗教仪式，均已成为孔教徒的日常生活习俗。

孔教的祈祷和礼拜，除了集体进行的，还有私人性质的。可以用《易经》求卦，或"卜杯"、求签诗，或用"孔子三十二卦"，向天、孔子、神明请示个人生活、工作中所遇难题，还可以通过祷告直接与孔子交流。就我们直接观察到的，就有求婚姻、单位管理、家庭矛盾、加薪等问题，这些个人化的仪式能够帮助人们解决在社会和生活中遇到困难而出现的种种疑惑和心理的不适应，是许多人生活世界中不可缺少的内容。

人们总是在实践中不断继续文化创造，目前，"惟德动天"已成为孔教徒打电话时的礼貌用语，一方先说"惟德动天"，另一方回应说"咸有一德"，并且要说汉语，从而取代印尼社会通用的以"哈罗"（印尼语中的英语借词）打招呼的习惯。仪式的影响力是巨大的。在印尼期间，我们不久也学会和习惯了与孔教徒见面或打电话时说"惟德动天，咸有一德"。因此，孔教教义所以得以传承不替，其本质的根源在于以普通人的日常生活为基础，往往传承于家庭、群体内部的"耳濡目染"之中。

（三）特别重视孝道，认为孝道是华人文化的核心部分和重要标志

孝道也是孔教教义核心——天的崇拜、祖先崇拜在人们生活实践中的体现。在印尼最早翻译的儒家书籍是《百孝图》，早在130多年前，印尼华人就将《百孝图》和《孝经》翻译为当时通行的马来语。

印尼孔教一直把《孝经》与四书五经并列视为印尼孔教的宗教经典。

印尼孔教成立第一个正式组织巴达维亚中华会馆后，编写的第一本通俗读物就是《孝》。所撰写并公开发表的《华人的宗教》中大量引用孔子和曾子讲的孝道。

印尼孔教最重要的教规《八诚箴规》第五条：

> 第五，诚养孝思（Sing Yang Hau Su）：忠诚地遵奉和倡导"孝顺"的观念。

印尼孔教从一开始成立就指出：真正的华人文化存在于四书与《孝经》这些典籍，也就是孔子的学说之中。包含了华人宗教的孔子学说是华人文化的主要来源。

孔教仍然是华人文化中最主要的成分。在荷属印度尼西亚的华人有义务遵奉孔子的教义。

人们应该热爱自己的父母，因为对于人们来说，父母就是"天"的代表，也是人类自身的代表。孔子教我们对父母要"孝顺"。"孝道"是为孟子所发扬光大了的，孟子是孔子的继承者。

人们必须祭祀他们祖先的灵魂，因为这是具有孝顺精神的人所应该做的。①

（四）印尼孔教的一个重要特点：重视宗教信仰实践，提出判定孔教信徒的标准

印尼孔教与其他宗教不同的一个重要特点是，印尼孔教承认那些没有参加孔教会组织，"但在生活中仍然奉行孔教教义，即仍然进行敬天拜地祭祖先的传统仪式者"为孔教徒，这一点意义重大。

长期以来，苏哈托政府实行的全面同化华人的政策和有关的宗教政策，迫使许多孔教信仰者无法公开自己的宗教信仰，只得将自己的宗教信仰登记为其他宗教。同时，由于受教育背景及生活环境各方面的原因，以及孔教信仰注重伦理道德的特点，也有不少华人只重信仰，无所谓组

---

① ［印尼］Nio Joe Lan：《Riwayat 40 Tahun dari Tiong Hoa Hwee Koan – Batavia（1900 – 1939）》，Batavia，1940（梁友兰：《巴达维亚中华会馆四十周年》，巴达维亚，1940 年），第 213—218 页。

织和宗教形式。

所以，印尼华人中确实有许多未加入孔教组织的孔教徒，印尼孔教把"生活中奉行孔教教义，敬天拜地祭祖先"作为判定孔教信徒的标准，言简意赅，一语中的，指明了孔教信仰的核心内容，也为我们了解和研究孔教指出了深入的路径。笔者在调查中也尽量寻访这样的孔教徒。如曾子的74代孙企业家曾先生，笔者的学生曹锦锦一家。

值得一提的是：在雅加达有一个华人组织——印尼雅加达孔教忠恕基金会，声称推崇中国儒家的思想，以弘扬孔教的教义为己任，但是却是印尼孔教会之外的一个组织。其领导人和骨干成员大都是会说华语、受过华文教育的企业家。这个基金会公开宣称：

> 至圣先师孔子之学说，乃放之四海而皆准之真理，正如耶稣基督之福音，并不专为以色列人所独享，穆罕默德先知之圣道，也不单为阿拉伯人而传播。

他们鉴于"爪哇及其他各地均有孔教会之设，普遍宣道，唯耶加达一地，迄今未有稍具规模之宣道设施"，一直积极酝酿，多方努力筹措资金，最终成立孔教忠恕基金会。并向公众宣告，基金会的工作目标为：

> 首将构建会所，设置礼堂，定期宣道，次为兴办教育及出版等文化事业，将来情势许可，并兴建孔庙，推行礼乐教化，实现孔圣有教无类之宏旨。①

他们言出必果，特选在1985年孔历八月二十七日孔圣诞辰日宣告孔教忠恕基金会成立。经过10年的筹措，于1995年动工兴建起一座三层的楼房，除了一二层作为孔教忠恕基金会办公所用，专将三楼作为雅加达西区孔教会的礼堂及办公场所，雅加达西区孔教会每周一次的礼拜宣道

---

① 详情见印尼耶加达孔教忠恕基金会文件《印尼耶加达孔教忠恕基金会缘起》和《雅城西区孔教会礼堂门厅纪念碑铭》。

以及各种祭祀活动均在此举行。

四　结语

　　人是文化的载体，也是文化传播的主要媒介。中国的海外移民——华侨、华人、华族，是中华文化在海外传承播布的重要载体。

　　宗教是一种包含多层次内容的文化形式，也是一种影响广泛的文化传播途径。华人宗教是中华文化在海外传承播布的重要途径。

　　文化的继承与创新是文化存在和发展的基本规律，文化的多样性是人类世界的基本特征。华人移民在海外对中华文化的传承播布，不是简单地、原封不动地照搬和复制。华人移民对中华文化的传承播布，不仅是保存和承继，而且更重要的是一种生机勃勃的文化创造（用中国当代流行语言来说就是文化创新）。这种文化创造表现为华人对移居国当地文化的适应、吸纳、融合，表现为中华文化与华人移居各地文化的交流、会通与发展。

　　随着一代又一代中国移民走向世界各地，在不同的国度落地生根，形成不同国家的华人族群——"华族"，他们虽然传承中华文化的基本特质，但已有所变异——他们吸纳了移居国当地不同的文化，在不同居住国创造出各具特色的华族文化。

　　在有上千年华人移民历史的东南亚，华族文化，即源自中国的中华文化，在与东南亚各国不同文化的长期互动中发展形成，东南亚华族文化已经成为华人所在国多元文化的一个组成部分。

　　这一文化传承和创新的过程，显示了中华文化的开放、包容的特质以及中华文化的强大生命力；同时体现了作为中华文化载体的华人族群富有文化创造力的民族特性，表现出他们在中华文化与世界文明多元共处中的重要作用。

　　孔子思想、儒家文化是中华文化传统的主干部分，天的崇拜、天人合一、"和"的观念是儒家文化及中国传统文化的核心组成部分，海外华人传承儒家文化是一个文化传承与创新的实践过程，他们在实践中体会到"惟德动天"和"和谐之道"，他们在适应异文化环境和现代化社会的实践中创造性地实现了对孔子思想、儒家文化的现代转化。

我们认为，作为中国学者，在研究儒学、儒教时，应该放眼世界，具有世界眼光，不能局限于中国大陆；同时，还需要眼光向下，看到民间，看到普通人的生活。印尼孔教以及中国台湾、香港地区，新加坡、马来西亚、越南、日本、韩国、美国等地的孔教往往是以民间宗教信仰的形式普遍存在，而且根深蒂固地渗透在人们的衣、食、住、行等日常生活之中。

人类、世界需要孔子、儒教和儒学，孔子、儒教、儒学属于全世界，属于全人类。

附录 1：
印尼孔教祭祀礼拜仪式歌曲《咸有一德，唯德动天》歌词：
咸有一德。咸有一德。咸有一德。
唯德动天，非天私我。
咸有一德。

附录 2：
当代流行歌曲《唯德动天》歌词：
有一种光明不会灭，有一种追求永不停歇，
有一种梦想是不断超越，
有一种品质永不褪色，有一种铭记会永远，
有一种力量最强大无边，
有一种坚持是闪光的信念，
有一种想起让人感恩无限，
唯德动天，芳香人间，
是你心怀苍天悲心慈目的容颜，
唯德动天，永存人间，
是你忘记自己只求给予的奉献，
唯德动天，芳香人间，
是你万难无畏一肩挑起的大愿，

唯德动天，永存人间，
是你普载大地滋润万物的庄严。

愿求者如愿，愿困者脱险，
愿这世间吉祥安乐，
愿求者如愿，愿困者脱险，
愿每颗心充满善念。

以侨为桥推动丽水与欧洲文化
创意产业交流和合作

倪建平[*]

引 言

纵观近几年来浙江侨乡丽水美丽乡村建设中的文化发展状况，决定乡村发展的主导因素正逐步由资本、资源等经济层面转向人才、制度、环境、创新等文化及创意层面，特别是自从中共中央不断强调农耕文化和生态文明攸关中华文化薪火相传的重要性，指出耕读文明是我国的软实力以来，发展文化创意产业促进美丽乡村发展，加强人文关怀与生态关怀协调统筹的价值与意义也日趋重要。目前，浙江丽水美丽乡村的文化创意产业的发展还很缓慢，基本还停留于概念层面，在文化含量、产品创新方面仍显薄弱；国内学术界从中欧文化交流的视角对侨乡文化创意产业与农耕文化和生态文明融合发展问题的探讨也不多，而正确把握这三者的融合发展规律有利于推动侨乡丽水生态经济的可持续发展。丽水是浙江省著名的侨乡，仅青田县在欧洲的华侨就近30万。华侨文化、生态优势和传统文化优势构成丽水的核心优势，这也奠定了丽水文化创意产业发展的良好基础，但丽水目前仍然面临着创意人才匮乏、过度倚重传统资源、产业链尚不完备等"瓶颈"问题。在中欧文化交流不断走

---

[*] 倪建平，上海市美国问题研究所主任、研究员。

向深入的大背景下，如何积极引导旅欧华侨华人更好地发挥自身的优势来借鉴和引进英国、法国和意大利的文化创意产业，致力于创新生态经济的发展模式，弘扬农耕文化和生态文明，这不仅有助于进一步增强侨乡农民的长效增收和增强集体经济"造血功能"，也是发展丽水生态经济，进而全面推动丽水美丽乡村生产力提高应有的题中之意。

一 文化创意产业与生态经济发展：中欧文化交流的新资源

党的十八大以来，习近平主席就建设美丽乡村提出了一系列新思想、新观点、新要求。他强调乡村文明是中华民族文明史的主体，村庄是乡村文明的载体，耕读文明是我们的软实力，要保留乡村风貌，坚持传承文化。这道出了生态文化和农耕文明攸关中华文化薪火相传关系的思想精髓。党的十九大报告在提出实施乡村振兴战略时，将产业兴旺、生态宜居、乡风文明、治理有效、生活富裕作为总的要求。这是社会主义新农村建设的升级版。农耕文化的多样性、现代农业的多功能性以及市场消费需求的多样性是侨乡发展生态经济的主要基础；侨乡文化创意产业以保护生态环境和文化遗产为前提，对自然资源和人文资源进行保护修复、开发利用和创造提升，形成农耕文化、生态文明和文化创意产业三者良性互动的产业价值体系，为侨乡的生态经济可持续发展开辟全新的空间。

文化创意产业和生态经济具有内在的耦合关系，两者互惠共生。一方面，农村文化创意产业通过创意农业、工艺品业、演艺业、旅游业、会展业等分支产业发展，也有助于挖掘、保护、传承、创新农耕文化，提升农民文化素质，推动将农村的资源优势转化为文化产业优势，进而推动生态经济发展，进一步繁荣农耕文化；另一方面，生态经济发展在为农村文化创意产业带来发展机遇的同时，农村文化创意产业也是生态经济建设良好的产业载体，有助于促进农村经济和社会文化的转型发展，实现农村生产、生活、生态的和谐发展，实现自然、社会、经济的和谐统一，实现山川秀美与心灵美、行为美、家园美、生活美的高度统一。①

近年来，丽水坚持以产业为核心、生态为基础、文化为灵魂、民间投资为动力，高起点推进特色小镇建设；② 丽水的生态经济发展方兴未艾，文化资源的国内配置和跨地区的市场流动和优化组合，使侨乡文化创意产业与生态文明协调发展出现了一些新的亮点。云和木偶动画片《鲁小班与小伙伴》成了丽水市发展动漫的一个典范，被列入浙江省文化精品工程；丽水市大型畲族风情舞蹈诗《千年山哈》于2012年荣获浙江省"五个一工程"奖。但是，在侨乡文化创意产业发展过程中，人们往往偏重经济效益，忽视社会效益和生态效益。如乡村旅游、山水实景演出和影视拍摄等产业发展过程中，农村文化创意产业供给主体和消费主体的不当行为对农村自然环境及文化资源的污染与破坏情况时有发生，严重制约着农村文化创意产业的可持续发展。这些问题的化解和挑战的应对需要我们必须以农民为主体，顺应时代发展的需要，创新并彰显农耕时代"侨乡文化"特色和地域特征，用自身的文化价值去影响都市文化的浮躁功利。

在经济全球化愈加发达的今天，坚持对外开放和加强中欧文化交流，不断营造多元文化共存的文化生态是侨乡丽水发展的最大优势与特色。过去几年来，中欧文化领域的合作在一系列互动中已取得积极进展，文化和创意产业已经被确认为中欧合作的一个新的重要领域。③ 文化创意产业是智能化、知识化的高附加值产业，具有很强的渗透力和辐射力。文化创意向农业渗透，有利于推动传统农业向高附加值产业升级。综观世界上创意产业发达的国家和城市，无一不是人员交流频繁、众多文化汇集之地。多元文化是创意产业发展的有力支撑。而侨乡丽水正好具备了这一多元文化氛围，有利于激发创意，为创意农业的发展提供肥沃的土壤。

---

① 张中波、王济远：《农村文化创意产业与生态文明耦合发展探析》，《西南民族大学学报》（人文社会科学版）2015年第7期。

② 朱晨在市四届人大一次会议上所做的《政府工作报告》（摘登），《丽水日报》2017年4月20日。

③ 林培：《搭建中欧文化创意产业合作平台》，《中国文化报》2012年5月22日。

长期以来，丽水旅欧华侨华人业已成为中欧文化互动的重要载体之一。仅就中国文化"走出去"而言，除了文学及影视，中国美食在法国和意大利等西欧国家也逐渐成为文化名片。在法国美食年度排行《榜单》(La Liste) 发布的2017年度排行榜中，中国餐厅由2016年的69家上升到2017年的100家，是餐厅数量上升最多的国家。旅欧华侨华人还以其特有的身份，使侨乡成为土洋文化结合的实验场所。[1] 侨乡建筑在中国传统建筑文化的基础上，不同程度地糅进外来建筑文化的风格，还在一定程度上促进了侨乡商业的发展，催生了侨乡人的商业文化意识，改变了家乡人的消费观念、生活方式甚至审美标准。[2] 国际经验表明，优先发展创意产业成为催化经济转型的重要战略举措。近年来，丽水市政府高度重视发展文化创意产业，相继出台了支持文化创意产业的配套性政策文件，有力地助推了侨乡文化创意产业实现跨越式发展。[3] 丽水市政府相关领导近年来出访意大利时也表示，之前政府更多重视的可能是商业合作，今后会加强在文化方面的交流。[4] 在文化创意产业具有越来越大经济价值的今天，只有在发展文化艺术等精神产品方面努力实施产业市场化的运作，才能更好地发扬中华民族优秀文化的力量，进而在世界范围内包括文化产业在内的创意产业市场中占有一席之地。

二 文化遗产保护与侨乡生态经济发展：基于广东开平市仓东村的观察

仓东村位于广东省开平市塘口镇，为谢姓族人迁入开平的始居地，繁衍至今，约25代。鸦片战争后，村民开始出国谋生，19世纪末20世纪初，一些从北美归乡的华侨开始建设家园，在村中建设钢筋混凝土楼房。仓东村现存建筑51座，其中1座碉楼、两座祠堂，45座民居闲置仅3座处于正常居住状态。晒谷场、榕树头、祠堂和庙宇是维系村民回到旧

---

[1] 郭剑波、陈红丽：《青田华侨华人与中欧文化交流》，《八桂侨刊》2009年第4期。
[2] 同上。
[3] 丽水市发改委课题组：《做大做强丽水文化创意产业》，2012年。
[4] 《处州晚报》，丽水网，2016年10月8日。

村的主要场所。华侨人数为当地居民的三四倍，多居于美国和加拿大，部分散居于澳大利亚、中国香港、中国澳门和东南亚等地。仓东村具有岭南古村的一切元素。她保存了传统的生活方式：村中的夫人庙、祠堂、学校、碉楼、榕树、池塘、社稷之神等元素，在反映村落风水格局的同时，也体现了儒家宗法制度下的村民精神信仰、教育与操守的培养。新旧不一、高低不同、风格各异的建筑更凸显侨乡不同历史时期的特征。留守居民在村中的日常活动，如农耕、农历节日期间村人在村中的祭祀、祠堂聚餐等活动，使这个古村仍具生气。[1]

自2011年夏开始，在海外华侨、村民和当地政府的支持下，五邑大学在仓东村实施"开平碉楼保育与发展项目——仓东教育基地项目"；并于2014年1月开始尝试教育基地的运营，至今共举行大中学生遗产教育和村民喜宴等20余次。目前已经修复了两座祠堂、一座庙宇、一座碉楼，并有永久展览，展示村落的历史和文化等，目前仍有工程在修复当中。该项目团队以"传承质朴的生活方式，保持独有的侨乡农村景观"为发展理念及目标，着眼于物质与非物质文化遗产两方面的可持续性发展。在非物质文化遗产的保育上，注重本地传统的保留，如饮食文化、工艺、民间信仰等传统生活方式的方方面面。在建筑遗产的发展利用上，将以建筑原来的居住功能为主，兼有教育、会议、文化展示等功能。原村民参与导赏、讲故事和指导文化体验，为参访者提供最为真实的文化体验环境。期望在活化历史建筑的同时，当地的生活方式得以保存，传统文化得以振兴，达到文化传承与村落可持续性发展"双赢"的目标。同时，以教育为主要经营模式，传播本土文化和历史以及文化遗产保育的知识。最重要的一点是，它为华裔回乡寻根提供体验场所，以延续海外华人与家国的联系。[2] 2015年9月，"仓东教育基地"获得2015年联合国教科文组织亚太区文化遗产保护奖优秀奖。当年中国获此殊荣的另一个是山西平遥古镇四合院保护项目。

---

[1] 谭金花：《乡村文化遗产保育与发展的研究及实践探索——以广东开平仓东村为例》，《南方建筑》2015年第1期。

[2] 同上。

笔者认为，仓东村丰富的文化遗产资源及特色是把其建设成为代表农耕文化和生态文明交相辉映的文化基础，既是保持其文化特色，增强文化吸引力进而达成城乡和谐的重要源泉，也是其进行文化产业开发的重要财富。我们在和项目负责人交流时建议，要以创意产业的手法将文化资源转化为推动仓东村发展的资本，把碉楼等闲置民居通过特色民宿来实现落地；要大力鼓励引进江门当地年轻设计师参与国际创意和研发中来，如利用仓东村的生产、生活、生态"三生"资源来设计出具有仓东村当地历史文化特色的创意农产品、华侨与农耕文化博览馆以及其他与华侨文化相关的特色活动。

总之，仓东村在经济发展中开展乡村文化遗产保育与发展的研究及实践探索的经验表明，只有有价值的文化创意与仓东村实际的农耕文化和生态文明实现融合时，才能真正使文化创意成果转化为当地生态经济发展的有效资源；而一旦新形成的这些文化遗产资源与传统产业相整合、相渗透并延伸拓展，进行深度开发，就能产生乘数效应，充分获取侨乡文化创意产业的效益。侨乡美丽乡村建设中，文化遗产的保护和传承不仅仅是格局的恢复和保护，更要在传统形态中注入时代内涵，在历史记忆中激活当代价值，做到传承保护与发展更新相促进。发展侨乡文化创意产业必须注重农村文化建设，积极实施品牌战略，最终实现侨乡文化创意产业的传承性和国际性。

三　实现丽水文化创意产业与生态经济融合发展的路径和建议

无论是丽水的城镇化还是在美丽乡村的建设中，忽视侨乡的文化遗产的保护和开发都将使乡村丧失文化特色和文化魅力，从而影响侨乡在经济、文化、社会各方面的建设。"没有市场就没有传承"，通过积极开展中欧文化创意产业的合作来促进城市消费市场的培育和乡村自然环境、生活文化与历史脉络的综合塑造，在文化遗产保护、乡村文化创意的市场和农业手工业生产三者之间实现有效对接，使文化遗产保护和乡村文化创意的新业态、新商品、新价值能够直接转化为市场效益。而通过以侨为桥来加深中欧文化交流和合作，聚集科技、人才、资金资源是发展丽水文化创意产业，推动美丽乡村发展生态经济的必备条件。为此建议。

（1）无论推动侨乡的文化创意产业发展还是制订乡村生态经济发展规划，都必须与当地的特色农耕文化发展相衔接。通过文化创意产业融入农业发展，实现农耕文化传承是发展侨乡文化创意产业的主线。只有根据侨乡自身所处的经济、历史文化以及生产力布局的环境，弘扬自身的华侨文化和农耕文化特色，才能找准比较优势，叠加优势因素，提升文化创意产业的附加值和含金量，使侨乡村镇间形成错位竞争、分工协作和差异发展，为侨乡美丽乡村建设的发展厚植根基。培育和发展侨乡文化特色的生态经济，就应充分利用华侨历史文化优势以及生态文明优势，充分利用整合传统村落、文物与非物质文化遗产和生态环境等保护政策，更加合理有效地保护农耕文化遗产，最大限度地防止建设性破坏在美丽乡村建设进程中蔓延。同时，要结合当地农耕文化生态资源，科学梳理和有效推动实现一条完整文化创意产业链的培育与创建，从而增强自我"造血"功能，为产业结构的转型升级和富民增收提供新的机遇。

（2）发展侨乡生态经济，要充分发挥市场配置资源的决定性作用，加大优化服务体制机制创新力度，从而使美丽乡村的生态经济发展具有源源不断的动力。侨乡文化创意产业的一个特点就是以创意产业的思维整合各类社会文化资源为"三农"服务，提升乡村生态资源的附加值，这就决定发展侨乡生态经济必须要整合城乡资源，实现城乡要素流动，将城市的科技要素、人才要素引入乡村创意农业发展之中，并充分利用市场资源实现经济效益。因此，要积极探索建立以财政投入为导向、社会投入为主体、金融资本为依托的多元化生态文化创意投入机制，形成多种经济成分共同发展的生态经济发展格局。同时，基层政府在此过程中也只有加速职能转变，鼓励、支持开展各类改革创新实验和试点，认真履行其作为市场监管者的角色和责任，发挥其对侨乡文化创意产业供需主体行为的引导、规范和监管职能，为侨乡文化创意产业的生态化发展提供法律、政策、资金等各方面的保障条件，才能以良好的政务软环境吸引社会和市场主体的积极参与和投资创业的热情。

（3）要多管齐下培养侨乡文化创意人才，推进高水平的文化创意产业综合实力建设。创新侨乡生态文化产业发展模式，培育高端生态文化产业品牌，提升侨乡生态文化软实力，就要造就一支高素质的文化创意人才队伍，抓紧培养和引进善于开拓侨乡生态文化新领域的拔尖创新人才、懂得侨乡生态经济经营和文化产业管理的复合型人才和适应侨乡生态文化产品走出去的国际化人才。一是要积极鼓励将农耕文化人才培养纳入当地职业教育体系，重点建设一批农耕文化传承创新专业，培养专门的乡村文化创意人才；二是要借助外脑，与国内外有关农业科技、文化创意的企业和研究机构合作，并在合作中培养侨乡当地的文创人才；三是通过文化创意和生态经济项目的辐射带动效应进而提高侨乡创意人才的实践水平；四是要定期举办侨乡文化创意技能大赛和文化创意成果评优活动，推动侨乡优秀文化创意人才及其成果的脱颖而出；五是要积极开展区域间、省际、国际城乡文化创意产业培育、传播等方面的先进经验和信息技术的合作交流。

（4）充分发挥海外华侨和基层政治精英在侨乡文化遗产保护和发展侨乡文化创意产业中的开拓创新作用。侨乡各级领导要以侨为桥，凝聚侨心侨力。在引智、引技服务侨乡创新驱动发展中，要让"侨"真正成为一座"桥"，吸引带动一大批文化创意产业新型人才回乡支持乡村文化创意产业的发展，用他们学识专长和创业经验反哺桑梓，积极参与家乡的美丽乡村建设。美丽乡村建设的成功经验一再表明，只有乡长与党支部书记对于乡村文化遗存的价值有清晰的认识，对乡村文化保护有着强烈的使命感与责任感，才能在应对乡村发展中的经济利益与文化利益之争的挑战中不辱使命。古村的保留与具有现代观念的乡镇领导的努力密不可分。无论是广东侨乡仓东村"文化遗产保育"实践实现了村落复兴的楷模事迹，还是浙江领先发展的特色小镇，都离不开乡村基层政治精英的示范引领作用，特别是村书记以他们的显性化作用凝聚美丽乡村建设发展正能量。农村优秀基层干部也日益成为"新乡贤"的主体，用他们的嘉言懿行垂范乡里，涵育文明乡风。

（5）高度重视丽水与欧文化交流对侨乡生态经济创新的推动作用。进一步加强丽水与欧洲国家的文化创意产业的交流，可以最大限度地挖掘相互的文化需求、创新文化产品、推进文化传播，进而促进民心相通。

加强丽水与欧洲有关文化创意产业在克服传统产业的"瓶颈"、调整产业结构、保持经济的创新与增长活力的经验交流，也有助于为侨乡产业升级和生态经济的发展注入源源不断的新动能。成功的中欧文化交流还要通过富有创造性的文化交流活动来引领经济外交活动的进展。侨乡丽水要进一步发挥文化交流在中欧地方经贸合作中的作用，不断深化丽水与英法意三国的文化产业的交流与合作，通过组团赴欧开展文化交流和招商活动，以吸引这些国家的著名文化企业和机构到丽水参观指导并入驻侨乡，学习到先进的国际经验，提升丽水文化产业发展的国际化水平，为今后更好地融入全球价值链打下基础；进而沿着全球价值链向高附加值环节攀升，逐步走出丽水一条文化创意产业持续创新和升级之路。

结　语

党的十九大报告提出："广泛团结联系海外侨胞和归侨侨眷，共同致力于中华民族伟大复兴。"走进新时代，以侨为桥努力拓展中欧文化交流的新领域新资源新空间，力争服务侨乡创新驱动发展、提升丽水的国际化水平，是在涵养侨务资源上有新作为的重要内容。目前正是文化产品全球化的时代，丽水可以借助旅欧华侨和西欧国家的文创企业展开紧密合作，共同讲述更精彩的中欧故事。而侨乡丽水国际化的提升也必须通过讲好精彩的中国故事来建构自身在欧洲国家强有力的文化认同。丽水与欧洲文化创意产业的合作也将为侨乡文化遗产保护与传承发展提供新思路与新方法，是其在现代社会依然能够继续大放异彩的有效途径，也是提升中华文化软实力的重要举措。

以侨为桥推进中欧文化资源跨国的市场流动和优化组合，将使侨乡丽水的文化创意产业与乡村生态文明协调发展的优势日渐显现。只有高度重视中欧文化交流对侨乡生态经济创新的推动作用，加强政府、社会与市场、在地政府的四维协同互动，才能充分利用侨乡的文化创意产业的自然生态和人文生态的优越条件，更好发挥侨乡生态经济的教育、科技、人才等潜在优势。如果说侨乡文化创意产业的发展和推进要通过进一步解放思想、创新观念加以实现，那么在重视发挥广大旅欧华侨华人和村民的积极性的同时，还要设计有利于侨乡文化特色的创意产业与生态经济融合发展的推进机制和发展路径，更要真正做到在每一项具体工作中，凝聚侨心、汇集侨智、发挥侨力，以扎实推动丽水与欧洲的文化交流工作再上新台阶。

试论当代印尼华人办学及其对中印尼人文交流的影响

施雪琴[*]

前　言

　　印尼既是海外华人聚居的主要地区，也是海外华人人口数量最多的地区。华人在印尼的发展有上千年的历史，经历了漫长的曲折与坎坷，华人不仅对印尼群岛的开发与建设做出了重大贡献，也积极推动了中华文化在印尼群岛的传播，对促进印尼群岛多元文化的形成与现代多民族国家的建构产生了重要影响。

　　历史上，中国人迁移海外，不忘祖宗语言、文化与传统，因此，建祠堂、修会馆、办学堂成为华人延续血脉与文脉的重要方式。随着华人移民对群岛的开发、西方殖民主义的扩张、印尼民族主义觉醒与民族国家的建构以及后殖民时期东南亚地区国际关系的变化，印尼华人社会经济与文化教育也受到深刻影响，发生了激烈的变化。在华人兴办教育方面，印尼华人办学在整个东南亚乃至世界都具有开拓性与代表性，印尼华人在300多年前就开办私塾蒙学机构，传授中国语言与中华传统文化，在20世纪初期创办的中华会馆学校开启了现代华文学校的模式，20世纪上半期印尼曾经拥有东南亚数量最多、规模最大的华文学校，新中国成

---

[*] 施雪琴，厦门大学南洋研究院副院长、教授。

立后，印尼进步华文学校与新中国保持非常密切的联系，影响了大批华侨学生，他们多数返回中国大陆求学就业。20世纪60年代，印尼华文学校遭受冷战政治的影响，其被关闭的坎坷命运也殊见于东南亚其他国家。1998年苏哈托政权垮台后，印尼步入民主政治改革时代，其重要特征是加快政治民主化改革与恢复多元文化主义，尤其是瓦希德当选为印尼总统后，印尼各届政府逐渐废除歧视华人文化传统的法律政策，2006年颁布新的《国籍法》，进一步从法律上根除对印尼华人的歧视，极大地促进了华人族群意识的复苏与膨胀，推动了华人在文化、教育与社会领域的空前活跃。尤其在文化教育领域，印尼华人积极开拓新的办学模式，在积极创办初等教育机构——国民三语学校的同时，还积极创办大专院校。目前，印尼华人创办的几所高等院校的影响力越来越大，成为培养华族子弟与其他友族子弟的摇篮，不仅为印尼社会经济发展输送了大批人才，也成为沟通中印尼教育与人文交流的重要桥梁。自2013年以来，笔者累计十次到印尼的雅加达、万隆、三宝垄、泗水、三马林达、玛琅以及棉兰等地调研三语学校以及华人创办的高等教育机构，见证了印尼华人兴办教育、传承中华文化、促进中印尼文化交流的成就与影响，借此机会，向各位关心印尼华人文化教育的学者介绍印尼华人的办学情况及其对促进"21世纪海上丝绸之路"倡议与中印尼人文交流的意义。

一 印尼华人创办三语学校情况

苏哈托政权瓦解后，印尼教育部允许华社开办民营三语学校，华文教学在印尼开始恢复并快速发展。除了遍布印尼各地的华文补习学校，已复建和新建了50多所民营三语学校，印尼华社创办的三语学校，一方面遵守印尼教育部的要求，开设国民学校一样的课程，另一方面也加强华语与英语课程，大力培育三语人才以及学生的国际化视野，应对中国快速发展以及区域经济一体化趋势。

目前，印尼华人创办三语学校的情况如下。

第一类是传统华校的成功复办。华文教学与中华文化课程在这类学校成为重要内容。雅加达八华学校是这类学校的佼佼者。八华学校是印尼最早也最有影响的一所华文学校,由印尼中华会馆创立于1901年,最早叫中华学校。1905年,印尼华人李登辉创办的英文学校并入中华学校,成为印尼最早的一所中英双语学校,因为学校位于八帝贯街,所以1905年易名为八华学校,后一直沿用该校名。八华学校的发展与恢复,与八华学校校友会,尤其是客家华人梁世祯及其家族的支持与努力密不可分。[①] 20世纪60年代中期,印尼时局大变,苏哈托禁止华文教育,印尼华文学校或被封闭,或被接管。八华学校也难逃厄运。苏哈托政权垮台后,八华学校校友会以及印尼华社贤达开始筹划复办八华学校。2005年3月,印尼著名的数码印刷公司SuburMitra的创办人暨总裁徐胜文先生[②]当选为八华学校校友会第六任主席,高瞻远瞩地提出了复办八华学校的四大工作计划,经过数年努力,八华成功复办,目前不仅拥有幼儿园、小学、初中及高中完整学制,并且还与中国河北师范大学合办了八华学院,采取联合办学的形式,致力于为印尼三语学校培养华文师资。八华学校成功复办并取得斐然成绩,有其天时地利人和之因素。一是八华学校乃是一所百年名校,在印尼华社中素有盛誉,其校友扎根印尼社会,人才济济,校友具有强烈的中华文化情怀,校友们团结一致,凝聚力强,对复办学校积极支持,此乃根本原因;二是校友会的领导人有经济实力,德高望重,热心华教及传承中华文化,故能赢得校友的一致支持,成功复校;三是好的时机。八华校友会的领导人梁世祯先生是一位成功的地产商人,20世纪70年代开始涉足地产业,1975年创办全宝集团,经营面向当地居民的小型住宅,后来业务扩张,在雅加达成功开发了万豪新村与椰风新城,在房地产发展的同时,将八华学校引入全宝集团开发的地产项目中,既推动了房地产的销售,也保障了学校的生源,可谓相得益彰,互利"双赢"。八华学校自2008年成功复办以来,发展势头良好,

---

① 梁世祯,印尼全宝集团董事长,1940年出生在雅加达,其高祖父梁采臣自清嘉庆年间从梅县松口来到印尼爪哇岛创业,迄今已经历了一百多年。曾祖父梁映堂曾担任管理华社社会的雷珍兰与甲必丹,系中华会馆创办人之一。祖父梁密庵为印尼同盟会骨干,积极参加孙中山领导的国民革命,在印尼领导创办多个书报社,曾获得孙中山颁布的义状。父亲梁锡佑也是爱国侨领,尤其热心华侨教育事务。

② 徐胜文,1945年生于雅加达,是第二代侨生。1950—1965年就读于八华学校,担任班长,并在学生会担任职务,对八华学校有深厚的感情。

可谓雅加达三语学校中的佼佼者。

第二类三语学校是传统华校借助教育国际化途径复办，如在雅加达郊区创办的新华雅加达南洋学校。雅加达新华学校也是一所历史悠久的百年华校，创办于1904年，为区别于位于八帝贯的中华学校，故取名为新华学校。新华学校曾培养出众多辛亥志士、抗日英雄和各界名流，1966年因政治原因被迫中断办学。长期以来，一直有海内外新华校友倡议复办新华学校。后在印尼华人商业精英的支持下，距雅加达10千米的瑟榜住宅区提供了4公顷土地，复办新华学校一事开始摆上校友会议事日程。由福清籍侨商巨子林文镜之子、融侨集团总裁林宏修担任新华学校校友会理事会主席，并具体负责新华学校的复办。新华学校在复办的过程中，走的是一条不同寻常的强强结合道路，即利用自身的名校声誉与丰富的社会资源，并依托国际名校，走国际化的办学道路。林宏修先生联合新加坡南洋教育集团并达成10年合作协议，将新校名定为"雅加达南洋国际学校"，由新加坡著名的南洋女中承担管理重任，新华校友会负责新学校的硬件建设。新建立的雅加达南洋学校的宗旨是建立一所不分种族、不分宗教、不分国籍的国际学校，培养真正具有国际视野、能适应全球化的人才。雅加达南洋国际学校确定了"明德博学"的校训，以培养"德、智、体、群、美"全面发展的人才为教学目标。华文教学与中华优秀文化传统的灌输成为雅加达南洋学校的重要内容与特色。这也是新华校友会选择与新加坡南洋教育集团合作的一个重要原因，因为新加坡南洋国际教育集团用中英文双语教学，不断吸取世界先进的教学方法，强调教育发展的国际化，特别是重视中华传统文化。尤其重视以中华文化来塑造学生的人格，学校通过教《弟子规》等中华传统文化课程，加强学生道德培养。目前该校学制完整，涵盖幼儿园、小学、初中与高中，学生共有850人，其中包括不少非华族子弟在该校就读。

第三类学校是由华人企业家新创办的三语学校，如郭氏家族创办的必利达国民型三语学校。这一类三语学校没有传统的华校资源可以挖掘，也没有依托国际学校，但是满足了印尼华社学习华语华文的愿望，该学校面向印尼华社的普通民众，扎根传统华社，走价廉物美的路线，以收费较低、教学质量好而在印尼华社赢得了很好的口碑。必利达是由郭爱珍与她的丈夫饶兴生创办，已有十来年历史，是雅加达较早建立的三语学校，目前已经发展为不同层次、不同类型的三所三语学校，面向不同需求的华人群体。必利达学校董事长饶兴生与校董郭爱珍推崇中华传统价值观与中华古典诗词，因此，学校特别重视教授中华传统经典，取得斐然成绩。他们的学生参加全球中华文化经典诵读大会，曾经数次获得冠军。可以说，必利达国民三语学校在雅加达三语学校中独树一帜，颇有影响。值得指出的是，必利达的发展也得益于中国政府对汉语与中华文化海外传播的积极支持，必利达三语学校与中国内地一些学校建立了广泛的联系，并获得奖学金资助，如每年都会输送学生到广西柳州短期进修或者升学。

此外，印尼华人同乡社团组织在三语学校的创办中也表现突出，如印尼客属联谊会雅加达分会、万隆分会创办的"雅加达崇德三语学校"以及"万隆崇文三语学校"，这些学校面向草根阶层，收费低廉，也吸纳了不少非华族的子弟在学校就读。

值得指出的是，除了文中这几所在雅加达创立的具有典型意义的三语学校，在外岛华人聚居的城市，也不乏办学成果显著的三语学校，比如巴厘岛的文桥三语学校、苏北重镇棉兰的崇文三语学校也取得不俗的办学效果，在培养通晓华语人才与促进中印尼文化交流方面也发挥着不可忽视的影响。

二 印尼华人创办大学的历史与影响

（一）萧玉灿先生与共和大学的创立

印尼华族公民兴办大学经历了一段坎坷艰难的历史。印尼华人创办高等教育肇始于20世纪50年代末期印尼实行种族歧视政策之际。

印尼华人创办的第一所大学，是印尼华裔公民政治家萧玉灿先生领导的国籍协商会（BAPERKI）于1958年创办的国籍协商会大学，后改名为共和大学（URECA）。萧玉灿先生1914年出生于印尼泗水，他青年时代起就积极参加反抗荷兰殖民统治、争取印尼民族独立的运动。在印尼独立后，曾当选为国会议员及国务部长。萧玉灿一生捍卫印尼华人的利益，主张华人融合于印尼社会并成为印尼公民，他为印尼华人双重国籍问题的最终解决做出了重大贡献。在推动印尼华人教育发展方面，萧玉灿先生及其领导的国籍协商会也做出了巨大贡献。1957 年，印尼政府实行分校政策，禁止印度尼西亚公民就读华侨学校，25 万华裔印尼公民被迫退学。更严重的是，印尼的国立大学严格限制华人学生的数量，一般规定华人占比不能超过录取人数的 10%，这种种族歧视政策导致许多华人学生高中毕业后难以考上大学。如 1958 年，国籍协商会旗下学校的多位高中毕业生，也遭遇到高分落榜的噩运，被印度尼西亚大学拒之门外。这种情形坚定了国籍协商会领袖创办私立大学的决心。因此，"印尼国籍协商会"于 1958 年成立了"印尼国籍协商会教育与文化基金会"，1958 年 10 月，萧玉灿发起创办雅加达科技学院，后发展成为印度尼西亚国籍协商会大学，1963 年更名为共和大学，共和二字取自苏加诺在 1959 年制宪会议的演讲，萧玉灿认为共和也体现了国籍协商会兴办教育的精神，即兴办教育服务公众利益，国籍协商会大学创立于印尼种族歧视盛行之际，其目的就是与种族主义抗争，促进民族团结与国家建设。

虽然共和大学只存在短短的七年，但是它的办学理念、办学宗旨与成就却对印尼华人创办大学产生了深远影响。

第一，国籍协商会教育与文化基金会本着"共和"原则制定办学原则，摒弃了任何基于种族、宗教信仰、政治意识形态、国籍方面的歧视，学生呈现多元的形态；除了加入印尼国籍的土生华人外，还有少数非华族学生，并且不排斥新客学生，贯彻"有教无类"的教育思想，其目的是为印尼培养更多的建设人才。

第二，共和大学积极鼓励华人子弟与印尼民族融合，树立华人的印尼国家认同意识。萧玉灿在共和大学推行五爱教育，即爱印尼祖国爱印度尼西亚民族；爱人道主义爱和平；爱科学；爱文化；爱劳动；爱父母。他倡议开设公民德育课，该课程由萧玉灿亲自授课，教授印尼华人发展历史，印尼华人对印尼民族独立运动的贡献以及民族建设与民族融合；采用印尼国家统一教程；增进学生对印尼历史文化与政治的了解；促进学生热爱印尼，促进同化。成立青年协商会，建立共和大学艺术团，开展印尼文化特色的艺术活动。

第三，共和大学体现了开放、多元与包容，吸收了不少非华人参与了共和大学的建设。如国籍协商会大学的第一任校长由萧玉灿在国会的挚友费尔迪南·伦班·托宾担任。他是一位巴塔克族大夫，在苏加诺的议会民主时期曾担任过部长。普佐诺·哈尔佐·普拉科索和恩斯特·乌特雷赫分别被任命为工程学院和经济与法律学院的院长。1962年，国籍协商会大学在泗水成立分校。校长由泗水著名的国立大学艾尔朗加大学的贡多瓦尔·多约教授担任。值得一提的是，托宾校长逝世后，萧玉灿任命乌塔米女士接任校长职务，她是空军参谋长苏尔雅·达尔马准将的夫人，她成为印尼历史上的首位女性大学校长。共和大学办学成绩显赫，名师云集，印度尼西亚大学与万隆理工大学的多位名教授在共和大学兼职，当时有不少名人也纷纷加入。

第四，共和大学在短短几年间获得很大的发展，为印尼培养了不少优秀人才。国籍协商会首先于1958年成立了培养中学教师的物理学院与数学学院，1959年，创办了牙科学院，1959年，创立了工程学院，1962年，创立了医学院与文学院。1962年，国籍协商会大学在泗水成立分校。分校由工程学院、法学院与药学院组成。1964年，共和大学工科、牙科、经济学与法学的学士学位得到高等教育与教育学部的认证，从此与国立大学的学位平等，1965年，工科与牙科学位也获得全日制学位的认可。据统计，1964年共和大学注册学生共4000人，其中300人获得国家认证的学士学位。截至1965年10月政变前夕，共和大学注册学生已超过6000名。截至1965年5月，共和大学已经在泗水、棉兰（开设经济与教育学院）、三宝垄（开设医院院）、日惹（经济学院）开设分校。"9·30"事件爆发前，共和大学在玛琅、梭罗、井里汶、万隆校区的教学楼建筑工程均已启动。

令人痛惜的是，共和大学的大好前景被1965年的军事政变毁于一旦。印尼华人的高等教育事业发展遭遇到巨大的挫折与打击。

（二）20世纪50—60年代印尼华人兴办的其他高校

这一时期，除萧玉灿领导建立的共和大学外，印尼华人也以其他社会组织的名义来创办大学。其中的典型代表是泗水的Petra基督教大学与雅加达的新明会大学，即 Tarumanagra 大学。

　　Petra 基督教大学的创办也见证了华人对印尼民办高等教育发展的贡献。荷兰殖民统治结束后，印尼的教育资源十分稀缺。鉴于此，1951 年 3 月 31 日，来自东爪哇中华基督教孔教会（Thktkh Kh）和泗水 Gereformeed 教会（GGS）的七位华人薄凤良（Bhe Hok Liong）、高洛良（Gouw Loe Liong）、李同亮（Lie Tong Liang）、林萧剑（Liem Siauw Giap）、王光恒（Oey Koen Heng）、陈敬真（Tan Gie Djien）、桂振建（Kwee Djien Kian）成立泗水基督教教育机构筹委会（PBPKS），准备建立基督教中学，高洛良任会长。1951 年 4 月 22 日，泗水中华基督教孔教会基督教教育机构（BPPK Thktkh）成立，标志着彼得拉基督教育委员会（PPPK Petra）正式成立。PPPK Petra 积极推动在泗水建立一所基督教大学。1960 年 9 月 21 日，由陈超勇（Tan Tjiauw Yong）、高洛良、陈敬真、蔡淑春（Tjoa Siok Tjoen）、李平六（Lie Ping Lioe）以及桂振建组成相关筹委会。1961 年 9 月 22 日，彼得拉大学正式建立。彼得拉大学经过半个多世纪的发展，已经成为东爪哇地区一所知名的基督教私立高校，该大学在 2013 年成立了"印尼华裔研究中心"，并率先发起了"印尼华裔研究国际论坛"，宗旨在于整合印尼国内研究印尼华人的力量，加强对印尼华族历史文化及其对印尼影响的研究，目前该论坛已经连续举办 4 届，发展成为包括来自印尼、中国、日本、马来西亚等国多所大学相关研究机构的国际学术论坛。

　　此外，1959 年 6 月 18 日，印尼土生华人组织新明会创办了 Tarumanagara 大学。新明会于 1946 年在雅加达成立，致力于社会福利事业，新明劳工会为会员团体。1950 年前为中华总会成员。创建人丘文秀（Khoe Woen Sioe）、丘思谦（Khoe Soe Kiam），主要面向加入了印尼籍的华裔青年。经过半个多世纪的发展，该大学目前已经发展成为印尼著名的私立大学之一，拥有四个校区，14000 名学生，有本科、硕士与博士项目。为印尼培养了数以万计的人才。目前，该大学也组建了印尼华裔研究项目。

　　但是，在苏哈托时期，由于当时的冷战环境以及印尼政府的歧视华人政策，这些华人创办的高等院校完全同化于印尼的政治社会文化环境之中，没有充分发挥出华人办学的优势与特征。

三 后苏哈托时期印尼华人与印尼高等教育的发展及其影响

后苏哈托时代，随着对华人文化的解禁、中印尼关系的全面发展、中国在印尼乃至整个东南亚地区综合影响力的提升，华语在中印尼交流中的优势凸显，因此，印尼华人纷纷开始投身教育领域，复兴中断了32年的华文教学，他们不仅创办三语学校，教授华语，而且积极创办大学，为印尼社会培养更高层次的人才。这一时期创办的大学包括总统大学、建国大学、玛中大学、慈育大学以及印尼棉兰亚洲国际友好学院等，印尼华人积极参与创办私立大学，为印尼社会经济发展培养人才，代表着印尼华人的教育事业进入一个新的阶段。这些大学也成为沟通中印尼人文交流的重要桥梁，如建国大学、总统大学吸纳了不少中国大陆去的留学生，棉兰亚洲国际友好学院成为印尼苏北地区推广华文的重镇，并被印尼旅游部推举为示范合作学校。在这几所大学中，玛中大学的办学理念、教育管理以及卓越的办学成就独树一帜，尤其引人注目。

2017年7月初，笔者有幸受邀赴印尼玛琅参加玛中大学建校10周年庆典，并获赠《玛中大学的探索征途：黄启铸先生推进办校文化路向的故事》（葆青编著）一书。黄启铸先生是东爪哇泗水地区著名的华社领袖，热心支持教育公益事业，不计名利，默默奉献。细读此书，深感黄启铸先生领导玛中大学在探索办学模式、人才培养与大学发展战略方面正在走一条创新的路，在促进中印尼人文交流方面发挥着重要且特殊的作用。

第一，玛中大学的创办是华人兴办教育优良传统的延续，体现了华人崇文重教、爱校爱国、乐于奉献、热心社会公益的精神。20世纪玛琅华文教育的发展为玛中大学的建立奠定了基础。玛琅华人办学历史悠久，20世纪初，玛琅华人先贤黄怡瓶先生就领导玛琅华社创办了玛华小学与玛华中学。创办玛中大学的想法起源于2001年9月全球玛中校友在厦门大学的聚会。这次聚会有900多名校友参加，纪念玛琅侨校"玛琅中华中学"创校55周年。厦门大学是爱国华侨陈嘉庚先生创办的，陈嘉庚先生与玛琅有深厚的渊源,他在1942—1945年隐居玛琅躲避日本军队的追杀,得到了玛琅华侨的掩护与帮助,才得以在日本投降后顺利平安返回新加坡。玛琅中华中学是东爪哇地区著名的华侨学校,不幸在1966年被取缔。从1946—1966年,在短短的20年时间,玛琅中华中学培养了一批具有强烈社会责任感的华人子弟,他们勇于拼搏、重视教育、热心公益、服务社会,即使是在学校被关闭后,乃至离开印尼多年后,仍然对母校、对印尼保持深厚的饮水思源,报效故里的情怀,时刻关心印尼的发展,并希望倾力推动印尼经济社会的发展。他们尤其认识到"教育是兴民强国的根本",把培养人才作为印尼国家发展的根本。玛中校友热爱母校与印尼的情怀,是数百年来印尼华人兴办教育的优良传统的延续,也是推动玛中大学创立的根本动因。

第二,玛中大学能顺利创办,关键因素在于有一批热爱母校、有强烈社会责任感、乐于奉献的玛中校友,他们构成了筹建玛中大学的中坚力量。像黄启铸、李文正、戴教奇、吴长奋、杨运平、林国志、陈泗云、陈本龙、高尼西米、黄衍福、梁厚荣、李国龄、黄赞绪、黄如凉、黄亮畴等校友贤达首先组成了建校筹委会。赞助者后来发展到100多人,其中作为董事长的黄启铸先生热心捐赠、亲自挂帅、尽心尽力,为筹备玛中大学做出了巨大的贡献。

第三,玛中大学的创办体现了玛中校友、玛琅华社团结合作的精神。从2001年在厦门萌发建立玛中大学到2007年7月7日玛中大学校舍落成,只经历了6年的时间,就在玛琅建成了一所崭新的大学。玛中大学创立的过程,体现了玛中校友团结合作的精神。创校领导人敢于担当,自费组织考察中国的大学;热心校友雷厉风行,2003年率先成立筹委会;黄启铸、李文正先生亲自挂帅,监督校舍工程建设;2006年全球4000多名校友见证奠基典礼,促进玛中校友的凝聚与团结;东爪哇华贤积极响应,捐钱捐物助力玛中建校。

第四,玛中大学的建校方针与目标体现了华人顺应时代潮流的特征。玛中大学在建校伊始,就确立了办学方针:顺应印尼华族公民"落地生根、自强图存、有所作为"的时代潮流。其五大目标为:①为印尼崛起培养领袖人才,促进印尼经济发展、创建繁荣、公正、文明的国家。

②开放办学、不分种族、宗教，倡导多元和谐与文化交融。③提高民族素质，大力传承中华传统美德，以德为先，引领学生树立以"实现国富民强为己任的新的东方价值观"。④既为当地建设奉献力量，又要顺应时代召唤，促进对中国的了解，汲取中国建设成功的经验，为促进中印尼战略协作，实现中印尼共荣，创造条件。⑤学校规定学生必须掌握好印尼语、华语以及英语三种语言。

第五，玛中大学融合东西方先进的教学理念，育才为本、育德为先；注重科学研究，重视实践。在管理上也重视创新体制。在玛中大学的教学理念中，重视学生的品德教育，倡导以德为先，尤其是继承与发扬中华民族的传统美德被写入学校的办学宗旨；引导青年学生关心国家与民族的前途与命运，培养学生的社会责任感与奉献精神。2008年，黄启铸先生提出"和谐共创"的管理思想。即校长要照顾创校人的权益、贯彻创校人的办学理念，又要尊重印尼政府的相关规定，做到董教分离，董事会在具体事务上放权，不干涉校方的管理制度。董事会还成立工作团体，专门负责与校方沟通，创造了董教之间良性合作、相互支持的良好机制。更令人欣喜的是，年轻的玛中大学十分重视科学研究，其目标是迈向研究型大学。学校领导层正在探索建立研究型大学的模式、机制、方向、措施与实施的路线图。

结　语

后苏哈托时期，伴随印尼的改革与开发，印尼华社的发展可以说进入一个崭新的历史时期，一方面，印尼国内政治稳定，印尼在民主政治的轨道上不断推进，印尼政府逐渐取消歧视华人的法律政策，这为印尼华社发展提供了一个良好的政治环境；另一方面，中国的和平发展、中国综合国力的提升以及中国与东盟的经济整合、中国与印尼全面战略合作伙伴关系的建立，为印尼华社的发展提供了良好的外部环境。习近平主席于2013年10月首次访问印尼，提出"建立21世纪海上丝绸之路"倡议，将中印尼人文交流作为倡议的核心内容与重点方向。作为中印尼关系桥梁的印尼华社，面临如此良好的历史时机，有许多新的发展机遇。

我们看到，无论是印尼华人创办的三语学校，还是印尼华人创办的高等教育机构，其产生的背景与发展前景，都与其"华人性"以及"跨国性"有十分密切的联系，在中国崛起、中国—东盟区域经济整合以及经济全球化浪潮的席卷下，印尼华人在促进中印尼政治互信、密切经贸往来与推动人文交流方面正扮演着越来越重要的角色。

第四编

华人历史、社会与宗教

"海上丝绸之路"上的海南人

唐若玲[*]

"海上丝绸之路"是西方汉学家借用"丝绸之路"的概念描述中外的海上通道而提出来的,1903年法国汉学家沙畹(Edouard Chavannes)提出:"中国之丝绢贸易,昔为亚洲之一重要商业,其商道有二:其一最古为出康居之一道,其一为通印度诸港之海道。"后来经过学术界的不断磨合,普遍认为"海上丝绸之路"的名称和其所指内涵是"东西方之间通过海洋融合、交流和对话之路"。[①]

一 "海上丝绸之路"与海南

海南北隔琼州海峡与祖国大陆相望,西面隔北部湾与越南相邻,东面和南面是浩瀚的南海。琼州海峡,东西长80千米,南北平均宽29.5千米,南北的直线距离,最宽处为33.5千米,最窄处仅为18千米。独特的地理位置,为海南人从很早的时候就参与"海上丝绸之路"的活动,提供了得天独厚的条件。据《汉书·地理志》《后汉书·西南夷列传》《大秦传》记载,秦汉时期,在南海上有四条丝路航线,一是广州至今越南、柬埔寨航线;二是由广州至今印度、斯里兰卡航线;三是由广州至波斯

---

[*] 唐若玲,海南师范大学马克思主义学院教授。
[①] 杨国桢、王鹏举:《中国传统海洋文明与海上丝绸之路的内涵》,《厦门大学学报》(哲学社会科学版)2015年第4期。

湾转罗马帝国的航线。这些航线皆经过海南岛附近海域。

唐代，据《新唐书·地理志》所载"广州通海夷道"，从广州出发，向南航行经珠江口的屯门港，尔后折向西南，经海南岛附近之七洲洋，到越南东南部海面，向西航行，最终到达西亚和东非乃至欧洲，是沟通亚、非、欧"海上丝绸之路"最长的航线。

宋代，我国西北陆上"丝绸之路"被西夏政权切断，南海的"丝绸之路"显得尤其重要，与广州通商的国家多达50多个。南海水域发现的大量文物显示，此处为这一时期海上贸易的必经通道。《岭外代答·外国门》专设"航海外夷"条，列举今伊朗一带、印度尼西亚等地都有航线到广州。

元代，中国的对外贸易更为繁荣，据陈大震的《南海志·舶货》记载，与广州有贸易往来的国家和地区有140多个。

明清时期，我国虽然大部分时间实行海禁，但广州对外通商尚得保留，所以海上丝路仍畅通，并开辟了几条发自广州的新航线。一是明代由七洲洋、占城附近海面南下抵爪哇海、帝汶岛航线；二是明中期从欧洲绕非洲好望角入印度经南海抵广州航线。这些航线以西沙为中心，在西沙东西两侧形成两条常用航线。东侧一条叫"外沟航线"，西侧一条叫"内沟航线"。清谢清高口述、杨炳南笔录《海录·噶喇叭（雅加达）》指出这两条航线使用情况："噶喇叭在南海中，海舶由往广东者，走外沟，则出万山（群岛）后，往西南行，经琼州，安南至昆仑。又南行约三四日到地盆山，万里长沙在其东。走外沟，则出万山后，向西南行少西，约四五日过红毛浅（中沙群岛），沙坦在其中，约宽百余里，其极浅处止四丈五尺，过浅又行三四日到草鞋石，又四五日到地盆山，与内沟道合。"这两条航线至今仍在使用，如由新加坡直航香港，基本上走外沟，而内沟航线起于东西竺（宋代上下竺）沿海岸到马来群岛，横渡泰国湾，再沿柬埔寨、越南海岸一直到岘港，转海南岛西南海域至广东沿海各港。①

由此可见，中国自汉代以来所开辟的"海上丝绸之路"大多经海南，

---

① 司徒尚纪：《海上丝绸之路与我国在南海传统疆域的形成》，《云南社会科学》2001年第6期。

便利的海上交通，为海南人参与海上贸易活动提供了得天独厚的条件。

二 参与"海上丝绸之路"贸易活动的海南人

海南是一个移民聚居之地，当今绝大部分海南人都是历史上各个时期从大陆各地，尤其是福建、广东等沿海地区移民之后裔。迁徙的经历，使这些移民及后代血液中流淌着外出的冲动、冒险的冲动，这是海南人参与"海上丝绸之路"活动的内在动因。

汉代以后，尤其到了唐代，随着迁入人口的不断增加，海南的海上对外贸易逐渐兴起。海南所产的槟榔、珍珠、玳瑁、香料、南药等热带特产，吸引着过往的中外商船。处在"海上丝绸之路"上的海南四周之天然港湾，成为中外商船的避风场所和途中给养地。这些商船利用避风或给养的机会，上岸购买海南土特产，在岛上进行各种贸易活动，刺激了商贸业的发展。在对外贸易交往中，海南与外部尤其是东南亚等地建立和保持了广泛而密切的联系。移民聚居的东北部地区的一些商人在从事商业贸易活动中，乘航运方便之机南下，以致留居不归。

到了宋代，海南的对外贸易较前朝更为发达，其时的琼山、临高、文昌、乐会等各贸易港都设立市舶司，征收科钱。而白沙津（神应港，今海口市白沙门附近）已成为商船进出的重要港口之一，外国船舶常停泊于此，"琼州白沙津，蕃舶所聚之地，其港自海岸屈曲，不通大舟，而大舟泊海岸。"[1]

当时海南进岛的商品有盐、铁、鱼、米，尤以粮食为主；出岛商品以土特产为主，有香料、槟榔、椰子、吉贝（棉花）、苎麻、赤白藤、花缦、黎幕、青桂木、花梨木、海梅脂、琼枝菜、海漆、荜拨、高良姜、鱼鳔、黄蜡、石蟹等，尤其以香料、槟榔、吉贝最为有名。

海南米粮向来不能自给，在宋代，海南四郡凡十一县"地多荒田，所种粳稌，不足于食，乃以薯芋杂米作粥糜以取饱，故俗以贸香为业"。[2]

---

[1] 《舆地纪胜》卷一二四《神应港》。
[2] （宋）赵汝适：《诸蕃志·海南》，第221页。

在生产力水平不可能大幅提高的古代，海南必须依靠从外部输入，才能解决粮食不足的问题。因此，向海南输入粮食就成为古代海南贸易中一个重要的内容。

在海南所输出的商品中，以香料、槟榔、吉贝最出名，主要是因为其质量上乘。关于海南香，宋人范成大在《桂海虞衡志·南香》中有过十分生动的描述："世皆云二广出香，然广东香乃自舶上来，广右香产海北者亦凡品，惟海南最胜。人士未尝落南者，未必尽知。……沉水香，上品出海南黎峒，亦名土沉香，少大块。其次如茧栗角，如附子，如芝菌，如茅竹叶者，皆佳。至轻薄如纸者，入水亦沉。环岛四郡界皆有之，悉冠诸番所出，又以出万安者为最胜。说者谓万安山在岛正东，钟朝阳之气，香尤蕴藉丰美。大抵海南香气皆清淑，如莲花、梅英、鹅梨、蜜脾之类，焚一博投许，氛氲弥室。翻之四面悉香，至煤烬气亦不焦，此海南香之辨也。北人多不甚识，盖海上亦自难得。……中州人士但用广州舶上占城、真腊等香，近年又贵丁流眉来者。予试之，乃不及海南中、下品，舶香往往腥烈，不甚腥者，意味又短，带木性，尾烟必焦。其出海北者，生交趾，及交人得之海外蕃舶而聚于钦州，谓之钦香。质重实，多大块，气尤酷烈，不复风味，惟可入药，南人贱之。"① 赵汝适对海南香料也给予了很高评价，他说："海南土产，诸番皆有之，顾有优劣耳。笺、沉等香，味清且长，琼出诸番之右，虽占城、真腊亦居其次。"

此外，海南的槟榔也是当时畅销商品之一。"槟榔产诸番国及海南四州，交趾亦有之。三佛齐取其汁为酒，商舶兴贩，泉广税务岁收数万缗，惟海南最多。鲜槟榔、盐槟榔皆出海南。"②

当时在海南从事对外贸易活动的主要是位于东北部的如今文昌、琼海、琼山、万宁一带的居民。其原因一是这一地方的民众大部分为来自福建漳州、泉州之移民及后裔。他们善于驾舟航海，有开展海上贸易的勇气和能力；二是当时生产力水平低下，"地多荒田，所种粳稌，不足于食，乃以薯芋杂米作粥糜以取饱，故俗以贸香为业。"

---

① （宋）范成大：《桂海虞衡志·南香》。
② （宋）赵汝适：《诸番志·槟榔》，第186页。

海上贸易的兴盛促使一部分从事这一活动的海南人"住番"久之不归而成为华侨。其实"住番"者还不是真正意义的华侨，因为"住番"一般是指中国古代沿海地区从事海上贸易的商人到东南亚经商时，由于当时航海技术的关系，去时贸易帆船要乘阴历十月到来年二月左右的东北风前往，返程时要等待六月到八月的西南季风兴起时才能回返。其间，船上商人要在当地等待一段时日，这一行为称为"住番"。只是久逾不归者方称为华侨。

　　到了明清两代，海南人出洋步伐大大加快，这主要是由于当时国际国内大背景所致。国际方面，主要是殖民势力来到东南亚后所造成劳动力缺口的外部拉力，而国内方面，则是明朝中叶以后海洋社会经济的兴起和社会动荡所导致的内部推力。

　　到了明代中期以后，随着中国造船技术和航海技术的提高，整个中国包括海南的对外贸易活动更加频繁。因为此时"每年造船出海贸易者极多，数达千余只"。[①] 这些海船包括船员和客商，每船可载百余人，少亦可载六七十人，此外还可搭载大量货物。[②] 日本学者指出："使大量民众移居海外成为可能的最大因素，不可不注意到中国帆船的存在……一船可载百余人渡海，这是在西欧大型帆船进入中国海域之前，除了中国之外，其他国家所未见的情形。"[③]

　　这种大型海洋帆船的出现，从18世纪中叶到19世纪后期的百余年间，搭载大量物资和人员横渡大洋，不仅往来于中国大陆沿海各岛屿，还进出于日本、菲律宾、印度尼西亚群岛、印度支那半岛、马来半岛的各港口。"往海外贸易之所，东为琉球、日本、朝鲜，西南为安南、吕宋、噶喇吧、苏禄、暹罗、马辰、六坤、宋居等国。"[④] 在这样的海外贸易中，南洋一带占有更大的比重。乾隆后期，广东官员在奏报中称："商

[①]《清圣祖实录》卷二七〇。
[②] 道光《厦门志》卷五《洋船》。
[③] 王翔：《海南人移民东南亚的历史过程》，《海南师范学院学报》（人文社会科学版）2001年第6期。
[④] 福建按察使王丕烈奏折（乾隆六年九月二十七日），《明清史料》（庚编第八本），台北："故宫博物院"，1975年、1986年，第707页。

人中去东洋者十分之一，去南洋者十分之九。"① 18 世纪中叶的乾隆十六年到二十一年（1751—1756）的 6 年间，从福建出海的中国商船每年达 60—70 艘；乾隆十七年（1752），由广东出海的中国商船为 20—30 艘。这些商船频繁的贸易活动，不仅使中国与东南亚各国间贸易往来密切，也提供了使中国与之相关的贸易地区的过剩人口向海外移民的机会。

明朝后期，中国私人海外贸易发展迅速。据统计，明末清初，我国商船每年在东南亚的进出口货物总量为 24800 万斤，年贸易总额计 1430 万两白银，年利润为 787 万两左右，货物的贸易利润率高达 100%—200%。大规模的海外贸易，一方面使为数众多的商人到海外经商而成为移民，另一方面也使国内因各种原因而导致生活困难者，为谋生而搭船出洋提供了条件。

到了明末清初，由于出洋商船活动频繁造成的交通便利，东南沿海形成了海外移民潮流。

在早期的海外移民中，以福建、广东两省的人士为多。雍正五年（1727）九月九日，闽、粤地方官员在奏折中称："前往噶喇吧、吕宋等处贸易居住者，福建省为十之六、七，广东与江苏、浙江等省为十之三、四。"而福建的移民中，又以"漳（州）、泉（州）等地民众留居噶喇吧、吕宋者为尤多"。海南当时隶属广东，在广东的对外移民人数中，当也包含从海南前去的人士。②

海南人大量出洋就是在这样的历史背景下发生的。海南人出洋最早的地方，应该是与海南地理相距最近的越南以及邻近越南的泰国等地。因为在海南人开辟的到东南亚的航线中，最早出现的是前往越南的航线。"从 1695 年冬开始，两艘帆船队，从琼山演海乡开往泰国，到 1735 年，这支船队发展到 73 艘，常年川走于东南亚各国之间，这便是琼山最早的帆船队。"③ 后来海南人开辟的航线，也基本上经越南而继续前行。如后来开辟的航线之一是："由海口及文昌之铺前港，取道海峡往西，再南下

---

① 乾隆《皇朝文献通考》卷二九七，《广东监察御史李清芳奏文》。
② 王翔：《海南人移民东南亚的历史过程》，《海南师范学院学报》（人文社会科学版）2001 年第 6 期。
③ 潘干：《琼山县最早出洋帆船的兴衰史》，《琼山文史资料》1980 年第 5 期。

走西贡、曼谷与星洲等处。"之二是:"由清澜、博鳌、藤桥、三亚、海头等港直接南下赴上述目的。每年一次,于阴历冬至前后乘东北季风南下,至翌年夏间南风时返航。每年出南洋大型帆船总数约百余艘。其中,赴暹罗者40艘,赴交趾北部者50艘,南部者25艘。至赴星洲者,早期仅十余艘,盛时四十余艘。每船载重千余至一万担(合一百至六百吨),除货物外,每船附载乘客廿余人至百人。顺风时,数日可抵西贡,12日可抵星洲,半月可抵曼谷。"①

据《琼海县志》载:"境内草塘一带渔民,常运载西沙、南沙群岛捕捞的海鲜品和贝壳到南洋销售,有少数人随船散居于东南亚各地谋生。"②

明代以后,中国政府虽然实行严厉的"海禁"政策,但海上贸易始终没有中断。到了清代,由于下南洋的规模不断扩大,影响到了国内社会的稳定,于是清政府在康熙五十六年(1717),颁布南洋禁航令。据《琼州府志》记载:"康熙五十六年(1717),甲严洋禁商船,不许私造往南洋贸易,有偷往潜留外国之人,督抚大使通知外国,令解回正法,再奉旨五十六年以前出洋之人,准其载回原籍。"③ 这说明,在1717年前,已有不少海南人于南洋谋生。南洋禁航令仅行10年,至雍正五年(1727)以后,陆续在沿海各省解除。虽然禁止移民海外的政策,直到鸦片战争前都不曾松动,但海禁的松动,使海南的海外贸易有所恢复。而海外贸易的恢复,使一批又一批的冒险者有机会从文昌的铺前港、清澜港,琼海的潭门港或博鳌港等地搭帆船或渔船到南洋谋生。据史料记载:清乾隆年间,已有不少海南人到暹罗、安南和马六甲谋生。又据《新加坡琼州会馆/天后宫史略》载:"考我琼同乡南来侨居,当在新加坡开埠前1819年(根据地契文件记载)。其时当地乃一未僻之渔村,人烟稀少,同乡居此者亦不多,且散居乡村隅角,而无组织。"④ 据南洋著名考古学家韩槐准先生考证,在道光元年(1821),就有帆船自海南运载陶瓷器、

---

① 苏云峰:《东南亚琼侨移民史》,《海南历史论文集》,海南出版社2002年版,第196页。
② 王桢华主编:《琼海市华侨志》,中国文联出版社2007年版,第4页。
③ 《琼州府志》卷四二,第989页。
④ 新加坡琼州会馆秘书处:《新加坡琼州会馆/天后宫史略》,《新加坡琼州会馆庆祝成立一百三十五周年纪念特刊》,新加坡琼州会馆,1989年,第101页。

铺地之砖、雨伞、鞋、纸、神香、干果及药材等到新加坡销售。① 1830年,琼州帆船也已经到达槟城。

在近代开辟的海南至南洋的帆船航线中,港口众多。"由本岛铺前、清澜、博鳌、藤桥、三亚、海头等港往来于安南、暹罗及南洋群岛之帆船。顺风十余日可至,逆风或一二月。容量由千余担至1万担,每年出入口船平均约百余艘。冬季北风期时由海南出发,翌年夏季南风期时驶回原港。此等帆船除载各种货物外,并附搭人客,取费数元,乘客亦伙。"铺前港"东岸水较深,西岸水较浅。深处约二三十尺,浅处约五六尺。二三千担之帆船可驶入,然货物起落仍须驳载。昔时航业颇盛,近则渐趋于清澜,现仅有二三艘约1000余担之帆船往来于暹罗、安南、江门、澳门及陵水各处"。而清澜港则"港向东南,前临大海。……有大帆船数十艘往来于本岛各埠,以及香港、澳门、江门、北海、安南、新加坡、暹罗等处。……且本港当东亚与欧洲及南洋航线之旁,经过轮船不必渡木兰头急水门之事。顺途寄泊,其势甚便,往往有停泊港外运取淡水之事"。因此"清澜一口为琼北两属最优之口,文昌等属来往南洋帆船每年不下300余艘,每艘约税百元有奇,合计每年税银总在四五万元以上"。② 由此可见,海南人出洋经商之一斑。许多海南人就在经商贸易过程中留居南洋,成为华侨。

大量海南人出洋经商,给家乡汇回大批侨汇,对海南经济社会发展起到良好作用。"本岛人士往南洋经商者年均有千万之汇入。"③

由此可见,参与"海上丝绸之路"的商贸活动,并因此而留居南洋,是海南人下南洋的原因之一。

三 海南人下南洋的其他原因

除因商贸活动而留居南洋成为华侨外,还有更多的海南人是由于经

---

① 韩槐准:《琼州南洋交通考》,《琼州会馆联合会报》第1卷第1期。
② 陈铭枢总纂:《海南岛志》,海南出版社2004年版,第277、79—80、468页。
③ 同上书,第476页。

济、政治等原因到南洋谋生成为华侨的。

(一) 经济原因

中华民族是一个非常眷恋家园的民族,背井离乡常被看成是无奈和痛苦的代名词。历代海南人出洋,具体原因纵使有许多,经济压力是最为主要的。地处海南东北部的文昌,农业自然条件甚为恶劣。因其"地近海滨,最称硗瘠"。"枕山带海,山多荒林,海多斥卤。岁无三熟之稻,家无八登之蚕,邑故名贝而实无贝,犹郡名琼而无玉,崖名珠而无珠也。"由于"环疆多白壤,腴田稀罕。民力农,野无旷土,土无旷时。五谷而外,常种薯芋杂粮"。白壤者,土瘠且咸卤也。[①] 且自然灾害频繁。由于土壤含砂量大,养分缺乏,比例失调,土壤偏酸,地下水位偏低,易干旱。[②] 故苦旱较多于苦雨。又由于地处滨海,常苦飓风。"秋有飓风,或一岁数发,或间岁一发;或起东北而转西南,或起西北而转东南,皆必南转而后息。其将作也,飞鸟群投黎山,海吼如雷,有晕气如断虹,俗呼为'破蓬',此飓之先驱也。飓作,暴雨随之,拔木拆屋,海水飘溢,数十里外,田禾立枯,咸积田中,有连年失耕者。邑之东、南、北皆近海,故地瘠民贫,视他邑为甚云。"[③] 因此,在汉人大规模迁入前,虽土地肥力有限,但由于人口少,土地多,广种薄收,生活压力并不大。然在汉人大规模南迁后,由于人口的增加,土地相对减少,而粮食产量却没有任何增加,水稻年亩产最高不过200斤,少则几十斤,遇上灾年,甚至颗粒无收。文昌土地面积为6852.9502平方公里,占全岛面积的7.05%,但1928年的人口却达440189,占全岛总人口2195645的20%。[④] 于是人口与粮食的矛盾日益突出。不仅如此,文昌还是一个自然灾害频发之地。据咸丰《文昌县志》记载,自明代以来,文昌发生有记载的自然灾害分别为:飓风10次,涝灾4次,潮溢4次,阴雨6次,旱灾7次,蝗灾2次,寒灾4次,这些自然灾害造成民众生活水深火热。因为每次天

[①] 《咸丰文昌县志》,海南出版社2004年版,第49—51页。
[②] 文昌市地方志编纂委员会编:《文昌县志》,方志出版社2000年版,第115页。
[③] 《康熙文昌县志》,海南出版社2004年版,第23页。
[④] 陈铭枢总纂:《海南岛志》,海南出版社2004年版,第44—45、123页。

灾后果，要么"岁饥"，要么"米昂贵"。在生活的重压下，一些民众以"文昌人冒险而骛新"①之品质，秉承先人闯海精神，漂洋过海，到异国他乡谋求生路。南阳镇新合乡乐城村是一个农业耕作条件尚可的普通村庄，19世纪就有人因生活压力到南洋谋生，到20世纪上半叶，全村46户中，有出洋人家36户，占总户数的78%，相邻的新村园村全村有20户人家，有出洋的人家13户，占总户数的65%，全新合乡有26个自然村，每村都有数目不等的人家出洋谋生。②在"土瘠且咸卤"的沿海地区，这个比例数字更高。如会文镇龙家村靠近海边，遍地红粉沙土，难长庄稼，"三月东风（带有盐分的海风）晒死草"，连椰子叶都被吹黄。为生活所迫，几乎家家都有人去南洋谋生。许多人离开家乡时，只带"一张草席，一个小包袱，外加身上穿的单衣服"。情境甚为凄凉。由于大量民众出洋，如今会文全镇人口中，有海外关系的占到80%；会文全镇人口为3.2万人，而海外乡亲和港澳台同胞却超过5万人，海外亲人分居在世界30多个国家和地区。

由乐会和琼东两县合并而成的琼海，情况也类似，海口市琼山区和万宁市的情况也基本如此。

当然，不可否认，也有一部分海南人是"受到率先移民者取得成功事例的激励"而到南洋实现发财梦的。因"既往之移民海外者，数年后或有携回巨额财产，夸示于乡党者：或有在海外拥资巨万，跻身豪商行列者。如此之所见所闻，刺激助长了乡间民众的功名逐利之心"。③因为希望总比现实会给人们更多的憧憬，虽然到南洋没有实现发财梦的大有人在，但有人发财的例子，还是给生活在水深火热之中的人们提供了一个改变苦难的机会。据日本人对南洋华侨的调查，"该等移民多数均为下层劳动者，但是经年力作勤俭，结果积蓄相当财产，成为殷商者亦有不少，即便不能获得意外之成功，他们在海外劳作若干年后回国，亦易于依靠劳动以外之生业，积存安度余生之资财。于是，既往之成功者诱招

---

① 陈铭枢总纂：《海南岛志》，海南出版社2004年版，第125页。
② 笔者之田野调查。
③ 王翔：《海南人移民东南亚的历史过程》，《海南师范学院学报》2001年第6期。

家乡之亲戚故旧，乡里无业者亦藉熟悉在外移民者之便而思移民海外，故海外移民人数遂呈连年增加之势。"①

即便如此，但"一般地说，琼州人南来的主要原因是在家乡生活太贫困，被天灾人祸（特别是战祸）迫得走投无路，不得不离乡背井"。②

（二）政治原因

逃避战火、匪患和动荡政局也是海南人下南洋的重要原因之一。南宋末年，元军进攻中原，南宋朝廷土崩瓦解，琼州是元军进攻的最后一站，元军大将阿尔哈雅率大军攻伐招顺，但琼州安抚使赵与珞率琼州军民坚守不降，宁死不屈，部分人被迫避难于南洋。明末清初情形大致类似。据《海外华人百科全书》记载："十七世纪末，满清政府统治中国。为了逃避异族统治阶级，明末遗老率领了两股移民潮，带来了一批广府人和海南人，移居金边。"③

此外，历史上，海南匪患严重，海寇抢劫财物，掳掠人口勒索，不能赎者，就被卖到国外充当奴隶干苦力。由此被掳之人留居当地，成为早期华侨。据史料记载，宋乾道七年（1171），占城人曾到琼州买马。"干道八年，占城复来买马，人徒甚盛，琼州不受。（占城人）怒归，肆行劫掠。淳熙二年（1175），诏帅臣张栻草书付琼筦司，谕以中国马自来不许出外界，令还所掠人口，自今不得生事。三拉，占城发回所掠人口，见（现）存83人……"④从此史料可看到，海南人被占城人劫掠在那里生活了4年之久。后经中国方面谕令警告，占城才送还83人。这些人是否为全部劫掠之人，令人生疑。南宋咸淳年间（1265—1274），海盗陈明甫、陈公发以崖州为基地，肆行于闽广及南洋一带，劫掠商旅，抢夺民财，"岁掠数百人入外番交易"。⑤这些被掳卖到外番之人，成为早期华

---

① 王翔：《海南人移民东南亚的历史过程》，《海南师范学院学报》2001年第6期。
② 韩山元：《琼州人南来沧桑史》，《新加坡琼州会馆庆祝成立一百三十五周年纪念特刊》，新加坡琼州会馆，1989年，第263—264页。
③ 潘翎主编：《海外华人百科全书》，三联书店1998年版，第144页。
④ 《正德琼台志》卷四十一。
⑤ 《正德琼台志》卷二十一。

侨。其中，有相当一部分为海南人。

到了明清两代，海南匪患依然猖獗。据康熙《文昌县志》记载，"明宣德八年，倭据清澜。""弘靖十八年，琉球贼蔡伯乌等出没东路。""嘉靖十八年，贼掠白延诸村。八月，贼掠铺前。""四十一年，贼入清澜港。四十三年，贼入铺前港。佛朗机番船二只泊港口，海贼攻之。番船桅折，内避。和（遂）深入，旁掠（符离）等村。四十五年，贼苏大犯深泥港。杀生员，掳其子材，大掠抱虎等处，掳数十八往外番。""隆庆元年，贼曾一本，何乔等掠罗顿、云楼等村，掳百余人。二年冬十月，贼犯木栏诸村。三年九月，贼林凤入清澜。时贼船十八艘。五年正月，贼掠木栏，掳百余人。二月，贼大至，掠铺前，掳百余人。三月，倭窃下场船遁去。""万历元年夏四月，海北道许孚远抚贼李茂。茂，琼山小林人也。幼被贼掳，鬻外番。后归海贼林容，为四奥主。与容掠东岸、涌潭等村，杀指挥陈曰然，容列，茂收余党，肆掠各州、县，势甚猖獗。后为高卓所挫，有降意，杀入清澜之倭而归。""二年，贼林凤大掠清澜。五月，凤驾百二十大船来入港，被害二千二百余人。六月八月，贼入清澜港，贼林道干驾大舶归自番，欲攻李茂。""顺治十七年春，贼掠海傍，龙门海邓耀余党入铺前港，顺风入清澜，劫去六舟。转掠坡琉、三家、舍（木庶）、沙港、迈陈、磨瓮、白峙等村，掳生员符建、符光东并王应鼎等家。""康熙元年，贼掠铺前港，海寇杨三数十艘至，掠五百余人。二年，贼入清澜港，二月，杨三复驾五巨舶入港劫米船。十二年，贼入铺前港。海寇杨二掠地蔡村，掳生员韩亨时全家及居民百余人。十九年，贼杨二、谢昌巢据铺前港。贼连艘百余，势甚猖獗，焚劫数百里，旁掠琼、澄、文三县。"① 又据民国《文昌县志》记载"嘉庆二年夏，贼张保仔寇铺前、清澜两港，抢劫村庄、商船，掳人勒赎。七年，海寇乌石二犯清澜。十年、十二年、十四，乌石二犯铜鼓、抱陵港、铺前港等地。""道光二十八年四月初六，海寇张十五驾船三十余只，肆掠清澜东岸。二十九年闰四月初四，海寇张十五、杨天等入铺前，劫炮台大炮十二位。初十，寇海口。五月十一，贼船九十余只复犯铺前，毁巡检司署，杀村

---

① 《康熙文昌县志》，海南出版社2004年版，第187—190页。

民一、市民一,商船皆被劫。……惟近海一带,北至新埠,南至后港,被害极惨。六月,贼复寇清澜东岸,掠港头等村,焚民房数所。""同治十年,海匪两(舟娄)入清澜,劫东郊墟联昌。同治二年,贼入清澜,劫新造在坞之船。""光绪二十六年,海寇入抱陵港。光绪三十三年夏,贼艘数只泊冯家港,焚掠墟村,势甚猖獗。光绪二十四年三月,贼舰入抱陵港,劫文教市。"① 据《崖州志》载:明嘉靖四十五年(1566)十二月,"贼何乔、林容等复犯崖州,突出大疍港,远近骚动。复攻抢驾村,杀伤甚众,掳数十人去。"又据《琼山县志》载:隆庆元年(1567)十二月,"海贼曾一本驾巨舰突入白沙,劫推官郑廷璋家及颜卢、颜浓等村,掳千余人,50里内,焚掠无遗。"隆庆三年(1569)闰六月,"贼林容、曾一本等在劫东岸涌潭村,……遂掠教官谢忠、生员林成、谢有坦等涌潭、陈村男妇200余人去。"被掳掠之人,大部分为穷人,家里无钱赎人,只有被卖到国外当苦力,被迫留居国外。

鸦片战争后,西方列强出于开发东南亚各地的需要,强迫腐败无能的清政府允许其在中国大量组织劳工出口,在早期,还有堂而皇之的招募形式,但很快就演化为"苦力贸易"。当时在海口就有十多间招工馆,专门从事"贩工出洋"之事。由于"苦力贸易"的惨无人道和契约华工在殖民地备受虐待,引起社会不满,但招工馆还是以花言巧语诱骗。"有的被招者家属,一旦发觉亲人将要远离,即到招工馆索人。但是被招者已为招工馆奸商'深藏密处,不使见面'。有的家属申诉于地方衙门,即使'禀准地方官照会领事,与之理论,辗转迟延,早被奸商将人逼送上船,驶去香港,转赴外洋,其奈之何。'被招者是不知道出洋的真实去处的,因为招工馆'各奸商未经贩工出洋之先,必探听何埠人价为最优,始定工人去向,其地方之甘苦则不问也。故从无预将实在去向泄露于人。'就这样,一批又一批的华工被诓骗贩运到国外。"②

近代以来,由于列强入侵而引发中国社会日益严重的民族危机和社会危机,海南人民与中国其他地方人民一道奋起反抗,参加各种反清活

---

① 《民国文昌县志》,海南出版社2004年版,第289—293页。
② 朱荣基:《光绪末期海口贩运华工出洋若干史实》,《历史档案》1984年第4期。

动,如清末出现的"三点会"。因反清受到迫害,许多"三点会"成员只好出洋避难。

民国初期,军阀混战,政局动荡,民不聊生。1913年,袁世凯任命龙济光为广东都督兼民政署长,龙济光以当时任琼崖镇守使邓铿(同盟会骨干)为革命重要分子为名,悬赏2万光洋缉拿,迫使邓铿弃职逃难日本。1914年3月29日,龙济光爪牙,琼崖绥靖督办陈世华秘密逮捕宣传革命的《琼岛日报》主编林文英和海口总商会会长陈家富,并于4月2日夜间将林文英杀害于府城。海南的革命力量处于袁世凯封建势力的迫害之中。1920年广东军阀邓本殷任琼崖善后处处长,率领两个团驻琼。1922年任高雷钦廉罗阳琼崖八属联军总指挥。据《儋县志》记载,1923年,邓军在马井南岸村一次就枪杀28名民众。1924年6月,嘉积镇美国传教士冯卓支被民军所杀,美国政府以保护侨民为借口,派出3艘军舰于海口港外游弋威吓,要求惩治凶手,邓以清乡为名惨杀180多名无辜民众。

军阀龙济光、沈鸿英(驻琼仅一年)、邓本殷治琼期间(1913—1926),海南反动势力猖獗,匪患严重,社会动荡。不少革命志士和普通民众,为避其锋芒,纷纷下南洋逃难。

曾任琼崖讨袁军总司令的文昌新桥山柚脚村的陈侠农,因愤于清廷统治,国势陵夷,百姓生活水深火热,非推翻清政府不足以图存,于是积极参加孙中山领导的辛亥革命。袁世凯篡夺革命胜利果实后,他又义无反顾地投身其中,被任命为琼崖讨袁军总司令。讨袁军奉命解散后,他应召北上赴京参加国会活动,1917年农历四月,被段祺瑞军阀政府以莫须有的"内乱械斗罪"残害。陈侠农被害后,白延地区的保皇势力勾结文昌县知事,逮捕了支持陈侠农讨袁军的地方开明绅士文昌中学国文教员文焕章先生,并以"暗设机关,为匪参谋"之罪加以杀害。保皇势力还引来龙济光部队围剿讨袁军余部,捕杀革命青年,致使白延地区的反清讨袁志士离乡背井,四方逃难。一部分人逃往南洋,或转入云南讲武堂,继续参加孙中山领导的民主革命。

陈侠农遇害后,两个儿子被昔日的革命战友带到马来亚抚养。长子从星洲师范学校毕业后,在南洋定居,现孙辈分别散居马来西亚、英国、澳大利亚等国。次子1925年回广州读书，不幸病故。

文焕章被害后，全家满门逃难南洋。为报国仇家恨，堂弟文朝籍和长子文鸿恩从新加坡回国，入云南讲武堂十二期；三子文华庙入黄埔海军学校，后赴法国陆军大学攻读，后来，叔侄三人均成为国民党的高级将领。文朝籍是集团军中将副司令，文鸿恩是中将师长，文华庙是少将副师长。①

1927年，国共合作破裂，"四·二二"事变后，在海南，国民党琼崖当局疯狂屠杀共产党人和革命志士，也祸及许多一般百姓。当时驻海南的国民党第四军十一师三十三团黄镇球部，在参谋长叶肇的指挥下，大肆实行白色恐怖，除了共产党人和革命志士外，还把大批十多岁的学生及教师当作过激分子抓捕。据时任该团二营营长的李洁之回忆："……我然后往海口市去访问一些朋友，听取社会舆论，多数认为黄司令（黄镇球时任琼崖警备司令——笔者注）对清党运动操之过急，没有经过调查，偏信一面之词，就乱拿人，受冤受屈的很多，并说那些共产党主要人物早就闻风逃遁了。"在李洁之接手审讯工作后，发现大部分被拘的人都有无辜之疑，经他之手将"男女二百一十多名于五天内陆续交保释放恢复自由了，那是五月十二日左右的事"。② 全琼被捕的共产党员和革命志士达2000余人，被杀有500余人。③ 在如此的白色恐怖背景下，大量民众出洋逃难，当年单从琼海关出洋的人数就达到历史最高纪录的48744人。

1937年，日本侵华战争爆发，尤其是8月13日日军向上海发起进攻，引起中国东南沿海居民的被迫内迁、南下，造成海南社会的恐慌和紧张，出洋以避战乱的人数迅速增加，由1936年的33000多人增至44000多人。1939年，日本侵略者的铁蹄踏上海南的土地。日军所到之处，奸淫掳掠，杀人放火，无恶不作，海南民众逃难达到高潮。有的搭乘帆船，直接逃往东南亚；有的经广州湾的西营赤坎等地，由琼侨总会救济帮助，逃到新加坡、马来西亚、泰国等国，光后者达到"五万之众"。

---

① 范运晞：《琼崖讨袁军总司令陈侠农》，载海南省政协文史资料委员会编《海南文史资料》第4辑，中国三环出版社1991年版，第40—51页。

② 李洁之：《琼崖地区"清党"的经过》，《广东文史资料》第40辑，第281页。

③ 中共海南省委党史研究室编：《琼崖大革命史料选编》（内部资料），第583页。

抗战胜利后，海南人民与全国人民一样仍不能过上安宁的日子。因为国民党政府为了打内战，采取抽壮丁和抓壮丁的办法扩充兵源，迫使不少海南青壮年逃往南洋。1946年6月，国民政府为了扩充兵源与共产党领导的武装力量打内战，由军政部颁布《兵役法修正案》，将原来"三丁抽一""五丁抽二"改为"三丁抽二""五丁抽三"，加上国民党军队连续打败仗，死伤者众，谁都不想当兵成炮灰。许多人只好背井离乡，逃往南洋。

（三）连带关系

通过血缘、宗亲、乡谊等结成的各种连带关系，也是海南人出洋的原因之一。像近代中国著名的宋氏家族奠基人宋耀如就是在14岁的时候，与表哥韩政准一道，远渡重洋，到印度尼西亚的爪哇岛投靠一个远房亲戚当学徒谋生。有些早期出洋人，经过多年奋斗，稍有积蓄，站稳脚跟后，就回家乡将亲戚、乡里带出谋生。1679年前后，"一个名叫莫玖的年轻爱国者，从海南岛到柬埔寨来。他在军中迅速窜起，做了沿岸地区的行政长官，招引了许多海南人南来，建立了沿海重镇的河仙商港。"①文昌县南阳乡乐城村的36户出洋人家中，通过此种关系出洋者占了绝大部分。他们首先到了新加坡，在乡里、亲戚的帮助下，适应南洋社会生活后，再散居到其他地方。马来西亚吉隆坡火车站的饮食业"非白延林姓不得经营"，就带有明显的宗亲因素。而泰国的火锯、火砻多为文昌人经营，亦为如此。据美籍华人学者韩铣丰对沙巴（北婆罗州）琼侨所作的调查，在为何选择沙巴而非其他地区的问题时，被访问的114名海南乡亲中，有80%认为是由于"亲属关系"。可见，出洋华侨聚居于某地的集中现象，主要是基于血缘关系和地缘关系的基础上形成的。②

（四）留学原因

历史上，海南东北部就是一个重视教育、崇尚文化之地。"乡里数十

---

① 潘翎主编：《海外华人百科全书》，三联书店1998年版，第145页。
② 王桢华主编：《琼海市华侨志》，中国文联出版社2007年版，第17页。

家便有学塾，弦诵之声相闻。"① 靠读书改变命运是社会民众的一个基本共识，多少家庭勒紧裤腰带，省吃俭用，也要供子女读书，以求改变家庭命运；多少少年克服重重困难，凿壁偷光，也要读书识字，以求改变自己命运，读书蔚然成风。不少人由留学而留居海外，成为华侨。这种情况在新中国成立后，尤其是改革开放后，更是普遍。他们通过公费或自费的方式出国留学，学成后，一部分人就留在外国就业，从事科技、文化教育等具有相当知识含量的工作。他们有的在当地成家立业，有的携带眷属同行。而侨居在世界各地的海南华侨，秉承其先辈崇尚文化的传统，重视子女的教育，使许多后代得到了良好的受教育机会，他们或在本国接受高等教育，或到其他国家接受高等教育。学有一技之长后，为了寻找更好的个人发展空间，散居到世界各地。有的华侨一家几口，就生活在几个国家，甚至拥有不同国家的国籍。海南华侨能分布在世界60多个国家和地区，与通过留学方式形成的移民现象密切相关。

---

① 咸丰《文昌县志》，海南出版社2004年版，第51页。

客家人主动移民海外的历史实践

——以东马沙巴及沙捞越为例

周云水[*]

在东南亚地区，庇护主义长期影响本地历史发展。早期传统社会曼荼罗体制内含的庇护主义特征使个人主义恩庇关系在本地社会关系及资源分配中起主导作用。长达数世纪的西方殖民统治并未减少本地社会庇护关系的影响，而具有强大适应统合能力的庇护传统反而与西式民主等现代政治方式结合，演化为新的庇护政党政治，深刻影响了独立后东南亚各国，特别是泰国、菲律宾、印度尼西亚这几个国家的政治经济发展和华人群体。

一 客家人迁居沙捞越的历程

沙捞越地处婆罗州岛的西北部。沙捞越的南部及西部与印度尼西亚西为邻，北部是文莱苏丹国，东北部是沙巴邦（前名北婆罗州）。沙捞越原是英国殖民地。1963 年联合北婆罗州，新加坡与马来亚联合邦，共组成马来西亚联合邦。沙捞越是马来西亚联合邦最大的一个邦，面积相当于联合邦的一半，达 124450 平方千米，人口却仅有 270 多万人。华人是沙捞越五大主要民族之一，散居各地，人口约 65 万，占沙捞越人口的

---

[*] 周云水，广东省嘉应学院客家研究院副研究员。

24%。华族中，以福州人的人口最多，约18万多；其次是客家人，约17万名。其他福律人居第三位。

沙捞越的客家人，原来分为五属，现在则由六属组成，即河婆、嘉应、大埔、惠东安、会宁及龙川；其中以河婆属的人口最多。[①] 龙川的人口最少，且只居住在美里。西婆客家矿工，一批先到石隆门开采金矿，另一批则到英吉利里（Engkilili）附近的马鹿（Marup）。几千名矿工的到来，不但推动沙捞越的经济发展，开拓沙捞越的乡镇，也促进沙捞越的农业发展，为白拉者王朝，提供了丰硕的经济收益。客家人通过三条路线迁居沙捞越：一从中国来；二从荷属西婆转来；三从星马与北婆罗州迁移讨来。

（一）直接从中国迁入的客家人

客家人从中国迁居沙捞越，有三种方式：一是自己移居；二是由私人公司聘请或同乡邀约而来；三是应沙捞越政府招聘而来。

1. 主动移居

自己从中国移居沙捞越的人数，无法统计，一部分是19世纪来到沙捞越定居，另一部分是于20世纪上半叶迁来。少数客家人较早移居沙捞越，也有部分在第二次世界大战后才移居沙捞越。他们是因为沙捞越有亲戚或受朋友邀约而迁居。以下举几个例子。

惠东安属客家人房华兰，广东东莞县新塘村人，于19世纪80年代移居沙捞越的古晋。房氏的孙子房官麟[②]回忆说，他的祖父于19世纪80年代就与一批同乡移居沙捞越。河婆属客家人杨兴报于1896年从揭西河婆上寮移居沙捞越的石隆门，时年16岁。他的两个兄弟稍后也迁居沙捞越。

大埔属客家人蓝俊人，于1900年在古晋亚答街开设药材店。蓝公当于更早时期，18世纪来到古晋。而另一名大埔人蓝如晏，于1892年在古晋出生。其父先到新加坡，并在新加坡做生意，业务伸延到古晋。两地

---

① 杨谦俊：《客家人迁徙沙捞越的历史》，载《客家人的历史和社团》，马来西亚沙捞越客属公会，2015年，第89—112页。

② 房官麟于1914年在古晋出生，2004年逝世，享年90岁。

都有家。另一名大埔人黄荣谦，广东石云区大埔角下石圳乡人，1859年出生，19岁到新加坡，20多岁到古晋。

河婆属客家人蔡家慢，生于1854年，1877年离开家乡，1880年到沙捞越，在古晋七里附近的甘密园工作，随后到石角地区种胡椒而致富。

2. 私人公司聘请或同乡邀约下移居

房华兰于19世纪80年代移居沙捞越后，受到当时沙捞越著名福建籍商人兼侨长王长水的鼓励，同时因为拉者政府开发沙捞越的优惠条件，即返回家乡，邀约同乡朋友等数十人，到沙捞越参加农业垦殖工作。他们大多数姓房。

他们的垦殖区就在古晋老机场附近。他们将垦殖区命名为房福山，以纪念房华兰带领惠东安人到沙捞越垦荒之功劳。

广东省广宁县望族江峰琴，听闻广东人邓恭叔回乡招募人到沙捞越诗巫（Sibu）垦荒，即通过关系，加入招募队伍。他随即在家乡及四会、清远招得农工29人，又通过哥哥在番禺、东莞、从化与清远招得160人，于1902年10月到达诗巫，在南兰（Lanang）地区展开垦荒，种植稻谷与蔬菜。这批会宁属客家人，不熟悉垦荒，第一年的垦荒宣告失败。1903年，江峰琴到沙濂（Salim）垦荒，结果取得丰硕的收获。1903年，江峰琴又从中国招募144名广宁属客家人到诗巫垦荒。1904年，共率领49名会宁人到沙濂种植胡椒。1905年，因劳工短缺，江峰琴又回乡招募工人，招得41人，到沙濂垦场。江峰琴前后共招募675名会宁客家人到沙捞越拉让江流域垦荒。

广东省普宁县大池人杨扣，于1912年到沙捞越石隆门（Bau），从事种植胡椒与承包胡椒园垦荒工作。1923年，时28岁，迁居美里（Miri），从事承包政府与油田基建工程。1927年杨扣承包建造一条长24里的道路。由于没有机械，工程由人工开展，工程艰巨。杨扣为此到广东招募河婆属客家人及其他属工人，在6个月内完成工程，甚获油田公司的赞赏。1932年杨扣到石山（Batu Niah）开辟石场与木板厂，他率领一批客家人，尤其是姓杨的，迁移到石山工作。1937年，杨扣承建美里罗东（Lutong）机场道路，需要大量劳工，杨扣到揭西招募大批河婆属客家人来美里工作。

3. 应沙捞越政府聘请到沙捞越

沙捞越第二代拉者（国王）查尔斯·布洛克（Rajah Charles Brooke）于1852年到伦乐（Lundu）视察时，发现当地的华人善用土地开发农业，他认定华人是一个优秀勤劳的民族，沙捞越的开发需要依靠这群人的劳力与苦干。他接任沙捞越拉者王位后，就拟定鼓励华人参与农业开发的策略。1857年石隆门华工起义反抗政府后，拉者政府改从印度招聘印度人来沙捞越工作。但是，这些印度劳工无意在沙捞越定居，聘约期满后，都返回了印度，无法解决沙捞越劳工短缺的问题。拉者政府别无他法，只好重新招徕华人。

（1）颁布条例鼓励华人到沙捞越垦荒。拉者政府提出优厚的奖励条件，鼓励华人来沙捞越垦荒。沙捞越政府还在新加坡设立特别办事处，处理华人移民与招聘华人到沙捞越的事务。1863年6月，当时代掌理沙捞越政务的查尔斯·布洛克，颁发一项分发土地的条例，鼓励华人参与农业发展。

1871年1月，查尔斯·布洛克正式担任沙捞越拉者后，又颁布分发土地的条例，鼓励华人种植胡椒、甘密、咖啡、树胶及蔬菜等。新条规列明，政府将无人拥有的土地分发给申请人，一年一亩的租金是一元，地契的期限是900年。申请人务必在10年内种植相关农作物与建造房屋，否则，政府会收回土地。1874年4月，查尔斯颁布特别条例，招聘华人到沙捞越垦荒。条例主要内容为："免费发给土地，面积不限。胡椒与甘密的出口，头六年免税。六年内，胡椒园与甘密园，享有免税的食盐与烟草供应。"

1875年12月，拉者政府再颁布一项新条例，提供非常优厚的奖励，鼓励华人到沙捞越开发农业。优待办法包括："政府分割土地给华人，每块地契期限99年，供种植胡椒与甘密；提供从新加坡到古晋的免费船位；除了鸦片与酒外，其他货品一律免税，为期六年；胡椒与甘密享有四年的免税出口。之后，每担胡椒缴出口税二角；甘密则每担一角。"

除政府直接协助种植的胡椒与甘密外，政府也鼓励私人种植胡椒与甘密，并给予12年的出口免税优惠。拉者政府还联合商人，派出货轮，定期往来于沙捞越与中国港口，为到沙捞越参加土地开垦的华人提供免费的膳食与船票。拉者政府的优厚奖励颁发后，引起强烈反应。华人尤其是中国与星马的客家人纷纷涌入，开发沙捞越的土地。

(2) 通过中介与政府签约输入惠东安属客家人。政府的特别奖励，首先引起房华兰与江贵恩的兴趣。他们与拉者政府签订协议，要从中国运入一批惠东安农民，参与沙捞越的农业发展。第一批惠东安移民于1898年下半年抵达沙捞越古晋，共50户人家。拉者政府拨出坐落于盐柴港（Sungei Maong）150亩的土地，供他们种植稻谷。政府提供他们建造房屋的材料，也给他们生活资助，希望他们能够安居乐业，长住久安。拉者政府还在近处建造一座碾米厂，供他们碾轧稻谷。

惠东安属移民，后来种植蔬菜，拉者政府特别在市区的河边，建造一座菜市场，供惠东安客家人售卖蔬菜等农产品。惠东安属客家人在古晋地区开发了沙捞越第一个垦场——客家新安人垦场。第二批惠东安属客家人，共160人，于1902年到达古晋，加入垦场的工作。

此后，有越来越多的惠东安属客家人迁移到沙捞越。他们的垦场从古晋青草路的盐柴港，一直延伸到三里外的石角路、五里八港路、七里下港、八里长楠，古晋西连路十里到十二里及马当路一带。

(二) 从西婆迁入的客家人

客家人18世纪初就移居西婆（West Borneo），开采那里的金矿，其中之一是罗芳伯，后来有刘世邦（又名刘善邦）。罗芳伯邀聚约百名亲戚与朋友，于1772年抵达西婆坤甸（Pontianak）。1776年西婆14家公司组成大港公司。1777年罗芳伯联合其他金矿公司，组成以嘉应属客家人为主，大埔属与河婆属为次的兰芳大总制，由他担任首长，名为大唐总长。他于1795年逝世。

兰芳公司属下有两万多名客家矿工，也有部分从事农业及商业活动。在荷兰以武力对付兰芳大总制及其他大金矿公司后，加上金矿公司间的纠纷，许多客家矿工纷纷逃离坤甸与三发（Sambas），越境到沙捞越。第一批客属矿工应是在1820年之前，从西婆进入沙捞越，在武梭（Buso）与新尧湾（Siniawan）地区，开采锑矿，并在1820年年初运销新加坡。

1. 刘世邦另辟天地

刘世邦于 1820 年离开广东省陆丰县罗庚村的家乡,到西婆坤甸,加入罗芳伯的兰芳大总制,从事采金工作。1830 年,面对内忧外患,刘世邦率领约 3000 名矿工及家属,主要是嘉应属、大埔属及河婆属客家人,越境到沙捞越。他们先到边区的新山(Pangkalan Tebang)开采黄金。由于产量不多,而转移到数十里外的石隆门帽山,开采金矿。到 1840 年,石隆门矿区的人口已达 4000 人。1839 年,当詹姆斯到沙捞越河上游视察时,他发现石隆门地区有华人矿工三四千人。

2. 黄际率众到马鹿

1806 年前后,广东揭西县河婆马头村出生的黄际率领一批亲友到西婆三发淘金,后在大港公司任总爷,1850 年与荷兰军发生冲突后,率领一批客家矿工进入沙捞越的南部。第一批 8 人,从三发转到打必禄(Tebiluk),再转到英吉利里,最后到达马鹿。第二批近 500 人,从鲁勃安都(Lubok Antu)迁入,再到马鹿,时约 1856 年。黄际到马鹿时,已是中年人。他的人马在马鹿找到矿苗,黄际成立十五分公司,自任首脑,领导原大港公司的客家矿工,在马鹿开采黄金。

3. 黄连怀率众到石隆门

当时没有跟黄际到马鹿开采黄金的大港公司首领黄连怀,于 1854 年率领部属到石隆门,加入刘世邦领导的十二公司。他没有参加 1857 年的华工武装起义。他离开石隆门,到原第二省的龙牙(Linga)开了一间杂货店。19 世纪 60 年代,黄连怀返回石隆门,居住在距离石隆门数里外的砂南坡(Serambu),于 19 世纪 70 年代逝世。

4. 客家人第二批次移民石隆门[①]

1857 年石隆门客家矿工起义,企图武装推翻拉者政府失败后,逃离沙捞越,进入西婆。石隆门的采金业即告荒废。多年后(约在 1867 年前后)客家人才慢慢迁回石隆门,接着就有更多客家人由三发等地移入,

---

[①] 汪文振撰文说:1840—1850 年,由于大港公司与三条沟公司间的纠纷,导致近万名矿工逃离三发等地区,大约有 4000 人,主要是客家人,投靠石隆门刘世邦领导的十二公司。其时,石隆门的华族人口达到近万人。

此是客家人第二批次移居石隆门，恢复石隆门的黄金开采业，也让石隆门恢复兴旺。

（三）从星马与北婆罗州迁入

很多客家人先迁移到星马与北婆罗州（North Borneo），然后转到沙捞越。

1. 沙捞越在新加坡设立招募站

自1876年起，沙捞越每年从新加坡运入150—200名的华人劳工。这个数目仍然无法解决沙捞越面对的劳工短缺。因此，拉者政府在新加坡设立代理机构，负责招募与处理移民的工作。在政府鼓励下，私人公司与慕娘公司组织星砂船务公司（Singapore Sarawak Steamship Company），政府则为移民提供免费船票，以吸引华人劳工到沙捞越。因此，从1880年后，有大批劳工到沙捞越，其中大部分是客家人。

2. 慕娘公司从新加坡运入大批劳工

汪文振在关于沙捞越早期的华族移民的文章中说：1870—1889年，新加坡成为沙捞越劳工的主要供应地。1869年慕娘公司得到拉者政府的同意，从新加坡移入2000名华人劳工。1887—1914年28年间，新加坡为沙捞越提供7602名劳工，其中包括21名儿童、48名妇女与7533名男子，当中很多是客家人。其中1898年共有1127名劳工进入沙捞越，主要是拉者政府招聘淡米尔劳工，在马当（Matang）种植咖啡、茶叶与烟草。

3. 江贵恩从北婆罗州移民沙捞越

1898年应沙捞越白拉者的邀请，巴色教会牧师江贵恩[①]与拉者政府订立合约，连同同乡房华兰回乡，招聘惠东安农民到沙捞越开荒垦殖。1905年应教友要求，他在古晋市区开设一间售卖基督教华文书籍的书店，名为启明书报社。1907年设立华人协会，鼓吹革命思想。1909年白拉者以鼓吹革命活动，将其驱逐出境。他离境前，已将书报社改名为启明社。1913年，得到沙捞越圣公会的协助，他返回沙捞越，同年被晋升为古晋

---

① 江贵恩，在广东省东莞李朗村出生。1883年随德国巴色教会黎力基牧师率领100名客家教徒，到北婆罗州的古达垦荒，数年后迁居沙捞越古晋。

圣公会传教师。1913年9月出版《新闻启明星期报》，宣扬革命思想，报谍孙中山的革命活动。出版不到一个月，就被拉者政府查封。他先前成立的启明社也被查封。1918年江贵恩晋升为牧师。1935年返回中国，到海南岛参与当地的扶贫工作。于1944年逝世。

4. 房氏家族从马来亚迁居沙捞越

房春泉1920年在古晋石隆门路中段八里的长楠出生。他的爸爸房进喜，早年从中国迁居马来亚的霹雳。一些年后，再移居沙捞越。长楠地区当时有20户人家，一半的居民姓房。当时，是房进喜邀约一批亲戚朋友，向土地局申请在长楠开发土地，种植树胶及其他农作物。土地局批准申请，地税是一亩一元。每个人凭能力，能够开发多大，就批给多大，并以山丘与河流为界。

（四）沙捞越境内迁移

1900年年初，许多原来居住在石隆门、古晋及西婆的客家人，迁居到英吉利里近处的红水港、西冷熬、武光等地发展农业，主要是种植胡椒。这个时期，也有许多原来居住在石隆门的客家人，尤其是河婆属，迁移到美里与石山（包括笔者的许多亲戚）。沙捞越政局动荡的20世纪60年代，许多会宁属客家人，从沙捞越的中部大批向北部迁移，包括明都鲁、美里、林梦及南部的古晋等地。

二 客家人迁居沙巴州的历程

客家人迁入沙巴州亚庇附近的夏南南、孟家达、德里福的历程，可以通过历史文物及文献来印证，尤其是政府颁发的契约文书。[①]

现存两个版本的移民契约：原先的版本是渣打公司政府的公文，移民社团则另有自己的华文版本。渣打公司政府的首个原版是打字机稿件，名为"拟议中透过巴色差会移民华人垦殖民的语录"。它是总督的公文，

[①] 张德来编著：《沙巴的客家移民实验：客家人南来夏南南、孟家达、德里福开埠九十周年纪念特辑》，亚庇：沙巴神学院，2007年，第28—50页。

总督于 1912 年 11 月 30 日提呈公司主席审阅。委士·黎则伟（West Ridgeway）主导的渣打公司的董事部做出首肯。公司主席黎则伟 1913 年初巡视沙巴。抵达时，他与施灵光（Paul Schuele）会面并筹备客家华人举家移民及垦殖的事宜。① 公文也以印刷的版本面世，便于吸引分派有兴趣的准移民。② 这份历史文件是渣打公司政府与巴色差会驻北婆罗州的首席宣教士施灵光谈判的成果。这份契约是在 1912 年 11 月敲定的。其全文如下：

  1. Ten acres of land to be granted to each family; this area to be increased if the leasee can show that he is able to cultivate any excess of this area. Such excess to be granted on the same terms as the original grant.

  2. Terms of grant to be one dollar per acre premium with a yearly quit rent of 50 cents per acre-no quit rent to be charged for the first two years.

  3. The government to give assisted passages to Borneo, and if necessary some small financial assistance on arrival. Such advances to remain as a charge on the land and no permanent title to the settlers to be given until such advances have all been repaid. Financial arrangements at Hong Kong to be made through the Basel Mission. It is understood that the mission would only advance funds to those who were in actual need of money, and when possible the immigrants would pay their own expenses.

  4. Government would guarantee to find the immigrants some temporary accommodation on arrival here, and to allocate lots of lands in advance against the arrival of the settlers.

  5. It is understood that the settlers would cultivate at least one half of their holdings with padi or some permanent crop such as coconut, coffee, pepper and other, the government to supply seeds in the first instance and

---

  ① 政府秘书 1913 年 1 月 1 日与 3 日致代总督的书信证实了这份电报，电报提到拟议中的施灵光—黎则伟会面和拟议中的华人移民的筹备。参见伦敦公众记录署 CO874/736 档案匣。

  ② 这两份文件均收存在 CO874/746 档案匣。

give advice as regards planting.

6. If necessary, the government will advance to the immigrant food supplies for six months.

7. Each family would consist of from 4 to 8 people.

8. The government to give the mission free grants for a reasonable area for churches, cemeteries and schools and a grant in aid towards the upkeep of the latter.

9. The government to provide attaps, tools and others, if necessary for the settlers on arrival, the cost to be charged against their land if they are unable to pay at the time.

Each batch of settlers (say ten or twelve families) to be allowed to pick from relatives already in British North Borneo-one of their own clan who can speak English and Malay (or at least Malay) to settle down with them on same terms and conditions.

华文的版本出自客家移民族群本身。1912年11月17日，总督接见了香港巴色差会遣派来的4名客家先遣人员。施灵光也出席了该次会见。该次会见进一步商议施灵光和总督在较早前所拟定的条件。总督报告谓造访者彻底地明白了所有的条件，因此，可以认为各位同意并敲定有关条件并签订有关契约。该4名先遣人员极可能自发地制作华文版本，旨在充作资讯，惠益香港及中国大陆的同胞。推测其中最少一人是华人学者，因此可以在施灵光及当地华人翻译员的协助下将契约译成华文版本。他们的译本于1912年12月19日于亚庇获得英属北婆罗州政府的盖章及总督的签字认可。

其他的复本亦有印上英属北婆罗州政府的盖章，并由助理政府秘书1912年12月19日签署。这些副本有附加的题词：原件经由英属北婆罗州政府的执行官员F. W. Fraser总督大人签署。这些版式的副本主要是贴上布告板当报告广播用途。

这份副本的全文抄录如下:①

吧式会②代理北般鸟③政府广招华人辟地种植者。凡来领地种植之人，每家口王家④允给十意结⑤之地，每意结即华地六亩。该家口能辟地多耕者王家再给多地俾其耕植，所加之地俱照十意结之规章办理。每意结地价银壹元，每意结每年应纳王家地租银五毫，如第一、二年免纳地租。凡来领地种植之人，王家允先借给船租至北般鸟。如到埠之后有缺费用者，王家允先给借多少备用之。其先借用之项入于领地之项计之俟。至该借项完清之后，允发给地契，以领实地权利。其银项由香港吧式会司理吧式会所给借系缺费之人，如有力者务须自理。

凡来领地种植之人，抵埠之后由王家设有寓所，渐俾居住然后划地给其领耕。凡来领地种植之人，领到王家所给之地，至少应有一半种椰枳架韮胡椒等件。初植之种子树苗，由王家备给用之，其种植之法由王家自能教导。倘若用者王家允给出伙食之阅月。每家口由四人至八人为一家口之役。王家允给出地方足备送与吧式会建礼堂学堂及墓地之用，该学堂之经费王家允给多少帮助应用。

凡来领地种植之人，初到时倘若自己不能置买亚答家私等物，王家允先给出借用此项登归领地款内计之。凡来领地种植之人，每帮如有十家口至十二家口，允望推举华侨久住北般鸟同籍者一人或谙英语或谙马拉语者为代表通事，望人王家允一生与初来领地种植者一体应有之权利。

大英壹仟玖佰壹十贰年十贰月拾号北般鸟政府××⑥

---

① 此文献的写作方式乃古式行文，由曾国孚长老及孔祥民牧师协助辨识。
② 巴色会。
③ Borneo 英文名。
④ 政府。
⑤ 英亩。
⑥ 有两字损伤不能辨识。

这两个版本存在下列差异：第三条文中，船租乃一项预支，英文版则是盘缠资助。在渣打公司政府的其他措施中，采用的是免费通行证计划；但是这里便不适用了，移民必须偿还此预支。香港巴色差会司理这一切借贷，而英文版本则有制约巴色差会在香港的财务安排。巴色差会只可给绝对需要资助的对象预支经费，而移民者尽可能自己支付经费。

第四条文中，政府保证移民在抵达时有暂时的住宿，并在垦殖民抵达前分配好地段。第五条文中，英文版本有稻米或一些永久作物的字样。

最大的差异出现在第十条文。华文版本太注重推举代表作通译，因而完全忽略移民可选择在相同条件下与已定居的垦殖民亲戚居住一起的权利。

夏南南、孟家达、德里福的移民社团也并非默默无闻之辈。这群人的背景、奋斗和各种移植策划的琐琐碎碎都大大彰显浓厚的人情味。此事一定令人关注因此值得上报。下列是一则有关该社团最早的报道。《英属北婆罗州先锋报》(British North Borneo Herald) 是英属北婆罗州渣打公司的官方报纸。因此，它有官方的背景并反映政府的立场。显然，政府对这移民社团充满期望。该报道非常正面地描述客家移民的登陆，并指出他们丝毫未干扰当地的社会结构。除了早期移民的生活，有关报道也阐明该地的周遭环境及社团情境。

和平占据英属北婆罗州[①]

英属北婆罗州会发展进步，继而从无名的状态兴起，并在远东的普遍前进中占据一席地位。前一次的人口统计显示此前十年的人口增长是稳健的，但主要是苦力阶层的移民，他们是橡胶及烟草园的劳工需求吸引而来的。无论如何，这片领土需要另一类更好的移民。北婆罗州根本是一个农业国家。虽然大部分的土人耕种谋生，他们却受到热带的懒散诅咒，满足于世世代代风俗所雕刻出来的糟沟里生活。一个典型的杜顺、巴夭或巫律人是没有抱负，又没有主动能力的。多年来欧洲人与华人的冲劲活力呈现，他都无动于衷。

---

① 《英属北婆罗州先锋报》，1913年5月16日。

他没有丝毫发奋振作谋求福利的欲望。任何使他摆脱懒散泥沼的尝试，他都认为是冤枉的，而他亦毫不犹豫地申冤。如果婆罗州要迈进商战的前线，政府从经验领悟，不得依靠土人。那里都是荒废的土地。这沉没的资产正等待乐意的手，能够转变这片荒地果实叠叠的源头的手。

政府应该去那里招募外国人口呢？只有中国。华南人具备世世代代发奋图强、逆境求生的传统。在上亿的人口中，只有一小撮人富甲一方，绝大部分是在我们很难想象的贫困中挣扎。我们已提供这些挣扎的农民不是打工仔的不测前途，而是土地拥有者的自主。当英属北婆罗州公司主席委士·黎则伟爵士1911年巡视这个国家时便开始认真讨论移民的课题。在其首次与随后今年初做出的巡视的期间，他的计划逐渐落实，并在最有利不过的条件下引进了园艺人。1912年，政府主动邀请一队华人前来访问北婆罗州，并安排他们亲眼看看自己的同胞将受邀定居的土地。这些人对那些已经作实验的同胞的情况留下深刻的印象。他们的菜园是我们市镇郊区的主要特色，他们不断增长的繁荣氛围肯定使他们不再质疑政府真正的企图或在如此富有的国家定居的智慧。好几个月来我们没有听到该拜访队的实质进展并以为可能不会有任何结果。但是，现在可以说他们已启动了占据。拓荒先锋已领到土地，并可以见到他们在亚庇几哩外的田园清芭，栽种了首批的秧苗。

首批的移民在夏南南村附近风景宜人的山谷获分配素质最上乘的土地。他们很容易以陆路及河道通往亚庇，路途只在五至十哩之间。每家获得十亩土地，低洼的地带适宜种稻米，而高地是种植水果及蔬菜。政府出资建造舒适的房子提供他们宽裕的住宿，而在抵达时，也即刻分配他们种子、秧苗及耕具等。这山谷总共安置了26家。其实它可容纳50家而达到开发500亩肥沃土地的目标；这里世世代代以来大部分是野草及森林，没有出息之地。不久将来，这垦殖区将铺建一条碎石路把偏僻的菜园与亚庇联系起来，俾便垦殖区可以容易通往该埠的市场。这批幸福的人只是不会满足。他们烦扰县官，县官有求必应，骄阳下耐心地聆听他们投诉及要求，逐渐克服一切困难。地段分配自然引起琐碎的嫉妒，致使这垦殖区极似一种成人幼稚园，幸好在勤劳工作的灌输及当局稳定的领导下，困难已经逐件消失。我们曾亲自巡视这拓荒垦殖区，并聆听垦殖民所要表达的，在众多投诉中，我们发现只是芝麻绿豆的小事，而在各个菜园里，我们看见男女老少在烈日当空下忙碌。在其他的日子里又听不到半点牢骚，我们确信比赛将塑造健康的竞争，致使每一家争取超越邻居。

我们从来没有怀疑这实验将是很大的成功。沿着铁路有着大片类似的土地。种稻达致米产自供自足是移民其中之一的主要宗旨。如果政府最终成功增加本土的供米，他们将会得到想象不到的收获。我们期望从这项土地发展得到的结果是务农的土人将会受到激励而振作起来，继而渐渐从自由任性的习惯里浮出来，并积极与外来人竞争。

关于地契的谈判两方是英属北婆罗州政府和巴色差会。巴色差会固有的议程是传播基督教信仰。关于这一点，它必须拥有基地。在尝试争取优惠的同时，巴色差会也随机提出免费土地割让的要求，俾便兴建教堂、校舍、坟场等设备。这些设备具备长远的意义。各家族的田园配额已足够确保移民会服膺于治理当局。这附加的设备的功用是凝聚并团结家族单位，达致加强并巩固网络使它成为牢固的族群实体。有关社会因而更加稳定，更充满活力。

除了是宗教中心外，教堂也是族群中心。它满足各种社交及精神的需要。坟场收容离世的群众。有了它，便有利移民团体接纳新天地为家园。坟地是移民选择永久居留的条件之一。具备活人与死人平行存在的社团肯定促进其成员效忠，长久附属母体。学校是塑造未来的机构。它提供教育确保生气勃勃、精锐、适应力强的社团永远进步，精益求精。既有辛勤耐劳的人力资源，这英属北婆罗州的华人移民工程具备了一切成功的因素。分配予巴色差会的土地大都是在移民1913年抵达当时进行割让的。它们排列如下表所示。

地契号码	原先号码	土地用途	亩数	割让日期	分发日期
L. 2214	P. L. 569	教堂、校舍、宿舍、坟场	2.9	1913 年 10 月	1927 年 3 月
L. 2215	P. L. 570	未指定	15.11	1913 年 10 月	1927 年 3 月
L. 2093	W. C. C. L. 2162	坟场	2	—	1934 年 12 月
L. 6350	W. C. C. L. 2162	未指定	3.14	1924 年	1935 年

这四块地段都是斗亚兰路边互相连接的地皮。原本由施灵光申请到的三份临时地契，在发展后便都转换成永久地契。P. L. 569 与 P. L. 570 分别转变为 L. 2214 与 L. 2215，W. C. C. L. 2162 是 1924 年割让出来的，并且在较后时经过细分而转变为 L. 2093 及 L. 6350。在土地用途方面，L. 2214 建造了一座教堂、校舍及牧师楼，L. 2215 则容纳了一间学校及橡胶园。L. 2093 转变了用途，并于 1933 年在埋葬执照 46 号之下被颁布充作坟场。[①] L. 6350 则发展为橡胶园，现今，它已被铲平并出租做商业及工业用途。1985 年，政府征用 L. 6350 之 0.23 亩的土地，用于扩充斗亚兰路。

现存义山中墓碑上的文字，提供了当时老、中、青、幼一齐移民的实证。这些墓碑可供证明这移民社团是名副其实的永久垦殖民。拓荒团比较上并非资源丰富，因此墓碑是粗劣的，因而在碑文资讯方面不如现今的墓碑那么讲究。其格式大致上雷同，都显示死者的籍贯。最早一批的死者中，大部分来自五华县。其他则是龙川及惠阳。几乎所有碑文都不注明辞世及举殡日期。有趣的现象是，早期的墓碑注明立碑而非埋葬年。最早是 1922 年的碑石。因此，这坟场是在这年以前便启用了。李达华与一位名为锺虔奉的妇女的碑石都写明是 1922 年。如果他们老年寿终，其碑石就显示移民社团的组合里有老年人。其中的例外是张有可。儿童的碑文写明其生辰及死亡年代，分别是 1923 年及 1927 年。这社团里其中一位族长，李福光与母亲徐孝安的碑石是 1937 年立的。它标志着客家人举家迁移垦殖这里，李氏离世时，其家族极可能在沙巴已繁衍至第四代了。六个碑石都在近距离埋葬，看来是一家兄弟姐妹。男的是张景芸、景育、景光及景枚而女的则是景友及景莲，一律写明时间为 1938 年。

---

① 原本的地契 W. C. C. L. 2162 并非分配充作坟场用途。

面对新时局的中东欧华人探讨
——青田人的困境与契机

（中国台湾）郑得兴[*]

一 前言

欧洲华人大多数是浙江移民，其中又以青田人为主要组成，但过去二三十年来欧洲华人的社群结构、社会网络、族群特性几乎没有太大变化，其教育程度、文化水平、社会融合、工作种类、生活品位等，尽管一、二代间存在差异，然而整体而言，其基本结构变化不大。中东欧浙江移民迁徙时较其他欧洲地区更晚，移民社会处境也更为不利，中东欧在地社会对华人的刻板印象仍普遍存在偏执与僵化。不过，自从2012年中国与中东欧16个国家签订"16+1"合作，并在2013年往后形成的"一带一路"倡议下，中东欧转身成为中国最受关注的区域之一，中国领导人纷沓而至，中国商业银行趋之若鹜，中国国有企业接踵而来，大陆高校及教研机构等地开始广设"中东欧研究中心"，波兰文成为热门的小语种，布拉格成为火红旅游景点，双布间的高铁（布加勒斯特与布达佩斯）成为新闻热点。欧洲华人与其他区域华人比较，相对封闭，尤其中东欧华人更是如此，他们有高度的华人文化认同，但却有低度的移民社会融合。由于中东欧华人族群特性及集体自尊（collective esteem）使然，华人经常自限于圈内而走不出

---

[*] 郑得兴，台北东吴大学社会学系副教授。

去，少与在地互动与在地融合，因此中东欧华人对于在地社会的社群影响力相当有限。如今"16+1"合作及"一带一路"倡议打开了新局面，中国过去从未有过对中东欧地区国家的重要政策，如今中东欧成为"一带一路"的重要节点，受到中国的重视。中东欧华人（本文以青田人为个案）在今日时代变局中，应如何把握历史契机，笔者认为现在是重要时刻，本文提出几点看法加以讨论，希望有助于海外华人社群能够掌握更多发展的机会。本文并非全然学术，不过却是笔者花了心思的观察与见解，希望有助于形成议论与启发未来发展。[①]

二 应从强调经济资本，转向到文化资本

法国学者布赫迪厄以经济范畴概念的资本建构社会空间，他认为资本具有不同的形式，有经济资本、文化资本、社会资本及象征资本等，其中文化资本指的是一种资产，能够具体地呈现保存或者提供价值，并以有形或无形的方式来展示文化，并且通过符码、译码、制码的过程，让文化资本能够产生相当大的支配能力。过去中国移民迁徙至欧洲毫无疑问地都强调经济资本的绝对重要性，无论是循正当途径前来欧洲，或者是通过借贷非法移民欧洲，赚钱成为人生唯一大事。浙江人善于利用社会关系网络，以熟人拉帮的方式抱团集结到欧洲去，他们强调经济资本与社会资本的重要性，却忽视文化资本与象征资本的作用力量。

过去这30年来的中东欧移民社会，以波兰、捷克及斯洛伐克为例，

[①] 笔者在这篇文章中详读了几位大陆学者的文章，但并未与他们形成学术对话，他们的文章都很精彩，皆具真知灼见，文章如下：张永安、尚宇红：《"一带一路"框架下中国——中东欧合作的希望与挑战》，《国际商务研究》2016年第4期；李彤：《"一带一路"战略与金融业发展机遇》，《国际金融》2015年第12期；刘作奎：《"一带一路"倡议背景下的"16+1"合作》，《当代世界与社会主义》2016年第3期；龙静：《"一带一路"倡议在中东欧地区的机遇和挑战》，《国际观察》2016年第3期；李俊：《中国与中东欧务实合作"更上层楼"》，《紫光阁》2014年第1期；朴海：《浙江民营经济抢抓"一带一路"机遇的启迪》，《唯实》2015年第11期；徐淑华：《基于海外闽商比较视角下的海外浙商发展路径研究》，《商业经济与管理》2013年第10期。不过大致而言，本篇文章乃是作者的实际观察与学术交流之下的观点，虽不严谨，亦非独创言论，但基于所看所言，也就不拘于任何文献之牵制，仅供这次丽水论坛之学术交流，并特前来丽水共襄盛举。本次参与丽水论坛之机会，感谢李院长的邀约与协助行政程序。

我们看到了越南移民如何从"经济"与"社会"网络成功转向到"文化"与"象征"价值。布赫迪厄指出"文化资本"是长期性日常生活中的"惯习"积累而成，是通过将"场所"（place）转变成"场域"（field），而在其中所生的社会评价转移。笔者长期关注中东欧华人与越南人在认同与融合的异同，发现越南移民比较不存在认同与融合的互斥性，他们以"越南"元素的"差异性"及"区隔"作为在地社会镶嵌的符号，越南移民通过跨文化的相互渗透来建构其文化资本，以求取与在地社会的互动，进而相互凝视、认知及认可之评价，并最终能被接受越南移民是在地社会不可分割的有机社会功能组成。越南移民的市场、餐馆、小区及其活动之场域，皆能够成为在地社会接触越南文化的新地景，而不是自绝于外的国中之国。

中国移民与越南移民在许多族群特质上是相似的，二者移民的迁徙路径、人口结构、社会地位等皆差不多，不过经历 30 年的移民变迁，中国移民在认同与融合的向度上仍存在不一致的情况。也就是说，中国移民对自己身份认同的纯粹性是坚持的，中国人就是中国人，不像越南人会说自己也是捷克人、波兰人等（至少是新捷克人、新波兰人），中国移民以"中国性"（Chinese-ness）的"区隔"与"差异性"来维持其纯正的身份认同。因此，中国移民的社群有很明显的边界，不易与在地社会融合。正值中东欧越南人在建构一种"跨文化的双重身分认同"之际，中国人却过于强调民族集体自尊，而自绝于在地社会之外。笔者认为，这个情形需要改变，因为唯有与在地社会融合，才会有在地社会的影响力，越南移民是一个可供参照的个案。

透通"文化资本"的理解，中国移民要改变自己的日常生活"惯习"，要脱离中国社群的"场所"，并进入在地社会的"场域"，要从移居心态转化为定居的认知。中国移民将"中国崛起"内化为自我认同的评价，应该从"文化自信"中融入跨文化的双向认同，而非通过近来中国国际地位的提升却再度画地自限，要知道没有融合就无社群影响力，应该多鼓励中东欧华人来建构中华文化在地化，创造出一种跨文化的独特性与双向认同评价。中东欧社会有许多青田人的"场域"，无论是餐馆、商店、市集等，应该可作为青田文化联结中东欧的切入口，让在地居民在用餐、购物、洽商等过程中,都可接触到青田文化,青田文化可作为具体的中华文化进入在地社会的文化与象征情境中。在此过程中,笔者不认为都要以推销青田作为观光经济的手段,现在的青田人应该通过跨文化联结赢取在地社会的尊重,而非赚更多的经济财。"16+1"合作及"一带一路"倡议最好能有助于华人通过跨文化而融入移民社会。

另外,第一代浙江人移民总是努力工作谋生,而把希望放在第二代。第一代辛勤努力赚钱,让第二代接受最好的教育,第一代愿意牺牲自己的生活品位,不在意自己文化素质的低落,生活圈非常狭隘,生活目的相当单纯,希望栽培有出息的第二代。现在他们的第二代也证明并未辜负父母的期待,第二代的学业表现优异,也能融入在地社会,也具有中华文化认同。因此,现在应该强调的是,要把"跨文化资本"(中国文化认同)当成自己的民族使命,要把希望寄托在自己的身上,让自己的文化认同成为移民社会融合的重要资本。浙江移民的第一代青田人都是拼命工作,总是把希望寄托在子女身上,现在是改变这种观念的时候了,不管第一代及第二代都应该通过自己的文化资本来建构成为移民社会融合的要素。浙江移民有丰富的移民在地生活经验,无论是青田或温州,都有鲜明文化特色,都可以作为中华文化之一推展至中东欧,就是介绍青田或温州的地方性给中东欧社会,自然就能把"中国"带到中东欧去。中东欧在地人能够知道很多中国人住在他们的社会里,但他们并不清楚中国的青田或温州,笔者觉得要让浙江文化要素进入中东欧地区,青田、浙江、中国三者之间并不冲突,其中要强调的是,中国移民自身对"文化资本"的认知与使命,现在不应该再分第一代或第二代,更不是第一代任务完了,即可告老返乡。

三 中国重返中东欧,如何有利于在地华人

中东欧位于欧亚板块交接处,具有承接亚洲及面对欧洲市场的地缘重要性。中东欧前社会主义国家是最早承认中国新政权的地区,中国于1949年以后,与苏联东欧集团交好,相互间派有政府官员及学生,进行交流合作,尽管当时的人数并不多。随着20世纪60年代中国与苏联交恶

之后，东欧集团国家追随苏联，把中国的技术人员及学生遣送回国。20世纪80年代开始，中国与中东欧双方又恢复来往。20世纪90年代中国经济改革迈向国际化，中东欧的中国移民提供了相当可观的侨汇。中国于2001年加入世界贸易组织（WTO），加速了中国经济改革的全球化。中国银行于2003年在匈牙利首都布达佩斯成立了中东欧地区首家海外分行，中国银行匈牙利分行成立的目的，早期主要是为了服务侨胞，不过匈牙利华侨经过十多年的资金运用，大多有其固定模式及其侨汇管道。随着中国经济实力及整体国力的提升，中国商业银行也积极加强国际化程度。

21世纪第二个十年，中国的全球化发展战略逐步成形，与中东欧有关的战略构想是"16＋1"合作及"一带一路"倡议两项重大的合作计划。"16＋1"合作机制于2012年在华沙成立，规划每年举行17个中国与中东欧国家双方总理级会议，2015年李克强总理更提出了"16＋1"合作与中东欧"一带一路"对接的路线图，进一步强化了中国在中东欧的地缘合作关系。此时，中国银行又于2012年在波兰成立分行，2015年在布拉格成立分行。中国银行在中东欧的经营管理策略，亦由原先服务侨胞的目标，扩及结合"16＋1"合作及"一带一路"倡议，也扩展了在地服务的功能。中国银行的国际化目标，已不仅在服务全球的华人，而是希望能完善银行业务的国际化，以及推动人民币的结算体系。

1989年后中国重返中东欧主要有两个阶段，第一阶段是从1989年至2010年，这个阶段主要是通过中国移民的大量移入，华人集体性的中东欧迁徙是历史首次，不同于20世纪50年代的官派"移民"，不过尽管中东欧与中国在20世纪90年代及21世纪头十年维持官方交流，但双方关系并不密切。第二阶段是从2010年之后，随着中国崛起的全球战略逐渐清晰，中国将中东欧视为全球战略布局的重要地位，于是中国前后任总理勤访中东欧，习近平更是首位历史上造访捷克的中国领导人。中国目前正呈现一股中东欧热潮，而中东欧社会也有中国热，显现在双方领导人的互访、双方经贸合作关系的强化、再掀中国移民新浪潮等。

"一带一路"倡议具有重要的国家战略考虑，主要是通过国家对国家的谈判与协议而达成重大工程或基础设施建设的合同，中国商业银行主要是配合"一带一路"倡议而作为国家行为的支持者，另外扮演国家作为的具体代表就是国有企业。中国商业银行与国有企业纷纷进入"一带一路"沿线节点，对在地中国移民及其社群团体有什么好处，目前正引起热烈的议论。中国目前对中东欧地区具有特别的国家战略考虑，所以，包括元首外交、金融外交及双方的文化交流等都比过去更频繁，这是中东欧华人的机会。此外，我们也看到中国银行为配合"一带一路"倡议，想出了不少创新的做法。其中之一是促进政府、民间为中小企业搭建不同层面的跨境合作平台，主要服务对象是为中小企业发展带来新思路。2015 年 5 月，河北省分行与中国银行在匈牙利、波兰、捷克的分支机构，共同邀请 152 家中东欧中小企业和 400 家河北中小企业参加，这场在河北廊坊举行的"中国—中东欧中小企业合作与发展洽谈会"，是河北近年来规模最大的企业洽谈会。廊坊国际经贸洽谈会期间有 12 对共 24 家中国、中东欧国家的企业对接成功，并且当场签约。有 66 对企业确认合作，221 对企业达成合作意向，对接成功率达 48.98%。此外，中东欧国家每年在宁波举办的工商博览会，更是促进了中东欧国家与浙江直接对接的商业机会。

中国银行顺应企业"走出去、引进来"的需要，而推出"商行＋投行"的创新做法，帮助中国国内中小企业"走出去"、国外优质中小企业"引进来"，以此引进先进的技术、管理和资金，协助中国中小企业做大做强。这项跨境投资撮合服务推出之后，立即获得中小企业的认可。中国银行跨境投资撮合业务建立一套批准流程：信息收集、客户匹配、远程对接、一对一面谈、现场考察，以帮助中小企业深度交流，合作共赢。2015 年 5 月 17 日，中国银行董事长田国立在"中国—中东欧中小企业合作与发展洽谈会"的开幕式上致辞，其中他特别提到华威凯德在匈牙利考察的例子。河北华威凯德照明科技股份有限公司，是一家国家级高新技术中小企业，专门从事智能化 LED 照明灯具及系统研发、生产、销售及技术服务，拥有 9 项实用创新型专利和 5 项外观设计专利。华威凯德分别与匈牙利、波兰及捷克三家企业达成了合作意向，签署了合作备忘录。并在河北廊坊洽谈会一个月前，经由中国银行匈牙利分行的协助下，找到了匈牙利符合华威凯德要求的合作伙伴。中国银行为保证撮合服务能取得实效，在洽谈会上提供了集工商税务、法律、会计、翻译等在内的"一站式"服务。中国银行又特别挑选近百名员工担任翻译，为中外企业家交流提供便利。中国银行打算在未来为中小企业在招商引资期、投资建设期、企业初创期、发展壮大期等不同发展阶段，提供包括商业银行、投资银行、保险等全生命周期的金融服务。

中国银行在中东欧的金融业务，近年来配合"一带一路"倡议，发展迅速。中国银行在中东欧设有据点原先有考虑匈牙利中国移民的需求，然而中国移民在金融的运作上有其自行运作的方式，所以2003年在布达佩斯成立的中国银行匈牙利分行，并未充分发挥其服务侨民的效果。随着习近平主席提出"一带一路"倡议之后，中国银行匈牙利分行有了新的任务，亦即配合国家政策推动中国与中东欧国家经贸及外交往来。结果，不仅匈牙利的中国银行分行的业务迅速扩充，又陆续在波兰华沙及捷克布拉格成立分行。"16＋1合作"及"一带一路"倡议是否能对中小企业有所帮助，目前仍有许多不同的看法，不过毋庸置疑的是中国对中东欧这个区域是特别关照的，这是中东欧华人难逢的机会，青田移民是否能够利用这个契机而进行企业转型，并改变目前小商小业的格局，这是一个关键的时机点。

四 避免"一带一路"倡议成为后冷战与地缘政治的论述

"16＋1合作"及"一带一路"倡议是构建人类命运共同体的重要举措，在此政策倡议下，中国开始注意到沿着国家战略路线上的重要节点，过去中国外交思维大致是端点外交，国家元首拜会西欧大国，不会注意到中东欧小国，现在是维持与西方关系的同时，也强化中东欧地区的双边关系发展，目前的国家对外策略主要是由节点向外延伸的外交具有地缘战略考虑，这也是中东欧国家一些学者对中国"一带一路"倡议感到疑虑之处。这个疑虑是确实存在的，并会影响中东欧社会对中国"国家"

及"人民"的观感。① 中东欧被中国认为是"一带一路"倡议的重要节点，因为这个地区是进入欧盟的重要门户，中国过去仅用"东欧"作为地理区域的词汇，然而冷战结束后，"东欧"的语境被赋予冷战的污名符号，因此中国首先从善如流地改采"中东欧"此一对中国而言的新词汇，"中东欧"与"东欧"的切换是中国的外交智慧，这也是中国与中东欧国家对话的信任基础。中国过去外交上所认定的"东欧"包括俄国在内，但"中东欧"的十六国排除了俄国，这也就褪去了后冷战地缘政治的可能性。然而，实际上的政治情况远比更改名称来得复杂。

中东欧有些在地学者质疑中国的"一带一路"倡议具有后冷战地缘政治的思维，中国欲借由中东欧地缘位置，拉拢中东欧国家共同对抗欧美，以成就其大国梦！不过，更令这些学者忧虑的其实是中国自冷战结束后的小商品、纺织品及其他廉价商品的倾销，中东欧地区与中国的双边贸易呈现严重的贸易逆差。他们认为，中国"一带一路"倡议实际上要中东欧沦为中国产品的重要市场，而让双边的经贸关系更加恶化！随着中国特色的经济发展模式进入中东欧，在地人民不确定是否能从中国观光客身上赚得到钱。中东欧国家基于曾是过去冷战期间地缘政治下的牺牲品，确实对地缘政治有几分反感，中国必须谨记中东欧过去历史上脆弱的心理。现在尽管中东欧国家的政府部门与中国和好相向，然而毕竟更多的是政治姿态与语言，中东欧学界与社会普遍对中国崛起似乎是存有戒心的。当然，中国目前展现的民族自信也让中东欧民族感受到中国的文化力量，孔子学院越来越具有在地影响力，尽管仍有部分人士心存观望。

再者，最近欧盟国家纷纷举办大选，有许多国家的选举结果是右派获胜，右翼政党抬头是目前欧洲政治走向，其原因并不在于经济的劣势发展，而是在移民及难民的议题上。欧洲人民目前普遍不欢迎国际移民，尤其是难民。右翼政党主政是否会限缩欧洲华人移民的权利，这还需要

---

① 笔者在与中东欧学者交流对话当中，往往会论及中国与中东欧的关系现况，这个议题往往引起相当多的讨论，正负面评价都有，主要疑虑往往在于中国是否在操纵中东欧的地缘政治战略。

观察。中东欧地区毕竟过去冷战期间未接受国际移民，冷战结束后中东欧社会心理才逐步对外开放，然而中国移民与在地社会的隔阂而非融合的事实，是否会随着中国国家作用的强势介入而产生负面评价，这点不可不谨慎！中国崛起、"一带一路"倡议、"16＋1 合作"、文化自信、孔子学院、中国移民等皆是紧系在一起的共同体概念，随着中国势力的具体可见，中东欧社会对"中国"是有感的，但这种感受是复杂的，有正面的也有负面的，尤其是被联结到后冷战的地缘政治想象，最受中东欧在地社会的反感，笔者认为中国在与中东欧打交道的同时需要尽可能地低调，才容易被中东欧社会接纳。

五　中东欧海外华人机会之初探

随着中东欧国家加入欧盟及其市场经济改革深化，中东欧国家的经济市场规模不断扩张，这是中国前往中东欧的利多。另外，随着中国经济发展与整体国力提升，中国重返中东欧，并将中东欧作为"一带一路"的重要地缘节点，中东欧对中国而言具有重要的战略地位。目前中国与中东欧的关系密切，实质交流不断有进展，中东欧的海外华人适逢千载难逢的机会。如以中国商业银行的国际化及重大工程进驻中东欧为例，下文尝试提出一些可能性的机会。

第一，金融业的国际化与进驻中东欧地区，首要面对的是中东欧在地人才的需求，金融是具有风险与讲信用的产业。中国移民在 20 世纪 90 年代初选择中东欧国家作为奋斗的目的地，具有筚路蓝缕的精神，其第二代都能承继父母的期待，他们有许多选择大学院校的经济科系就读，目前已栽培出不少经济专业人才，他们不仅懂得中东欧的语言、社会文化与经济知识，而且更能提供中国金融业最为关心的"信任、信用"与风险规避的人才需求。浙江移民（青田人）的第二代大多不会被其父母赋予继承第一代事业的使命，因此第二代在选择工作上具有自由度，而他们的大学教育也大多是主修经济相关科目，现在正是他们最大的人生机会，刚好机会降临之际，他们亦纷纷从校园毕业。事实上，目前确实有毕业于经济大学或大学的经济相关科系的中国第二代，投入中东欧与中国连接的工作，而且做得有声有色。

第二，随着中国移民一二十年在中东欧的努力挣钱，有不少人具有充足的游资。除了侨汇寄回国参与建设之外，他们也可以利用这波"走出去"的中国金融业，在中东欧与其合作，通过中国银行的媒合，或作为中间桥梁的角色，成为中东欧与中国企业的合作伙伴，参与共同开发中国与中东欧合作的项目计划。相较于福建移民在东南亚及其他地区经相当长时期的移民资本积累过程而形成的巨大经济资本量，浙江移民的个人资金往往是有限的。假如能通过"一带一路"的金融与企业指导，浙江移民的经济转型是具有可能性的。

第三，中国金融业进入中东欧除了配合国家的战略政策之外，也需要将服务侨胞作为首要任务。中东欧的海外华人数目虽不比其他传统海外侨区多，但他们实际上也是具有经济实力基础的。他们过去都有不同的渠道进行侨汇或进行金融管理，中国金融国际化在中东欧的发展不能缺少服务或吸收海外华人资金的业务。过去欧洲华人不习惯在银行存款，中国商业银行在中国国内的借放款条件都相当严苛，所以很少有欧洲华人愿意跟中国商业银行业界打交道。中国"一带一路"是否能打破欧洲华人与中国商业银行的藩篱而相互合作，并在欧洲创造可能"双赢"的局面，这有可能是浙江移民的重要机会了。

第四，对中东欧地区的人民来说，中国崛起未必是中国威胁。近年来，中东欧学习中文的人口有增加的趋势，对中国具有好感的人也不断增长。中国金融业及中国移民事业在中东欧是否能够深入在地化，首先必须取得在地人的好感与信任，前往中东欧的商业银行不妨与在地中国人合作，为建立中国好形象共同努力。尤其中国移民（大部分都是浙江移民）第二代在中东欧的学业成就普遍获得在地社会的肯定。

除了以上几点建议是通过以中国金融业为例来说明如何结合海外华人的力量，其中仍有许多值得开发之处。简单而言，中国商业银行前往中东欧设立分行，可以借由当地华人的人才与资金，更快地融入在地社会。另外，中东欧的中国移民可以借由中国商业银行的进驻中东欧，尝试与其合作共同开发中东欧的市场。

六 结论

中国与中东欧进入21世纪第二个十年，双方关系的进展突飞猛进。2011年温家宝同志访问匈牙利，参加首届中国与中东欧经贸论坛。2012年温家宝同志访问波兰，开启了"16＋1合作"的模式。2012年时任副总理的李克强也访问了匈牙利，2013年李克强总理访问罗马尼亚，参加第二届中国与中东欧领导人会议与第三届中国与中东欧经贸合作论坛，其中签署了塞尔维亚与匈牙利合建匈塞铁路的协议最受瞩目。2015年习近平主席先后访问捷克及波兰，签署数十项协议，带动中国与中东欧经贸的积极关系，中国与中东欧的双边友好关系来到历史最高点。中东欧国家曾经是中国的社会主义盟友，是最早承认新中国的国家，20世纪50年代双边的关系是紧密的，不过随着20世纪60年代的中苏冲突，中东欧部分国家随即与中国的关系变得疏远，不过也有与中国关系维持相当紧密的中东欧国家，如阿尔巴尼亚等。冷战格局基本上还是将中国与中东欧地区的情感联系做了最彻底的隔离，不过冷战结束之后，中国并未急于修补中国与中东欧的双边关系，而是任其自然发展，尤其通过中国移民的迁徙进入中东欧而让中国有了重返中东欧的开始。中国移民在后冷战期间移居中东欧国家也是有史以来规模最大的移民行动，后冷战时期中国与中东欧才真正地连接上了。

中国的经济加速发展大概源自20世纪90年代，而中国金融业于2001年中国加入世界贸易组织之后，随即面临国际化的挑战，在2008年国际金融风暴之后，中国的商业银行大多能把握世界银行秩序重整的机会，纷纷进入国际金融市场，并占有重要地位。中东欧对中国商业银行而言，是比较陌生的地方。目前中国银行及中国工商银行在中东欧有设点，中国在中东欧的银行机构主要是通过国家战略作为支点，因此在进入中东欧市场所面临的障碍比较少，并且通过"16＋1合作"及"一带一路"的合作机会，中国的商业银行在中东欧具有发展潜力。中东欧市场是新兴市场，既是近年世界经济成长的主要贡献地区，也是金融业可以期待获利的地方。然而金融市场的准入风险除了在地法规限制之外，就是跨文化及在地人才成本的考虑，这刚好是中国移民可以贡献的地方。中国金融业进入中东欧，需要与在地华人结合，才会有合则两利与加乘效果。

中国的商业银行想要让在地人将钱存进其银行，或利用中国商业银行的金融商品，首先就要让在地人对中国有好感与信任感。中东欧在地人学习中文的人口有增加的趋势，他们不仅想与中国人做生意，也想了解中国文化。中国的企业与银行要想进入中东欧市场，不妨也将"文化资（成）本"列入考虑，通过文化交友，再进而谈生意，这样先交友后生意的路径可能获取的中长期利益更为可观，而海外华侨可以作为最佳的中间媒介与桥梁角色。本文从"文化资本"视角切入，并举例中东欧越南移民如何使用其跨文化的双重认同，而成功地融入在地社会，并通过第二代的在地社会化之后而出来参与公民权行使，甚至于竞选国会议员，可以说是成功的社会融合个案。中国移民在中国崛起背景下的文化自信，是否能够转化为其在地社会融合的"文化资本"，其困难度不低！中东欧华人在"一带一路"及"16＋1合作"的国家政策之下，尤其是浙江移民应该发挥中国与中东欧之间最佳的桥接功能。中国重返中东欧并非处处自然，在地社会也有疑虑的声音，在地学者忧心中国在进行后冷战地缘政治的谋略，再给欧洲、中东欧或各国内部搞分化，此时此刻应该是中东欧华人勇于站出来的时候，不应再分第一代或第二代，而是第一代带第二代一起做事的时候。中东欧浙江移民圈相当保守，数十年来大致上仍维持着惯性做法，第一代死命工作挣钱，期望全放在第二代，所以虽已在中东欧生活数十年之久，仍不知移民社会的事，很难融入在地社会的文化与政治关系网络，这种困境不利于华人社群在当地社会发挥影响力。实际上，中东欧华人经过二三十年的在地社会耕耘，已相当有成就，但就是融入困难。正值现今中国的国家外交政策聚焦在中东欧，华人移民不妨把握这次契机，转变自己的思维，积极参与国家政策的文化、经济与社会有机连接之建构。中国执政者也应正确认知中东欧的过去及历史，最好能选择在地华人作为进入中东欧的引介者，可以节省很多不必要的进入成本。在此期间，浙江移民（包括青田籍）是最主要的华人移民群体，最懂得中东欧，青田人可以利用的历史契机是很难得的，或许也能趁这次机会而改变自己的文化、社会、政治、经济及象征等格局及结构。中东欧或许是世界青田人较晚到的地方，但由于机会的千载难逢，有可能成为后发先至的发展经典个案。

第五编

华人认同与侨乡文化研究

华人和华文：马来西亚教育制度下新生代华人的认知

[马来西亚] 何佩瑶[*]

一 马来西亚华人和华文教育

自马来西亚第一所华文私塾在19世纪初被创立以来，华文学校便在这片土地上如雨后春笋般地蓬勃发展起来。[①] 最初，设立这些旧式华文学校的主要目标是要传递儒家道德原则、培养学生就职的能力。当时的华文教育纯粹是让从中国南来的华人学习中国传统以维持家乡的生活方式，同时能在南洋谋求更美好的生活。

到了20世纪初，受到中国教育改革和革命思潮的影响，马来西亚的华文教育从一种简单的中华传统的延续演变成一种新式且具有组织性的学校教育。这个时期的华文教育被视为传递政治思想和民族意识工具。[②] 因此，为了保留种族和文化认同，华人身份主要是基于对中国民族主义、种族和文化的认同。经历了现代化的教育改革后，华文教育更是和华人意识变得

---

[*] 何佩瑶，马来西亚马来亚大学中文系教师。

[①] 根据史料，创办于1819年位于槟城的五福书院是马来西亚第一所华文私塾，目的是给当时的华人子弟提供教育（Tan, 2000; UCSTA, 2009）。

[②] 20世纪初，紧随中国的政治局势，康有为的维新一派和以孙中山为首的革命派通过华文学校有效地传播各自的政治理念。华文学校里的政治活动可以通过教师与家长及学生关系得到很好的传递（Yen, 1976）。

密不可分。根据王赓武（1970）的政治认同分类，当时主导华文教育的第一类华人，存有强烈的中国政治意识，他们根植于中国并且认同中国政府。另外，两类华人的认同分别是第二类，拥有华人意识和对中国家乡的根的认同，可是不认同中国政府，第三类拥有南洋本土认同。

随着政治局势的转变和马来西亚的独立，华人的认同也发生了根本性的变化。他们由认同自己中国身份的思维转变为马来西亚导向的认同。华文教育适时地推动了当时华人政治导向的转化，使华人意识到认同所在国的重要性。为华文教育奋斗一生的教育家——林连玉先生便一再强调马来亚对马来亚华人的重要性，并呼吁华人将马来亚视为他们的第一家园。[①] 他认为华人应该学习所在国多数人的语言，即马来语，同时坚持华文也应该成为马来西亚的官方语言。他主张华人必须学华文，万万不可放弃学习母语的权利。然而，这却与马来西亚政府推行以马来文优先的教育政策背道而驰。政府认为，唯有通过实行以马来文为主要媒介语的学校教育，各族人民才能达到全民团结，建立国民认同。在独立前后一系列的教育政策下，华文教育的发展受到了极大的威胁。因此，伴随华文教育被压迫和随之而来的华教斗争，马来西亚华人的身份认同在压力下被建构起来。

一路走来，华文教育工作者在面对各种策略性的挑战时秉持先贤们永不放弃的精神，使华文教育在夹缝中闯出一片天。马来西亚的华文教育多次被誉为是除了中国大陆和港澳台三地以外唯一，也是最完整的华文教育体系。如今华文教育的核心宗旨是要通过华人母语教育下一代，传承中华文化并保持中华民族特色。在小学阶段，以华文为教学媒介语的学校是国家教育系统的一部分，可是却屡屡受到政策上的限制而无法成为国家主流。虽然如此，华文小学却得到了华社的青睐，有高达96%的华人学生在小学阶段接受华文母语教育（Malaysia，2013）。除了马来文和英文两门语文课，华文小学的所有科目的课程都是以华文作为主要教学媒介语。六年的小学华文教育让这些新生代华人具备三语能力，既

---

① 作为英国殖民地，马来亚在1957年8月31日取得独立。马来西亚是在1963年9月16日由马来亚、沙巴和沙捞越组成一个国家。

能掌握本身的母语，也必须学习马来文和英文。由此可见，现今马来西亚华人的语言学习和使用环境要比国家独立前的华文学校以单一华文授课的情况更多元。

不仅如此，中学阶段的升学选项更是包罗万象。其中，华文小学毕业生最普遍的选择是政府提供的免费中学教育。政府中学可细分为华人学生占多数的或各族混合的马来文学校。这两种政府中学都是以马来文为主要教学媒介语，华文则是单一的语文科目。此外，以华文为主要教学媒介语的华文独立中学近年来也成为华人学生的热门选择之一。数据显示大概70%的华人学生会到各族混合的政府国民中学（国中）升学，约20%的华人学生进入华人占多数的政府中学（华中），剩余的10%则选择进入华文独立中学（独中）[1]。无论是从历史的视角、办学政策或校园结构上，这三种中学教育都有其明显的差异。表1显示国中、华中和独中的主要特征。

表1　　　　　　　　国中、华中和独中的主要特征

主要特征	国中	华中	独中
分类	政府	政府	私立
主要教学媒介语	马来文	马来文	华文
学生族群	多元族群，马来人多数	华人多数	华人多数
学习华文的选择权	自由	自由，但在大部分华中是必修科	必修科
校内文化	马来文化	华人文化	华人文化

资料来源：笔者整理。

国中是政府在战后才设立的学校，其最主要的目的是让各族学生在同一个平台学习，以便建立一个互相尊重、和谐共生的社会。诚如上面所说，国中的华文只是一门选择性的语文科目。华人学生可以根据自己的意愿选修这门被称为"学生自己的语言"的科目，即学生母语——华文。国中的华文课在编排上明显出现被歧视的情况，除了教学时间有限，

---

[1]　吴文宝：《国民型中学生暴增，缺师资开销大"很有压力"》，星洲网新闻，2013-01-05，http://www.sinchew.com.my/node/1298481。

其上课时间也被安排在下午放学后。这种策略性的安排影响了华人学生选修母语的意愿。许多华人学生在上了国中后纷纷放弃选修自己学了六年的母语。在中三评估考试阶段有大约八成的国中和华中学生会选修选考华文,到了中五就只剩下不到六成。①

虽然华中也是政府学校,使用马来文教学媒介语,但是有别于国中,华中是华人社会在战前建立的华文学校,至今还保持华文校名。在国家独立初期,华中因接受政府津贴的条件而转换教学媒介语。因此,华中除了使用马来文教学以外,校园内还保留浓厚的华人文化,学生来源也以华人为主。华文也是可以自由选修的科目,但是大部分华中规定学生必须选修选考华文。华中也比较注重华文,华文课被安排在正式教学时间表内。在华社的眼光里,华中还是属于一种华校,具有传承中华文化的责任。然而,这类学校却无法有更大的发展和突破,多年来新建的华中仅有一所。② 全国华中的数量始终寥寥可数,一共79所。基于数量和地区的限制,华人学生只好在国中继续中学生涯。

独中坚持华文教学的办学理念自成一家。诚如在《华文独立中学建议书》里指出,独中的首要任务维护母语教育,发扬中华文化。独中的坚守提供了12年完整的华文教育,让马来西亚华人得以延续先辈们对母语、中华文化和传统的热爱和重视。近年独中通过教育改革成功得到华人的支持,入学率逐年提升,从2003年至2016年的最高点一共上升了59.63%。③ 独中生人数的增加也凸显了独中发展的局限,因为国家教育

---

① 有别于独中,国中和华中是实行五年制度,在中三和中五会举行政府评估考试。每年大约八万名华文小学毕业生升上国中和华中,但是却只有七万名考生学考中三华文,到了中五就只有不到五万。《董总促教育部考试局解释为何考获 SPM 华文科特优生偏低》,总文告,2016 年 3 月 9 日,http://www.dongzong.my/resource/index.php?option=com_content & view = article & id = 10124;2016 - 03 - 09 - spm & catid = 202;2016 - - & Itemid = 9。

② 森美兰芙蓉振华中学二校在2013年与原校分家,正式被批准为第79所华中,新学校将保留华中特色。《正式与总校分家,振华二校成新中学》,星洲网新闻,2013 - 04 - 26,http://www.sinchew.com.my/node/977499。

③ 独中生的人数持续增加,从2003年的31513人增加到2016年的84363人。《2016年全国华文独中学生总人数持续成长》,董总公告,2016 年 1 月 28 日,http://www.dongzong.my/resource/index.php?view = article & catid = 202%3A2016 - - & id = 10103%3A2016 - 01282016 & tmpl = component & print = 1 & layout = default & page = & option = com_content & Itemid = 9。

政策的关系，政府不批准新建独中，使独中的数量只能维持区区 61 所。独中的各方面与国中大相径庭，却与华中有较多共同点。首先，独中和华中都以华人生源为主。此外，这两种学校也处处洋溢着华人传统文化，逢年过节都会在校内庆祝一番，借此让学生对华人文化和传统节日有更深的认识。

回顾历史，华文教育始终是马来西亚华人社会至关重要的一环，于传播、培养和传承华文和华人文化是不可或缺的，甚至能延续华人传统的习俗和生活模式。学者认为，战后马来西亚的华人意识被认为是通过教育所传递的语言和文化所建构的。华文的程度可以导致华人不同层次的认知。在受华文教育的华人圈子里，会说和写华文的能力一直被认为是华人文化与族群认同的关键。华人在华文教育的熏陶下能加深对自身族群的认同，华人了解和认同自己族群身份的同时也会愿意支持华文教育事业。因此，不同类别中学所提供不同程度的华文学习环境、教学媒介语和校园文化使华文教育和华人认同千丝万缕的关系在当前马来西亚教育政策管制下显得复杂。

二　身份认同理论

社会心理学理论认为，族群身份认同是人们对自身族群的认识以及其族群身份与社会群体之间关系的解读。身份认同可以被定义为个人根据其种族起源，在心理上与一个或多个社会制度定位自己，并认为自己是制度里的一分子。作为社会里的其中一员，人们把内在的归属感，包括理性认知、价值和情感投入他们所认同的族群里。至于外在的行为表达，人们则通过文化及社会参与和族群成员建立密切的互动。

根据 Phinney（1989），身份认同是指一个人作为一个群体的自我意识，既是自我认同为一个群体成员，也是对群体的认同，以及与这个意识形态相关的态度和行为。身份认同概念是多层次及依情况而改变的。在多元族群的社会里，身份认同具有重大意义，它涉及个人自我了解和应对主流和非主流之间多元生活方式的生活情境的需要。有意义的身份认同是通过个人对自身身份产生认知并且认同于其社会文化群体时建构的。身份认同的建构发生在由空间和时间决定的情境之中，如文化、社会、家庭、朋友、学校和工作环境等。

在身份认同建构的过程中，语言无疑是其中一项至关紧要的情境因素。在语言的使用过程中，身份认同是一个发言者或语言使用者在他的社会世界中建立属于族群成员的自我意识。学习语言能建立对文化和族群的理解，强化思想、价值观、道德观念的表达。因此，族群成员的身份、特征和生活方式可以通过语言传递给下一代。Fishman（1996）宣称语言是将整个族群群体联系起来的根本。当人们在某种特定的语言环境下成长的时候，身份认同就会在阅读、交谈和交流时建构起来。人们不仅建立了与语言的联系，而且建立了其中存在的价值观和意识形态。换言之，族群语言成为族群成员之间的核心组成部分。

三 研究问题和方法

（一）研究问题和对象

马来西亚华人社会最重视的族群标识是作为母语的华文。但是，自马来西亚独立以来，华文在政府马来文教育优先的政策下，逐渐被边缘化，尤其是在中学阶段。因此，本文从中学生的视角出发来探讨当下马来西亚华人身份和对华文的认同是非常实在且具有代表性。这三类中学不仅是华人最普遍的升学之路，不同层次的华文教学和校内文化更显示研究意义。研究对象为三组中学生，分别是国中 442 人、华中 452 人和独中 448 人，一共 1342 位就读中四或中五的学生。

取样于马来西亚全国各地三种不同的中学，本文从中学生切身的视角来比较探讨，并拟论以下内容：

对马来西亚华人中学生的华人身份认同进行分析。

对马来西亚华人中学生的华文认同进行分析，主要围绕四个方面，包括：个人的日常活动、华人传统和文化活动、华文对于个人的重要性和维护全面性华文教育。

（二）研究方法和工具

此研究采取分层随机抽样的方式来进行问卷调查。在确定了接受调查的学校后，横断取向性的问卷调查随即通过相关的教师发给学生完成。问卷根据社会心理学的理论来建构身份认同的问题，主要以三方面来表述：理性认知、情感归属和行为表达。同时，问卷也配合马来西亚中学生的情景来建构以便符合研究目标。

此问卷分为三个部分：第一，研究对象的背景资料，包括性别、宗教信仰、选择科系和家庭月收入。根据资料显示，调查对象人数接近相等的有男（45%）、女（55%）和理科（54%）、文科（46%）。在宗教信仰方面，研究对象信仰华人传统宗教、道教和佛教的占多数（83%），其余的则是基督教、无神论和伊斯兰教（17%）。大部分研究对象的家庭处于月收入少于马币4000的低收入群体（61%），其次是马币4001与马币8000的中等收入群体（26%）和人数最少的高收入群体，即月收入高于马币8000（13%）。

第二，华人身份认同以李克特5点量表（1——极不赞成至5——极赞成）来衡量中学生对身为马来西亚华人的理解、感觉和表现程度。此部分的问卷显示非常好的可信度，α值为0.82。此部分共设计了14道问题，例子如：我对马来西亚华族感到非常自豪、我积极参与由大部分华人组成的组织或社交团体。

第三，华文认同分成以使用频率和赞同程度来衡量。首先，李克特5点量表（1——不曾至5——所有时间）用来测量学生在个人的日常活动、华人传统和文化活动时使用华文的多寡。其次，华文的重要性和维护全面性华文教育的坚持程度则以李克特5点量表（1——极不赞成至5——极赞成）来测量。此部分的问卷可信度很好，α值在0.71至0.85之间。

四 研究结果

（一）华人身份认同

马来西亚中学生普遍显示高程度的华人身份认同，各类学校的平均值均高于中立程度（>3分）。通过单方面因素方差分析可知，华人学生在身份认同［$F(2, 1339) = 19.636, p<0.01$］上存在显著性差异。经事后分析比较，就读于国中的华人学生的身份认同明显高于另两种中学（$p<0.01$）。具体见表2。

表2　　　　不同学校中学生华人身份认同的平均值与标准差

学校类别	国中（N=442）	华中（N=452）	独中（N=448）
	M（SD）	M（SD）	M（SD）
身份认同	3.61（0.42）*	3.47（0.49）	3.43（0.45）

注：*显著性差异，$p<0.01$。

（二）华文认同

不同学校的华人中学生无论是在华文的使用率，还是对华文教育的坚持上都有高度的认同，平均值接近或超越4分。具体的分析见表3。

表3　　　　不同学校中学生华人华文认同的平均值与标准差

学校类别	国中（N=442）	华中（N=452）	独中（N=448）
	M（SD）	M（SD）	M（SD）
个人的日常活动	4.02（0.70）	3.78（0.78）*	4.07（0.72）
华人传统和文化活动	4.26（0.67）	4.17（0.75）*	4.27（0.71）
维护全面性华文教育	3.99（0.62）*	3.89（0.63）	3.85（0.62）
华文的重要性	4.17（0.57）*	3.94（0.65）*	4.04（0.61）*

注：*显著性差异，$p<0.05$。

在中学生的个人日常、华人传统和文化活动上，华文的使用率占据他们的大部分时间（>4分）。个人日常活动指的是网上搜寻资料、使用社交媒体、阅读报纸或杂志和听歌或唱歌。华人传统和文化活动则包括学习华人文化、儒家思想、文学、敬拜祖先和庆祝华人节日。经过单方面因素方差分析和事后检验发现，这两项的华文使用率都存在显著差异，其中又以华中学生在个人的日常活动［$F(2, 1339) = 19.72, p<0.01$］、

华人传统和文化活动［F（2，1339）=3.063，p=0.05］上显示较低的华文使用率。

根据表3，各类学校的中学生认同华文作为维持华人特征、未来事业和国际语言的重要性，平均值接近或超越赞成的程度（>4分）。单方面因素方差分析显示显著差异［F（2，1339）=15.01，p<0.01］。事后分析发现其显著差异存在于所有类型的中学之间，国中生显示最高程度的赞同，其次是独中生，最后是华中生。至于维护全面性华文教育的坚持程度，平均值接近赞成（4分）。单方面因素方差分析发现显著差异［F（2，1339）=5.997，p<0.01）］。经事后分析比较，国中生在维护华文小学和中学教育、坚持先辈对华文教育的执着和对华文教育的自豪感皆显示最高程度的坚持。

五 结果与分析

（一）华人身份认同

尽管国中提供了不利于学习华文的校园环境，在国中就读的华人学生却显示了最强的华人身份认同。作为少数族群，在一个多元族群但以马来老师和同学为多数的学校，华人身份认同对于国中华人学生来说是非常有意义的认同。这与前人研究结果一致，当青少年身处在其他族群为多数的学校时，他们对自己的族群身份比较敏感，身份认同也显得更突出。各族混合的学习环境为国中学生提供了一个平台以了解族群之间的差异，从而更深入地识别自己和他者的族裔群体。在这样一个每天与他族交流的校园，国中华人学生比其他两种华人占多数的独中和华中学生有地利人和的条件去认识和辨别自己和他者的身份。对于这群华人学生而言，校园情境的多元让他们意识到族群的不同，而坚持学习华文则可以让他们对自己的华人身份有更深的认识，以便建构一个有含义的身份认同。

相比之下，虽然华中和独中华人学生确实显示高程度的身份认同，但是却相对比国中生弱。即便华中使用马来文为主要教学媒介语，华中生身处于华人占多数的校园和独中生的身份认同程度没有显著区别。华中和独中的环境因素相称，都以华人学生为主要生源，并以华人文化为校园特色和风格。研究结果凸显了情境异同的重要性，当少数族群成为校园情境里的多数时，他们将不会显示特殊的身份认同。当作为少数族群的华人成为华中和独中的多数时，他们的社交圈子趋向单一，族群特征并无特别的意义。在学校的情境里，这两种的学生没有经历太多与其他族群交流的机会。通过自身族群的朋友圈和华人文化熏陶，他们的身份认同是通过学习华文和华人文化建构的。

（二）华文认同

生活在一个多语情境的社会，华文脱颖而出成为马来西亚华人学生之间的常用语。经过小学阶段母语教育的熏陶和培养，三类中学的学生在大部分的时间皆使用华文来进行个人的日常及华人传统和文化活动。这两种华文认同指标的分析显示国中生和独中生持有相同模式的华文使用率。虽然国中生在学校使用马来文来学习，但是从华文使用率可知华文依旧成为他们主要的选择。在教学媒介语完全不同的情况下，学生的语言选择证明了华文作为继承祖先文化遗产的重要性。这也是华人文化和族群认同与华文教育相互关联的原因之一。华文和华人文化一向被认为是建构华人意识的基本特质。从华人的视角来看，华人文化活动是族群性质的，包括传统节日、习俗、价值观、儒家思想和美食等，都不能与华人身份的概念割除。基于这种华人的意识形态，华文成为华人学生在日常生活和族群文化活动的常用语是理所当然的选择。

在马来语教学的环境中受教育的国中生表现出对华文的重要性最强烈的认同。他们对华文作为文化传承的重要性和未来事业的实用性表达了认同。在华文相对被边缘化的学习环境中，他们比较容易了解语言作为族群特征的特殊性。于是，这群学生相对地珍惜学习华文的机会。在不利于学习华文的学校教育下，他们表达了对华文教育的坚持并且会跟随先贤的步伐继续捍卫华文教育。即便面对各种困难，他们都不会放弃学习华文，对小学至中学的全面性华文教育给予支持。研究显示少数族群的学生更积极地从事文化维护的工作。国中华人学生在校内学习华文不仅是保护华人文化，更是带有传承的使命。

国中生在微观层面上的切身感受使他们对华文有相对深刻的认同。他们真实地体会在学习华文的过程中所受到的不公平对待，进而认识到华文教育之不易。他们切身感受华文被排挤而在这方面表现了较高的认同感。因此，他们对华文和华文教育的认同是建立在自身的经验里。这种艰苦中的压力使他们的华文认同程度相对高于独中生和华中生。在同一时间里，认同华文也促使国中生认同自己的华人身份。这也正是Fishman（1996）所强调语言具有把族群成员联系在一起的功能。通过华文，国中华人作为校内的少数族群辨别自己和他者的身份，建构属于族群身份的象征。

与国中生相比，独中生和华中生在维护全面性华文教育的课题上持有较低的认同程度。对于独中生和华中生来说，维护全面性华文教育的迫切性不像国中生那么切实。独中生了解华文教育的艰辛，可是华文教育毕竟就在他们唾手可得的范围里。至于华中生，华文科也在相对不受打压的情况下，被安排在正课的时间表内上课。

至于在华文对个人的重要性方面，独中生对华文的认同感虽然相对地比国中生低，但却比华中生高。他们对华语作为母语和族群文化的重要性是肯定的。这也符合了独中教育的主要使命之一，乃是要保护和传播历史悠久的华人族群文化。在Chen（2011）的研究里，独中生同意他们的校园成功地在他们身上灌输了中华文化。除此之外，这群学生也相信华文能让他们在未来的工作中占优势。所以，坚持学习华文是很自然的事，不仅是华人文化的延续，更有利于学生个人的未来发展。

毫无疑问，在几乎纯华人的学校环境下，独中生拥有其他华人没有的优势，就是能完成12年的华文教育。他们比任何一种学校的学生有更多机会在正规教育里接触、认识和学习华文和华人文化。在具有这种优势的同时，他们所认知的校园经验不曾受到对华文的压迫。独中生所理解对华文教育的压迫是属于相对宏观的社会经验。他们对华文的认同更多的是建立于传承和发扬母语的族群性使命。直到如今，独中仍然是一个通过中学阶段教育从而建构华人身份认同的重要机构。

在这三组华人学生里，华中生是对华文认同程度相对低的一群，但他们这种认同还是肯定的。在多数华人同伴、半数异族教师和马来文的教学环境里，他们所接触的人、事、物，既多元又富有华人的文化特质。研究分析显示，虽然华中生在个人的日常及华人传统和文化活动上有相对低的华文使用率，但是仍趋向大部分时间使用华文。换句话说，他们的华文使用频率会有超过一半的时间。How、Chan 和 Abdullah（2015）的研究显示，在政府学校接受教育的华人学生在使用互联网和通信的时候会华英双语并用。学生表示使用英文来沟通并不会削弱他们的华人身份。因此，华中生在多语的语境下普遍上还是认同并使用华文来交流的，并且多语兼用的时候也不会影响他身为一名华人的意识。

六 结语

综合上述研究结果和分析，在现今马来西亚的教育制度下，虽然教学媒介语、学生族群分布、学习华文的程度不尽相同，但是马来西亚新生代华人学生延续了祖辈们的华人身份认同。不管在哪一类别的中学就读，接受哪种语言的中学教育，华人学生没有失去他们的华人意识、特征和传统文化，反而持续认同华人的根。同时，华人认同和华文认同是相辅相成的。从四个华文认同的指标可知，华人学生对华文有基本的认同感。除了生活和文化上的用语，三类学校的华人学生也认同华文和维护华文教育的重要性。

独中生在几乎纯华人师生的环境下接受华文教育，继承了优良的华人传统文化并建构其华人认同。对于独中生来说，从小学至中学的华文教育灌输他们中华的传统文化、中华古老的智慧和哲学，保留了华人的独特性，因而认同保护与发展华文教育。

另外，华中生也保留了他们的华人认同。这组学生在有机会探索马来主流和中华文化的校园情境下的华文使用率虽没有其他两组学生高，却也认同并肯定华文教育的重要性。

此外，即便是在马来人为多数、各族混合、以马来文化为主的国中，华人学生的华人身份认同仍然持续存在，并且成为三组学生中最强烈的认同。在他们的视角里，华人身份能有意义地区分族群之间的"我者"和"他者"。多元族群的校园提供了辨别族群异同的情境，从而更深入地建构了华人认同。在学习华文受压的校园里，国中生加倍珍惜上华文课的机会，他们也对华文抱持努力不懈的精神。国中生在华文被边缘化的情境下能深刻体会和了解维护和传承华文教育的必要性。

生活在马来西亚多元族群、文化和语境的社会里，马来西亚新一代的华人的身份认同在政治思想和民族意识上虽然和上一代有所差异，但仍然和华文教育息息相关。因此，在教育制度下坚持、维护和传播不同层次的华文教育能建构华人身份的独特性。

美国"台裔"华人群体的历史与未来

林中威[*]

所谓"台裔美国人"或"台美人",是居住在美国,且不认同自身华裔身份的台湾地区侨民及其后裔对自己的称呼。这一概念起初主要体现了部分侨民的乡土意识,但随着时间推移,却越发凸显出与华裔相区隔的"台独"内涵。"二战"结束后,美国国内的所谓"台裔"群体经历了从文化上建构自我认同到政治上逐步争取官方承认的历程。当前美国各州"亚裔细分"的兴起,标志这一努力取得了阶段性的成功,其未来的变化值得关注。

一 "台裔"从文化概念到美国政治名词的转变

(一)文化层面"台裔"认同的形成

1. "二战"后美国"台裔"社团的初创

早在"二战"后,迁居美国的第一批我国台湾地区侨民就形成与传统华侨社团有所区别的结社形式。由于当时的台湾受日本文化影响较为强烈,这类结社往往模仿日本侨民社团的形式,且与前者关系更为密切。但进入20世纪60年代后,我国台湾地区赴美留学人数增多,由于这一部

---

[*] 林中威,福建社会科学院现代台湾研究所助理研究员。

分新增侨民并不会说日语，他们开始成立自己的社团"美东福摩萨俱乐部"（East Coast Formosan Club）。与此同时，留美的台湾学生在脱离岛内"白色恐怖"的环境后，也往往出于对国民党当局的不满，选择与其在美创办的各类侨民组织相决裂，这一倾向被留美台生中的"台独"分子所利用，促成了与台湾当局所谓"中华同学会"相区别的一系列"台湾同学会"的出现，其中堪萨斯州立大学的"台湾同学会"甚至于1965年得到校方同意，取代了校内的"中华同学会"。声势逐步壮大的这类组织成为后来"台裔"社团的一大支柱。

到了20世纪70年代初，随着在美台湾地区侨民的增加，全美各地掀起了设立"台湾同乡会"的风潮，不仅华盛顿的"全美台湾同乡会"（所谓Taiwanese Association of America）登记成立，"美东福摩萨俱乐部"也改组为纽约、波士顿、康涅狄格、费城和巴尔的摩等地的"台湾同乡会"，并成为"全美台湾同乡会"的一部分。需要指出的是，尽管这一时期使用"Taiwanese"作为自称的"台湾同乡会"有其"台独"色彩，但这一单词在含义上尚未与Cantonese、Fujianese等指代籍贯的词汇明确区分，仍处于籍贯与"国籍"之间的灰色地带。且这一时期来自大陆、香港和台湾甚至马来西亚的海外华裔也尚未形成明确的分野。

除同学会、同乡会等团体之外，基督教在台湾地区侨民社区的发展过程中也起到了非常重要的作用。"美东台湾人基督灵修会"于1970年成立，最初主要由来自台湾，居住在美国东部的华人基督徒组成，但在1974年该会举办第四届活动时，决定接受非基督教的台湾地区海外居民参加，成为延续至今的"美东台湾人夏令会"。随后迟至1985年，美国中西部、南部、东南部、平原区和西部的所谓"台湾人夏令会"或秋令会也陆续在基督教组织的支持下举办，成为凝聚当地"台裔社区"的一项重要活动，其中也包含了宣扬"台独"理念的政治内容。到了1980年，中西部"台湾人基督徒灵修会"也在连续主办13年后，决定转型，改办一年一度、为期一星期的"台美青少年夏令营"。其所隶属的基金会也更名为"台湾人协进会"（所谓Taiwanese American Foundation）。夏令营的目的就在于向"台裔"群体的青少年中传播"台湾认同"，使其得以在代际间流传。此外，成立于1974年的"北美洲台湾基督教会协会"也与"全美台湾同乡会"一道,开始为争取美国人口普查局在1980年人口普查中加入与华裔并存的"台裔"选项出力,这成为后来所谓"台美人"("台裔美国人")团体力争成为全美人口普查中独立"族群"的先声。

2. 20世纪70年代后台湾地区侨民团体政治活动的公开化

进入20世纪70年代,随着彭明敏出逃、蒋经国遇刺,以及国民党当局在钓鱼岛问题、中国恢复联合国席位和中美关系缓和等一系列事件上受到的重挫,在美"台独"分子的气焰有所上升,其开始借否认国民党当局统治的合法性之机,推广"台独"理念。1971年"世界台湾人争取独立联盟"(简称"台独联盟")和1974年"世界台湾同乡会"的成立,标志海外"台独"运动的中心由日本转向美国。其中北美各地的"台湾同乡会"虽然仍主要承担台湾地区侨民之间互助的社会职能,但由于其成员普遍倾向泛绿,使之迅速成为岛内外"台独"活动的主要支持者之一。至70年代末,随着通信手段的发展和一些刊物的出现,在美台湾侨民社区进一步卷入了岛内反对国民党当局的活动。为了动员美方干涉台湾政局,部分侨民学会了积极参与美国的政治生活,通过媒体、社区、教会和联系国会议员等手段发表自己的观点,以争取美国公众和政客的支持。

从20世纪80年代开始,支持"台独"的在美台湾侨民组织开始公开化,组织也更为严密。1982年,"台湾人公共事务会"正式成立,其表面上旨在服务在美台湾侨民的政治诉求,实则是"台裔"及其后代参与和影响美国政治的渠道。因此其很快开始对涉台的美国内政问题发声,如要求在1980年美国人口普查中加入"台裔"选项,以及着手与美国国内的"藏裔"相勾结等。其后,所谓"北美洲台湾人教授协会"(NATPA)和北美洲台湾妇女会(NATWA)等社团也陆续成立,这些专业化社团的存在,一方面拓展了"台独"宣传和活动的具体领域,另一方面也企图在美国社会中塑造其"温和"与"专业化"的形象,使其更易为公众所接受。与此同时,"台裔"群体也分别尝试在芝加哥、旧金山等地设立"台湾社区中心",最终在纽约的法拉盛建成了第一个维持至今的"台湾会馆"。随后美国各地的"台湾社区中心"陆续涌现,在一定程度上代替了中美建交后台湾当局"北美事务协调委员会"的作用,从政治和社会角度黏合了"台裔"群体。总体而言,这一时期"台裔"社区与"台独"分子的勾结更为紧密，同时其亲美色彩也大大增强。且由于其规模的持续扩大与政治活动能力的增强，也开始争取到了美国国内一些政客的支持。

（二）"台裔"认同渗入美国政界

1. "台裔"作为名词出现在美国官方文件中

20世纪90年代是所谓"台湾人认同"得以登堂入室的关键时期。而美国政府和立法机构在其中起到了非常重要的作用。从80年代后期开始，由于台湾当局在美国侨界的控制力有所减弱，所谓"台裔"社区丧失了斗争的对象，政治热情有所消退。且同一时期台湾地区对美移民的重要成分转为商人和投资者，这些政治倾向相对较弱的新鲜血液进一步冲淡了"台裔"社区的政治属性[1]。在此背景下，一些死硬"台独"分子也选择借"解严"之机返回岛内，参加到民进党等绿营势力的活动。这一方面固然使海内外"台独"势力得以合流，但另一方面也进一步削弱了在美"台裔"社区政治活动的骨干力量。

但在克林顿政府和美国国会有意或无意的支持下，独立的"台湾文化"开始得到美国官方的部分认可。时任美国参议院外交委员会主席的裴尔（Claiborne Pell）与其后任众议院外交委员会主席的柏曼（Howard Berman）等两党议员先后历经约三年时间推动，在1994年10月25日经克林顿总统签署，通过了美国国会法案103—415号（Public Law 103 - 415）。自此，出生于台湾之美国人的护照及其他官方证件的出生地皆得以由China更名为"Taiwan"。1999年5月，克林顿总统又与国会分别宣布美国各地将在每年5月择一周作为"台美人传统周"（Taiwanese - American Heritage Week），以"表扬其对美国社会的奉献"[2]。其后，美国国会参众两院又在2000年5月通过了向"台美人传统周致敬"（in honor of Taiwanese - American heritage week）与庆祝"台美人传统周"（celebrating Taiwanese - American heritage week）的决议。[3] 克林顿也为当年的这

---

[1] Linda. G. Arrigo: Patterns of personal and political life among Taiwanese - Americans, p. 16.

[2] Congressional record. E1264. June 15 1999.

[3] 146 CONG. REC. E706 - celebrating Taiwanese - American heritage week; 146 CONG. REC. E693 - Statement in Honor of Taiwanese - American Heritage Week.

一活动写了贺信。

在此鼓舞下,在美"台裔"的政治活动又有所增加,"台美大学生跨校际协会"(Intercollegiate Taiwanese American Students Association)于20世纪90年代初成立,旨在维持"台裔"后代的文化认同和对台湾事务的关注。从70年代后期开始的争取将"Taiwanese"与Chinese并列,列入美国人口普查局种族(race)栏的活动也开始取得较明显效果,在2000年的人口普查中,选填"台湾人"的台湾地区侨民从1990年的8万人增长到2000年的近14.5万。① 比之1980年普查得到的1.6万多人增长更是明显。② 而到2010年的全美人口普查之前,"台美人"社团鼓励会员填写"Taiwanese Americans"的活动力度也大大增强,使最终统计结果中"Taiwanese"的数量进一步增加到了23.0328万人③(见图1)。总而言之,经过多年的运作,与华人相排斥的所谓"台美人"认同在美国社会文化领域已经开始成型,并得到部分政客的认可,从而为"亚裔细分法"的出现打下了基础。

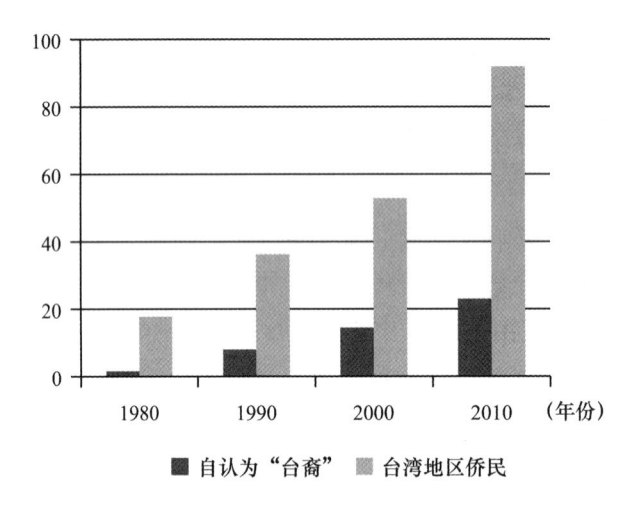

图1　历年我国台湾地区对美移民总数及其中自认为"台裔"的人数

资料来源:"台裔"人数来自美国人口普查局,台湾地区对美移民总数来自台湾地区"侨委会"。

---

① 陈正义:Taiwanese-Americans want to be counted,TaipeiTimes,2016.8.3 http://www.taipeitimes.com/News/editorials/archives/2016/08/03/2003652337。

② 黄嘉树:《台湾能独立吗》,南海出版公司1994年版,第16—17页。

③ 参见美国人口普查局网站:https://www.census.gov/。

2. "亚裔细分法"与"台裔"作为种族划分的法律化

"台裔"或"台美人"认同的出现及其社区的形成，为一些政客提供了可乘之机。进入21世纪后，他们或是出于个人倾向，或是为了讨好"台裔"选民，开始在各地推行立法，要求在统计中区分华裔与"台裔"，并逐步在相关政府机构中运用这一数据，从而使这一区分以法律形式得到巩固。

从2006年开始，原加利福尼亚州"台裔"众议员刘云平就多次提案，要求"细分"族群类别，增加包括台湾在内的11个种族（Race）。其中2006年未获通过的AB2420自称旨在"收集完善州人口数据"[①]，2007年的类似提案AB295进一步要求加州公共健康、社会服务和劳资关系相关部门收集和公开相关数据，这一次提案在州议会获得了通过，但被当时的州长施瓦辛格否决。2010年刘云平又发起了AB1737提案，在AB295的基础上加入了对加州的教育部门收集相关数据的要求，但提案最终也遭到了搁置。然而，2011年加州还是通过了加州众议员伍国庆提出，刘云平共同起草，要求"对主要亚裔群体进行更详细划分"的AB1088提案，至此"Taiwanese"正式在法律上获得了主要亚裔群体一支的地位[②]，因此有人将这提案视为旧"亚裔细分法"，与现有的新版"亚裔细分法"AB1726相区别。但其最初提案中要求将相关数据运用于医疗、社会保障、就业和教育部门的条文最终通过的版本中被大幅删减，仅保留了对劳动关系与公平就业领域相关部门的要求，其实际用途有限，这无形中达成了"温水煮青蛙"的效果，使普通华人对其关注度相对较低。但当时所谓"台美人"社区就已经对该提案表示了支持，并动员社区成员参与陈情活动。[③]

到AB1088提案为止，加州议会的一系列提案分别具备了此类法律的

[①] AB 2420 Assembly Bill, http://www.leginfo.ca.gov/pub/05-06/bill/asm/ab_2401-2450/ab_2420_cfa_20060628_131222_sen_comm.html.

[②] AB 1088 Assembly Bill, http://www.leginfo.ca.gov/pub/11-12/bill/asm/ab_1051-1100/ab_1088_bill_20111009_chaptered.html.

[③] 林莲华：《联署促州长签署AB1088法案》，美洲台湾日报，2011.1.12, http://taiwandaily.net/printpg.aspx?_p=kSF1c9zU9HTD4m3d8c6kbxpSCydDLN0Z。

三大特征：细分亚裔种类，并将"台裔"与华裔相并列；在州政府所属的人事、社会保障、卫生和劳资关系相关部门运用相关数据；将上述划分运用于教育机构和部门。可以说在全美各州逐步得到推广的"亚裔细分法"已初具雏形。应该说，这一时期的亚裔细分法案在目的上相当明显，不仅将"Taiwanese"与 Chinese 相区别，更凸显了将其并入所谓亚太岛屿民族（Asian Pacific Islanders）的意图。因此与后来伪装更为严密的法案相比，更有利于我们观察提案人的初衷。

从 2015 年开始的 AB176、AB1726 两次新"亚裔细分法"提案可以视为之前尝试的一次总结。这两次提案在具体操作上做出了一些改变，如改由菲律宾裔参议员 Rob Bonta 发起提案，且将"教育平权"作为法案卖点之一，以求吸引其他少数族裔的支持等。2015 年，Bonta 发起了 AB176 提案，要求在医疗服务及高等教育，对亚裔进行更详细的统计。这项法案当时得到了父母来自台湾的州众议员邱信福、加州议会参议院潘君达联署，并在加州州政府的亚太裔党团全力推动下，在参众两院顺利通过，仅被州长布朗以细分族裔未必明智为由否决。而 2016 年 1 月提出的 AB1726 议案则是 Bonta 牵头的又一次尝试，此次提案又获得了所谓"台裔"州众议员邱信福和丁右立联署，由于其在反复讨论过程中策略性地进行了大幅度修改，尤其是删除了北美华人最关注的教育相关内容，并将施行日期从 2017 年推迟到 2022 年，提案面临的反对声浪大大减轻，并最终于 2016 年 9 月得到了通过。

随着加州"亚裔细分"立法的成功，在美国的其他地区也陆续出现了类似的风潮。纽约市于 2016 年 11 月 31 日通过的 251 – A 法案要求社会服务、卫生和教育领域的相关机构收集纽约市最常用的包括所谓"台裔"在内 30 个族裔和语言的信息。此后纽约州、明尼苏达、夏威夷、华盛顿州和罗得岛等地也都陆续通过了类似法案或开始实行亚裔细分的措施，还有麻省、乔治亚州和宾夕法尼亚等地也显露出类似趋势。虽然其中也不排除罗得岛州这样法案中尚未划分出"台裔"的地区，但其整体趋势已不容乐观，"台裔"认同有在全美范围内获得地方法律认可的可能性。

二 "台裔"认同建构的消极影响

(一) 为海内外"台独"活动提供了支持

美国作为世界上最强大的国家和"台独"势力最重要的外部助力，其国内所谓"台裔"认同的逐步建构，对"台独"分子的鼓舞是毋庸置疑的。与此同时，所谓"台裔"的认同也进一步凝聚起了北美各地的绿营支持者，为"台独"势力吸引海外台湾地区侨民的选票和在美国政坛的钻营都提供了有力的支持。

"台裔"群体一直与绿营各政党关系匪浅，不仅是绿营在美各类工作的马前卒，同时也为其争取在美台湾侨民的选票出力甚多。如"台美人"最重要的年度聚会之一"美东台湾人夏令会"一直是绿营积极活动、争取在美台湾侨民选票的重要场合。2017年的主办方就邀请台湾三个主要绿营政党民进党、时代力量和社民党的代表前往，三党也都派出强大的阵容，以求争取"台美人"的支持。蔡英文当选之后，"台美人"社区以民进党"净友"自居，不仅为其执政出谋划策，还积极提供力所能及的支持和帮助。2016年特朗普同蔡英文通话后，就有以台湾人公共事务会（FAPA）为首的多个"台美人组织"，在《华盛顿时报》刊登广告，呼应川普这一对台湾的"友善举措"，呼吁美国新政府重新审视"一中政策"。2017年1月蔡英文出访中南美洲期间过境旧金山，也得到了民进党之友会、南湾台湾同乡会等7个"台美人"社团的欢迎。赖清德、郑文灿等绿营政治人物访美期间，也常常与所谓"台裔"政客和企业家会面。而2017年下半年也有全美各地上百"台美人"赶到华盛顿做美方议员的工作，以期推进"台湾旅行法"顺利过关。

而绿营也乐于投桃报李，积极在"台裔""台侨"相关议题上迎合所谓"台美人"，借机宣扬"台独"意识形态。2016年3月，针对"侨务委员会委员长"陈士魁对于"台裔"一词毫无意义、无知的说法，民进党立委王定宇、罗致政、蔡易余召开记者会进行了炒作，王定宇声称大多数人已自认是"台湾人"，必须予以尊重。罗致政也辩称，美国许多地方的团体、社团都用"台裔"这个名词,也有"台湾同学会",因此陈士魁的言论是错误的。① "时代力量"作为新生政党,对所谓"台裔"的认同也尤为重视,"时代力量""立委"林昶佐和黄国昌在 2015 年、2016 年分别赴美期间,就受到了当地"台侨"社团的大力支持。受此鼓舞,林昶佐在 2016 年 3 月公然抛出了区分"华侨"与"台侨"的谬论,认为台湾当局"侨委会"应将"侨胞"定义清楚,"侨胞"一定是包括在台湾的各个族群所延伸到海外的势力,也就是从台湾出去的"台侨",无论哪个族群,只要从台湾出去都算。而民进党人士也纷纷跟进,认为这一区别"确实存在"。民进党美西党部前主委郑锡堃和主委杨琬柔都将"台裔"定义为来自台湾的移民,事实上直接赞同了林昶佐的论调。其中郑锡堃尽管辩称这一概念并非"去中国化",而是仅仅为了方便外国友人了解台湾地区移民与大陆移民的区别,但实际上仍是将 Chinese 与所谓"taiwanese"相并列。

(二) 在国际场合传播对台湾地位的错误认知

由于美国和英语在世界各国的影响力,随着北美各地的"台裔"认同甚嚣尘上,部分其他国家的媒体、作者和政客也开始使用"Taiwanese"等词汇。德国之声、BBC、《联合早报》等国际知名新闻机构在中文稿件中使用"台裔",同时在英文报道中使用"Taiwanese"指代来自台湾的海外华人已是屡见不鲜。当中国与印度发生争端时,炒作"台裔"问题也成为印方的报复手段。印度人民党秘书长马德哈夫在 2017 年 2 月 14 日接待台湾方面立法机构代表团后,就刻意在其脸书页面上用"Taiwanese guest"指代后者,为"台独"做了免费的宣传。在日本,《产经新闻》系的英文媒体 JAPAN Forward 于 2017 年 5 月 29 日在头版以"We're Not Chinese"(我们不是中国人)的标题报道"全球最大的'台侨'组织'全日本台湾联合会'将在日本成立"(World's Biggest Overseas Taiwanese

---

① 《"台侨"说法起争议 绿委指陈士魁无知应道歉》,中评网,2016 年 3 月 23 日,http://www.crntt.com/doc/1041/7/0/5/104170569.html? coluid = 93 & kindid = 4030 & docid = 104170569。

Organization To Form in Japan）的消息。①

同样，岛内媒体甚至是台湾当局官方文件上"台裔""台侨"等字眼也越发常见。台当局科技主管部门的正式文件和驻外机构如洛杉矶台北"经济文化办事处"、台北驻德国代表处的相关公告②，侨务机构出版的电子报等都出现了此类词汇，如台湾地区科技主管部门的"候鸟计划"就声称旨在："使海外'台裔'青年返'国'学习与服务，借机与国内人士交流，认识台湾，进而了解台湾、爱台湾并于适时机会为台湾在国际上发声"。③ 不难想象，在民进党当局努力推进"去中国化""柔性台独"的今天，此类情况还将经常发生。

除此之外，海外的"台裔"认同者也开始越来越积极地活动，企图使各国政府、企业和社会团体更多地使用"台湾"来指代台湾地区。2012 年，在"台湾人公共事务会"的活动下，美国国土安全部将台湾旅客的入境卡由中国台湾改为"台湾"。2017 年，包括"全美台湾同乡会""台湾人公共事务会"和"北美台湾人教授协会"在内的美国的所谓"台美人"团体又展开了"TRO 正名运动"，要求将台北"经济文化办事处"（TECO）改为台湾驻美代表处（TRO）。而在法国，2017 年 6 月中旬揭幕的安锡国际动画影展以中国台北介绍台湾"国立"台北艺术大学詹凯勋入围的作品。但经旅法台湾人士发起"自己的'国名'自己救，来去安锡留言挺台湾"运动，在"欧洲台湾协会联合会"（European Federation of Taiwanese Associations）支持下，安锡国际动画影展官网竟恢复使用"台湾"指代作品的国籍。此外，当前全球各地的所谓"台裔"认同者还在积极活动，要求 2020 年东京奥运会允许台湾"正名"。

---

① Akio Yaita, Sankei Shimbun："We're Not Chinese"：World's Biggest Overseas Taiwanese Organization To Form in Japan, may 29 2017 https：//japan - forward. com/were - not - chinese - worlds - biggest - overseas - taiwanese - organization - to - form - in - japan/.

② 驻德国台北代表汉堡办事处：《2017 年海外华裔青年台湾观摩团》，http：//www. roc - taiwan. org/deham/post/1627. html。

③ 台湾地区科技部主管部门：《候鸟计划》，https：//www. most. gov. tw/houston/ch/list?menu_id = adc3a544 - 8bdc - 48a6 - afa1 - 57e033e31d6f。

三 "台裔"认同建构的模式分析及前景预测

(一)"台裔"认同的建构正由依赖外力扶持走向自主推进

美国国内所谓"台裔"的划分,是国内外一些势力利用两岸长期分裂造成的海外台胞自我认知混乱兴风作浪的结果。而当所谓"台裔"的认同初步形成后,其中个别政客又充分利用自身对美国政治的了解,抓住美国政府扶持"台独"的倾向和其政党政治的特点,推动了"Taiwanese"从地域文化共同体向美国地方法律认可的所谓"种族"转变的进程。

两蒋时期国民党的"白色恐怖"是在美台湾侨民"非中国化"认同的肇始,两岸长期分治且中美处于对抗状态的事实,又进一步巩固了这种倾向,成为所谓"台美人"意识滋生的"温床"。由于中国长期受到美国政府的敌视,部分北美台湾侨民在与当地居民交往时,或是为了获得对方的亲近感,或只是为了与大陆同胞相区分,以避免不必要的麻烦,选择使用"Taiwanese"这个词汇来表明自己的共同身份。其后随着在美台湾侨民的增加及社会地位的提高,又使台湾地区侨民发展自身社区,建立自有人际网络的意愿逐步增强。加之共同对抗国民党当局的外部压力,赋予了维持这一社群长期团结的动力。而中美建交以后美国政府的一系列行动,又在有意或无意间自上而下地强化了这一社群的认同。美国政府对两岸赴美移民额度的划分,在移民来源地登记上"中国"与"台湾"的并列,以及克林顿时期对"台美人文化周"的支持,都赋予了台湾地区移民社群一种仪式感,通过国家的力量,突出其所谓的"台美人"身份,在这一群体认知成型的关键阶段提供了重要的支持。

随着台湾移民第二代、第三代的成熟,以及岛内政党轮替的发生,所谓"台裔"社区不仅能够在美国的政治经济生活中占据一席之地,还终于真正获得了"故土"的认可和支持,最终成为一个稳定而有行动力的社会群体。因此,尽管台湾地区对美移民人数已经逐步减少[1],但这一

---

[1] 吴新兴:《亲中侨团急剧增加 台湾侨团受冲击》,中评网,2017 年 5 月 31 日,http://hk.crntt.com/crn-webapp/touch/detail.jsp?coluid=7&kindid=0&docid=104697418。

社群对美国和岛内政治的影响力在短期内还将呈上升趋势。尤其是随着成长于美国的台湾移民后裔陆续步入政坛,其对美国政治结构和多元化理念的理解,使其一方面能够主动把握各种陈情、提案的机会,将所谓"台裔认同"塞进各类政府文件和相关法案;另一方面又能够灵活运用政治斗争技巧,扩大自己的同盟阵营,逐步达到其目标。如在加州"亚裔细分法"的案例中,历任的几位与台湾当局关系密切的"台裔"议员就采取了循序渐进的手段,先立法确立细化的"族裔"的划分,再继续立法扩大其具体运用领域,从而减轻其遭遇的阻力;将"亚裔细分"与教育平权相挂钩,以吸引入学率较低的部分少数族裔的关注和支持,以求扩大同盟者;通过前后几任持续性的努力,达到其最终目标。"台裔"在这一系列案例中表现出的行动力和影响力,值得引起警惕。

(二)"台裔"群体的发展势头将难以为继

必须承认,当前所谓"台裔"群体要继续在美国社会宣扬其认同,短期内可能获得更为优越的条件。一是当前美国社会平权运动方兴未艾,多元化的理念也仍然有较大市场。民主党力推教育平权、关注少数族裔权益,这是全美各地掀起"亚裔细分"风潮的一大诱因。"台裔"政客们也正是借助了所属政党的支持,才能使相关法案得以通过。不难想象,未来民主党内的"台裔"政客将继续打着维护"少数族裔"权益,保护各种族身份认同自由的旗号,推广所谓的"台裔"理念。二是所谓"台美人群体"第二代、第三代在美国政界已初具影响力,加之民进党执政背景下"台独"势力在全球范围内更为活跃,双方互动与合作也必然增加。2017 年郑文灿访美期间,就曾与已就任美联邦众议员的刘云平会面,后者强调其将在"台湾关系法"、对台军售和台湾地区参与国际组织方面加强对台当局的支持[①]。加州的邱信福、潘君达等与台湾当局也联系颇多。"台裔"政客与岛内联系"台独"的结合,难免会加强"台美人"的故土意象,增强其凝聚力。三是中国大陆实力的提升和在美大陆新移民的增长也很容易引起美国政府与当地社会的担忧,促使其通过更多削

---

① 张裕珍:《首次访美　郑文灿感谢对台坚定支持》,《联合早报》2017 年 7 月 8 日。

弱和分化华裔群体的措施，以平衡中国大陆对华人群体的影响。当前已经成为联邦众议员的刘云平等正在推动2020年全美人口普查中加入"台裔"选项，就是"台裔"群体故技上升到官方层面的一个征兆。未来也不排除其可能提出全美性质的"亚裔细分法案"，从而完成分裂华裔的关键一步。

然而，从长远角度看，支持"台裔"认同的理念与现实都缺乏稳固的基础。所谓"台裔"认同的支持者常用的理由有三个：每个人都有选择自己种族认同的自由；"台裔"的称呼有利于台湾地区海外侨民突出其与大陆移民的区别；"台裔"认同已经走过了由社会文化认同到行政规程和当地法律认可的过程，具有其现实性。但这三点都与事实不符。

一方面，就个人自我认同而言，尽管欧美的历史经验说明，群体自我意识和外部的认可是民族形成过程中最为关键的两项要素，而语言与血统的作用相对较为有限。但东方的民族观念却与此截然相反。旅美台湾地区移民及其后裔处于两种文明的夹缝之间，既要保持其文化的东方根源，又要用西方式的民族认同定义自己，这就导致了所谓"台裔"认同在逻辑上存在根本性的矛盾。即使是邱信福等在为加州"亚裔细分法案"辩护时，也无从否认所谓"台裔"与华裔在血统和生活习惯上的一致性，只好声称自己的动机是"认为个人有选择自己种族认同的权利"，但实际上法案最终的通过却是以"了解各种族在血统和生活习惯方面的差异，为其提供多样化的医疗服务"为理由，这不啻为对其言论的最好驳斥。

另一方面，无论是"'台裔'称呼有利于区分台湾地区和中国大陆的侨民"；还是"'台裔'认同已经走完了社会文化认同到地方法规的历程"，都不过是数十年时间里两岸分隔背景下人为塑造出的暂时状况，远远不能支持其所谓的"民族认同"。相反，随着中美之间、两岸之间交流的日益增多，台湾地区经济实力的衰退，及其对美移民的减少，原本数量就极为有限的所谓"台美人"群体将面临难以避免的衰落。一方面其无法避免后代逐步融入美国主流社会，而抛弃其华裔或"台裔"特征[①]；

---

① Linda. G. Arrigo: Patterns of personal and political life among Taiwanese-Americans.

另一方面这一群体在经济上对中国大陆移民的优势也难以长期维持。事实上海外"台裔"群体自身已认识到了这一问题，因此长期以来试图通过模仿犹太人模式来维持自己的"族群"。但这一尝试很显然不过是缘木求鱼。即使在岛内的"台独"分子看来，今天所谓"台裔"也无法认识到台湾与"中国"的"差别"，很难成为其合格的同道。究其原因，"台独"理念很大程度上植根于岛内相对封闭的政治文化环境，而美国的"台裔"正日益脱离这一背景，因此无法像岛内"台独"支持者那样关注和放大台湾地区与中国大陆之间在文化和近代历史上的细微差异，他们所认识到的"台湾"和"中国"的分界，最终只能是现存政治制度上的不同，而这远远不足以成为支持"台独"意识形态的理由。未来随着两岸经济社会融合的加强和美国国内"台裔"的文化特征逐渐减弱，当前其赖以支撑认同"合理性"的所谓"既成事实"将很快被新的现实所取代，已有的相关立法必然成为无源之水。

除此之外，"台裔"政客在"亚裔细分法"等问题上的表现，实际上也加速了大陆新移民政治意识的觉醒，更缩短了前者借助其在美国政界影响力的优势，推广自身"认同"的时间窗口。炒作教育平权是"台裔"政客争取少数族裔支持，推动"亚裔细分"法案通过的关键步骤，但这一手段却触及了海外华人最为关注的教育问题，迅速唤醒了海外华人参政的热情和对所谓"台裔"群体的警惕。这就使仍然离不开华裔群体支持的"台裔"政客们失去了一笔重要的政治资产，降低了其社会影响力，从而增加了其未来继续操弄族群议题的难度，而整个"台裔"群体当前在美国国内政治中的优势也将被严重削弱。

教育促进认同：
印度尼西亚爪哇华校历史与现状的考察

张小倩[*]

一 学术回顾

  国外学术界对于印度尼西亚华人群体的关注点更多地投射在该群体融入当地主流社会的程度，特别是他们的参政情况。有关印度尼西亚华裔身份认同的研究主要集中在印度尼西亚华人学者的研究，如云昌耀所著的《当代印度尼西亚华人的认同：文化、政略与媒体》及其论文《如何成为华人：印度尼西亚华人族群认同的"复苏"》，Mely G. Tan 的著作《印度尼西亚的华裔》等。

  20 世纪 80 年代中后期，海外华人的文化认同问题开始进入国内学界的视野。进入 90 年代前期，国内学界延续对海外华人文化认同研究的兴趣，并且开始探索文化认同在经贸合作中的积极作用，与此同时，开始将更多的焦点放在民族文化认同的研究中，强调文化认同感在增强民族凝聚力方面的效力。

  当前国内学术界对印度尼西亚华族研究的侧重点则主要集中在以下几个方面：（1）在中国求学的印度尼西亚华裔青少年。比如王爱平的《文化与认同：印度尼西亚华裔青少年调查研究》《印度尼西亚华裔青少

---

[*] 张小倩，丽水学院华侨学院讲师。

年的身份认同与国家认同——华侨大学华文学院（集美）印度尼西亚华裔学生的调查研究》，唐润州的文章《印度尼西亚华人对其困境之态度研究——以台湾印度尼西亚侨生为例》以及黄煜的硕士论文《印度尼西亚华裔青少年对中华文化的认同及其对汉语学习的影响》等。（2）对印度尼西亚华人族群的文化认同影响因素或华族融入当地的研究。如温北炎的文章《关于印度尼西亚华人融入当地主流社会的问卷调查》，莫嘉丽的文章《印度尼西亚华人信仰的多教混合与华人文化认同》，刘慧的文章《印度尼西亚华族集聚区语言景观与族群认同——以峇淡、坤甸、北干巴鲁三地为例》。

综上所述，进入21世纪以后，华人第二、第三代的认同变化及其与中国的关系，成为近年来国内外华人研究的热点之一。作为移民及其后裔，华人族群认同通常受到居住国、所在社区、华人凝聚力和移出地的影响。随着居住地环境和个体或群体价值取向的变化，自然会极大地影响华人族群的个体和群体认同。而语言文化习俗作为认同的核心基础，其中又以语言为重。随着经济生活的日益超民族和超国界，现代化的交通方式使地域界限淡薄，语言成为保持族群文化特征的重要标志。尤其在东南亚，华人与当地人同属黄种人，如果丧失本族群的语言，则同化的进程将越来越快。

二 印度尼西亚华人社会和华文教育发展阶段和现状

印度尼西亚华文教育从近代以降一直与当地华人社团存在千丝万缕的联系。因为没有统一的语言，也因为来源地的多样化，早期华侨只能通过私塾尽量维持方言。私塾一般都在当地同乡会或宗亲会的支持下得以设立，在某种程度上可以说最早的印度尼西亚华文教育正是在华社的一手操办下才建立起来的。这些私塾的存在成为早期华侨保持祖籍文化认同的重要媒介。

印度尼西亚的新式华文教育以1901年3月巴城中华会馆隶属的中华学堂（学校）的诞生为标志。中华学堂（学校）成立的目的主要是改变当地土生华侨的乡土观念，推动全荷属东印度华侨的文化认同导向祖国，实现文化认同一体化。中华学堂（学校）创立之后受到各埠华侨的欢迎。两年内，仅爪哇岛的巴城、文登、茂物、万隆、三宝垄、玛琅、井里汶等地，共创办了13所中华学校。据不完全统计，到1908年荷属东印度的各中华学校达27所。[①] 到1919年，中华会馆附属中华学校计爪哇、婆罗州及苏门答腊等处共有200余所。[②] 各地中华学堂的成立标志荷属东印度华侨有了统一学习国语和中华文化的媒介。中华学校在荷属东印度华侨社会中极受欢迎，得到广泛建立，充分证明荷属东印度华侨社会的文化认同取向发生了明显变化，祖籍来源不同的华侨希图统一认同于中国的主流文化，而不再局限于对各自祖籍地文化传统的遵循。

但是印度尼西亚独立后，华校学生大部分已经被动纳入印度尼西亚籍，随着印度尼西亚民族主义的崛起，政府强调民族国家认同，印度尼西亚华人对中国的认同在印度尼西亚共和政府看来是一种危险行为。政府开始限制华文教育，以确保华人不再参与和中国有关的政治活动。印度尼西亚政府开始对华文教育采取批评、逐步限制及禁止的政策与措施。例如，1950年，印度尼西亚教育当局计划将侨校分为外侨与籍民两种，任何民族（外侨也好）要设立学校，最低限度印度尼西亚文应列入课程。[③] 1956年11月，中爪哇地区外侨教育督学局正副局长对华校教师发表了有关教育方针的演讲。斯拉莫局长提到，在有许多印度尼西亚籍学生的外侨学校中，如果都以外侨的教育制度为教学准绳，就会造成不少问题，这些印度尼西亚籍学生的思想就会背离印度尼西亚社会。外侨学校应多教授印度尼西亚语文及历史、地理，不要使印度尼西亚籍学生脱离了祖国印度尼西亚，外侨学校也不应做过多的政治宣传。[④] 1957年，印度尼西亚外侨教育部统计，印度尼西亚华校共1600多间，华侨学生30余

[①] 《南洋英荷属岛各埠华侨学校一览表》，《东方杂志》，光绪三十四年，第1期，第45页。

[②] 《申报》1919年3月15日。

[③] 《印尼教育当局计划强将侨校分为外籍与侨民两种》，《新报》，雅加达，1950年9月21日。

[④] 《中爪区外侨教育督学讲述侨校应主义事项》，《新报》，雅加达，1956年11月26日。

万人，印度尼西亚籍学生 97559 人。① 但是受印度尼西亚政府对华校教育的限制政策影响，从 1958 年开始，华校教育逐步走向衰落。1958 年，由华侨社团支持的华校只剩下 850 所，学生约 15 万。② 从 1959 年至 1960 年间，共有 72% 的华校被迫停办。③ 1961 年以后，华校由原来的 2000 多所减至 850 所，学生人数则由 42 万人减至 15 万人。④

尤其是 20 世纪 60 年代以后，印度尼西亚国内政治局面动荡不安，党派斗争激烈。印度尼西亚政府于是从取缔华语教育入手，进而推行全面同化华人的国家政策。1966 年 4 月，印度尼西亚政府关闭并接管了所有华校，规定印度尼西亚一概不准有外国学校的存在。1967 年，印度尼西亚政府进一步颁布《解决华人问题的基本政策》⑤，推行全面同化华人的政策，在全国范围内全面禁止华校、华文报纸、华文招牌和华人社团。在此后苏哈托统治的几十年中，华校在印度尼西亚不复存在。

苏哈托政府长期压制印度尼西亚华人的华人意识和文化，使印度尼西亚华人多年来不敢表白其华人认同。比如禁止使用华文。1966 年 11 月至 12 月，各地方政府或战时掌权者陆续发布法令，禁止华侨华人在公开场合讲华语（包括用华语打电话）；禁止悬挂华文招牌、广告；禁止宣扬中华文化。整顿队、便衣队经常出巡，如发现上述华文物件，即将其撕破、拆毁、取走。⑥ 同时禁止华人在公开场合表现中华文化习俗。印度尼西亚政府于 1967 年 12 月颁布法令指出，华族宗教、信仰和习俗起源于他们的祖籍地，它们的各种表现会影响人民的心理、思想和道德，因而阻挠人民的正常发展。因此政府要求华人的宗教和习俗仪式只能在家庭或者寺庙内举行。⑦ 即使是作为第一代华人并与印度尼西亚当局关系甚笃的著名华商林绍良，在公开场合也尽量与华人身份撇清关系，表白自己

---

① 《华校教育概况》，《生活报》，雅加达，1957 年 11 月 21 日。
② 廖建裕：《新阶段的印尼华族研究》，新加坡教育出版社 1978 年版，第 63 页。
③ 《西爪哇当局横暴摧残华侨教育》，《人民日报》1960 年 7 月 2 日。
④ 蔡仁龙：《赤道线上的脚印》，香港生活文化基金会，2014 年，第 115 页。
⑤ 廖建裕：《现阶段的印尼华族研究》，新加坡教育出版社 1978 年版，第 162 页。
⑥ 唐慧：《印度尼西亚历届政府华侨华人政策的形成与演变》，世界知识出版社 2006 年版，第 176—179 页。
⑦ 李宁彪：《美丽的印尼多元文化》，苏仁译，《印尼焦点》2010 年第 26 期，第 49 页。

是"属于印度尼西亚人的多于属于华人的"。①

这一情况直至20世纪90年代才慢慢发生变化。1990年8月中印（尼）恢复邦交后，随着印度尼西亚旅游业的发展，来自中国大陆、香港、台湾等华文国家和地区的游客和探亲人员日益增多，需要更多懂华语的人才，中国同印度尼西亚的贸易往来、各种人员的互访也日益密切，这都需要翻译。印度尼西亚政府开始重新审视华文教育的重要性。印度尼西亚政府不再制止华人子女到中国学习华文。90年代开始，华文课本和一些华文技术说明书已可以进口印度尼西亚。华人收看中国大陆电视节目或港、台电视台也不受阻止。不少地方的老一辈华人开始用华语交谈。在印度尼西亚人经营的许多书摊上，也有各种华文的小说和旧刊物出售，政府对此不加取缔。1993年，印度尼西亚经济文化社会合作协会主席苏卡达尼提议，撤销禁止在印度尼西亚使用华文的法令。② 1995年5月，印度尼西亚政府开始允许华人办华文辅导中心或补习班。但是，这时候的印度尼西亚华人仍处于观望状态，他们担心歧视华人的苏哈托政府随时可能会变卦，所以这一时期在印度尼西亚的华文教育还未在华人社会得到复苏。

1998年印度尼西亚"五月暴乱"结束了苏哈托政权的专制统治，也是印度尼西亚华人政治地位的重要转折点。许多印度尼西亚华人意识到自己再也不能当政治权利斗争的牺牲品，开始谋求华人自身利益。而印度尼西亚政府也应民主政治的发展，开放华人参政议政，从而使印度尼西亚华人社会地位出现急剧的转变。印度尼西亚华人追求自身权益的一个重要表现就是谋求语言的权利。

1999年5月5日，哈比比颁布第4号总统训令，要求政府各部门解除禁止华人讲授华文的禁令③，在某种程度上为印度尼西亚华文教育的复兴提供了法律依据。同年10月14日，印度尼西亚文化教育部长颁布了

---

① Edgarwickberg. Ethnicity. in Lynn Pan (ed). *Chinese Encyclopedia*. Archipelago Press, Singapore, 1998.
② 唐慧：《印度尼西亚各届政府华侨华人政策的形成与演变》，世界知识出版社2006年版，第208—209页。
③ 新华社（雅加达），1999年5月8日电。

《关于兴办实用中文培训决定书》,就举办中文培训的目的、办学条件、教学负责人应具备的条件、教师应具备的条件、中文教学课程内容、中文培训教材、开办中文培训班的申请等做出了具体规定。印度尼西亚华文教育的复苏正式开始。印度尼西亚《时代》(Tempo)杂志将这个现象描述为"华语热"(Go Mandarin)。①

这一时期,许多掌握财力又以在印度尼西亚复兴华人文化、追求华人族群权益为目标的老一辈华人开始积极谋划重新组织华人社团和华文教育。据不完全统计,1998年后出现的新华人社团有700多个,再加上在苏哈托时期残留下来的200多个,到2010年印度尼西亚华人社团共计有1000多个。②历史总有其相似之处,2000年以后,印度尼西亚的华文教育又是在华人社团的积极推动下发展起来的。2001年印度尼西亚教育部决定将华文纳入国民教育体系,作为中学外语选修课程之一。为了抓住这一机会建立学校,聘请华文老师,各个社团开始筹资。比如雅加达和泗水的某些华校校友会,将建立以华语为教学媒介的学校视为一种文化责任。在他们看来,"成立华语学校,是重建中华文化的重要基地。对培养我们下一代的中华文化知识,特别重要"。③一时间,由华社直接兴办或支持的三语学校和补习班如雨后春笋般涌现,并逐渐建立了华文教育的完整体系:三语幼稚园—三语小学—三语中学—中文大学。

2001年以后,印度尼西亚华文教育进入快速发展时期。当年5月13日,印度尼西亚教育部与中国教育部代表在雅加达签署在印度尼西亚举办中文水平考试(HSK)的协议。8月政府颁布决定书,允许华文学校和其他外语学校开班,不受限制,政府将使华文与英文、日文享有同等地位。④

直至2010年10月9日,印度尼西亚教育部副部长法斯里在会见中国

---

① *Setelah Terjaga dari Tidur Panjang*, Tempo, Edisi Hari Kemerdekaan 16 – 22 August, 2004, p. 86.
② 印度尼西亚华裔总会编:《印尼华人概况》,未刊。
③ 访谈资料,2014年6月22日、2015年1月9日。
④ 陈玉兰:《关于本国华文教育相关问题的一些思考》,载《第三届印尼华文教育研讨会论文集》,2005年。

国家汉办官员时表示：近十年来，中文补习学校不断增加，全印度尼西亚大约有100所学校设有华语课程，补习班的发展，推动了正规学校华文教育的发展，逐渐提高了印度尼西亚的华文教育。①

在印度尼西亚，大多数三语学校是2000—2007年由当地华人社团策划建立。直到2007年，仅雅加达一地至少有50所三语学校。② 也是在当地华人社团的支持和帮助下，中国政府取得印度尼西亚政府的同意，于2004年开始派遣汉语教师志愿者前往印度尼西亚支持当地华文教育。到2004年，雅加达一地有7所大学设立有中文系，分别是国立印度尼西亚大学（University of Indonesia）、达尔玛·帕尔沙达大学（Darma Persada University）、建国大学（Bina Nusantara university）、克里达·瓦卡纳基督教大学（Krida Wacana Christian University）、翠沙提大学（Trisakti University）、塔鲁马内加拉大学（Tarumanagara University）以及爱资哈尔大学（Al Azhar University）。当印度尼西亚的第一所孔子学院于2007年挂牌成立，华文教育的重要性获得了进一步的认可。截至2010年在印度尼西亚共成立了6所孔子学院。③ 换句话说，2000年以后印度尼西亚华文教育开始蓬勃发展。

爪哇作为印度尼西亚的经济和文化重镇，作为印度尼西亚华人人口最多的地区，也是当代印度尼西亚华文教育最先得到发展的地区。例如2001年印度尼西亚的首次中文水平考试即于10月在雅加达、万隆举行。④ 2001年4月8日广东省海外交流协会派出"广东中文专家团"前往印度尼西亚，在雅加达、棉兰、泗水、万隆等地举办培训班。⑤ 四个城市爪哇

---

① 《促进印中交流，赴华学习者倍增》，雅加达《星洲日报》2010年10月9日。
② Aimee Dawis, Chinese Education in Indonesia: Developments in the Post – 1998 Era. in Leo Suryadinata (ed.) *Ethnic Chinese in Contemporary Indonesia*. Singapore: Institute of Southeast Asian Studies Publications, 2008, pp. 81 – 84.
③ 姜冬梅：《印尼孔子学院的建设现状分析与解决方案》，《湖南科技学院学报》2011年第3期，第13页。
④ 陈玉兰：《关于本国华文教育相关问题的一些思考》，载《第三届印尼华文教育研讨会论文集》，2005年。
⑤ 《中国海外教育协会，印尼华文教育培训班》，广东侨网：http://www.qb.gd.gov.cn/ztbd/zt_ynhwjs/。

岛即占了三个。目前加入印度尼西亚三语学校协会的24所三语学校中，就至少有17所位于爪哇岛。①而位于雅加达的印度尼西亚大学即于1994年首先获得特许，成为开设汉语必修课，并设立中文系的印度尼西亚高等学府。20世纪90年代以来，印度尼西亚有约40间大学开展了中文教学，其中设有中文系的约有10家。此外还有华人创办的大学，例如万隆国际外语学院、雅加达新雅学院、泗水智星大学、玛琅玛中大学等。这些高校几乎都位于爪哇岛。②

按照目前印度尼西亚华文教育的发展来看，爪哇成为印度尼西亚当地华文教育复苏和发展的基地，这也是笔者为什么选择爪哇作为田野调查重点的原因。

三 当前印度尼西亚爪哇华校的实地考察

认同感的确立和转向与个体或群体所接受的教育、所接触的文化息息相关。1965年印度尼西亚华校被关闭之后，华文教育和中华文化成为苏哈托政府同化政策的眼中钉。这一时期处于求学阶段的华人一般有两种选择：国民学校和教会学校。由于教学质量的差异，以及当时国民学校较普遍存在的对华人学生的歧视，大多数华人更愿意将自己的子女送往教会学校。华校教育的消失关闭了印度尼西亚华人系统学习华文和中华文化的渠道，而国民学校、教会学校的继续存在和发展则逐渐取代了以往华文学校在华人群体中的教育地位。

在印度尼西亚政府重新放开华文教育政策之后，为了探究目前华人学生群体（华人二三代）接受中文教育的目的性和学习华文后对他们的认同有否影响，笔者于2014年年底前往印度尼西亚进行了田野调查。调查对象包括雅加达、万隆、三宝垄和泗水的华人。分别在这四个城市收回有效问卷91份、82份、95份和79份；其中处于受访者求学阶段（初中—本科）

---

① 根据印度尼西亚三语学校协会会员表整理所得，http://www.sanyuxuexiao.com/page142。

② 宗世海、李静：《印尼华文教育的现状、问题和对策》，《暨南大学华文教育学报》2004年第3期。

的问卷份数，这几个城市分别为 24 份、65 份、36 份和 62 份。处于求学阶段的调查对象的共性在于都接受过一段时间的华文教育；个性在于他们接受华文教育的时间长短不同，而且接受华文教育的渠道和方式也不同。收集问卷后，笔者采用现代统计分析方法对问卷进行定量分析（数据百分比利用"四舍五入"法精确到个位数），并对访谈资料进行定性分析。

（一）是否愿意学中文及其目的性

雅加达 24 名受访者中有 5 位未回答此题。其余受访者中，选择"因为学中文对以后有帮助"的约占 79%，选择"因为学中文对华人身份认同很重要"的约占 53%。

万隆 65 名受访者中有 9 名没有回答此题。认为"学习中文对以后有帮助"的受访者约占 80%，认为"学中文对华人身份认同很重要"的约占 57%。65 人中有 9 人没有中文名，其中 8 人学过 3 年或以上的中文，但是除 1 人完全掌握听说读写外，其余 7 人应该没有接受系统的华文教育，因为其中 3 人仍完全不懂中文，另外 4 人则只掌握了听说读写中的 1 个或 3 个，"写"普遍不会。在这 9 人中，只有 2 人选择"身份认同"这一选项，其中包括掌握听说读写能力的一人。

三宝垄 36 名受访者中有 5 人没有回答此题。选择"学习中文对以后有帮助"的受访者约占 84%，选择"学中文对华人身份认同很重要"的约占 45%。虽然学习过中文，但是无法掌握的仍高达约 56%，其中 75% 学过 3 年或以上。与上述两个地区相似，无法掌握中文的受访者应该没有经过系统学习。这 20 人中，认为"学中文对华人身份认同很重要"的只有 20%。

泗水的 62 份问卷中有 6 份没有回答此题。在其余 56 份中，有 87.5% 的受访者学习中文的目的包括"学习中文对以后有帮助"，约 48% 的受访者学习中文的目的包括"学中文对华人身份认同很重要"。62 人中有 21 人没有回答掌握中文的程度，其余 41 人中，完全无法掌握中文的有 6 人。这 6 人中有半数经历过 1 年或更短时间的学习，其余则学习过 3 年或以上，这一情况也说明这 6 人应该没有接受系统的学习。这 6 人学习中文的目的都是为了以后工作或者生意的需要。

（二）是否有中文名

雅加达的 24 人中只有 1 人没有中文名，其余受访者的中文名或为家中长辈取名或为学校的中文老师为之取名。老师取名主要根据他们的印度尼西亚名谐音，其中部分问过家中长辈后发现还保留中文姓氏，则由老师根据姓氏和印度尼西亚名谐音另取中文名。万隆受访者中有 15 人没有中文名，其中又有 10 人是在中文补习班学习华文。三宝垄的 36 人中有 11 人没有中文名，这部分受访者几乎无法掌握中文，其中 1 人因为母亲是非华族所以父亲没有为他取中文名，另有一名受访者的父母怕取中文名会影响他的学校生活，换句话说就是怕他被老师或同学歧视，所以不敢帮他取中文名。泗水受访者中没有中文名的只有 1 人，这名受访者只在补习班学习过 1 年中文，补习班老师基本不会帮学生取名，此外，他本人已经是第四代华人，家中长辈不懂中文，所以有此现象。

（三）是否过华人传统节日及对传统文化的了解

雅加达的 24 名受访者中有 1 人表示因为信仰基督教所以不过所有的传统节日，其余至少保留过春节的传统。处于求学阶段的大部分受访者表示，自己所了解的关于中华传统习俗的资讯大部分是在学校中文课上学得，普遍的反映是家中长辈只知道过节时应做哪些程序，但是对节日或习俗由来了解不多或者没有对自己提起。

与雅加达相似，万隆受访者中只有 1 人因为宗教信仰的原因不过传统节日。部分正就读中文系的大学生表示，掌握华文是华人应该要做的，但是传统文化在学生群体中能掌握的很少。学习华文的过程中会或多或少接触到中华文化，其中接受系统华文教育的学生对中华文化的了解程度普遍比只接受过补习班教育的学生高。

三宝垄的 36 名受访者都有过传统节日的习惯。但是与学校教育相比，对三宝垄的受访者来说，家庭教育和朋友圈对他们习得族群文化的推动更大。几乎所有无法掌握中文的受访者都表示自己对于华人节日的了解是通过家中长辈，而对于其他如音乐、舞蹈等文化的了解则是通过与周遭喜欢中华文化的朋友交流或者去寺庙才懂得，如参加三宝垄大觉寺举办的跟传统文化或习俗有关的讲座等活动。但是，他们更多掌握的是传统的中华文化，而无法与当前的华人文化结合。

泗水的受访者中除 1 人因宗教原因不过传统节日外，其余都至少过春节。受访者表示通过学校教育了解到了更多的中华文化知识，而通过家中长辈则了解到一些本地华人关于传统节日或习俗的知识。

实地调查的结果表明，接受过系统华文教育的印度尼西亚华裔，获得了更多的中华文化知识。在这一过程中，他们将家庭传承的传统文化常识与经过学校教育所习得的文化知识融会贯通，促进了他们对目前的族群语言和文化的认同。另外，大部分未接受系统华文教育的印度尼西亚华裔，如部分三宝垄华裔，虽然过传统节日的比例高于其他几个城市，但是他们对传统文化的了解程度或者不比其他几个城市的华裔高。这通过他们对接受华文教育的渴望可窥探一二。

通过对本文所涉及问卷的结果统计，雅加达受访对象中有 69 人表示想学华文，其中认为学习汉语对华人身份认同很重要的有 26 人；万隆受访对象中有 64 人想学华文，其中认为学习汉语对华人身份认同很重要的有 35 人；三宝垄有 83 人表示想学汉语，其中 43 人认为学习汉语对华人身份认同很重要；泗水受访者中仅有 1 人表示不想学华文。

通过这一结果加上前文对华文教育之于印度尼西亚华裔认同重要性的分析，我们可以发现三宝垄的受访者虽然较少接触华文教育，但是他们更渴望接受华文教育，认可华文教育对形成或保持华人文化认同的重要性，这也从侧面显示出华文教育对印度尼西亚华人文化认同的促进作用。

四　印度尼西亚爪哇华文教育对华人（二、三代）认同的影响

华校关闭后，华文教育和中华文化成为苏哈托政府同化政策的重点打击对象。华校教育的消失阻断了印度尼西亚华人系统学习华文和中华文化的渠道，而国民学校、教会学校的继续存在和发展取代了以往华文学校在华人群体中的地位。在这一过程中此消彼长，本土文化和西方文

化对华人的文化认同逐渐产生了潜移默化的影响，改变了印度尼西亚华人群体原来所接受的较为单一的华文和中华文化教育，特别是对年轻华裔的文化认同产生较大影响，从而导致华人群体产生了文化认同较为明显的代际差异。比如完整接受华校教育的一代对中华文化的接受程度普遍要高于他们长期接受本土或西方文化教育的下一代。20世纪90年代之后，随着华文教育在印度尼西亚的复苏，印度尼西亚华人群体文化认同的代际差异又产生了新的变化。对于年轻华裔来说，华人的传统意义已经有所改变。经过系统华文教育的受访者更能理解传统与现代之间的联系和融合，而没有经过系统华文教育的受访者，比如三宝垄的大部分受访者，更愿意持续原来的"传统"。

国内学者杨启光认为，雅加达华人新生代有四个次文化群体，它们分别认同于原住民文化、西方文化、中华文化及华人文化。[1] 这是比较客观的分析，但是笔者也认为从实际情况来看，在爪哇年轻华裔身上体现出来更多的是这四种文化的融合，而且华文教育的推广和发展使他们对中华文化的认同正处于上升趋势。

五 基于调查结果的分析和结论

根据本文的分析及笔者调研结果来看，目前印度尼西亚的中文补习班主要是速成学习，成人学生补习中文则主要是为了工作。在求学阶段的小学生到大学生补习中文，有的是因为父母要求，有的则是想提高中文水平。补习班讲究速成和高效，因此除了跟语言有关的部分文化知识外，对华人文化其他方面的教育可能微乎其微。综合各方面分析，补习班对华人的文化教育意义不大。三语学校的主体学生群是华人，他们从幼儿时期开始接受系统的华文教育，包括语言和文化，大部分直至初中毕业，这一华文教育媒介对华人的文化教育意义较大。华人学生更容易在长期的潜移默化中接受自己的华人身份和文化传统。

---

[1] 杨启光：《雅加达华人新生代的考察分析——兼论各次文化群体在"印尼华人文化"建构中的整合》，《华侨华人历史研究》2004年第3期，第35—44页。

不过，印度尼西亚华文教育与中华文化的亲缘关系，以及华文教育在印度尼西亚的蓬勃发展也受到不少的质疑。黄昆章曾指出："目前，95%以上印度尼西亚华人已经加入印度尼西亚国籍。他们是印度尼西亚公民。华文教育如果仍像过去那样以弘扬中华文化为宗旨，显然违背了印度尼西亚的国策，不利于印度尼西亚和中国友好关系的发展。"[1] 这种观点应当也是体验到"风险与机遇并存"的华文教育工作者的共识。

为此，华文教育工作者也做出了努力。在印度尼西亚设有中文系的各大高校，除了为印度尼西亚华人社会培养可用于传承华人族群语言和文化，继而通过教育或政治、经济等其他手段推动华人认同的知识分子，也致力于培养对中文和中华文化感兴趣的非华族，促成他们在华族和非华族之间搭起友谊桥梁都起着至关重要的作用。换句话说，印度尼西亚华文教育的主要功能已经从中华文化传承转变为服务于多元文化交流，促进华族与其他民族的相互理解、沟通与合作。

---

[1] 黄昆章：《印尼华文教育路在何方》，《地平线》2003年第5期，第32页。

1910年至20世纪70年代新马闽籍华人的方言群分布

王付兵[*]

至1911年，闽南人估计至少有257101人，约占马来亚（包括新加坡）华人总数（估计至少有880508人）的29.2%。1921年马来亚（包括新加坡）共有闽南人380656人，占同期马来亚（含文莱）华人总数的32.8%，接近于1/3，闽南人仍是英属马来亚华人社会的最大方言群。1931年，闽南人（540736人）仍是当地华人最大的方言群，约占马来亚（包括新加坡）华人总人口（1709392人）的31.6%。1947年闽南人仍是马来亚（包括新加坡）华人社会的最大方言群，人数有827411人，约占马来亚华人总数（2614667人）的31.6%。进入1957年，新加坡和马来亚的闽南人数仍是最多的。1970年，新加坡和西马的闽南人人数依然最多。从整个马来西亚看，1970年，在九大华人方言群中，人数最多的是闽南人，为1122739人，约占马来西亚华人总数3555879人的31.6%。同年，新加坡的闽南人达666944人，仍是当地华人社会中的最大华人方言群，占当地华人人口总数1579866人的42.2%。在东马的沙巴和沙捞越，闽南人不是最大的华人方言群，福州人是沙捞越的第二大华人方言群，比闽南人多。从新马来看，从20世纪头十年至70年代，闽南人毫无疑问是华人社会的最大方言群。在闽南人当中，永春人、安溪人是人口

---

[*] 王付兵，厦门大学南洋研究院副教授。

比较多的方言群。福建籍其他方言群的华人兴化人、永定籍客家人人数很少。目前福建籍的华人在马来西亚估计占当地华人总数的一半，闽南人仍是新加坡和马来西亚最大的华人方言群。闽南人是20世纪头十年到70年代新马华人社会的最大方言群有其必然的原因。今天新马闽南籍企业家仍在当地工商业发展中发挥着重要的作用。

方言群（Dialect Group），亦有学者译为方言集团。它原则上是指那些依照原籍地域分类标准而组成正式社团的华人群体，也包括"那些不属于这些正式地域团体"，但说相近方言的华人群体。[①] 在20世纪50年代中期之前，东南亚华人社会一直是以方言群为分类原则和主要分野。东南亚华人社会历史上的方言群，不仅仅是华人社会主要的社会文化单位，而且还规定了华人社会的经济、政治框架。[②] 依据英殖民地政府或新马当地政府的人口统计资料及其相关文献，本文将论述1911—1978年新马闽籍华人的方言群分布情况，以期从中管窥近现代时期新马华人人口结构的变迁。

一　1911年新马闽籍华人的方言群分布

19世纪至20世纪初的新加坡与西马的华人社会，海峡殖民地马六甲（绝大多数时期）、槟榔屿、新加坡的华人方言群（19世纪末期开始）最多者为闽南人。[③] 据笔者统计，至1911年，海峡殖民地的闽南人总数为142378人，占该地区华人总数306544人的46.4%。[④] 在玻璃市州，闽南人也是该州最大的方言群，1911年该州的闽南人占当地华人总数（1627

[①] 麦留芳：《方言群认同：早期星马华人的分类法则》，台北："中央研究院"民族学研究所，1985年，第15页。

[②] 吴小安：《移民、族群与认同：东南亚华人方言群的历史特征与发展动力》，载黄贤强主编《族群、历史与文化：跨域研究东南亚和东亚——庆祝王赓武教授八秩晋一华诞专集》（上册），新加坡世界科技出版公司2011年版，第17页。

[③] 在英属新马殖民地时期及马来亚独立后至今，新马华人社会一直将闽南人称为福建人（Hookiens）。为行文方便，本文统一将福建人称为闽南人。

[④] 王付兵：《清代福建人向海峡殖民地的移民》，《南洋问题研究》2009年第2期，第73页。

人）的53%。在吉兰丹，至19世纪末20世纪初，随着淘金业的衰退，闽南人人数超过了客家人，成为该州华人的最大方言群。丁加奴在19世纪至20世纪初，闽南人也是当地华人中最大的方言群。其他州如霹雳、雪兰莪、森美兰、吉打，闽南人虽然不是当地华人中的最大方言群，但是主要方言群之一。笔者粗略估计，至1911年，闽南人估计至少有257101人，占马来亚华人总数（估计至少有880508人，此数字系笔者按照殖民当局于1911年按方言群划分进行的人口普查数字汇总而估算出来）的29.2%[①]。

1921年英属马来亚殖民地当局的人口统计表，提到1911年闽南人在英属马来亚的百分比。根据该统计表，我们可以知道，1911年在海峡殖民（新加坡、槟城和马六甲）中，闽南人占当地华人的46.7%，是当地华人的最大方言群。海峡殖民地包括的三个地方新加坡、槟城、马六甲均是闽南人最多，分别占当地华人的47.8%、49.4%、32.7%。至于三地的人数具体有多少，则未列出。在马来联邦（霹雳、雪兰莪、森美兰、彭亨），闽南人占当地华人总数的21.6%，是第三大方言群，比客家人（33.1%）、广府人（32.8%）少。马来联邦包括的四个地方霹雳、雪兰莪、森美兰、彭亨的闽南人分别占当地华人的18.7%（占第四）、25.4%（占第三）、21.1%（占第四）、24.7%（占第三）。马来属邦部分，则只列出三个州柔佛、吉

---

① 殖民地政府《1947年调查报告》统计该年马来亚各邦华人总数为916600人。笔者估算的马来亚华人数字比《1947年调查报告》统计数字略少，原因主要在于，笔者估算的数字只统计殖民当局提供的按方言群划分进行的市镇人口普查数字，华人人口较少的一些市镇未统计在内。至1911年，在马来联邦和马来属邦中，福建人在华人各方言群中占绝对优势的邦是吉兰丹（估计占该邦华人总人口的52.9%）、丁加奴（估计占该邦华人总人口的40.5%）和玻璃市（占该邦华人总人口53%），福建人在吉打各华人方言群中也是较多的，仅次于潮州人，占当地华人总人口的26.2%。至于其他各邦的福建人人数，除柔佛、雪兰莪分别占当地该邦华人总人口的23.9%和18.4%外，其他三邦——彭亨、森美兰、霹雳的福建人人数分别占当地该邦华人总人口的22.1%、20.1%、19.2%。马来联邦的福建人约88402人，占当地华人总数的483158人（未包括未提供方言群普查的市镇的华人人口数字）的18.3%。马来属邦的福建人估计至少有26321人，占当地华人总数90806人（未包括未提供方言群普查的市镇的华人人口数字）的29%。在马来联邦和马来属邦中，1911年福建人人数最多的邦是霹雳（43036人），约占马来联邦和马来属邦福建人总人口（估计至少有114723人）的37.5%，其次是雪兰莪（32152人），约占马来联邦和马来属邦福建人总人口的28%，最后是柔佛（11572人）、森美兰（8575人）、吉打（6992人）、吉兰丹（5207人）、彭亨（4639人），人数最少的两个邦是丁加奴（1688人）、玻璃市（862人）。也就是说，1911年霹雳和雪兰莪的福建人占马来联邦和马来属邦福建人总数的65.5%，接近2/3。

打、玻璃市的闽南人在当地华人的比重,分别为25.9%(占第二)、53.9%(占最多)、53.3%(占最多)。详细数据见表1。

表1　　　　　　　1911年闽南人在英属马来亚的百分比　　　　　　单位:%

州或殖民地	闽南人	广府人	客家人	潮州人	海南人
新加坡	47.8	23.0	5.9	17.8	5.1
槟城	49.4	20.3	11.6	14.8	3.7
马六甲	32.7	9.0	15.5	6.6	34.0
海峡殖民地	46.7	20.9	8.4	15.8	7.6
霹雳	18.7	39.0	31.7	6.6	2.6
雪兰莪	25.4	26.4	38.6	3.4	4.5
森美兰	21.1	24.7	26.7	3.0	22.7
彭亨	24.7	31.2	22.9	3.9	7.8
马来联邦（Federated Malay States）	21.6	32.8	33.1	5.0	5.5
柔佛	25.9	12.6	10.6	30.6	19.3
吉打	53.9	19.8	10.0	13.3	1.9
玻璃市	53.3	22.3	14.6	5.6	3.7
吉兰丹	—	—	—	—	—
丁加奴	—	—	—	—	—
文莱（Brunei）	—	—	—	—	—
英属马来亚（British Malaya）					

注：—表示数据缺乏。

资料来源：J. E. Nathan, *The Census of British Malaya*, London, Dunstable and Watford: Waterlow & Sons Limited, 1922。

1911年英属马来亚殖民地当局统计的客家人中有一部分包括了闽籍华人。那就是永定籍客家人,他们占英属马来亚殖民地客家人的人数不多。[①]

[①] 清乾隆年间,永定中川南金堂第十世胡兆学、映学兄弟二人,首先出国到东马的沙捞越。赴南洋群岛谋生的中川籍华侨,主要是到马来西亚。其中又以霹雳州为多,故霹雳州向有小中川之称。参见胡以按主编《中川史志》,厦门大学出版社1988年版,第16—17页。

二 1921年新马闽籍华人的方言群分布

1921年英属马来亚［英殖民当局也将文莱（Brunei）算在马来亚范围内］共有闽南人38.0656万人，占同期英属马来亚（含文莱）华人总数的32.8%[①]，接近1/3，闽南人仍是英属马来亚华人社会的最大方言群。详见表2。如果把闽籍华人的分支福州人（Hok Chius）、福清人（Hok Chias）、兴化人（Hin Hoas）和永定籍客家人算进来的话，则闽籍华人占同期英属马来亚华人总数的比例应更高。

表2　　　　　1921年闽南人在英属马来亚的百分比　　　　单位：%

州或殖民地	闽南人	广府人	客家人	潮州人	海南人
新加坡	43.0	24.8	4.5	16.8	4.5
槟城	47.3	22.8	10.5	14.2	2.8
马六甲	38.8	12.8	18.3	5.1	21.9
海峡殖民地	43.8	23.2	7.4	15.0	5.7
霹雳	20.2	41.8	29.8	4.2	2.1
雪兰莪	27.0	29.2	32.8	4.9	3.7
森美兰	18.1	29.4	31.8	2.4	13.6
彭亨	20.1	44.8	24.8	2.6	6.9
马来联邦（Federated Malay States）	22.3	36.0	30.7	4.1	4.5
柔佛	31.9	21.5	12.4	18.4	12.1
吉打	26.0	19.6	20.9	27.0	4.6
玻璃市	32.2	18.9	39.9	5.0	3.6
吉兰丹	47.9	22.2	13.3	2.0	4.7
丁加奴	27.5	29.7	9.4	3.2	27.3
文莱（Brunei）	46.4	18.5	20.3	7.6	5.9

---

① J. E. Nathan, *The Census of British Malaya* (1921), London, Dunstable and Watford: Waterlow & Sons Limited, 1922, p.78.

续表

州或殖民地	闽南人	广府人	客家人	潮州人	海南人
英属马来亚 （British Malaya）	32.8	28.3	18.6	11.1	5.8

资料来源：J. E. Nathan, *The Census of British Malaya* (1921), London, Dunstable and Watford: Waterlow & Sons Limited, 1922, p.78。

根据表 2 我们可以看出，在 1921 年的海峡殖民地（新加坡、槟城、马六甲）、柔佛和吉兰丹，在华人各方言群中，闽南人是最大的方言群，分别占当地华人的 43.8%、31.9% 和 47.9%。吉兰丹是闽南人占马来亚各州华人比例最高的方言群，其主要原因应是与闽南人较早在吉兰丹从事贸易业、种植胡椒和闽南人亲属移民及族人移民的模式有关。在新加坡，闽南人占当地华人方言群的比例是 43%；在槟城，闽南人占当地华人方言群的比例更高，达 47.3%；在马六甲，闽南人占当地华人方言群的比例是 38.8%。

三　1931 年新马闽籍华人的方言群分布

1931 年，闽南人有 540736 人，仍是当地华人最大的方言群，约占马来亚华人总人口（1709392 人）的 31.6%。与 1921 年相比，闽南人占当地华人总人口的比重略降一些。这与其他方言群如客家人、广府人等人数的增加有很大关系。1921 年，福州人（笔者认为，包含福清人在内）的人数在殖民地当局的人口统计表开始出现。1921 年福州人的人数是 13821 人，十年后的 1931 年，福州人增加到 31971 人，仍是当地华人的较小方言群之一。马来亚的福州人主要集中在霹雳州，尤其该州的实兆远，与英国殖民当局通过卫理公会鼓励引进福州人到此垦殖有关。

1931 年的人口统计表中，我们仍无法知道闽籍客家人人数有多少。这时的闽籍客家人仍是以来自永定的客家人为绝大多数。

表3　　1921年、1931年英属马来亚华人各方言群人数统计　　单位：人

	1921年	1931年
闽南人	380656	540736
广府人	322307	418298
客家人	218139	318739
潮州人	130231	209004
海南人	68393	97894
广西人	998	46129
福州人	13821	31971
其他及不确定者	26174	31318
总计	1174777	1709392

注：1931年的英属马来亚仍和1921年的范围一致，文莱仍列入马来亚的范畴。

资料来源：C. A. Vlieland, *A Report on the 1931 Census and on Certain Problems of Vital Statics*, London, 1932, p.79。

表4　　1931年海峡殖民地、马来联邦、柔佛和吉打的五大华人方言群人口统计　　单位：人

	海峡殖民地	马来联邦	柔佛	吉打
闽南人	287125	143429	73720	21984
广府人	141975	226181	29585	13079
客家人	52369	211906	33588	13718
潮州人	115123	33040	35935	23045
海南人	35679	30107	25539	2761

资料来源：C. A. Vlieland, *A Report on the 1931 Census and on Certain Problems of Vital Statics*, London, 1932, p.80。

根据表4我们可以看出，在1931年的海峡殖民地，闽南人仍是当地华人社会的最大方言群，闽南人的人数远远多于其他方言群。即使是人数比较多的广府人，也与闽南人人数差距不小，广府人与闽南人的人数比例是0.493∶1，也就是说，广府人还不到闽南人人数的一半。在马来联邦，闽南人人数比重就小得多了，它是当地华人社会的第三大方言群。

在柔佛，闽南人却是当地华人社会最大的华人方言群，人数有73720人，占当地华人总数的1/3，是第二大方言群潮州人（35935人）的2.05倍。在马来属帮的吉打州，闽南人有21984人，仍是当地华人社会的第二大方言群，闽南人人数略少于当地华人社会的最大方言群潮州人，它比潮州人少1061人。在吉兰丹，华人总人口17612人，超过一半为闽南人，闽南人大多集中在哥打巴鲁县。在当时的各方言群中，闽南人的男女性别比悬殊状况比其他方言群小，其比例1931年是1000:620，这与闽南人的一部分——旧马六甲的峇峇很早就走同化的道路有关。

表5　　　　十年（1921—1931年）内马来亚华人五大
方言群人口增长比例

方言群	人口增长比例（%）
闽南人	42.1
广府人	25.9
客家人	46.1
潮州人	60.5
海南人	30.1

资料来源：C. A. Vlieland, *A Report on the 1931 Census and on Certain Problems of Vital Statics*, London, 1932, p. 80。

根据表5我们可以看出，从1921年到1931年，马来亚的五大华人方言群中，人口增长比例最多的是潮州人。闽南人的人口增长比例居第三位，比潮州人、客家人少。这似乎与1921年起殖民地当局对马来亚华人社会的华人方言群进行更细微的区别统计有关，如福州人、福清人等方言群就被区别出来统计。

1931年福州人在马来联邦的人口集中度远比马来亚高。该年马来联邦有福州人11693人，马来亚有福州人31971人。1921年马来联邦霹雳邦的下霹雳县（Lower Perak）福州人有3278人。1921年返回下霹雳县的福州人人数仅4058人，其中在新加坡以外的仅213人。1931年返回马来亚的福州人15303人，其中8842人返回新加坡，3189人返回马来联邦，

1856人返回柔佛。①

四 1947年新马闽籍华人的方言群分布

1947年，闽南人仍是马来亚华人社会的最大方言群，人数有827411人，约占马来亚华人总数（2614667人）的31.6%。福州人48094人，约占马来亚华人总数的1.8%。福清人12754人，约占马来亚华人总数的0.5%。兴化人17065人，约占马来亚华人总数的0.7%。可见，福州人、福清人、兴化人在马来亚华人人口中所占比重很小。详见表6。

表6　1921年、1931年、1947年马来亚各华人方言群人口统计表　单位：人

	1921年	1931年	1947年
闽南人	379028	538852	827411
广府人	331757	417516	641945
潮州人	130026	208681	364232
客家人	217697	317506	437407
海南人	68200	97568	157649
广西人	998	46095	71850
福州人	13821	31908	48094
福清人	4058	15301	12754
兴化人	1659	31025	17065
其他	24496		36260
总计	1171740	1704452	2614667

注：1949年出版的1921年、1931年、1947年所指的马来亚不包括文莱。所以本表所显示的统计数字和前面的统计数字有差别，变小了一些。

资料来源：M. V. Del Tufo, *A Report on the 1947 Census of Population*, the Crown Agent for the Colonies, London, 1949, p. 75。

---

① C. A. Vlieland, *AReport on the 1931 Census and on Certain Problems of Vital Statics*, London, 1932, p. 80.

值得注意的是，表6列出的1931年统计数字和表3有差别。跟1921年相比，1947年福州人、福清人、兴化人人数增加了不少。该年福州人、福清人和兴化人人数分别约是1921年的3.48倍、3.14倍和10.29倍。同年闽南人人数是1921年的2.18倍。其中以兴化人增长的倍数最多。同年含有福建籍华人在内的客家人是1921年的2.01倍。

根据表6我们可算出，1947年马来亚闽南人比1931年增长了53.6%，1931年马来亚闽南人比1921年增长了42.1%。含有部分福建籍华人在内的马来亚客家人在1947年的人数比1931年增长了37.4%，在1931年则增长46.1%。这时期闽南人的增加主要是来自当地人口的自然增长。

闽南人习惯在城市居住，具有善于经商（贸易）开店的基因。闽南人的老会馆（associations）集中在海峡殖民地说明了闽南人在新加坡、槟城、马六甲的重要性。1947年，居住在新加坡、槟城、马六甲的闽南人有75万。在柔佛，闽南人也有很大数目。在雪兰莪、霹雳，闽南人从事农业。包含永定人在内的客家人，与其他方言群比，住的地方都是乡下。在马来亚的锡矿工人中，客家人与广府人占据绝大多数。客家人与广府人也广泛地从事农业。在非矿区的乡村区域，客家人有相当大的数目[1]。

按人口比例看，1931年和1947年，闽南人主要集中在新加坡和西马的槟城、新加坡、马六甲、柔佛、雪兰莪、吉打等州。同时期的福州人人数，在新加坡和西马人数不多，主要集中在霹雳，在其他州则比例更小（见表7）。其实，在吉兰丹这时期的闽南人也是最大的华人方言群。

总之，1931年和1947年的新加坡和西马，闽南人仍是最大的华人方言群，福州人则是七大方言群中倒数第二少的方言群。

---

[1] M. V. Del Tufo, A Report on the 1947 Census of Population, the Crown Agent for the Colonies, London, 1949, p. 76.

表7 马来亚部分州的闽南人和福州人人数情况

		槟城	马六甲	霹雳	雪兰莪	森美兰	彭亨	柔佛	吉打	新加坡	合计
闽南人	1947年	107052	36588	80536	108473	21527	15478	117304	31432	289167	807557
	1931年	76711	26292	56306	64311	15554	10093	73270	21984	180108	524629
福州人	1947年	3092	602	19013	4690	2434	717	5483	2190	9477	47698
	1931年	1660	523	13877	3094	920	298	3540	1284	6539	31735
七大方言群人数总计	1947年	245414	93260	432358	355561	112067	75452	346010	112746	706782	2479650
	1931年	167081	53459	308263	236982	89463	51626	206976	76946	403952	1594748
闽南人占七大方言群华人总数的百分比	1947年	43.6%	39.2%	18.6%	30.5%	19.2%	20.5%	33.9%	27.9%	40.9%	32.6%
	1931年	45.9%	45.1%	18.3%	27.1%	17.4%	19.6%	35.4%	28.6%	44.6%	32.9%
福州人占七大方言群华人总数的百分比	1947年	1.3%	0.6%	4.4%	1.3%	2.2%	1.0%	1.6%	1.9%	1.3%	1.9%
	1931年	1.0%	1.0%	4.5%	1.3%	1.0%	0.6%	1.7%	1.7%	1.6%	2.0%

注：表格里的"七大方言群"指闽南人、广府人、客家人、潮州人、海南人、广西人、福州人。本表系笔者根据英属马来亚殖民当局发布的1947年人口统计报告整理而成。

资料来源：M. V. Del Tufo, *A Report on the 1947 Census of Population*, the Crown Agent for the Colonies, London, 1949, p. 77。

表8　马来亚七大方言群华人人数情况

		槟城	马六甲	霹雳	雪兰莪	森美兰	彭亨	柔佛	吉打	新加坡	合计
闽南人	1947年	107052	36588	80536	108473	21527	15478	117304	31432	289167	807557
	1931年	76711	26292	56306	64311	15554	10093	73270	21984	180108	524629
福州人	1947年	3092	602	19013	4690	2434	717	5483	2190	9477	47698
	1931年	1660	523	13877	3094	920	298	3540	1284	6539	31735
广府人	1947年	55251	13239	166531	99925	37052	29496	49060	24640	157980	633174
	1931年	38735	6820	122689	63191	26750	14839	29585	13079	94742	410448
客家人	1947年	21867	23277	97869	96908	35282	21304	77109	16400	40036	430052
	1931年	16782	14949	88807	80167	30115	13739	33588	13718	19317	311182
潮州人	1947年	48901	7208	33091	21198	2518	2770	54530	33319	157188	360723
	1931年	27813	3687	20167	10464	1762	1754	35935	23045	82405	207032
海南人	1947年	8912	11758	12285	18153	7234	7421	28327	3325	52192	149607
	1931年	5027	10280	7477	10097	8468	4397	23539	2761	19896	91942
广西人	1947年	339	588	23033	6214	6020	18266	14197	1440	742	70839
	1931年	335	108	17040	5658	5894	6506	7519	1075	945	45080
七大方言群人数总计	1947年	245414	93260	432358	355561	112067	75452	346010	112746	706782	2479650
	1931年	167081	53459	308263	236982	89463	51626	206976	76946	403952	1594748

资料来源：M. V. Del Tufo, *A Report on the 1947 Census of Population*, the Crown Agent for the Colonies, London, 1949, p. 77。

根据表8我们可以看出，在1931年和1947年的霹雳州，闽南人是该州的第三大华人方言群；雪兰莪的闽南人1931年是该州的第二大华人方言群，到1947年已是该州的最大华人方言群；在森美兰，1931年和1947年时闽南人均是该州的第三大华人方言群；在彭亨，1931年闽南人是该州的第三大华人方言群，然而到1947年，闽南人降为该州的第四大华人方言群，其人数被广西人超过。与1921年一样，在海峡殖民地（槟城、马六甲和新加坡），1931年和1947年闽南人仍是最大的华人方言群。在1931年和1947年的柔佛，闽南人是最大的华人方言群。1947年的雪兰莪，闽南人从1931年的第二大华人方言变为该州的最大华人方言群，1931年时该州的最大华人方言群客家人变为第三大华人方言群，比广府人和闽南人少。在森美兰和吉打，1931年和1947年，闽南人是这两个州的第三大华人方言群。

五 1957年马来亚闽籍华人的方言群分布

进入1957年，新加坡和马来亚①的闽南人人数仍是最多的。

在马来亚，闽南人占当地华人人口数的比例在增大，在该年占到31.7%，将近当地华人人口的1/3。闽籍其他华人方言群在人数规模上没法与客家人、广府人、潮州人、海南人比。福州人、兴化人在当地华人人口数的比例仍是一致，福清人在当地华人人口数的比例来看，增加了一些，从1947年的0.3%增加到0.4%。若是从增长的人数来看，增长人数最多的是闽南人，1957年比1947年增加了202400人；其次是福州人，1957年比1947年增加了7500人；再次是福清人，1957年比1947年增加了3400人；最后是兴化人，1957年比1947年增加了2300人。若是从增加的百分比数看，则依次是福清人52.1%，闽南人37.6%，兴化人23.8%，福州人19.4%。与1947年相比，1957年福清人在数量上增加的比例最大。

---

① 这里的"马来亚"指半岛马来西亚。

表9　1957年马来亚各州华人方言群人数比1947年增加的百分比情况

方言群	1947年 数量（人）	增加（%）	1957年 数量（人）	增加（%）	增加（%）
闽南人	538200	28.6	740600	31.7	37.6
客家人	397400	21.1	508800	21.8	28.0
广府人	484000	25.7	505200	21.7	4.4
潮州人	207000	11.0	283100	12.1	36.7
海南人	105500	5.6	123000	5.3	16.6
广西人	71100	3.8	69100	3.0	2.8
福州人	38600	2.0	46100	2.0	19.4
兴化人	9600	0.5	11900	0.5	23.8
福清人	6400	0.3	9800	0.4	52.1
其他	26700	1.4	34300	1.5	28.6
总计	1884500	100.0	2333800	100.0	23.8

资料来源：H. Fell, 1957 *Population Census of the Federation of Malaya* (*Report No.* 14), Kuala Lumpur: Department of Statistics, Federation of Malay, 1960, p.4。

六　1970年马来西亚华人的方言群分布

1970年西马华人社会的最大方言群仍是闽南人，占当地华人总人口的34.2%，略超出三成。闽籍华人中的福州人、兴化人、福清人比例远远比其他华人方言群少，分别占当地华人总人口的1.8%、0.5%和0.3%。永定人依然被包括在客家人范围内，有多少，无从知道，但估计人数不是很多。详见表10。

表10　西马华人方言群分布情况

方言群	人口（人）	比例（%）
闽南人	1068803	34.2
客家人	690821	22.1
广府人	617588	19.8

续表

方言群	人口（人）	比例（%）
潮州人	387048	12.4
海南人	145758	4.7
广西人	77577	2.5
福州人	57095	1.8
兴化人	16924	0.5
福清人	9039	0.3
其他华人群体	51697	1.7
华人总人口	3122350	华人各群体百分比总和100.0%
西马总人口	8810348	华人占西马总人口的35.4%

资料来源：R. Chander, J. M. N., 1970 *Population and Housing Census of Malaysia*：*Community Group*, Kuala Lumpur: Jabatan Perangkaan Malaysia, 1972, pp.27-28。

表11是1970年马来西各州华人的方言群分布情况。

表11　　1970年马来西各州华人的方言群分布情况　　单位：人

	总计	柔佛	吉打
所有种族	10439530	1276969	954749
华人	3555879	502978	184263
闽南人	1122739	217310	60004
潮州人	421997	78150	57974
客家人	862005	99830	28218
广府人	659005	43477	25037
海南人	159210	30790	4565
福清人	90039	1470	273
福州人	147799	8466	2694
广西人	77577	12716	1594
兴化人	27566	3524	460
其他华人	68942	7245	3444

表11　　　1970年马来西各州华人的方言群分布情况（续一）　　　单位：人

	吉兰丹	马六甲	森美兰
所有种族	686266	404135	481491
华人	36668	160084	183444
闽南人	21179	68005	47723
潮州人	1499	13501	4717
客家人	4272	40163	63665
广府人	4812	14410	43524
海南人	3023	15900	9341
福清人	49	178	417
福州人	249	597	3892
广西人	686	1283	5093
兴化人	337	2319	1493
其他华人	562	3728	3579

表11　　　1970年马来西各州华人的方言群分布情况（续二）　　　单位：人

	彭亨	槟城与诗布朗北赖（Seberang Perai，华人仍称为威斯利省）	霹雳
所有种族	504900	775440	1569161
华人	157666	435366	666237
闽南人	34064	195538	144295
潮州人	6215	103044	67777
客家人	37881	41544	174519
广府人	39575	70081	187738
海南人	9187	14324	17541
福清人	221	337	5186
福州人	1590	5040	27540
广西人	26112	642	21689
兴化人	1069	470	2497

续表

	彭亨	槟城与诗布朗北赖（Seberang Perai，华人仍称为威斯利省）	霹雳
其他华人	1842	4346	17455

注：诗布朗北赖（Seberang Perai）是马来西亚槟城州在马来半岛上的属地，吉打马来人称此地为Seberang Perai。1800年英国殖民此地时改称英文名Province Wellesley（华人翻译为威斯利省，简称威省）。马来亚于1957年8月31日独立后，此地即恢复马来名Seberang Perai，但Province Wellesley还是有人继续使用，而华人至今仍然沿用华文名威省。

表11　1970年马来西各州华人的方言群分布情况（续三）　　单位：人

	玻璃市	雪兰莪	丁加奴
所有种族	120991	1630707	405539
华人	19571	754348	21725
闽南人	6402	266163	8120
潮州人	3133	49932	1196
客家人	6062	192175	2492
广府人	2219	183866	2849
海南人	732	34967	5388
福清人	8	871	29
福州人	122	6758	147
广西人	731	6732	299
兴化人	28	4192	535
其他华人	134	8692	670

表11　1970年马来西各州华人的方言群分布情况（续四）　　单位：人

	西马（合计）	沙巴（含纳闽）	沙捞越	东马（东马合计）
所有种族	8810348	653264	975918	1629182
华人	3122350	139509	294020	433529
闽南人	1068803	17418	36518	53936
潮州人	387048	7687	27262	34949

续表

	西马（合计）	沙巴（含纳闽）	沙捞越	东马（东马合计）
客家人	690821	79574	91610	171184
广府人	617588	20723	20694	41417
海南人	145758	6419	7033	13452
福清人	9039	—	—	—
福州人	57095	—	90704	90704
广西人	77577	—	—	—
兴化人	16924	—	10642	10642
其他华人	51697	7688	9557	17245

注：纳闽1890年并为英属北婆罗州的一部分，1906年成为海峡殖民地的一部分，1942年日本占领当局改称其为"前田岛"，1945年它重新受海峡殖民地管辖管制，1947年7月15日重新归属北婆罗州，1963年7月15日归沙巴管辖。1984年4月16日成为联邦直辖区。"—"表示统计数字缺乏。表中马来西亚各方言群华人总数及其男女性别的华人总数系笔者整理而成。

资料来源：R. Chander, J. M. N., 1970 Population and Housing Census of Malaysia: Community Group, Kuala Lumpur: Jabatan Perangkaan Malaysia, 1972, pp. 47-107。

从整个马来西亚看，在九大华人方言群中，人数最多的是闽南人方言群，为1122739人，约占马来西亚华人总数3555879人的31.6%。客家人（862005人）、广府人（659005人）、潮州人（421997人）和海南人（159210人）是马来西亚第二、三、四和五大华人方言群，分别约占马来西亚华人总数的24.2%、18.5%、11.9%和4.5%。接下来较大的华人方言群是福州人（147799人）、广西人（77577人）和兴化人（27566人），分别约占马来西亚华人总数的4.2%、2.2%和0.8%。福州人人数约是兴化人的5.36倍。福清人（9039）是人数最少的华人方言群，约占马来西亚华人总数的0.3%。都说福州话的福清人和福州人合并算的话，人数有156838人，也才约占马来西亚华人总数的4.4%。上述可见，闽籍华人除闽南人外，其他华人方言群群体福州人、兴化人、福清人人数均不多，没法跟客家人、广府人、海南人相比，即比这些方言群人数少。

从西马来看，在九大华人方言群中，人数最多的是闽南人方言群，为1068803人，约占西马华人总数3122350人的34.2%。客家人

(690821人)、广府人（617588人）、潮州人（387048人）和海南人（145758人）是马来西亚第二、三、四和五大华人方言群，分别约占马来西亚华人总数的22.1%、19.8%、12.4%和4.7%。接下来较大的华人方言群是广西人（77577人）、福州人（57095人）、兴化人（16924人）和福清人（9039人），分别约占马来西亚华人总数的2.5%、1.8%和0.5%和0.3%。福清人（9039）是人数最少的华人方言群，约占西马华人总数的0.3%。都说福州话的福清人和福州人合并算的话，人数有66134人，也才约占西马总数的2.1%。上述可见，在西马，闽籍华人除闽南人是华人最大方言群外，其他闽籍华人方言群福州人、兴化人、福清人人数均不多，没法跟客家人、广府人、潮州人和海南人相比，他们的人数比这些方言群少。福州人会比兴化人多一些，是兴化人的3.73倍。福清人人数最少，才9000多人。

根据表11我们可以看出，东马七大华人方言群当中，人数最多的是非闽籍的客家人（171184人），约占东马华人总数（433529人）的39.5%。其次人数较多的是闽籍的福州人（90704人）和闽南人（53936），分别约占当地华人总数的20.9%和12.4%。最后人数较多的是非闽籍的广府人（41417）、潮州人（34949）和海南人（13452），分别约占当地华人总数的9.6%、8.1%和3.1%。兴化人属于东马华人人数最少的方言群，处于末位，约占当地人数的2.5%。福州人、闽南人和兴化人三者合计155282人，约占东马华人总数的36%，比客家人占东马华人总数的百分比数39%还略低。

另外，通过对1970年马来西亚各州华人的方言群分布情况的分析，我们可更深入地了解该年马来西亚闽籍华人的方言群分布状况。

在柔佛州，闽南人（217310人）是该州最大的华人方言群，约占该州华人总数（502978人）的43.2%。其次较大华人方言群体分别是客家人（99830人）、潮州人（78150人）、广府人（43477人）、海南人（30790人）、广西人（12716人），分别约占该州华人总数的19.8%、15.5%、8.6%、6.1%和2.5%。最后人数少的华人方言群体是闽籍华人中的福州人（8466人）、兴化人（3524人）和福清人（1470人），他们分别约占该州华人总数的1.7%、0.7%、0.3%。说福州话的福清人和福州人合计9936人，占柔佛州华人总数的2.0%，比广西人占柔佛州华人总数的百分比还小。上述表明，柔佛州的闽籍华人主要是闽南人，闽南人是该州最大的华人方言群。其他闽籍华人方言群的人数不多，没法跟客家人、广府人、海南人、兴化人相比，即比他们人数少。

在吉打州，闽南人（60004人）是该州最大的华人方言群，约占该州华人总数（184263人）的32.6%，将近三成。其次较大华人方言群体分别是潮州人（57974人）、客家人（28218人）、广府人（25037人）、海南人（4565人），分别约占该州华人总数的31.5%、15.3%、13.6%和2.5%。最后人数较少的华人方言群是福州人（2694人）、广西人（1594人）、兴化人（460人）和福清人（273人），他们分别约占该州华人总数的1.5%、0.9%、0.2%和0.1%。说福州话的福清人和福州人合计2967人，占柔佛州华人总数的1.7%。上述可见，吉打州的闽籍华人主要是闽南人，闽南人是该州最大的华人方言群。其他闽籍华人方言群的人数不多，没法跟潮州人、客家人、广府人、海南人相比。福州人比广西人会略多一些。最少的是福清人，才273人。

在吉兰丹州，闽南人（21179人）是该州最大的华人方言群，约占该州华人总数（36668人）的57.8%，超过当地华人总数的一半。其次较大的华人方言群分别是广府人（4812人）、客家人（4272人）、海南人（3023人）、潮州人（1499人）和广西人（686人），分别约占该州华人总数的13.1%、11.7%、8.2%、4.1%和1.9%。最后人数少的华人方言群体是闽籍华人中的兴化人（337人）、福州人（249人）和福清人（49人），分别约占该州华人总数的0.9%、0.7%、0.1%。说福州话的福清人和福州人合计298人，约占吉兰丹州华人总数的0.8%，比广西人占吉兰丹州华人总数的百分比数更小。如上表明，吉兰丹州的闽籍华人主要是闽南人，闽南人是该州最大的华人方言群。其他闽籍华人方言群的人数不多，没法与广府人、客家人、海南人、潮州人和广府人相比，即比这些方言群的人数少。

在马六甲州，闽南人（68005人）是该州最大的华人方言群，约占该州华人总数（160084人）的42.5%。其次较大华人方言群分别是客家人（40163人）、海南人（15900人）、广府人（14410人）和潮州人（13501

人），分别约占该州华人总数的 25.1%、9.9%、9% 和 8.4%。最后人数较少的华人方言群是兴化人（2319 人）、广西人（1283 人）、福州人（597 人）和福清人（178 人），他们分别约占该州华人总数的 1.4%、0.8%、0.4% 和 0.1%。说福州话的福清人和福州人合计 775 人，占该州华人总数的 0.5%。上述可见，马六甲州的闽籍华人主要是闽南人，闽南人是该州的最大华人方言群，其他闽籍华人方言群的人数不多，没法跟潮州人、客家人、广府人、海南人相比。兴化人比广西人会略多一些。最少的福清人，才 178 人。

在森美兰州，客家人（63665 人）是该州最大的华人方言群，约占该州华人总数（183444 人）的 34.7%。其次较大华人方言群分别是闽南人（47723 人）、广府人（43524 人）、海南人（9341 人）、广西人（5093 人）、潮州人（4717 人），分别约占该州华人总数的 26.0%、23.7%、5.1%、2.8% 和 2.6%。最后人数较少的华人方言群是福州人（3892 人）、兴化人（1493 人）和福清人（417 人），他们分别约占该州华人总数的 2.1%、0.8% 和 0.2%。说福州话的福清人和福州人合计 4309 人，占森美兰州华人总数的 2.3%。如上可见，森美兰州的闽籍华人主要是闽南人，闽南人是该州的第二大华人方言群。其他闽籍华人方言群的人数不多，没法跟客家人、广府人、海南人、广西人和潮州人相比。福州人和福清人累计起来的话也比广西人少。最少的是福清人，才 417 人。

在彭亨州，广府人（39575 人）是该州最大的华人方言群，约占该州华人总数（157666 人）的 25.1%。其次较大华人方言群分别是客家人（37881 人）、闽南人（34064 人）、广西人（26112）、海南人（9187 人）和潮州人（6215 人），分别约占该州华人总数的 24%、21.6%、16.6%、5.8% 和 3.9%。最后人数较少的华人方言群是福州人（1590 人）、兴化人（1069 人）和福清人（221 人），他们分别约占该州华人总数的 1%、0.7% 和 0.1%。说福州话的福清人和福州人合计 1811 人，占彭亨州华人总数的 1.1%。上述表明，彭亨州的闽籍华人主要是闽南人，闽南人是该州的第三大华人方言群，其他闽籍华人方言群的人数不多，没法与广府人、客家人、广西人、海南人和潮州人相比。兴化人比福州人少，但比福清人会略多一些。最少的是福清人，才 221 人。

在槟州，闽南人（195538 人）是该州最大的华人方言群，约占该州华人总数（435366 人）的 44.9%。其次的较大华人方言群分别是潮州人（103044 人）、广府人（70081 人）、客家人（41544 人）、海南人（14324 人），分别约占该州华人总数的 23.7%、16.1%、9.5% 和 3.3%。最后人数较少的华人方言群是福州人（5040 人）、广西人（642 人）、兴化人（470 人）和福清人（339 人），他们分别约占该州华人总数的 1.1%、0.14%、0.1% 和 0.08%。说福州话的福清人和福州人合计，约占州华人总数的 1.18%。前述可见，槟州的闽籍华人主要是闽南人，闽南人是该州最大的华人方言群。其他闽籍华人方言群的人数不多，没法跟潮州人、广府人、客家人和海南人相比。福州人比广西人多。兴化人少于广西人，但比福清人略多一些。最少的是福清人，才 337 人。

在霹雳州，广府人（187738 人）是该州最大的华人方言群，约占该州华人总数（666237 人）的 28.2%。其次较大华人方言群体分别是客家人（174519 人）、闽南人（144295 人）、潮州人（67777 人）、海南人（17541 人），分别约占该州华人总数的 26.2%、21.7%、10.2% 和 2.6%。最后人数较少的华人方言群是福州人（14015 人）、广西人（11398 人）、福清人（5186 人）和兴化人（1270 人），他们分别约占该州华人总数的 2.1%、1.7%、0.8% 和 0.2%。说福州话的福清人和福州人合计，约占州华人总数的 2.3%。上述表明，霹雳州的闽籍华人主要是闽南人，闽南人是该州的第三大华人方言群。其他闽籍华人方言群的人数不多，较多的是福州人，比广西人多。福州人人数远没法与广府人、客家人、潮州人相比。福州人人数比海南人略微少一点，比广西人会略多一些。最少的是兴化人，才 1270 人。

在玻璃市州，闽南人（6402 人）是该州最大的华人方言群，约占该州华人总数（19571 人）的 32.7%。其次较大华人方言群分别是客家人（6062 人）、潮州人（3133 人）、广府人（2219 人）、海南人（732 人）和广西人（731 人），分别约占该州华人总数的 31%、16%、11.3%、3.7% 和 3.7%。最后人数较少的华人方言群是福州人（122 人）、兴化人（28 人）、福清人（8 人），约占该州华人总数的 0.6%、0.1% 和 0.04%。说福州话的福清人和福州人合计，占玻璃市州华人总数的 0.64%。上述可见，玻璃市州的闽籍华人主要是闽南人，闽南人是该州最大的华人方言群。其他闽籍华人方言群的人数不多，没法跟潮州人、客家人、广府人、海南人和广西人相比。福州人人数会比兴化人、福清人多一些。最少的是福清人，才8人。

在雪兰莪州，闽南人（266163人）是该州最大的华人方言群，约占该州华人总数（754348人）的35.3%。其次较大华人方言群分别是客家人（192175人）、广府人（183866人）、潮州人（49932人）和海南人（34967人），约占该州华人总数的25.5%、24.4%、6.7%和4.6%。最后人数较少的华人方言群是福州人（6758人）、广西人（6732人）、兴化人（4192人）和福清人（871人），约占该州华人总数的9%、8.9%、5.6%和0.1%。说福州话的福清人和福州人合计4062人，约占州华人总数的9.1%。上述表明，雪兰莪州的闽籍华人主要是闽南人，闽南人是该州最大的华人方言群。其他闽籍华人方言群的人数不多，没法跟客家人、广府人、潮州人和海南人相比。福州人比广西人会略多一些。兴化人比福清人多，但比广西人少，最少的是福清人，才871人。

在丁加奴州，闽南人（8120人）是该州最大的华人方言群，约占该州华人总数（21725人）的37.4%。其次较大华人方言群体分别是海南人（5388人）、广府人（2849人）、客家人（2492人）和潮州人（1196人），分别约占该州华人总数的24.8%、13.1%、11.5%和5.5%。最后人数较少的华人方言群体是兴化人（535人）、广西人（299人）、福州人（147人）和福清人（29人），他们分别约占该州华人总数的2.5%、1.4%、0.7%和0.1%。说福州话的福清人和福州人合计4062人，约占丁加奴州华人总数的0.8%。前述可知，丁加奴州的闽籍华人主要是闽南人，闽南人是该州最大的华人方言群。其他闽籍华人方言群的人数不多，没法和海南人、广府人、客家人和潮州人相比。兴化人比广西人会略多一些。福州人和福清人是两个最少的华人方言群，最少的是福清人，才29人。

在东马的沙巴州，客家人（79574人）是该州最大的华人方言群，约占该州华人总数（139509人）的57%。其次较大华人方言群分别是广府人（20723人）、闽南人（17418人）、潮州人（7687人）和海南人（6419人），约占该州华人总数的14.9%、12.5%、5.5%和4.6%。上述可见，沙巴州的闽籍华人主要是闽南人，闽南人是该州华人的第三大方言群。至于其他的闽籍华人，人数不多。

在东马的沙捞越州，客家人（91610人）是该州最大的华人方言群，约占该州华人总数（294020人）的31.1%。其次较大华人方言群分别是福州人（90704人）、闽南人（36518人）、潮州人（27262人）、广府人（20694人）、兴化人（10642人）和海南人（7033人），分别约占该州华人总数的30.8%、12.4%、9.3%、7%、3.6%和2.4%。这些事实表明，沙捞越州的闽籍华人主要是福州人，其人数会比最大华人方言群客家人少一些。其他的闽籍华人方言群主要是闽南人和兴化人，其中闽南人是该州第三大华人方言群，兴化人比潮州人、广府人少，但比人数最少的方言群海南人来说会略多一点。与马来西亚其他州显著不同的是，该州福州人特别多。这与近代时期不少福州人通过教会团体卫理会组织大规模来此垦殖有关。

总之，1970年的马来西亚华人社会，按人数来看，闽南人是当地华人社会最大方言群的州，依次是雪兰莪（266163人）、柔佛（217310人）、槟州（195538人）、马六甲（68005人）、吉打（60004人）、吉兰丹（21179人）、丁加奴（8120人）、玻璃市（6402人）。闽南人在这些州华人中为最大华人方言群，与闽南人较早就到这些州沿海地区经商贸易或是闽南人在近代时期对马来亚橡胶业种植和加工贸易业的控制有很大关系。

七 1957年和1970年新加坡华人的方言群分布

在新加坡，1957年闽籍华人比1947年增加了不少。见表12。

表12　　　新加坡各华人方言群人口增长情况（1947—1957）

方言群	1947年人数	1957年人数	1957年比1947年增长（%）
华人	729473	1090596	49.5
闽南人	289109	442707	53.1
福州人	9461	16828	77.9
兴化人	7445	8757	17.6
福清人	6323	7614	20.4
潮州人	157186	245190	56.0
广府人	157598	205773	30.6
海南人	52117	78081	49.8
客家人	39988	73072	82.7
上海人	不详	11034	—
广西人	681	292	-57.1
其他	9565	1248	28.4

资料来源：*Report of Singapore Population Census* 1957，转引自伍美芬（Ng May Fun）《新加坡福建人社群之研究》，硕士学位论文，新加坡国立大学中文系，2006年，第10—11页。

根据表12可以算出，1957年新加坡的闽籍华人（未含永定客家人）总人口475906人，比1947年的闽籍华人（未含永定客家人）312338人多出163568人。1957年新加坡的闽籍华人（未含永定客家人）比1947年增长52.3%，其中闽南人、福州人、兴化人和福清人1957年比1947年分别增长53.1%、77.9%、17.6%和20.4%，福州人增长的比率最大，接下来分别是闽南人、福清人、兴化人。1957年，闽南人（442707人）仍是新加坡当地华人社会中的最大方言群，占当地华人总人口1090596人的40.6%，而1947年的新加坡华人社会，闽南人也是当地华人社会中的最大方言群，为289109人，占当地华人总人口729473人的39.6%。

根据表13我们可看出，进入1970年，新加坡的闽南人达666944人，仍是当地华人社会中的最大华人方言群，占当地华人人口总数1579866人的42.2%。1970年新加坡闽南人约是1957年新加坡闽南人的1.51倍。也就是说，1970年新加坡闽南人的人数比1957年增长了约33.6%。同

1947年一样，1970年，福州人（包括福清人）在当地华人中的比例仍很小。不包括永定人在内，1970年新加坡的闽籍华人总数为694019人，占当地华人人口总数的43.9%。考虑到当时世界处于冷战时期，以及中华人民共和国在1949年成立后到改革开放前向国外的大规模移民基本停止等背景，可以知道新加坡在1957年和1970年的华人人口增长因素主要与当地人口自然增长有关。详见表13。

表13　　　　　1970年新加坡各华人方言群的人数情况

方言群	人数	百分比（%）
闽南人	666944	42.2
潮州人	352971	22.4
广府人	268548	17.0
海南人	115460	7.3
客家人	110746	7.0
福州人（含福清人）	27075	1.7
其他	38122	2.4
华人	1579866	76.2
总人口	2074507	100.0

资料来源：P. Arumainathan, Report on the Census of Population 1970 Singapore Volume 1, Singapore: Department of Statistics, 1973, pp. 254-258. Cited from Peter S. J. Che, Ethnicity and Fertility: The Case of Singapore, Singapore: Chopmen Enterprises, 1979, p. 6。

八　20世纪20—60年代的沙巴华人的方言群分布

沙巴，历史上是文莱王国的一部分。随着英国北婆罗州渣打公司于1882年7月的成立，1877年英国人建立的几个定居点和贸易站（stations），包括山打根（Sandakan）、古达（Kudat）和金马利（Kiamnis），正式成为渣打公司的一部分,沙巴由此成为一个完整的行政体系。① 1963年前,沙巴名为北婆罗州。1963年9月16日起,沙巴与沙捞越、马来亚组成马来西亚。

古代时期来沙巴的华人是一些小贸易商,人数很少。1846年,沙巴华人仍不多,主要是来自沙巴西南部纳闽岛的华人。早期的沙巴华人以广府人居多,客家人次之。从19世纪末期开始,客家人的移民数目便超越其他华人方言群。②

自1921年开始,沙巴的人口统计才把各主要方言群分类划分。20世纪20—60年代沙巴华人的方言群分布情况,详见表14。

表14　　20世纪20—60年代沙巴各华人方言群统计

	1891年	1901年	1911年	1921年	1931年	1951年	1960年	1970年	1980年	1991年
客家人	不详	不详	不详	18153	27424	44505	57338	79574	不详	114288
广府人	不详	不详	不详	12268	12831	11833	15251	20723	不详	29261
闽南人	不详	不详	不详	4022	4634	7336	11924	17418	不详	26734
潮州人	不详	不详	不详	2480	2511	3948	5991	7687	不详	10440
海南人	不详	不详	不详	1294	1589	3571	5270	6419	不详	7043
其他华人	不详	不详	不详	1039	1067	3181	8768	7688	不详	13371
华人总人口	7156	13897	27801	39256	50056	74374	104542	139509	163996	201137
沙巴总人口数	67072	104527	208183	257344	270223	334141	454421	653264	1011046	1309510
华人占沙巴总人口的比率	10.7%	13.3%	13.4%	15.3%	18.5%	22.3%	23.03%	21.4%	16.2%	15.4%

资料来源:L. W. Jones, *North Borneo Report on the Census of Population*, Kuching: Government Printing Office, 1962, p.135;张德来:《沙巴的客家华人——客家华人贡献沙巴州现代化之探讨》,Kota Kinabalu:沙巴神学院,2002年,第30页。

---

① Danny Wong Tze-ken, The transformation of an immigrant Society: A Study of the Chinese of Sabah, London: ASEAN Academic Press, 1998, pp. 8-11.
② 张德来:《沙巴的客家华人——客家华人贡献沙巴州现代化之探讨》,Kota Kinabalu:沙巴神学院,2002年,第14页。

根据表14我们可看出，从1921年开始，在沙巴的闽籍华人以闽南人为主，他们在当地华人社会中是第三大方言群。1921年到1991年，闽南人占当地华人社会总人口的比例分布如下：1921年，占10.2%；1931年，占9.3%；1951年，占9.9%；1960年，占11.4%；1970年，占12.5%；1991年，占13.3%。

九 "二战"结束后到20世纪60年代沙捞越闽籍华人的方言群分布

1846年，被文莱苏丹封为沙捞越拉阇（Raja）的英国人布洛克（James Brooke）宣布沙捞越独立。1963年，在英国的主导下，沙捞越、沙巴、新加坡与马来亚组成马来西亚联邦。华人真正移居沙捞越，要到19世纪。由于缺乏统计资料和相关的记录，我们对"二战"以前沙捞越闽籍华人的方言群分布情况知之甚少。沙捞越的拉阇政府在1939年进行过一次人口统计，但资料于日本侵略期间被毁，我们只知道当时沙捞越华人总人口为123626人。[①]

"二战"结束后，沙捞越迎来了较长时间的和平，英国殖民政府也致力于沙捞越的经济建设，沙捞越人口增长迅速，其中尤以华人增长最快，1947—1980年，其年增长率达3%左右，而总人口从1947年的15万余人增长到1980年的38万多人。华人各方言群中，以福州人的增长最为突出，从1947年的41946人增长到1980年的126346人，并在1980年超过客家人，成为沙捞越最大的华人方言群。详见表15。

就闽南人而言，其增速大致与华人总人口的增长保持一致，人口总数长期占据沙捞越华人人口的第三位。在人口分布上，古晋市区仍然占据了全州闽南人人口的40%左右，诗巫、美里、林梦、老越等地也有不少闽南人。其中值得一提的是，闽南人在第五省的人口优势一直保持到

---

① ［马］饶尚东：《东马华人人口变迁》，载林水檺、何启良、何国忠、赖观福编《马来西亚华人史新编》（第一册），吉隆坡：马来西亚中华大会堂总会，1998年，第252页。

表15　1947—1980年华人方言群人口变化

方言群	人数（人） 1947年	1960年	1970年	1980年	所占百分点（个） 1947年	1960年	1970年	1980年	各期年增长率（%） 1947—1960年	1960—1970年	1970—1980年
闽南人	20289	28304	36518	51617	14.0	12.4	12.4	13.4	2.6	2.6	3.5
广府人	14622	17432	20694	23882	10.1	7.6	7.0	6.2	1.4	1.7	1.4
客家人	45409	70221	91610	124805	31.2	30.6	31.2	32.4	3.4	2.7	3.1
潮州人	12892	21952	27262	33127	8.9	9.6	9.3	8.6	4.1	2.2	1.9
海南人	3871	5717	7033	7704	2.7	2.5	2.4	2.0	3.0	2.1	0.9
兴化人	4356	8278	10642	13097	3.0	3.6	3.6	3.4	4.9	2.5	2.1
福州人	41946	70125	90704	126346	28.9	30.6	30.8	32.8	4.0	2.6	3.3
其他	1773	7125	9557	4662	1.2	3.1	3.3	1.2	10.7	2.9	-7.3
华人总数	154158	229154	294020	385200	100.00	100.00	100.00	100.00	3.5	2.5	2.7

资料来源：Joseph Ko Tee Hock著，黄纪邻译：《1947至1983年沙捞越华人方言群体的组成与成长》，载蔡增聪主编《沙捞越华人研究译文集》，诗巫：沙捞越华族文化协会，2003年，第87—102页。

20世纪70年代，1970年的人口调查中，闽南人占了该省华人人口的41.6%。[1] 兴化人在沙捞越的七大华人方言群中，从1947年起其人数一直是占倒数第二，仅比海南人多一些。

1947年沙捞越闽籍华人有66591人，约占当地华人总人口154158人的43.1%。其中闽南人（20289人）约占当地华人总人口的14%，福州人（41946）约占当地华人总人口的28.9%，兴化人（4356人）约占当地华人总人口的3%。1960年沙捞越闽籍华人有106707人，约占当地华人总人口229154人的46.6%。其中闽南人（28304人）约占当地华人总人口的12.4%，福州人（70125人）约占当地华人总人口的30.6%，兴化人（8278人）约占当地华人总人口的3.6%。1947年、1960年和1970年，福州的人口仍是比该州华人最大方言群客家人人数少。

总之，由于近代沙捞越的福州人是教会组织卫理会组织下的集体移民因而其人数增长很快。在沙捞越加入马来西亚之后，福州人抢占伐木业发展的先机，获得巨额资本，进而进军其他行业，并获得全面的优势地位[2]，因而逐渐成为沙捞越华人社会的第一大方言群。

十 结语

至1911年，闽南人估计至少有257101人，约占马来亚（包括新加坡）华人总数（估计至少有880508人）的29.2%。1921年马来亚（包括文莱）共有闽南人38.0656万人，占同期马来亚（包括文莱）华人总数的32.8%，接近1/3，闽南人仍是英属马来亚华人社会的最大方言群。1931年，闽南人（540736人）仍是当地华人最大的方言群，约占马来亚华人总人口（1709392人）的31.6%。1947年闽南人仍是新加坡和马来亚（专指西马）华人社会的最大方言群，人数有827411人，约占新加坡

---

[1] 1970年人口统计，转引自Joseph Ko Tee Hock著，黄纪邻译《1947年至1983年沙捞越华人方言群体的组成与成长》，载蔡增聪主编《沙捞越华人研究译文集》，诗巫：沙捞越华族文化协会，2003年，第87—102页。

[2] 李龙：《沙捞越闽籍华人社会结构的变迁（1900—1977）》，硕士学位论文，厦门大学，2017年，第90页。

和马来亚（专指西马）华人总数（2614667人）的31.6%。进入1957年，新加坡和马来亚（专指西马）的闽南人数仍是最多的。1970年，新加坡和西马的闽南人人数依然最多。

从整个马来西亚看，1970年，在九个华人方言群中，人数最多的是闽南人方言群，为1122739人，约占马来西亚华人总数3555879人的31.6%。是年新加坡的闽南人达666944人，仍是当地华人社会中的最大华人方言群，占当地华人人口总数1579866人的42.2%。在东马的沙巴和沙捞越，闽南人不是最大的华人方言群，福州人是沙捞越的第二大华人方言群，比闽南人多。

从新马来看，20世纪头十年至70年代，闽南人毫无疑问是当地华人社会的最大方言群。在闽南人当中，永春人、安溪人是人口比较多的方言群。闽籍其他方言群的华人兴化人、永定籍客家人人数很少。目前闽籍的华人在马来西亚估计占当地华人总数的一半，闽南人仍是新加坡最大的华人方言群。

闽南人是1910年到20世纪70年代新马华人社会的最大方言群的主要原因有：闽南地区的自然地理和人文状况（山多田少、重要的对外贸易港的兴起、自然灾害、苛捐杂税、匪患等）；移民网络的作用（亲属移民、族人移民、移民中介机构、地缘性社团和血缘社团）；闽南人较早在新马海岸地区从事商贸活动的影响；殖民地政府开发和建设新马对中国劳动力的需求（殖民政府重视自由贸易、橡胶等种植与加工业在新马的兴起与发展）；马来亚独立以来，华人在身份认同方面从叶落归根向落地生根的转变，以及经济的发展使华人人口的自然增长率提高。今天的新马华人社会，闽南籍企业家仍在当地工商业发展中发挥着重要的作用，新马富有华商仍是以闽南人为主。在东马的沙捞越，富有华商则是以福州人为主。

政府在助推海外中餐业发展中的角色定位

——以丽水市青田县为例

夏凤珍[*]

中餐是侨胞在海外的文化图腾,回望它在海外的发展历程,它与中国人移民海外的历史同步。华侨华人在海外经营的中餐业是他们赖以生存的商业行为,也是他们在海外传播中华文化的载体。中餐是侨胞在海外的文化图腾。如今,国内相关政府部门"该出手时就出手",纷纷行动起来推动海外中餐业发展,期望它更好地承载中华文化输出的重任。那么,政府部门是否真正明白推动海外中餐业在"他者"语境中发展的角色定位?对海外中餐业从业者及自身对自己担当一定角色的不同类型期望是否领悟?在助推海外中餐业发展过程中,该怎样进行角色扮演?

一 政府角色定位

中餐出洋的历史并形成较大浪潮可回溯到晚清时期,20世纪80年代到90年代,随着中国人移民海外形成新高潮,众多中餐馆搭乘这股

---

[*] 夏凤珍,浙江工商大学马克思主义学院副教授。

潮流扬帆海外进入高速发展期,经营中餐馆成为许多海外侨胞安生立命的依赖,并发展为海外华社经济的重要支柱。据《浙江省基本侨情调查分析报告2014》反映:截至2013年年底,浙江省海外侨胞、港澳同胞已超过202万人,其中华侨华人超过170万人。海外侨胞和留学人员中15岁及以上的在业者从事的职业较多的是餐饮服务和服装鞋革的加工制造业,所占比例分别为32.62%和29.46%。如丽水市青田县,至2003年,该县旅居荷兰的海外侨胞有1.2万人,其中75%的人从事中餐业。至2006年,旅居西班牙的青田侨胞5万多人,其中有40%的人从事餐馆业或服务于餐饮业,可以说,中餐业是青田侨胞在海外的基础产业。

海外中餐馆遍地开花,除满足人们民以食为天的基本要求之外,它也成为侨胞重拾乡情和亲情的所在,成为他们对原乡文化记忆的重要场域,中餐的特有属性凝结成海外侨胞族群记忆的标识。这样的餐食文化背景,使中国政府部门有可能聚焦发挥海外中餐业传承中华文化,讲好中国故事这一大课题。当中央提出"文化自信"推动中华文化"走出去",倡导"一带一路"推动文化交流融合,政府部门就纷纷行动起来,试图把遍及全球的中餐馆纳入成为实现这两大目标的重要抓手,并被视为提升中国"软实力"的力量之一。如2011年,商务部颁布《关于"十二五"期间促进餐饮业科学发展的指导意见》提出:"积极推动中华餐饮文化'走出去'。""重点引导有实力、品牌效应好的中国餐饮企业'走出去',开拓国际餐饮市场。"① 2015年4月,北京市旅游行业协会、北京海外交流协会与15个国家的20家海外中餐行业协会代表正式签署《北京优质旅游资源推介战略合作协议》。双方期待通过北京旅游资源网络,有效帮助宣传推广海外中餐企业,促进海外中餐企业的品质提升。同时,由于中餐馆就餐的人群基数大,非常符合北京旅游海外推广的目标定位,成为推介北京旅游资源的优质又有效的渠道。同年4月,国务院侨务办公室国外司副司长卢海田在国际中餐产业发展北京峰会上发表

---

① 商务部:《关于"十二五"期间促进餐饮业科学发展的指导意见》,http://www.mofcom.gov.cn/article/zt_shangwubu/lanmuone/201111/20111107851253.shtml,2017 - 6 - 10。

了"全面推进中餐繁荣计划,提升海外中餐产业水平"的主题讲话,他表示:世界各地华侨华人是海外中餐的主要从业者,国侨办将通过推进"中餐繁荣计划"使海外中餐以及从业者有所提升。5月,国侨办国外司司长王晓萍在国侨办于浙江宁波举办的海外侨领研习班开班仪式上强调:中华美食是中华文化的重要组成部分,海外的中餐馆是中华文化对外展示的重要载体,是外国朋友了解中国的重要平台,海外中餐业发展关乎中国形象、中国文化形象和中国餐饮形象。这一年,江苏省、福建省等侨办纷纷承办、举办与"中餐繁荣"有关的活动。2016 年,浙江省侨联推动开展"万家海外中餐馆·同讲中国好故事"主题活动,由省侨联联合其他部门共同主办的"吃遍全球"APP 正式上线,还推动成立浙江侨界中餐业交流合作促进会。2017 年 1 月,浙江省政协委员、省侨联副主席张维仁在省"两会"期间表示:浙江省侨联正谋划"海外万家中餐馆"工作,希望通过美食文化的"涓涓细流",不断汇聚形成中外交流合作的"汪洋大海"。6 月 20 日,省侨联在杭州主办首届"海外万家中餐馆"活动理论研讨会,旨在通过理论探讨,谋求更好地推进"海外万家中餐馆"行动计划。

上述各级政府部门各类政策举动显示这样一个趋势:借着海外中餐业的特性,中国重树文化自信及"一带一路"发展的要求,国内多个政府部门特别是涉侨单位应及时地介入推动海外中餐业繁荣发展工作中,都试图进行自己的角色扮演。

政府部门的角色扮演,首先遇到的就是找准自己的角色定位,即政府"根据自身的条件和社会的需要而选择自己适合扮演的角色",就是要"找准自己的角色定位"。[①] 什么是角色?它一般是指个人在社会关系中处于特定的社会地位,并符合社会期待的一套行为模式。也就是说,角色是一定社会关系所决定的个体的特定地位、社会对个体的期待以及个体所扮演的行为模式的综合表现。所谓政府角色就是政府在综合社会关系中所处的社会地位,并符合社会期待的一套政策法律法规模式,亦即各种社会经济政治文化现实决定了政府的特定地位、社会对政府的期待以

---

① 奚从清:《角色论——个人与社会的互动》,浙江大学出版社 2010 年版,第 82 页。

及政府所扮演的行为模式的综合表现。单纯的政府概念是抽象的，但是，政府内的决策制定者、执行者、创新者又都是以个人为对象的，特别是领导干部对自己扮演的角色认识、对角色规范的领会、对角色规范的执行能力，最终都体现于领导干部对事物的判断认识、工作水平和工作效率。

那么，政府在推动海外中餐业发展行动中，是否将自己的定位高于实际可以承担的角色定位？是否低于自己实际可以承担的角色定位？如果定位与自己实际应当承担的角色不符，是否造成角色错位？政府角色定位过高、过低或者错位，都会有损于工作效益的期待，甚至事倍功半。由于海外中餐业是在"他者"语境下谋发展的行业，产业属性都为个人所有，消费对象跨种族、跨国别。因此，政府的角色定位应该是助推者，而不应该成为决策者。

二　政府角色领悟

当政府找准自己的角色定位之后，理解掌握"角色领悟"也是推动海外中餐业工作成功与否的重要环节。此处的"角色领悟"是指中国政府部门对海外中餐馆业从业者及自身对自己担当助推者角色的不同类型期望的领悟。海外中餐馆业者对国内政府部门担当一定角色的不同类型的期望，对政府部门来说无疑是一种外在的力量。由于政府部门本身对海外中餐业状况的整体了解程度、决策者的智慧、执行者的价值观以及国内外不同环境，都会导致其对助推者角色的领悟存有差异，有的甚至还大相径庭。假如政府部门认清海外中餐业及其自身对其担当一定角色的不同类型期望，从而明确与其地位有关的角色的意义、效能、清晰度，同时能够分析期望类型，把握政府助推者角色的介入程度，根据内外所需及政府职能，选择恰当的角色扮演方式，这样就可以较为自然地实现角色期望。也只有当政府部门对角色领悟的程度越深，与海外中餐业从业者期望之间的差距才会越小，助推者角色扮演的效果才会越好。

为此，政府部门需要通过各种途径了解与掌握自己所扮演的助推者角色的义务、权利、态度、情感和行为要求，这对政府部门来说也是一种学习过程。

首先，政府部门应该了解海外中餐业的整体现状及其发展趋势。海外中餐业自出洋发展至今，可谓蓬勃发展。目前海外40万家中餐馆，90%以上由海外侨胞经营，且谋生型中餐馆居多，也有极少量国内中餐企业到海外开设分店。青睐中餐的有侨胞、赴外旅游的中国旅客，也有大量的当地民众。他们喜欢酸甜混搭的糖醋里脊和宫保鸡丁、麻辣激爽的麻婆豆腐、较为清淡的腰果虾仁以及带着中国标签的北京烤鸭等菜品，也喜欢有中国文化的春卷、带着中国新年文化背景的饺子、简单美味的炒饭、镬气十足的炒面等家常主食。从中餐馆的分布看，目前在美国有近5万家中餐馆，居全球之首，日本和印度分别居第二位、第三位。此外，印度尼西亚、英国、马来西亚、澳大利亚、加拿大、意大利、韩国也是全球中餐馆数量较多的国家，总体来看，欧美和东南亚已成为海外中餐馆的重要聚集地。

其次，梳理掌握海外中餐业一片繁荣背后难掩其发展中的许多难题困境。主要表现：第一，品牌化程度较低。许多中餐馆在小本经营、小富即安的发展模式下谋求发展，难以打造出招牌企业。如目前在美国有近5万家中餐馆，在数量上居全球之首，却难出一家品牌餐馆。据《全球中餐发展形势报告2016》揭示：美国人开设的餐馆菜单中有日餐和韩餐，却没有中国菜，米其林评出的三星餐厅中，没有一家海外的中餐馆。第二，保持中国风与本土化的冲突。许多海外中餐迫于生存压力，为适应海外当地人口味开发西式中餐以扩大销量，逐渐偏离了正宗中餐，成为假中餐，久而久之，当地侨胞、原居民众对假中餐都会弃之而去。第三，专业人员缺乏，管理成本高昂。许多海外中餐馆经营者在谋求发展过程中，苦于烹饪专业技术人员奇缺。如果要提升从业人员厨艺和管理水平，他们首选回中国来培训，这造成了海外中餐业出现管理上的空当和经营上的风险，成本高昂，因此，大多数中餐业从业者对专业烹饪人员的招聘、培训往往望洋兴叹。同时，缺少实用的中餐食谱、书籍和杂志。第四，同质竞争。许多侨胞从事餐馆是谋生型的，从业者缺乏专业技术，资金少、培训少。这样，导致一些从业者经营一成不变，又过分集中，使同业同质竞争激烈，恶性竞争至白热化，致使从业者利润微薄，也迫使部分从业者转行他谋。

最后，在中餐馆步履蹒跚发展过程中，一些海外从业者也在谋求突围，揭示了海外中餐业发展趋势。第一，海外中餐业有市场需求。随着海外侨社的进一步扩大，中国人移民海外人数增长，同时，越来越多的国家对中国人签证放宽，出境游的中国人人数随之大幅增长，这在一定程度上保证了海外中餐馆的就餐人数，有助于海外中餐业营利发展。第二，从世界各国餐馆业的发展历史看，餐馆业具有较强的抗风险能力，行业利润相对稳定，且海外侨胞及当地人对正宗中餐仍然情有独钟，促使一些中餐从业者回归或者坚守传统中餐。第三，中餐业是民生产业，有其不可替代的历史地位和实践需要，有它长期存在效用价值。例如，当前中餐业仍然是许多青田侨胞的基础产业，并维持一定的规模，它在青田华侨经济中所居地位仍不可忽视。

上述海外中餐业发展现状及其发展趋势预示，海外中餐业有得到中国政府部门扶持的期望，而中国政府也有参与扶持海外中餐业发展的期望，进一步证明中国政府部门在促进海外中餐业发展过程中有角色可扮演。

三　政府角色扮演

此处的政府角色扮演是指政府按照自己的角色定位和角色期望创造角色的过程，它受许多主客观因素影响。海外中餐业、中国政府双方对对方及对自己的角色领悟是否到位？该如何实现有效对接，即实现理想的角色扮演。

首先，科学定位政府"给"的角色。在中国国内，政府多居强势地位，因此，在推动海外中餐业发展时，拟定政策举办活动时，与被服务对象交集过程中往往处于"给"的位置，自觉或不自觉地将自己处于主导者角色，这也与政府自身对海外中餐业及自己的期望领悟不到位有关。有时，中国政府部门给出的扶持政策和活动还带有一定的政治任务，这就强化了"给"的角色。比如浙江省侨联赋予"万家海外中餐馆"工作就有"讲浙江好故事"的任务,希望通过活动"让世界人民通过万家中餐馆了解中国,感知浙江"。为达到这个愿景,省侨联设计较为完善的活动内容:全称是"以万家中餐馆为窗口,广泛开展系列活动",具体主要内容是:尝中华美食;看中华美景(播放形象片);读中华好故事(赠阅图书);游中华好山水(旅游推介);交中华好朋友;展中华好礼仪。实施这项工作的载体是海外众胞经营的中餐馆(酒吧、咖啡馆、超市、宾馆、旅社)。

浙江省侨联是建立在海外中餐业者对自己的期望的调查基础设计了这个系列活动,从面上分析,是一个非常完美周到的设计,其中如"看中华美景(播放形象片)"这项子活动需要制作资料片,从制作到推出必然要付出一定的时间、财力、精力,当制作完成后无偿提供给海外中餐馆播放。由于海外中餐消费对象分层化、多样化,餐馆业也随之分化,如低档的,人均消费几元;中档的,人均消费几十元;高档的,人均消费上百元、上千元。这就需要调查各层次的中餐馆中,有哪些从业者是乐意主动积极接受并在自己餐馆内播放政府部门推出"看中华美景"形象片?政府精心制作又免费提供的音频资料是否受消费者欢迎?接受资料的中餐馆会把播放设备放在哪个位置?音频资料是多语种的吗?同样的资料内容是否适合不同国家、不同地区的餐馆长时间重复播放?等等。所以,政府部门需要科学定位自己"给"的角色,如何科学有效实现与海外中餐馆在"给"与"受"之间的链接。

其次,政府角色作为。政府部门应该推动海外中餐业建立完善培育行业协会,制定海外国别性中餐业标准,鼓励中餐业展示中国礼仪文化以助添中餐魅力,同时引入西餐礼仪,以吸引更多海外主流民众前来消费。

最后,推广"浙菜"打持久战。目前,海外中餐馆经营粤菜居多,这与各省籍人向海外移民历史及移民人数多寡直接相关。广东省是居中国第一位的侨务大省,侨胞向海外移民历史早,人数众多,且粤菜自有其独特的风味和品性,因此,粤菜在海外独占中餐鳌头不足为奇。浙江侨胞向海外移民历史不及广东省早,人数不如广东多,如至2013年,浙籍侨胞仅有202万人,而广东有侨胞3000多万人,同时,浙江侨胞又以新侨胞居多，他们在海外经营的餐馆时间不及粤籍侨胞久远，因此，目前"浙菜"走出国门后的影响力不及粤菜也是情理之中的事。但是，"浙菜"有其活色生香的灵动性，在政府部门助推下，海外浙籍侨胞的坚守和创新中，假以时日，"浙菜"必将在海外拥有不可或缺的地位，既传承推广中餐的真谛，满足海外食客口腹之欲，也成为中华文化走向海外的重要载体。

第六编

地区国别华人研究

关于旅泰中国新移民的若干观察与思考

[泰国] 杨保筠*

一 旅泰新移民的界定及其现状

学术界对于迁移定义中时间限制的理解是广义的，"新移民"不仅包括已经在他国入籍或未入籍的永久性定居移民，还包括未在他国入籍但在他国工作、生活的短期性（一般在一年以上）移民。就泰国的具体情况而言，有学者认为，泰国的华人新移民主要由四个次社群组成：第一个次社群是中国大陆1978年实行改革开放政策之后，通过各种方式移居到泰国的新移民；第二个次社群是目前居住在泰北山区的当年国民党军残余和随军撤退的一些云南籍平民及其后裔；第三个次社群是来自中国台湾的华人新移民；第四个次社群是20世纪70年代从印支三国移民到泰国的华人难民。① 由此可以看出，泰国的"新华人移民"的构成是相当复杂的。本文所探讨的旅居泰国的中国新移民，主要是指"改革开放后移居国外的中国大陆公民"②，并不包括其他华人新移民。

---

* 杨保筠，北京大学国际关系学院教授、泰国法政大学比里·帕侬荣国际学院教授、广西民族大学客座教授。

① 曹云华：《泰国新华人管窥》，（泰国）《泰中学刊》2002年。
② 张秀明：《国际移民体系中的中国大陆移民——也谈新移民问题》，《华侨华人历史研究》2001年第3期。

那么，旅泰中国新移民究竟有多少？学界对此有多种说法，莫衷一是。据厦门大学庄国土教授的估算，到 2007 年，近 20 年来涌入泰国的中国新移民人数为 40 万—50 万[①]，由于近年来中国人移民泰国的数量继续增加，这一数字势必已经有较大增加。

改革开放后大批中国人移居或较长时期到泰国居住的原因众多。与老华侨相比，中国新移民移居泰国的动因和方式亦趋多元。泰国学者的研究结果将其归纳为：以前曾经到泰国旅游，因而喜欢上了泰国，希望能够在这里找工作，定居下来；为数颇多的汉语志愿者教师在合同期满后决定留下来，他们有的继续从事教学，有的经商，有的务工；通过与泰人结婚而留在泰国；由于学费和生活费用成本低而来泰国大学或研究生院长期就读，等等。[②] 据笔者的观察和了解，泰国学者的这些看法不无道理。例如，有多位旅泰中国人曾经说起，他们第一次到泰国出差或旅游时，就被当地的环境和民风所吸引，认为这里才是他们的生存之地，因此决心要在此地定居，并千方百计，最终实现了愿望。笔者遇到很多生活在泰国的年轻人，他们曾经是在这里教汉语的志愿者或就读于泰国高校的留学生，在工作期满或学成毕业后留住此地，其原因也大多是由于钦慕泰国的社会人文条件。此外，在笔者所遇到的中国新移民中，与当地华裔或泰族配偶结婚成家的亦颇常见。其中，既有在中国成婚后移居泰国的，也有在泰国相识而终成眷属的，其中以中国男子娶泰籍女子的现象更为多见。

旅泰中国新移民对其移居泰国理由的解释也是多种多样的。很多去泰国的中国内地新移民大多年富力强，并在国内积累了一定的资金或工作经验，他们往往受到在泰亲友的启发，认为泰国比较发达，基础设施相对完善，民风较为开化和温和，因此到泰国来寻求商机。他们大多开商店、经营餐馆或者给人打工等。

[①] 庄国土：《东南亚华侨华人数量的新估算》，《厦门大学学报》（哲学社会科学版）2009 年第 3 期。

[②] Prof. Dr. Supang Chanthawanich and Dr. Chada Triamwithaya, "The New Chinese Migrants in Bangkok", in Summary of the Seminar on New Chinese Migration in Thailand and the Mekong Region Dipak C. Jain Room, 1st Floor, Sasa Niwet Building Chulalongkorn University May 19, 2016.

有些年轻新移民则认为，考取泰国的留学生相对容易，而泰国高等院校也乐于招收留学生，泰国的学费和生活成本也较欧美国家低许多，又有很多业余打工的机会，因而情愿在此长期就读和驻留。有些青年新移民还表示，如果有就业和通婚的机会，则会在毕业后选择定居泰国。

在新移民中，有不少人为泰国的生活氛围和环境所吸引。相比国内的很多城市，泰国的大小城镇都显得更为干净整洁，空气质量也更好。加之泰国的旅游业比较成熟和发达，使当地的生活方式和生态环境具有很强的吸引力。随着中国经济的发展和中产阶级队伍的扩大，到泰国养老已经成为不少人的选择，因为这里的气候和环境条件也比较适合老年人，泰国政府规定超过50岁的外国人就可以办理养老签证的政策使到该国养老也比较方便。此外，很多新移民认为，相比中国的许多城市，泰国的总体物价水平比较低，食品安全也较有保障。笔者曾遇到一位从四川成都带着儿子来泰国旅游者，她被当地的生活和环境条件所吸引，临时改变行程，将旅游改为购房，到处寻访合适的楼盘，并最终拍板订购下中意的公寓单元房。闲聊起来，她说由于成都近年来雾霾日趋严重，孩子每到冬季就会咳嗽气喘。带孩子来泰国，本是为了换个环境，岂知孩子到泰国后各项症状很快消失。为了孩子的健康，决定在这里买套公寓。鉴于楼盘附近就有较好的国际学校，打算将来让孩子到这里求学。

此外，还有为数不少新移民为宗教信仰而来。泰国是个以佛教为国教的国度，一些中国信众认为在国内修行颇多不便，经常会遭到别人的白眼，而在泰国修佛则比较自由，令人心情舒畅。因此，不少人为此而来。他们在工作之余，把大部分业余时间都用于禅修。在泰国的一些华人寺庙，可以看到很多来自中国的佛教信徒，他们积极参加各种禅修班或宗教活动，并以居士身份为寺庙提供义工服务。笔者与其中很多人交流过，他们都以能够在这里皈依和修炼佛教，参与社会慈善服务而颇感自豪与欣慰。

由此可见，改革开放以来数量庞大的中国新移民移居泰国，有其时代背景和多方面原因。但总体来看，中泰两国关系的发展是旅泰中国新移民大量出现、扩展和延续的最重要条件，它们与泰国所具有的各方面得天独厚的条件相互作用，构成了促使中国新移民前往泰国的"推力"，和泰国吸引中国新移民的"拉力"。不言而喻，由于历史原因而在泰国长期存在并不断有所拓展的移民网络，也为这一人口迁移活动提供了有效的支持。

由于华人有喜好聚居以便相互扶助共谋生存的传统，随着旅泰中国新移民的大批抵达，他们也和老华人一样，很快就在泰国的一些主要城市形成了聚居区，即新兴的"唐人街"。其中，以曼谷辉煌区布拉查腊邦蓬（Pracharatbamphen）街一带被称为"新中国城"的中国新移民聚居区的名气最大。这条街虽然只有短短的 400 米，但如今已形成一条繁华的商业街。各种商店、餐厅和服务中心如雨后春笋般纷纷涌现；无数中国特色十足的汉字广告牌引人注目，而商店里各类中国商品应有尽有，中餐美食比比皆是，中国游客来来往往。

对于该街区迅速成为新移民聚居中心的原因，朱拉隆功大学亚洲移民研究中心学者的研究结果认为，辉煌区靠近中国驻泰使馆，周边旅游景点、商场和娱乐场所众多，且交通方便。而且该街区的房屋租金相对较低，租得起；有朋友住在同一街区，可以使用中文交流，方便彼此互相帮助；该地区历史较久，拥有比较完善的日常生活设施和服务；加之当地的泰国人比较友善等因素[1]，使为数可观的新移民最终选择了这一街区作为立足和共同发展之地。

"辉煌唐人街"的形成过程和速度颇令人吃惊。从 2013 年开始，大批中国学生和汉语老师居住在此，一条崭新的商业街遂迅速成型。居住在该街区的中国人主要来自广西和云南，他们通常是以旅游、学习或工作为目的而"暂居"泰国的新一代年轻中国人。他们中的有些人在留学签证到期后滞留泰国，从事将泰国水果干、青草药膏、蜂蜜和橡胶枕等产品销往中国的"代购业务"，并随着生意的扩展而将亲戚朋友招来泰国一起开店。据辉煌区政府的数据显示，目前布拉查腊邦蓬街区的 181 家商店中，中国商店就占据了相当大的比例。在中国店铺里，包括物流公司

---

[1] Prof. Dr. Supang Chanthawanich and Dr. Chada Triamwithaya, "The New Chinese Migrants in Bangkok", in Summary of the Seminar on New Chinese Migration in Thailand and the Mekong Region Dipak C. Jain Room, 1st Floor, Sasa Niwet Building Chulalongkorn University May 19, 2016.

27 家、化妆品店 20 家、货物寄存仓储 17 家、中国餐馆 14 家、橡胶枕头店 5 家、泰式按摩店 5 家、皮具店 3 家、燕窝零售店 2 家、面包店 1 家、美容诊所 1 家、旅行社 1 家，而其中未经注册的商店就多达 44 家。[①]

据泰国研究人员估计，目前居住在该街区的新移民有 5000 余人，约占该地区人口的 30%。大量中国新移民在辉煌街区聚居兴业，也给这一地区带来了房租迅速上涨、街区卫生及治安环境变差、邻里关系特别是新移民与当地泰族居民之间的关系紧张等负面影响。[②]

二 旅泰中国新移民的一些基本特点

与早期移民相比，改革开放以后来到泰国的中国新移民具有一些明显的特点。

首先，他们的来源地要广泛得多。过去由于地理和交通条件的限制，移民主要集中在东南沿海，其中以来自广东潮汕地区的移民人数最多，其次是客家人和海南人。而旅泰新移民则来自全国各地，除原来的东南沿海继续保持其移民趋势外，内地移民到泰国的人数逐渐增多，甚至也出现了来自东北地区的较大数量的移民。据笔者观察，近年来中国内地，如河南、陕西、四川、重庆等省市的新移民数量不断上升，人员往来大幅度增加，加之旅游业的快速发展，致使亚航等航空公司纷纷开辟通往这些省市的航班和包机服务，以满足需求。

其次，新移民的总体受教育程度明显高于老华侨。来泰国的早期移民多是迫于生活压力而下南洋，刚到泰国时都是从做苦力开始。跟他们相比，新移民接受教育的程度确实比较高，他们中的绝大部分人在国内接受过中等教育或高等教育。例如，泰国朱拉隆功大学的调查显示，在曼谷辉煌地区的"新唐人街"的中国新移民中，有 68.9% 的人拥有学士

---

① 《辉煌，冉冉升起的曼谷"新唐人街"》，泰国网，2016-8-29，http://www.taiguo.com/article-43730-1.html。

② Prof. Dr. Supang Chanthawanich and Dr. Chada Triamwithaya, "The New Chinese Migrants in Bangkok", in Summary of the Seminar on New Chinese Migration in Thailand and the Mekong Region Dipak C. Jain Room, 1st Floor, Sasa Niwet Building Chulalongkorn University May 19, 2016.

学位。①

再次，与老华人相比，赴泰中国新移民的职业结构发生了重大变化，突破了老华侨以"三把刀"（菜刀、剪刀和剃刀）为主的行业取向，朝着职业多元化方面发展，涉及驻在国的科技、教育、商业和金融服务业，并且有相当一部分人已崭露头角。新移民职业多元化的出现首先与他们自身的教育背景有关。新移民他们在出国前已经具备一定的工作经历和职业背景，移民到泰国后自然会尽量寻找接近自己原来工作的机会。新移民职业多元化也和泰国劳动力市场的需求有关。在经济全球化进程对泰国国际分工的影响之下，以及中国事务在泰国对外关系中地位的上升，现在泰国的劳动力分工与老移民时代已大不相同，造就了泰国对各种涉华人才的迫切需求，从而给新移民创造了很多难得的就业机会。因此，人们在曼谷或泰国的其他主要城市，经常能碰到形形色色的中国新移民，他们有的是汉语教师，有的是音乐工作者，还有的是书法家，等等。例如，一些在国内学过泰语或担任泰语教师者，由于语言交流的便利，往往较易在泰国立足，并从事教育、科研等方面的工作。尽管新移民出现了职业多元化的趋势，但他们并不能完全脱离职业的经济取向。新移民移居泰国后的首要需求是立足和谋生，因此绝大部分新移民仍从事经商等经济型工作。即使目前在泰国有较多人从事文化工作，但所追求的也是以其经济效益为主，及将其作为基本的谋生手段。有的新移民为此不得不放弃自己的理想，放弃自己原有的职业爱好和知识积累，转而从事能够满足其立足和谋生需求的行业。

最后，新华人具有较大的流动性，逐利趋向也比较明显。他们可以在有商机时呼朋引伴前来泰国经营，也可能在遇到挫折或问题时回国或前往邻近国家另谋发展。由于泰国移民法规比较严格，许多人因为签证管理问题而采取"候鸟式"的居留方式。比如，泰国规定持长期非移民签证者每90天要去移民局签章报到，很多中国新移民就在需要去报到时回国处理业务，因为回泰国再入境后的停留时间就可以顺延，可以省去

---

① 《泰媒：中国在泰国新的移民将不同以往》，环球时报网，2016-09-19，http://oversea.huanqiu.com/article/2016-09/9454758.html。

到移民局报道的麻烦。此外，笔者也曾遇到一些新移民，曾经一度因在泰国经营不顺而返回家乡，但又因家乡的创业环境不佳重回泰国打拼，并最终得以立足。

三 新移民社团及认同观的特点

随着中国新移民的大批进入及他们之间的互助需求的增加，为数颇多的华人新移民社团也异军突起。据观察，目前由新移民建立的社团已达数十个，其中较具规模的有近20个。

长期以来，地缘因素在华人社团建立过程中占据着重要地位，这一现象在泰国的中国新移民中也有明显表现。在新移民社团中，因地缘而建立的社团仍然占据着主要地位。旅泰中国新移民大多依然怀有相当浓烈的地域认同意识，因此新华人社团也大多以地域因素而建立。例如，以陕西、河南、上海等省市命名的"同乡会""总商会"均颇具规模。此外，以省市以下行政区划构成的地缘社团也如雨后春笋般地出现。许多成员在加入这些由"老乡们"建立的社团时，都表示此前在泰国常感"孤独"和"空空落落"，现在加入了社团，终于有了"回家的感觉"。因此，他们对参与社团的活动也表现出较高的积极性。

由于旅泰新移民中经商者占有很高的比例，他们的经济实力也能够为社团的发展提供支持，因此，有不少新移民的地缘社团不再采用"同乡会"的名称，而以"商会"为名，把"地缘"和"业缘"密切结合，凸显出其特点。例如，成立于2016年12月12日的"泰国温州商会"的宗旨，开章明义第一条是"加强同乡情感交流，联络乡亲情谊"，点名了其地缘特征；紧接着便是"促进同乡经济交流，增进商贸合作"，揭示了其在地缘基础上的业缘功能。[①] 又如，颇具规模的河南人社团也是以"泰国河南总商会"作为其名称的。不过，随着形势的发展和开展业务的需要，泰国华人新移民社团的章程虽然仍以为某地域籍乡亲服务作为宗旨，

---

① 泰国温州商会网：http://www.tccwz.com/zh/%E5%95%86%E4%BC%9A%E7%AE%80%E4%BB%8B。

但实际上地域限制并不严格。很多外地籍贯的人士也可加入地缘性社团或参与其活动，使这些地缘社团显示出越来越强的开放性和包容性。

随着当代科技，尤其是网络和信息技术的发展，加之新移民由于受教育程度较高，对新事物了解、理解和把握、运用能力较强，在旅泰中国新移民中出现了以新科技技术为依托的组织和活动方式。其中，应用最多的当属各种各样的社交及自媒体软件，它们已经成为新移民彼此交流信息和沟通情感的主要途径之一。例如：很多新移民利用微信等社交软件，建立各种类型的微信群。其中，既有以地缘为依托的交流群，如某地在泰老乡群，也有以业缘为主的群体，如在泰留学人员群，等等。这些微信群体未必与相应的地缘或业缘社团有联系，但因他们通过微信软件建群非常方便，也不必缴纳会费，进退自由，而通过微信发布的信息又非常及时和丰富，因此深受新移民的欢迎。

至于改革开放以后旅居泰国的新移民的认同观念，也显示出一些明显的特点。旅泰中国新移民作为改革开放以后来到泰国的第一代中国侨民，对中国的国家认同感自然比较强烈。由于他们所经营的行业和生存环境与国内有着千丝万缕的联系，他们对国内形势的发展和变化相当关注，对中国的内外政策也非常关心，并往往及时地做出反应。例如，在菲律宾非法提出的关于南海仲裁的结果出笼后，泰国的一批中国新移民社团就率先发表声明，表示支持中国政府的严正立场和维护南海主权的一切行动。在2016年中国部分地区遭受洪涝灾害之际，多个新移民社团发起募捐赈灾活动，以援助祖国的受灾民众。

同时，泰国的中国新移民社团，特别是地缘社团也与原籍地保持着多方面的密切联系。例如，2017年10月18日，泰国陕西总会在曼谷正式成立，陕西省侨办、陕西省归国华侨联合会及陕西省海外交流协会等部门的负责人均亲莅祝贺，并将该会确定为"陕西省侨办海外联络处"之一。该会在筹办期间，也曾多次组织泰国著名侨领到陕西省各地进行投资考察，并为泰国与陕西之间建立友好城市关系积极引线搭桥，在泰中交流中发挥了一定的作用，也扩大了该社团在泰国侨界的影响。类似的情况在泰国各中国新移民社团中都可见到。

与此同时，中国新移民对接纳他们的泰国也怀有真诚的感恩之心，深感自己能够在泰国立足和生存，得益于泰国人民的友善和宽容。因此，他们也通过各种方式对此表示谢意和加速融入泰国社会的意愿。例如，在泰国故王拉玛九世驾崩后，许多新移民社团也都在第一时间通过各种方式表达对泰王的哀悼，与泰国人民同悲。他们举行悼念会，在华文报刊上刊登大幅吊唁广告。一些新华人社团还和老华人社团及泰国的各社团或非政府组织一样，自发组织成员前往王家田广场等参加吊唁活动的人员集中地区，从事派发食物饮水、清扫保洁等公益活动。另外，也有不少新华人商户通过华人的慈善机构和网络为吊唁民众提供食物、饮用水及其他所需物资，得到当地民众的赞许。

随着旅泰时间的增长，一些来泰国较早，特别是与当地人结婚生子的新移民已经开始面临许多具体的认同问题。如上文所述，在泰国成家者多以中国男性新移民与泰国的华裔或泰族女子结婚为主。由于泰国的移民政策以及实际需求不足，这些男性希望加入泰国籍的愿望大多并不太强烈。但随着孩子的成长，孩子的选籍以及对子女的教育，包括教育方法以及是否让孩子接受汉语教育等，则成为夫妻双方所面临的实实在在的问题。有时，他们也可能因此而出现一些矛盾。此外，这些新移民子女也面临着与新生代华人相似的问题。笔者曾与现已成年的早期新移民子女交流，他们的父亲是新移民，母亲是泰国华裔，但中文水平颇高。他们认同自己是泰国人，但对中国和中华文化有感情。不过，尽管父母也常送他们去中国短期学习，他们的汉语表达能力仍远逊于父母。他们的父母对这一现象也表示担忧，希望他们本科毕业后能够到中国去攻读研究生，以期在学习专业知识的同时，提高他们的汉语水平。由此可见，新移民家庭，尤其是另一方为华裔的家庭，对子女的汉语能力及他们对中国文化的了解程度还是比较在意的。当然，笔者也曾遇到过一些来自中国的年轻夫妇，对孩子的汉语能力并不在意，认为他们将来在泰国学习和生活，首先要学好泰语，将来再熟练地掌握英语就足够了。但这类年轻夫妇基本上都已经能够比较熟练地使用泰语，与孩子之间的沟通不存在大的障碍。

至于旅泰新移民今后的去向，在笔者所接触到的人员来看，基本上都是希望能够在泰国扎下根来的。但他们在做出这一选择的过程中，大多也经历过一些比较复杂的心理历程。例如，旅泰中国新移民多以经营为主，但他们大部分以小本商贸为业，即使其中的一些已经较有实力的新移民也仍处在继续创业和资本累积阶段，而且他们所从事的业务也大多与国内业界和市场有着密切的联系。总体而言，旅泰中国新移民的整体经济实力和社会影响力还都不够强大。也正是由于此类原因，一些泰国学者认为，中国新移民"打算一旦赚到足够的钱，就返回中国"。[①] 然而，虽然新移民对中国的国家认同感较强，但并不妨碍他们寻求有机会时能够在泰国安家扎根，这也往往出于经济和家庭的原因。正如一位温州新移民华商所言："过去确实想在赚够钱后落叶归根，返回中国。但现在不得不考虑的问题是：如今孩子、房子和财产都在这里，回去的话怎么办？因此，还是要从现在起就认真地考虑如何在泰国扎根。"可以肯定的是，他所说的绝非仅代表少数旅泰中国新移民的想法。

四 小结

通过近年来对旅泰中国新移民状况的观察可以看出，随着中泰两国自建交以来各领域关系的不断发展，中国的改革开放所取得的成就给华人增加了在泰国发展的机会，中国新移民移居泰国的趋势也明显增强，但其动因主要是经济方面的。他们的移民原因、条件和在泰国所面临的生存环境，与当年老华人已经有了很大的差异，他们在认同方面也面临着各类问题，对他们在泰国的生存和发展构成实际的挑战。因此，对旅泰中国新移民的现状和发展趋势，值得我国华人华侨研究界的长期观察和深入探讨。

---

① Prof. Dr. Supang Chanthawanich and Dr. Chada Triamwithaya, "The New Chinese Migrants in Bangkok", in Summary of the Seminar on New Chinese Migration in Thailand and the Mekong Region Dipak C. Jain Room, 1st Floor, Sasa Niwet Building Chulalongkorn University May 19, 2016.

英国"脱欧"与英国华人

廖小健[*]

2016年6月23日,英国通过公投,以51.9%比48.1%的投票比率,选择退出欧盟!英国选择脱欧,对英国、欧盟,乃至世界都造成了很大的冲击,对于英国华人也将深受影响。本文主要探讨英国华人对"脱欧公投"的立场,以及英国"脱欧"对英国华人的各种影响。

一 英国华人为"留欧"高调发声

此次"脱欧公投",大大促进了英国华人的参政热情,华人政治精英特别高调地进行公投政治动员。

(一)高调发声的原因

华人政治精英为"留欧"高调发声,除了一般参政原因外,还基于华人人口比重以及"公投"的特殊性。

英国到底有多少华侨华人,不同来源的统计数据相差很大,从40万、50万、60万到75万不等,华人地方议员认为2016年是50万,占6400万英国居民总数的0.78%。作为少数族裔,稳定高于一切,鉴于"脱欧"将产生的各种不确定性,绝大部分英国华人支持维持现状,留在

---

[*] 廖小健,暨南大学华侨华人研究所教授。

欧盟。

另外,全民公投和政治选举不同。英国大选以及各级地方选举,都是通过选区进行,而选区的划分主要根据选区人口和行政区域。由于英国华人分散各地居住,各个选区的华人人数有限,华人选民对选举结果影响有限,进而影响华人参与投票的积极性。但全民公投就不一样,全民公投是指符合法定投票年龄(18岁)的英国公民参与的公决投票,通常就一个问题选择"是"或"否",超过半数的选项获胜。因为这次的"脱欧公投"将显示"留""脱"两大阵营的票选合力,在"留""脱"两大阵营几乎势均力敌的形势下,即使是少数族裔,也有可能对公投结果产生重要影响,华人选民手中的一票,由此颇有分量,弥足珍贵!(事实上,最后脱欧派也是以微弱多数获胜。)

(二) 政治动员的特点和主要观点

2016年6月,随着投票日的日益临近,"留""脱"两大阵营都加大游说力度,政商学各界领袖人物纷纷登台拉票,英国华人政治精英也为"留欧"进行了广泛的游说,呼吁"留在欧盟"。他们痛陈"脱欧弊病",列举"留欧好处",包括少数民族权利更有保障,有利于中国投资和华人就业,以及无法承受"脱欧"的震荡等。

针对少数族裔投票率向来比白人群体低20%到25%的情况,英华政治精英主要是采取各种方式,动员华人积极参加公投投票。如英国华人政团"华人参政计划"多次深入华人社区进行投票动员。英国华人参政计划主席李贞驹女士表示,华人社区的声音应该要在英国主流社会上得到重视,参与欧盟公投就是一个好的开始。她对媒体强调,相比英国法律来说,欧盟法律更加重视对人权以及少数民族权利的保护。如果此次退出欧盟,在英华人就失去了保障自身合法权益的最强大的法律武器。

其中,"三党"合作是这次政治动员的亮点。

2016年6月15日,华人三大政党领袖齐聚伦敦唐人街华人社区中心,呼吁华人积极投票。三党合作,在各级政治选举中是不可思议的。因此,华人保守党主席黄精明称,这是一个罕见的场合,保守党与工党及自由民主党能坐在一起,共同为留欧呼吁。他说:"英国处境最不利的劳工阶级真的能承担离开欧盟所产生的金融震荡吗？我认为是不能的。"华人工党主席梁辛尼表示，"为了中国投资、就业和经济的原因，我们应该选择留欧。"保守党伯明翰地方议员叶稳坚在演讲中特别指出，欧盟公投对年青一代极为重要，尽管很多调查显示18岁以下的年轻人倾向于留在欧盟，但他们无法投票，"我们今天投票就不仅是为了自己，也是为了我们的后代，这是我们的职责。"

(三) 投票情况

据统计，6月23日，超过71.8%的英国公民参与公投投票，人数超过3000万人，创下1992年以来大选投票人比例纪录。大伦敦和苏格兰地区的选民普遍支持留欧，威尔士和伦敦以外的英格兰地区选民则倾向支持脱欧。大伦敦地区的票数统计结果显示，60%的选民支持留欧，支持脱欧的选民仅为40%。另外的统计显示，有3/4的25岁以下英国青年在公投中表示愿意留在欧盟。而且，教育程度越高的越倾向支持留欧。

虽然，英国华人的分布相对均匀，但居住英格兰和伦敦的华人还是比较多，据2001年英国人口普查统计数据，英国华人大约90%居住在英格兰地区，其中在伦敦地区有80201人，占当年华人总数24万的1/3左右。华人的这种分布格局，至今没有太大的变化。另外，到英国读书，年龄范围在16—24岁的中国留学生，占近年华人总数的很大比重，有资料认为高达47%。虽然没有具体的统计数据，但根据华人的居住地域和年龄层次，可以估计，绝大部分有投票权的英国华人，都倾向投票支持留欧。

二 "脱欧"对英国华人的多重影响

不过，很遗憾。公投的结果是"脱欧"！"脱欧"对英国，乃至世界的影响，特别是负面影响，立竿见影，相关的分析评论纷至沓来，笔者在此不再赘述。本文主要探讨英国"脱欧"可能对英国华社造成的诸多影响。

（一）对移民政策的影响

脱欧的理由是什么？1740多万英国公民投票支持"脱欧"的最主要的原因，无疑是移民和难民问题。按英国前首相卡梅伦的说法，是"对大规模移民的恐惧"。据统计，2004年以来，进入英国的欧盟移民数量总计约133万，大批移民来自波兰、罗马尼亚及保加利亚等东欧国家。而在过去一年英国新增的43万就业人口中，其中75%为欧盟移民，约合32.5万人，只有1/4是英国本土居民。在英国工作的欧盟人数首次突破200万。除了就业竞争外，大量移民的进入还拉低了工资水平，给社会福利造成很大的压力，侵蚀了英国中下层白人居民的某些利益，引起了越来越强烈的反弹。所以，"这次公投的独特之处是，为变革而斗争的并不是大胆开放的青年，而是顽固保守的中年和老年"。

为了控制移民，英国近年不断加大对移民的控制力度，如宣布缩紧学生签证，提高申请英国永久居民的薪资水平的要求，取消PSW签证（最长两年的毕业后工作时间），其他还有提高结婚签证的英语成绩要求等。2016年年初还提议修改移民法提案，拟从2017年1月开始，关闭英国投资移民通道 Tier 1 Investor。

由于移民问题是引起"脱欧"的主要原因，在严控移民的大氛围中，"公投"后的英国移民政策有可能进一步收紧，以后要通过留学、工作签证、投资移民，或者其他形式移民英国的，估计难度会增加。

（二）对华人就业的影响

英国公投决定"脱欧"后，由于有可能失去欧盟这个统一市场和全球金融中心的地位，不少企业对英国的经济前景抱悲观情绪，纷纷表示准备撤资或减少招聘。

1. 对英国华人就业的影响分别来自三个层面

一是来自英国本土企业，英国董事协会在6月24日与25日对该组织的1000多名会员进行调查，64%的受访会员认为，脱欧对他们的生意不利，其中20%英国商界领袖正考虑，将业务迁移到国外；25%计划冻结招聘。

二是来自欧盟，脱欧后和欧盟有关的不少行业都会受到影响，据英国财政研究所的预测，与英欧贸易有关的300万人的就业岗位将受到威胁。"脱欧"后，英国华人到欧盟国家就业，也没有那么自由了。

三是来自外资企业，公投前后，不少外资企业考虑撤出英国。

2. 对华人就业的影响

早期英国华人主要从事餐馆杂货等行业。20世纪90年代以来，随着新移民的到来，特别是大量拥有高学历的华人留学移民和投资移民的到来，华人的职业结构开始发生变化，越来越多的华人走出餐馆，走出唐人街，进入英国的各行各业。目前，除了餐饮业外，英国华人所从事的主要是财会、金融、旅游服务业等中高端职业。英国就业市场的任何萎缩，都会对华人各行各业的就业造成冲击。

其中英国金融业的衰退，对华人就业的影响尤其大。因为英国华人新移民，主要是留学移民，选择的专业以会计金融等商科为主，毕业留英后从事的工作也主要是财会、金融等中高端职业。据2012年的统计，仅伦敦一地的华人注册会计师就超过1000多人，是仅次于白人的第二大族裔。由于从事金融业的华人不少，伦敦金融城也以华人占人口3.6%的最高比例，成为华人聚居最密集的地区。英国选择脱欧后，在英国雇用数以万计员工的摩根大通、高盛和花旗等美国大型金融企业一度表示，考虑把部分业务迁往其他欧盟国家城市，如美国摩根大通总裁戴蒙暗示，在伦敦的16000个职位，可能有4000个会被撤走。如果付诸现实的话，华人进入金融业的机会将大大减少。

对华人就业影响比较大的，还有中国资金的走向。近年中英经贸合作迅速发展，英国本土的中资企业与日俱增，由于同文同种的优势，不少华人在中资企业工作。一般认为，英国脱欧后将失去全球金融中心和"欧洲门户"的地位，一些中国资金可能会撤走。英国公投前曾有中国企业家发出警告，指如果英国投票退出欧盟，在英国开展业务的中国企业可能会重新选址。如此一来，华人将失去在中资企业工作的机会。英国华人工党主席梁辛尼曾指出，很多英国华人都在中资企业工作，万一英国离开欧盟，这些人的工作将面临威胁，因为有些中国企业会重新考虑自己的投资战略，有些公司或许会搬到欧洲大陆，这意味着你要么留在英国（但失去工作），要么不得不随公司迁往欧洲大陆。

（三）对华人餐馆和华人超市的影响

尽管英国华人经济日益多元化，从事餐饮和杂货业的华人逐渐减少，但餐饮和杂货始终是英国华人投资经营的主要领域，从业人员至今维持30%左右。"脱欧"对华人的餐饮业（中餐馆）和杂货超市业（中超市），也将造成一定的影响。

1. 对货源和成本的影响

一般来说，英国中超市和中餐馆的食材来自中国。其实不然，调查资料显示，中超市和中餐馆的不少食材来自欧盟。因为欧盟的蔬菜、鱼肉等食材供货相对稳定，而英国本土供货受季节等因素影响较大；受本土保护的鱼肉，价位还更高；欧盟拥有严格的食品安全标准，食材也更安全。"脱欧"后，如果英国无法跟欧盟签订自由贸易等相关协定的话，这些中超市和中餐馆的食材进货成本，将会上涨。

"脱欧"对华人经营的出口也造成影响。如华人超市泗合行的食品，除了很多商品来自荷兰和西班牙等，公司也为不少欧洲国家供应食品，包括荷兰、挪威、丹麦等。脱欧后如果需要征税，进出口的成本必然加大。

2. 对雇工和客源的影响

在员工配比方面，不少中超市和中餐馆雇用了东欧员工。雇用东欧员工的原因是他们的工薪要求比较低。如果欧盟尤其是东欧人被限制来英国谋生和工作，那么中超市、中餐馆的很多体力活将面临没人做或者需要高薪聘请本地人，成本自然增加不少。

英国脱欧还影响到英国中超市和中餐馆的东欧人客源。

（四）对华人的其他影响

"脱欧"公投后，对华人最直接的影响是英镑贬值，导致进货成本提高不少。由于英镑贬值，英国华人居民必须为购买外国产品和服务掏更多的钱，到国外度假的成本也大大增加。

其他对英国华人可能产生的影响，还包括工资降低、税收增加、福利减少以及不能自由到欧盟国家旅游等。

三　前景展望

由此可见，英国"脱欧"对英国华人的影响还真不少，不少华人为之忧心忡忡，有评论还称为"灾难性"！

但笔者认为，英国"脱欧"对英国华人确实将产生很大的影响，但毕竟英国还没有正式"脱欧"，"脱欧"对英国华人影响的程度有多大，还需要考虑英国"脱欧"前后英国的内外政治和经济的各种发展情况。

1. 英国国内局势走势

由于"脱欧"和"留欧"人数相当，势均力敌，加上"公投"后时任首相卡梅伦随即宣布辞职，苏格兰迅速表达强烈的"脱英"意愿，数百万人要求二次公投等，保守党6月大选失利等，对英国的"脱欧"谈判和国内局势造成很大的冲击，未来变数很大。

但英国正式"脱欧"，还需要经过冗长的谈判游说和漫长的法律程序来拟订交割权利与义务。据称，最早也要到2019年才会正式"脱欧"，包括华人在内的英国民众有足够的时间来适应"脱欧"，应对"脱欧"。

2. 有关欧洲统一市场与英国海外市场

英国选择"脱欧"后，欧盟领袖无不恼羞成怒，甚至有点气急败坏，不断宣称要"惩罚英国"。舆论也几乎一致认定，英国"脱欧"后将会失去欧盟这个统一市场，英国经济将急坠谷底。

英国和欧盟的贸易数额确实非常庞大，占英国外贸总额一半以上。但彼此是互利互惠的关系，欧盟成员国对英国市场的依存度甚至更高。欧盟如果"惩罚英国"，将是"两败俱伤"，甚至"得不偿失"！笔者认为，欧盟为了保住英国这个市场，将以彼此都能接受的变通方式让英国继续进入欧盟统一市场。

就长远而言，"脱欧"后的英国，摆脱欧盟制度的约束，作为拥有完全主权的国家，可以自由地与其他国家签订各种贸易协定，扩大海外市场。

3. 英国的世界金融中心的地位

选择"脱欧"后，随着一些金融机构表示要将业务转出英国，伦敦的世界金融中心地位可能有所削弱，但应该能继续保有世界金融中心的地位。

因为，英国毕竟是排名第五的世界经济强国，伦敦是一座历史悠久的国际化大都市，拥有健全的法律制度，一流的国际影响力，充足的人才储备等各种优势，伦敦作为世界金融中心的地位是很难撼动的。

凡此种种，都有可能减少英国"脱欧"对英国华人的冲击。

泰国政争与泰华社会发展

潘艳贤[*]

近年来泰国政争激烈，集中体现在"红黄之争"上。"红黄之争"自2006年拉开帷幕，至今引发了四场大规模的政治和社会动荡，跌宕起伏的"政坛大剧"剧情折射出泰国社会多方面的重重矛盾和危机。本文关注的不仅仅是这场颜色政治纷争，更着重分析的是红黄政营中的华人角色及其对泰华社会的影响。

一 "红黄之争"的社会背景及发展历程

泰国"红衫军"与"黄衫军"之争源于2006年9月19日的一场政变。"黄衫军"联合军队发动军事政变，推翻了当时执政的他信政府，致使总理他信·西瓦那流亡国外。随后，反他信的"黄衫军"与挺他信的"红衫军"通过街头集会、示威游行等手段轮番提出自己的政治诉求，并不时引发暴力事件和武装冲突，泰国动荡局面由此开始。泰国的政府也在争斗中更迭频繁，他信政府垮台后，2006年至今先后出现了素拉育政府、沙马政府、颂猜政府、阿披实政府、英拉政府、代理总理尼瓦探隆看守政府、巴育政府。2014年5月23日，泰国陆军司令巴育带领海陆空三军实行军事政变，推翻了他信之妹英拉执政的民选政府，并出任泰国

---

[*] 潘艳贤，广西民族大学东盟学院助理研究员。

过渡政府总理。而巴育也曾参与2006年推翻他信政府的军事政变。十年来，泰国陷入了无休止的政治斗争恶性循环中，而这个旋涡的中心正是他信和反他信势力的争斗。无论是军事政变、政府更迭，还是法庭解散政党，都围绕着这个矛盾中心展开。

黄衫军最早出现于2005年的一场反对他信政府腐败和滥用职权的和平集会上，因为参与者身着象征王权的黄色衬衫故被称为"黄衫军"。黄衫军的主要组织，即人民民主联盟（简称民盟）成立于2006年2月，由一些反对时任总理他信的民间政治组织联合组成。黄衫军代表的是城市精英与法官、军队的利益，由中产阶级、地主阶级、政府人员、皇室、军队等成员构成。除了泰南地区外，黄衫军的支持者主要集中在城市，这和他信主要依靠农村群众正好构成了鲜明对比。黄衫军是君主立宪制的拥护者，反对任何在他们看来会改变君主地位的人和政策。黄衫军有军方以及宪法法院的支持，在此背景下，黄衫军多次利用宪法法院干预政局，致使民选政府总理沙马、颂猜及英拉相继被法院裁定下台。2009年6月，黄衫军转型为政治党派，取名"新政治党"，同时将标志色由黄色改换为黄、绿双色。民盟核心领导人颂提·林通恭（中文名林明达）当选为新政治党主席。此前领导黄衫军示威的民盟众多高层成员纷纷加入这一政党。黄衫军转型成为政党的主要原因是当时其所支持的阿披实政府出现了不稳定倾向，舆论纷纷认为阿披实可能在2009年年底或2010年年初解散国会重新大选，黄衫军此时建党将在新大选中助阿披实一臂之力，以防止支持前总理他信的政党重新掌权。虽然黄衫军转型为政党，但政治上因有民主党存在，其难有作为，因此仍以"街头政治"为主要斗争方式。2014年，黄衫军在前民主党领导人素贴·特素班[①]的带领下持续给英拉政府施压，导致英拉政府下台。

红衫军，即反独裁民主联盟（简称反独联），是支持以前总理他信为首的改革派的政治团体，于2006年他信政府被推翻后成立。由于其支持者示威游行时都穿着红色衬衫，因此被媒体和民众俗称为"红衫军"。红

---

① 素贴·特素班，曾经担任泰国通信部长、交通部长，两次出任农业部副部长。2008—2011年，素贴在阿披实政府担任副总理。

衫军成员大部分是泰国东北部的农民和底层民众。由于他信出任总理后在经济上实施有利于众多底层贫困人口的"草根政策",损害了中产阶级、传统官僚集团的既得利益,从而使他信政府及亲他信民选政府接连被推翻,支持他信政府的红衫军运动随之兴起,形成了"红衫军"和"黄衫军"长期对峙的局面。2011年10月9日,泰国第一个"红衫军"县在红衫军的势力范围泰北的乌隆他尼府正式成立,并获政府承认。此前,红衫军已经在这个府广设了900多个"红衫军"村。

红衫军并未效仿黄衫军成立独立的政党,除领导街头运动外,其参与政治活动多是通过亲他信势力所领导的人民力量党或为泰党[①]进行。民主党执政期间,反对党为泰党曾宣布,将选派红衫军领导人高凯参加曼谷第6选区的议员补选;在2011年泰国国会下议院竞选期间,红衫军核心领导人乍都蓬被为泰党提名为泰党候选人;2013年年末,英拉发表电视讲话宣布解散国会下议院后,红衫军领导人提达表示:"我们坚决支持政府,重新大选我们还会把泰党选上来。"面对"黄衫军"对英拉政府的步步紧逼,以及反政府集会领导人素贴提出"人民议会"的政治解决方案,红衫军表示将坚决支持英拉政府,坚决维护现有的民主宪政体系。总理英拉被精英阶层所控制的宪法法院裁决下台后,红衫军开赴曼谷举行大规模集会以示对英拉的支持。

然而,红衫军并不完全是他信或亲他信势力的支持者,黄衫军亦不完全是民主党及其领导人阿披实的支持者,他们代表的仅是各自的阶层利益。红衫军在亲他信势力执政期间,多次对某些政府政策和措施表示反对,甚至给执政的亲他信势力施加压力,比较明显的是在对待英拉政府和解法案上,红衫军反对"一揽子"进行特赦的政治和解方案,要求对阿披实等就清场运动给红衫军带来的重大伤亡施加刑事处罚,其领导人声称并不在乎他信是否能被特赦回国。同样,黄衫军亦有对所支持的民主党政府施加压力的言论或行动。2010年5月6日,黄衫军曾要求总理阿披实下台,认为他不该屈从于"红衫军"的压力。"黄衫军"领导人

[①] 为泰党成立于2008年9月21日,由他信的妹妹瑶瓦帕组建,其前身是遭泰国宪法法院判决解散的人民力量党。为泰党在政治上与他信原先领导的泰爱泰党一脉相承。

称,解散议会并提前举行选举将使泰国局势更糟,总理打算提前解散下议院是与"恐怖分子"和解。综上可见,发生在泰国的红黄对抗深刻反映了泰国社会的阶层分裂,本质上是社会底层对处于社会上层精英群体的尖锐利益博弈。而他信、英拉及其所领导的为泰党是红衫军利益的代理人,阿披实、素贴等则是黄衫军的代理人。

二 "红黄之争"中的泰华社会

"红黄之争"自2006年持续至今,给泰国社会造成了极大的影响,不但损害了泰国的国际形象,还加深了泰国社会的分歧与矛盾,阻碍了泰国的经济发展。在历次红衫军与黄衫军如火如荼的争锋对决中,台前幕后均活跃着华人华裔的身影。无论是红衫军还是黄衫军,其领袖人物和幕后"金主"都不乏华人华裔精英。

(一)"红黄之争"中的华裔角色

红衫军阵营的核心领袖人物多是华裔,其中他信·西瓦那、英拉·西瓦那、沙马·顺达卫都曾任泰国总理。

处于红黄之争旋涡核心的他信·西瓦那,出生于泰国北部清迈府,中文名叫丘达新①,是第四代泰国华裔客家人,2001年当选为泰国第23任总理,2005年连任,成为泰国历史上第一位完成4年任期并成功连任的民选总理。2006年的军事政变推翻了他信政府,并成为"红黄之争"的导火索。被迫下台流亡海外的他信作为红衫军的精神领袖跨越空间障碍,时常通过网络视频动员支持者参加抗议活动,遥控红衫军对抗反对派,堪称开创了新的动员与指挥形式,更开创了政治领袖与支持者的新颖互动模式。

曾处在泰国权力金字塔顶端的他信一直以来毫不讳言自己的华裔身

---

① 他信泰名"Thaksin"来自其中文名以客家话发音的泰语音译,泰姓"Shinawatra"是丘姓泰语化后的发音。

份并积极寻根问祖。他信上任泰国总理后，有关其"胞衣迹"①的传闻版本众多。直至2003年元宵节，第五届世界丰顺同乡联谊会上，他信在委托率150多位泰国丰顺籍华侨回乡的泰国丰顺会馆主席蔡礼任先生宣读的贺信中公开表明自己的家乡是广东省梅州市丰顺县。至此，他信"胞衣迹"之谜才水落石出。同年，他信在会见泰中友好协会副主席、泰国丰顺会馆名誉主席、泰国丘氏宗亲总会永远名誉理事长丘细见先生时，要求其回乡探亲期间顺便帮助调查了解自己和家乡上祖的辈分衔接排列、详细出生之地等。2005年他信在访华前再次委托泰国丰顺会馆帮忙查找他的确切祖居地。2005年年初，他信携家人访问中国广东省大埔县，展开寻根之旅；2005年5月，他信在中国驻泰国大使和广东省梅州市政府有关部门的帮助下找到了其母亲当年在梅州的故居和亲戚。2005年7月3日，他信在应中国总理温家宝邀请到中国进行友好访问期间，带着儿子潘通帖·西那瓦回到梅州寻根问祖，同时友好访问了潮州。2007年10月24日，他信的三位堂兄猜也实、巴威和乌泰受他信的委托回到广东梅州市丰顺县塔下村认祖归宗，祭拜祖祠、祖墓，圆了他信家族多年来的寻根梦。在锲而不舍的寻根过程中，他信始终表达了对祖先、故乡的思念之情。如2005年5月2日中国驻泰国大使张九桓拜访时任总理他信时，他信除了请张大使帮助寻找母亲在中国的故居，表达欲探访之意，还对张大使深情地说他崇尚儒家的忠和孝，忠于国家、民族和人民，孝敬父母祖宗，中国这块土地对他有大恩，他对中国有特殊感情。2005年6月28日，他信在访华前夕接受了包括中央电视台在内的中国驻泰国六家媒体的联合采访。他表示，除了去北京，此行的意义还在于将访问其母故居，带孩子一起去寻根问祖。"我要带孩子一起去，让他们亲眼看看老祖宗曾经生活过的地方。我希望泰中友好能在两国青少年中继续传承下去。""当中国老百姓看到泰国领导人和这么多企业家来寻根问祖、探亲访友后，他们也会更加清楚地认识到，我们两国是亲戚。"② 2005年7月

---

① 客家人习惯上把出生地叫作"胞衣迹"。
② 《泰总理他信：带孩子一起去中国"寻根问祖"》，新华网，2005年6月28日，http://news.xinhuanet.com/overseas/2005/06/28/content_3147372.htm。

1日在北京出席"中泰投资研讨会"时,他信在会上一再表明自己的华裔身份,"因为我的祖先生活在广东梅县"。① 在接受中国中央电视台采访时他信说道:"我本人也有着华裔血统,我的父辈是潮州人,我是第四代潮州华裔;我的母辈是客家人,我是第三代客家华裔"。② 追根溯源,他信的父母分别来自中国广东梅州市的丰顺县和梅县区。其父祖籍在丰顺县,为丰顺客家人,由于他信曾祖父于19世纪70年代离开广东前往泰国(时称暹罗)时,丰顺仍属潮州管辖,所以他信亦称祖籍潮州。他信母亲是梅州市梅县区松口梅教村客家人,按照客家人的确认方式,他信是一位东南亚客家人,而不仅是客家后裔。

另一位最有名的红衫军拥护的核心人物就是他信之妹拉·西瓦那,中文名丘英乐③,2011年8月,英拉当选为泰国第28位总理(2011年8月5日—2014年5月7日),成为泰国历史上首位女总理。英拉任总理后遭受反对派多方面责难,其中最受指责是"代兄执政"。反对派称,从未有政治背景的英拉凭借他信的影响力上台,系"他信的傀儡"。而他信本人曾在个人博客中一篇致选民的信里写道:"支持我的妹妹英拉吧,她是我的'克隆人'。"2013年下半年,因英拉政府执意推出的一份特赦法案草案,泰国局势再度陷入动荡。在反对派看来,该特赦法案草案旨在赦免他信,为他信回国铺平道路,并可免除其所涉及的所有诉讼。这是反对派所不能接受的,因此,英拉政府一再推动特赦法案引起反对派民主党及黄衫军的强烈反应。2013年12月9日,迫于反政府示威活动,英拉宣布解散国会下议院。而其所在为泰党所计划的重新大选又因民主党抵制等原因无法开展。2014年5月7日,泰国宪法法院裁定,看守政府总理英拉因违宪而下台。红黄衫军的街头斗争随之愈演愈烈,泰国政局再次像旋转木马,反复打转,却始终在原地。

英拉自2011年上任总理起,多次在不同场合讲述过自己的华人血统

---

① 《泰国总理他信揣着"真心"求合作 期待经贸发展》,新浪网,2005年7月2日,http://news.sina.com.cn/o/2005-07-02/09596330405s.shtml。
② 《泰国总理:我是第四代的潮州后裔》,新浪网,2005年7月4日,http://news.sina.com.cn/s/2005-07-04/11466344843s.shtml。
③ 英拉泰名Yingluck,来自其中文名以客家话发音的泰语音译。

背景，尤其是在与中国政界或商界人士会谈时，期望借此获得中国同胞更多的认同和支持。"祖上姓丘，祖籍广东。19世纪60年代，曾祖父丘春盛随父母到泰国曼谷谋生，后举家迁往北部城市清迈。祖父一代开始改用泰国姓氏'西那瓦'（意为循规蹈矩地做好事），辛勤的努力使西那瓦家族很快在清迈富甲一方。为巩固社会地位，祖父与泰国人通婚，并繁衍子嗣，落地生根。"[1] 2012年4月17日，英拉到访中国，她身着红底黄色大团花的泰丝上衣，盘着花形纽扣，下配金黄色筒裙，发髻整齐盘起，端庄大方，既有中国特色，凸显了自己拥有华人血统的身份；又有泰国风情，不失一国总理的形象，一下子拉近了两国距离。英拉执政后加强对华交往。由于自己的华裔血统，英拉和他信一样都十分积极推动中泰两国关系发展，而他们的华裔身份也引发中国人的更多好感，从而使两国之间的合作沟通更加顺畅。她说："我认为中国和泰国就像一家人一样。我从我哥哥（他信）那里听到了很多关于中国的事务。我们将继续他与中国的成功政策，建立泰中友好关系。"[2] 英拉上任后表现出积极的亲华态度，她以总理身份接见的第一个媒体采访团是中国代表团，而以往一直是日本；选择华裔作为外交部部长；在泰国洪灾期间，拒绝美国的救援，接受中国的援助。2012年英拉访华之后，中泰两国关系提升为"全面战略合作伙伴"关系，这是中国与东盟国家关系的最高层次。在英拉执政期间，英拉先后会晤的中国中共中央政治局委员级别以上（含）官员人数至少达到10人，涵盖中国领导人高层的两个时代。这种高频次的高层互动，是中泰两国关系更趋紧密的现实投射。泰方还作为东盟—中国关系协调国，在南海争端背景下，积极稳定东盟国家与中国关系，积极推动中国东盟关系稳定向前发展。舆论普遍认为，英拉是近十年来在中国最有影响力的泰国总理。

还有一位红衫军拥护的泰国华裔前总理沙马·顺达卫，自称祖先姓李，是两百多年前移居泰国的潮州华裔，泰国华人称其为"李沙马"。沙

---

[1] 《环球》杂志第20期，2013年10月16日出版。
[2] 《英拉的中国缘》，新华网，2013年10月10日，http://news.xinhuanet.com/globe/2013-10/10/c_132785986.htm。

马是他信的政治盟友，曾多次公开声言是他信的代言人。2007年5月，他信领导的泰爱泰党被法庭宣布解散，大批泰爱泰党党员加入此前名不见经传的小党人民力量党。2007年8月，沙马应他信之邀出任人民力量党主席。在竞选总理时，沙马曾多次表示，他如能出任总理将延续他信政府的一系列政策，为他信洗刷被指控的罪名，并为被禁止参政5年的前泰爱泰党111名执行委员争取特赦，他甚至提出了"选沙马，得他信"的竞选口号。此举使他得到了红衫军的大力支持。2007年12月，沙马被选举为泰国总理，这标志着他信下台后亲他信势力的再次回归。沙马当选总理后，人民力量党作为泰爱泰党的直接继承者，急于修改2006年泰国发动军事政变后临时内阁通过《宪法》部分内容，目的是为他信及其盟友的回归铺平道路，从根本上化解他信的困境。《宪法》第64条第4款使他信和泰爱泰党的110名中央执委被禁止在5年内从政，且该宪法规定设立国家资产损失调查委员会对他信贪腐一案进行调查。显然，黄衫军不愿看到沙马政府成功修宪，但其在国会又处于少数，无法通过合法手段阻挡沙马，只好通过街头政治来与沙马对抗。2008年5月25日至9月初，黄衫军开始举行一系列反政府的示威活动，包括冲击国家电视台，占领总理府和泰南三个机场等。2008年9月9日，泰国宪法法院判决沙马在出任泰国总理后主持烹饪电视节目违反宪法，沙马因此被剥夺总理职务。

对于自己的华裔身份沙马在其任泰国总理访华期间曾说道："以前从中国南部迁移来的华人在泰国扎根，这些华人和他们的后代有着泰国姓名。现在很多泰国人有华人血统。我就有一个中文姓——'李'，我的祖先227年前从中国来到泰国，我家里至今保留着清明节祭祖的习惯。"对于中泰关系，他认为"世界上没有哪两个国家像泰中一样融合得如此之深，这在世界上是独一无二的"。①

除了他信、英拉、沙马外，红衫军阵营中还有很多重量级的华裔政界人物。如曾担任泰国陆军总长及第22任总理的第五代潮汕华裔差瓦

---

① 《泰国总理沙马：泰中融合之深世界独一无二》，新华网，2008年6月30日，http://news.xinhuanet.com/overseas/2008-06/30/content_8464349.htm。

立·永猜裕。① 2009年10月2日差瓦立加入了由他信的支持者组成的为泰党,先后担任为泰党顾问及主席。有媒体报道,正是由于差瓦立的穿针引线,促成了2009年柬埔寨首相洪森任命他信为经济顾问。② 由于差瓦立是他信在泰国国内很重要的一个亲信,此事又发生在他与洪森会面后,不少人猜测他与洪森的会面是在他信授权之下进行的一种外交斡旋。此外,他信执政时期的泰国副总理兼财政部长颂奇③、副总理披塔、工业部长素立雅等,都是泰国政界知名的华裔后代;英拉执政时期的泰国下议院议长兼国会主席颂萨·革素拉暖(中文名郭金海)和泰国副总理兼外交部部长素拉蓬·都威乍猜军(中文名杜兴红)都是广东潮州人后裔。

黄衫军及其支持的民主党的领导层及活跃分子大多是华裔政要、精英分子、军人等。

民主党主席阿披实,曾任泰国第27任总理(2008年12月15日—2011年7月3日),中文名袁马克,其祖先是从越南移民至泰国的客家人,祖籍广东潮州。2007年8月,阿披实以泰国民主党主席的身份访华期间在游览长城时表示"确实应该看看长城,因为我的身上流着华人的血,曾祖父那一代来自中国"。④ 2005年,阿披实当选为泰国民主党主席,成为民主党历史上最年轻的主席。阿披实作为泰国中产阶级精英的代理人,其政治诉求与黄衫军基本一致,因此,黄衫军自出现开始便支持阿披实所在的民主党与亲他信势力掌控的为泰党进行对抗。2013年11月29日,阿披实所领导的最大反对党民主党加入了素贴所领导的黄衫军反政府示威队伍。双方进行多次配合,使红衫军等亲他信势力遭受多次打击。

颂提·林通恭,泰国第三代海南华裔,中文名林明达,是黄衫军的

---

① Duncan McCargo, Ukrist Pathmanand. The Thaksinization Of Thailand. Nordic Institute of Asian Studies. 2004. *Introduction: Who is Thaksin Shinawatra?*, 4. ISBN978 – 87 – 91114 – 46 – 5.

② 《柬埔寨首相激将泰国:洪森"雇用"他信》,全球时代周报,2009年11月18日,http://www.time-weekly.com/story/2009-11-18/104443.html。

③ 颂奇·乍都西披塔,中文名曾汉光,第五代潮汕华裔,祖籍广东省汕头市澄海区上华镇渡头村,2005年7月回乡祭祖,能讲一口标准的潮汕话。

④ 《泰国新总理为华裔之后,将面临四大难题》,南方网,2008年12月16日,http://news.southcn.com/international/zhuanti/tgzj/ywjx/content/2008-12/16/content_4773349.htm。

创始人和领导人。其祖父从海南岛迁至泰国,其父 10 岁时被送回中国读书,后考入黄埔军校,参加过抗日战争,官至国民党军队上校。抗战胜利以后,其父返回泰国,在泰北的素可泰府安家。林明达亦是泰国著名的媒体大亨,曾多次到中国投资,还先后为北京图书馆、杭州儿童医院、云南丽江地震灾区等捐献了巨款。他说:"我没去过祖籍地海南,但一到中国就有一种回家的感觉,让我很兴奋。"① 林明达在美国求学期间,攻读的专业是亚洲近现代历史,这使他对中国有了更深切的了解。他说,从书本上读到的中国不是他父亲所讲的中国,也不是他在台湾所认识的中国。于是,埋藏心底许久的中国情愫,促使学业有成的他前往中国投资。在中国他"找到了回家的感觉","结交了许多真诚的朋友"。林明达在他创办的报刊、网站和电视台均开设了中国专栏,他表示他向泰国人介绍的中国是一个真实的中国,这有助于加深泰国人对中国的了解。"无论是血缘还是地缘,泰中友好关系都应永续发展。"②

在泰国政坛,林明达起着举足轻重的作用。林明达与他信原是好友,两人在他信就任总理前一直相互扶持,在他信出任总理后也合作密切。林明达旗下的媒体几乎成为他信政府的喉舌,但 2005 年后因利益问题双方关系急转直下,最终反目成仇。2006 年 2 月,林明达与政治家占隆·西蒙等 9 人成立了人民民主联盟,掀起了大规模反他信活动。

占隆·西蒙,是泰国人民民主联盟的创始领导人之一,曾任泰国副总理。他的中文名叫卢金河,祖籍广东澄海,父亲是一名从中国移民到泰国的渔民,母亲则是在泰国出生的华裔。虽然占隆生于泰国,但他对祖居地仍怀有深深的感情。1990 年,他偕夫人、妹妹回故乡探亲访问,祭祖扫墓,受到家乡广东澄海人民的热烈欢迎。③ 占隆因其历史功绩在泰国人心目中占有重要地位。1992 年,时任曼谷市长的占隆带领数以万计

---

① 《泰国反政府民盟领导人林明达简介》,网易,2008 年 12 月 4 日,http://news.163.com/08/1204/20/4SBJERUG0001121M.html。
② 《曼谷随笔:一位泰国华裔"传媒大亨"的中国情缘》,中国新闻网,2003 年 12 月 10 日,http://news.sina.com.cn/o/2003-12-10/08331303238s.shtml。
③ 《东南亚潮人政界人物》,腾讯网,2011 年 10 月 12 日,http://finance.qq.com/a/20111012/005771.htm。

市民抗议当时的华裔军人总理素金达①，最终导致素金达下台，结束了泰国"军人专政"的历史。随后民盟上台执政，占隆任泰国副总理。其退出政界后，积极参与民盟各类事务，被称为民盟"常青树"。占隆曾经被称为他信的政治导师。他信初涉政治圈时得到占隆的扶植。正是通过占隆推举，他信才升任正义力量党领导人，入阁担任政府副总理。后因他信打击政商竞争对手和媒体，得罪了包括泰国王室、中产阶级等群体，占隆也与其反目。从2006年促使他信政府下台到后来促使英拉政府下台的黄衫军运动中，均有占隆积极活动的身影。

此外，前总理川·立派②、前曼谷市长阿披叻③、前司法部长参猜等都是反他信阵营的重要人物。

（二）泰华社会对"红黄之争"的态度

红黄衫军之间的矛盾，表面上看是政治舞台上的冲突，实际上是不同的阶级、不同的利益群体的矛盾。"红黄之争"延续多年，泰国的选举焦点不在政党，而在于红或黄的"颜色"之争。作为掌握泰国经济命脉的华人财团，其经济利益及政治取向对泰国政局走向起着至关重要作用。而普通泰国华人处于"红黄之争"中，以国民身份基于其自身或感性或理性的判断，通过各种渠道积极表达自身政治观点，其出发点是希望尽快解决泰国政局动荡，恢复国家正常秩序。

泰国华人支持黄衫军，反对他信家族的原因在于认为他信"用富人的钱帮助穷人"，即"劫富济贫"，并未真正实现不同阶层并轨繁荣。他信对国有企业私营化的政策损害不少泰国中产阶级，包括华人中上层阶级的利益。此外，他信家族采用"银弹攻击"压缩了部分华人所支持政党的政治空间，损害了其政治上的利益。事实上，对于大多数普通泰国华人而言，他信家族多次涉及腐败、利用职权谋私利才是他们对他信家

---

① 素金达·甲巴允（1933— ），泰国苏姓华人后裔。他曾是一名军方将领，在1991年泰国军事政变后上台担任总理。

② 川·立派，中文名吕基文，泰国第三代华裔，曾先后两次出任泰国总理（1992—1995）、（1997—2001）。2001年大选败于他信。

③ 阿披叻，中文名李胜利，泰国第三代华裔，2005年起任民主党副主席。

族反感并转而支持黄衫军的根本原因。

而支持红衫军的华人则批评"军人政治",他们对"政治司法联姻",宪法法庭无数次解散民选政府的现象感到反感,认为是黄衫军打开了"街头政治"潘多拉的盒子。另外,他们对源于经济发展失衡和社会分配不公的红衫军运动产生同情与认可。事实上,红衫军内部也分成两个阵营,一部分是他信的支持者,另一部分是对黄衫军多次推翻民选政府及宪法有着强烈不满的左翼,他们对于他信利用红衫军来为自己争取筹码的做法并不认同。大部分支持红衫军的华人为后者,前者多为东北部农民和"街头投机分子"。①

旷日持久的街头示威游行,必须有源源不断的充足资金支持。而红、黄衫军双方似乎都不愁资金的来源。每每进行集会组织者都会发放食物、饮用水等物资,甚至还发放"工资"。以笔者的亲眼所见为例,2008年年底约数万人的黄衫军进行了为期193天的24小时不间断反政府集会以逼迫时任总理颂猜下台,在此期间,笔者在示威现场观察到有专人给示威者发放午饭,有面条、猪脚饭、盖浇饭等多种选择,还提供手提小电扇,医疗队24小时在集会现场候命。以每天每人开销200泰铢(约合人民币40元)算,每天集会所需少则数十万泰铢,多则上百万甚至数百万泰铢,持续193天的示威计算下来开销惊人。此外,为了壮大声势,红、黄衫军都会以高日薪拉拢一些无所事事或低收入人群加入示威游行队伍,每人每日为300—600泰铢(合人民币60—120元),远高于泰国法律规定的最低企业日薪。② 这在泰国已是人尽皆知的"秘密"了。③

不管红衫军还是黄衫军,都指责对方背后有泰国财团提供示威活动所需的资金。而这些涉及的财团多为华人财团,如正大集团、红牛集团、盘谷银行、大华银行等。据泰国媒体报道,华裔媒体大亨林明达发起黄衫军运动后,在几乎无以为继要宣布解散之际,由"神秘人士"提供资

---

① 此处"街头投机分子"指并非出于政治诉求而仅是为了收取报酬才加入示威队伍的人。
② 英拉上台后规定泰国民营企业最低日薪为300泰铢,之前是210泰铢。
③ 泰国《民族报》网站2010年3月12日公布的一段红衫军组织者给支持者发工资的视频也证实了这一说法。

金支持而使黄衫军运动起死回生。林明达虽然也是一名大富豪,但以他个人实力仍远不足以支撑庞大的黄衫军示威活动,其背后必定有不少"金主"的支持。曾有泰国媒体曝光,泰国某家银行一笔汇入民盟账户的赞助款就有100亿泰铢。① 如今民盟已经形成一个有组织、有财力的政治团体。而红衫军也曾公开承认得到资助。如红衫军领导人之一乍兰·迪他披猜曾公开承认集会得到了他信家族及其他政治家的资助。② 2009年5月,泰国清迈府的红衫军领导集合全部的红衫军成员从当地盘古银行营业点取出自己的全部存款,并撤销各成员在该行的账号,原因是他们得知盘古银行暗中给黄衫军提供资金支持。③ 盘古银行是著名潮汕籍华商陈有汉家族持有的东南亚最大的国际性商业银行。2010年5月,红衫军纵火焚烧了曼谷商场、供电所、银行、证券交易所,其中不少场所是由华人华侨经营的,比如由潮汕籍华商陈有汉家族持有的泰国最大银行盘古银行数家分行,由海南籍华商郑有英家族持有的泰国第一大购物中心暨东南亚最大商场世贸中心商场等。因为红衫军认为,这些华人企业为黄衫军提供了资金支持。不过对于支持红黄之争某一方的说法,各大涉及企业、银行等均予以否认,如正大集团、盘古银行、DTAC公司就曾公开表示并不支持政治冲突中的任何一方。④ 然而真相究竟如何未得而知。泰国的华人社会虽然有着移民族群的生态变化,但总体来说是大同小异的,除了保留原乡特有的文化景观外,基本上仍延续着中国人特有的文化网络与经济网络。其社会人际群体的凝聚与沟通,主要通过业缘性社团,如商会;血缘性社团,如宗亲会等展开⑤,以此作为群体联系的基础,建立起互补互助的共利结构。

根据笔者了解,泰国的华人社团对"红黄之争"基本上持中立态度。

---

① 泰国《每日新闻》网站,2010年11月10日,http://www.dailynews.co.th/。
② 泰国《民族报》网站,2010年5月18日,http://www.thairath.co.th/。
③ 泰国《泰叻报》网站,2009年5月3日,http://www.thairath.co.th/。
④ 《泰国正大集团、盘古银行及DTAC公司坚称没有提供相关费用》,泰国××××原文是空的××××网站,2008年12月2日,http://topicstock.pantip.com/rajdumnern/topicstock/2008/12/P7275916/P7275916.html。
⑤ 泰国华人社团可分成六大类,即地缘性、血缘性、商业性、文化性、宗教性与慈善性社团。

泰国中华总商会①等业缘性华人社团，虽然在协调泰国政府和华人企业方面起着重要的桥梁作用，也为社团下的企业提供了参与公共决策和政治表达的渠道，但这种非正式参与政治的方式，影响的只能是国家政策层面，对于政争还是缺乏影响，松散型的社团特点及职能也决定其无法对此表达意见或看法。但社团下各企业仍可能对"红黄之争"存在不同的政治观点并采取行动。泰国华人的血缘性社团虽基于宗亲关系组成，宗亲关系不同的华人财团可能存在不同政治观点，但其背后的血缘性社团基本上对"红黄之争"保持中立态度，当然这并不代表其社团成员持相同的政治观点。

泰国华人对"红黄之争"态度意见不一。精英阶层的华人，更多的是基于政治、商业利益出发考虑。而普通华人，完全是建立在情感及理性的判断基础之上。也有不少泰国华人表示对哪派都不支持，只希望"红黄之争"能尽快终结，泰国社会能稳定发展。

三 "红黄之争"中华社分立的原因

泰国华侨华人人口约有 700 万，占泰国总人口的 11%②，仅次于印度尼西亚，是世界第二庞大的华人群体。红衫军和黄衫军两大对立阵营中均有大量华裔，上至核心领导人，下至普通民众，以及幕后支持者。"红黄之争"中泰国华侨华人华裔并未作为一个集体选边站，或以华族③的族群身份组成独立党派与泰族在政治上进行竞争或对抗。泰华社会在"红黄之争"中明里暗里形成了挺红派、挺黄派和中立派。因此，从某种角度来看，泰华社会形成了一种政治观点上的分立。而红、黄阵营中的核心人物多是华裔这一现象在泰国也并未引起主体民族泰族的逆反情绪，

---

① 泰国中华总商会是泰国最有地位与力量的华人社团，其成员都是杰出的商界领袖，在泰国华人社会居于领导地位。

② 根据庄国土 2007 年的统计数据，参见庄国土《东南亚华侨华人数量的新估算》，《厦门大学学报》（哲学社会科学版）2009 年第 3 期。

③ 按庄国土对东南亚"华族"的定义是：由保持华人意识的中国移民及其后裔组成的稳定的群体，是当地族群之一，构成当地国家民族（state-nation）的组成部分。

泰国人只视其为国内两大政治阵营的政争。这其中既有历史的原因也有现实的因素。

(一) 政治认同的转变

尽管族群可能有政治、文化、阶级、社区等多元认同，但政治上的国家认同是诸认同中起支配作用者。相对其他认同，国家认同具有强制性。这种强制性不但表现在作为个体的公民在政治上必须认同于国家，而且表现在国家能通过各种法规与强制力规范公民的政治、社区、经济和文化活动，贯彻主导政府的社会阶层或族群的意旨。[1] 同时，华人政治认同的指向对华人的政治权利、参政意识、族群认同以及融入泰国主流社会的程度等都会产生巨大的影响。

现在，泰国政府采用政治民族理念，不再以血统、文化、宗教等为标准细分国内的种族或民族，对外侨在泰国繁衍的后代，其民族归属的规定，与中国、欧美或东南亚其他国家不同，并不尽以其原来民族的血统为归属基准，而是秉着泰人所生的子女都属泰族这一准则。因此，华侨在泰国生下来的子女，依照国籍法，他们都是泰国国民，民族则属于华族，即是华族泰籍人。但到了第三代，这些华族泰籍人所生的子女及其后裔，就是泰族泰籍人了。也就是说，华侨入籍泰国，那么他的第二代后裔在法律上就不是华族之人而是泰族了。由此，从严格的政治法律角度看，现在的泰国社会实际上已不存在所谓的华人或华族，只有中国血统的泰籍泰人，即"华裔泰人"。泰国政府的这一举措，极大地促进了华人的政治认同的改变。华人政治认同逐渐从祖籍国中国转向了泰国，变"叶落归根"为"落地生根"。华人对泰国的政治认同不仅仅表现在实现法律身份的转换，而且在思想认识上也达到了理性的高度。泰国华人伍启芳女士曾撰文明确表态："虽然我们的祖先来自中国，但我们却生于斯，长于斯，且可能永远生活于斯，我们几乎已百分之一百归化为泰籍，所以我要崇敬泰皇，忠爱泰国及遵循泰国法律；并以保持和发展泰国文

---

[1] 庄国土：《关于华人文化的内涵及与族群认同的关系》，《南洋问题研究》1999 年第 3 期。

化为主,绝不崇洋媚外,如此才能融入泰国生活和社会,并将自己的成就回馈给泰国社会。"① 她的观点代表了泰国华人的心声。

泰国华人政治身份及政治认同的转变对其政治权利的变化产生了重要的作用。政治权利是族群和个体的根本权利,是经济利益的根本保障。获得泰国国籍,这只是华人社会地位、政治身份转变的第一步,华人取得与泰人同等的社会地位是一个更长的历史过程。泰国政府对华人的公民权利经历了从限制、逐步放宽到最后给予同等权利的演变过程,在这个过程中华人的社会地位因政策的转变也获得提升。1983 年泰国议会通过了新选举法标志着华人真正享有了与泰人同等的权利。该新选举法规定,只要是合法的泰籍公民,包括加入泰籍的华人,均获得选举权和被选举权,享有同当地泰族公民一样的政治权利。如今具有泰国国籍的华人华裔都自豪地称自己是泰国人,并按照泰国法律享有公民的合法权益,进入了主流社会,不仅活跃在泰国的经济领域而且积极参与泰国政治,不少华人华裔通过选举步入政坛,成为政府要人。自 1983 年起,泰国政府中华裔人数比例逐渐增多,自 1991 年起内阁成员中华裔达到一半以上,包括总理、副总理、部长等。据统计,1932 年以来泰国总理中约有一半是华裔。近年的几任总理差瓦立、他信、沙马、阿披实、英拉等均有华裔血统。而且至今泰国华人华裔在参政议政过程中,并没有形成华人族群政党,华人华裔并不是以泰籍华人的身份参与泰国政治的,而是以泰籍泰人的身份组建政党,参加选举进入政坛。在参与泰国公共事务方面,泰国华族的族群色彩并不明显。② 究其原因,就在于华人社会的精英通常以泰族认同为第一认同,以华族为第二认同。③ 也因此泰国人并未觉得政坛众多的华裔政治人物,以及"红黄之争"的浓郁华裔色彩会威胁、影响到泰族和国家安全。

华人政治认同的转变以及华人积极参政无疑有助于促进华人与当地民族的融合与团结,加速多元民族、多元文化的社会和国家的形成。泰

---

① 伍启芳:《泰华妇女地位的演变与未来的展望》,载《新世纪的展望》,泰国《世界日报》编印发行,2000 年,第 14 页。
② 庄国土:《论东南亚的华族》,《世界民族》2002 年第 3 期,第 46 页。
③ 庄国土:《东南亚华人参政的特点和前景》,《当代亚太》2003 年第 9 期,第 34 页。

国华人融入泰族的程度较高，被认为是世界上与当地居民同化进程最快、同化程度最深的华人群体。他们和本土泰族一样在情感上忠于泰国，关注泰国时事，服务于泰国社会，并积极参与泰国政治事务。然而，一致的国家认同下仍然会有不同的政治理念。政治理念的冲突是造成华人社会形成不同政治对立群体的重要原因。在泰国，不同的华人群体因政治理念不同表现出不同的政治立场。支持黄衫军的华人群体正是站在泰国民族主义的立场上考虑问题。他们认为，以他信为代表的新兴资本集团是腐败的利益集团，是泰国民族与王室的主要威胁。因而，他们选择支持泰国现有体制，以维护泰国的民族利益。而红衫军认为他信代表着泰国广大草根阶层的利益，中上层阶级利益集团为传统势力，是泰国社会公平发展的阻力，因此支持他信，以破除泰国发展进步的障碍。

（二）商业利益之争

泰国素来有"重官轻商"的传统。泰国曼谷王朝六世王时期，由于工业化和资本主义经济的发展，统治集团为了限制在经济上越来越成功的华人参与政治活动，就提出了政治经济分离的原则，开辟了泰国政治经济分离的历史传统。进入20世纪末期，随着泰国经济、社会的发展，特别是经济全球化日益促使泰国经济、社会开放的条件下，华人经济地位的提升，传统的政治经济分离现象面临着严峻挑战。随着华人经济地位的提高，泰国华人财团开始通过为政党提供经费、资助选举和邀请泰国政要参与企业管理的方式间接影响泰国政治。其政治参与诉求背后，主要为巩固并扩大其商业利益。泰国学者攀尼磨勒就此提出"资产阶级作为政党的支持者，它还推动着国家秩序和政治变化，可以说它已成为泰国社会变革的领导阶层"。

如今，华人财团与泰国王室、政界关系密切，不少华人进入泰国的政治集团中心。然而，部分华人富商不甘藏于幕后，直接追求掌控国家最高政治权力。他信就是这样的典型代表人物。在2001年以压倒性优势当选总理前，身为电信巨头的他信已是泰国首富，个人资产高达10亿美元，是《财富》杂志评选全球最富有的500人中唯一的泰国人。虽然其他华人巨富也纷纷进入政界，但没人有他信那样从政的决心。

20世纪末,由于连年政府重心向商业倾斜,乡村的抗议示威活动也达到高潮。农民掀起的政治运动要求国家放权,要求国家更多关注财富分配、环境保护、社区、农村利益等社会议程。他信敏感地抓住这一时机,推行民粹政策,赢得民众的支持而以极快速度在政界崛起。然而,其在追求掌控国家政治权力的过程中,却先后因商业利益之争以及政治理念的不同与黄衫军创始人林明达、卢金河等人产生冲突,为"红黄之争"埋下了伏笔,其不良影响一直持续至今。林明达原与他信是亲密的商业伙伴,两人相互扶持,2004年以前,林明达一直是他信政权的支持者。而林明达的几名助手也在他信当选后进入政府和国有企业担任要职,特别是曾担任林明达财务顾问的维罗·努凯被任命为泰国国有银行光泰银行总裁,他在这一职位上多次宽免了林明达数十亿泰铢的贷款。2004年,维罗·努凯由于隐瞒巨额坏账被他信撤职,此后林明达开始通过自己集团旗下的电视节目《每周泰国》公开批评他信。泰国政府随即停播该节目,林明达便开始每周五在曼谷的隆披尼公园举行反他信集会,最终形成反他信的最大政营黄衫军。而黄衫军另一位创始人卢金河是他信踏入政坛时的"政治导师"。其在任曼谷市长时对初涉政坛的他信大力扶植。当时正值卢金河与沙马竞争连任曼谷市长而争斗。他信与卢金河因利益之争产生分歧后,卢金河投向先前与他信闹翻的林明达,他信却请出卢金河的死敌沙马领导自己在幕后操控的人民力量党,并扶持沙马任总理。对此,泰国曾有华人学者表示"归根结底,所有的斗争活动还是林明达、卢金河与他信、沙马等的私人利益之争,与旁人无关"。[1] 此话也许有些偏颇,但从一定角度看确实反映了泰国政治斗争与华人利益之争密切相关。除上述两人外,他信还与马德祥[2]等其他华裔因利益产生纠纷。在他信任总理期间马德祥曾与他信结成政治盟友,但2006年后却又成为反他信政治阵营中的一员。"在利益面前没有永远的敌人,也没有永远的朋友",便是他信与这些华裔政客之间复杂关系的真实写照。而他信

---

[1] 尹鸿伟:《泰国新政府烽烟四起》,《南风窗》2008年第14期。
[2] 马德祥,泰文名班汉·西巴阿差,广东潮阳市后裔,泰国第21位总理(1995年7月—1996年11月)。

本人也曾说过:"政治和商业是不可分割的,我们必须接受这一现实。"

华人富商的利益之争间接造就了泰国混乱的政治格局,同时,泰国华人社会也因支持不同派别立场而分立。甚至在如今的泰国,同一华人家族内部出现了分别支持红衫军与支持黄衫军的分歧屡见不鲜。可见,"红黄之争"在泰国华社所造成的巨大影响。

四 "红黄之争"对泰华社会发展的影响

"红黄之争"使泰国陷入长期动荡的局面,华裔的政治参与积极性却高涨。虽然华裔自获得和泰人公平的政治权利后参政人数日益增多,但是像"红黄之争"中出现如此大规模的台前幕后的华裔还从未出现过。可以说,"红黄之争"使泰国华人族群在泰国政治舞台上进入了一个新的时期。

"红黄之争"对泰华社会的影响还体现在经济方面。泰国华社的经济网络是以泰国华人的社会网络为基础而发展起来的商业关系网络。"红黄之争"后,这些合作网络因政治动荡受到或多或少影响。虽然业缘性华人社团内大部分企业做生意基于商业利益至上,在"红黄之争"中不轻易表露政治倾向,但也依然存在部分企业、财团因"红黄之争"而站队的现象。相比"红黄之争"出现之前,华裔企业主对于政治观点不一的合作方均持谨慎态度。对于所有大小企业华人经营者而言,受"红黄之争"所致的低迷的经济环境影响,其经营也受到负面影响。

此外,泰国政治动荡或多或少地使中泰关系承受卷入泰国政治斗争的负面影响,尽管这些都很微弱,不足以影响中泰关系发展主流和大局,但对于在中泰两国之间起着积极协调作用的泰华社会亦是一个挑战。

近年来马来西亚华人公会与中国共产党关系研究

李 斌 钟大荣[*]

一 政党外交指导思想的新变化

步入21世纪的第二个十年,马来西亚和中国的政治都出现了新的变化,这些新变化对两国和两党关系的发展起到了推动作用,为两国两党更高层次的合作架起了桥梁。

(一)马来西亚华人公会的外交思想新变化

2017年11月,马华公会[①]召开第64届中央代表大会。总会长廖中莱[②]

---

[*] 李斌,华侨大学华侨华人研究院硕士生;钟大荣,华侨大学华侨华人研究院助理教授,马来西亚研究中心主任。

[①] 马来西亚华人公会,简称马华公会或马华(MCA),成立于1949年2月27日。在英军和马共的战争中,华人被赶出家园,移居新村,为防止英殖民政府和马共对华人的双重压迫,陈祯禄领导并建立了马华公会。马华公会成立初期是一个解决华人问题的社会福利机构,1951年陈祯禄宣布马华为政党,并成为第一任总会长。1952年,马华与巫统合作参选吉隆坡市议会选举催生了跨党派组织——联盟,即国民阵线的前身。参见马来西亚华人公会网站,2017年11月14日,http://www.mca.org.my/1/Content/SinglePage?_param1 = 14 - 112017 - 87 - 11 - 201714 & _param2 = M。

[②] 廖中莱,马华公会总会长。1981年加入马华公会,马来亚大学工商管理硕士,2013年就任马华公会总会长,在马来西亚政府中担任交通部长。参见马来西亚华人公会网站,2017年11月13日,http://www.mca.org.my/1/Content/SinglePage?_param1 = 13 - 112017 - 84 - 11 - 201713 & _param2 = M。

指出，马华领导层换届以来，进行了一系列的转型改革计划，落实了转型改革二部曲："团结势更强"①、"文明磁场"② 施政框架和"十大经济方略"③，成功团结了马华同志，也团结了华社。

首先，对未来形势的判断。马来西亚政府的发展目标：中期目标是在未来的7—8年内让马来西亚成为2兆令吉的经济体，长期目标则是在未来30年成为全球20顶尖国家。马华公会结合华社的实际情况，认为华人未来要注重四大焦点：技术革命、创新人才、经济竞争力和文化软实力。马华公会认为，只要华社团结一致，实事求是谋求建设，华人不会在国家发展主流中落后，反而可以成为率先领跑的一群，积极参与政府、参与决策。

其次，外交战略思想的调整。为实现马来西亚国家中长期发展规划，马华公会认为，在经济上，"一带一路"倡议是21世纪的重大发展机遇，除了作为火车头的中国商机巨大，实际上"一带一路"沿线60多个国家都有马华公会发展机会；马华"一带一路"中心正负起领头的责任，积极为国人带路。在人才储备上，马华公会认为，马来西亚的华文教育蓬勃发展，对国家是一份资产而不是负累。因为马来西亚多元教育体系所栽培的大量三语人才，在职场和商界都非常吃香，尤其是中国崛起为世界第二大经济体之后，欧美各国纷纷掀起学习中文热潮，而马来西亚则

---

① 2014年5月3日，马华公会打出此口号，口号主要是鼓舞马华公会上下，团结一致地落实改革行动蓝图，让马华变成更团结、更和谐、更有动力和拥有未来的政党。从这个基础延伸，马华将和华社更紧密地合作，发挥团结势更强的力量，开展政治、经济、文化、教育、青年、妇女6大领域的计划，以活动为主轴，深化与华社所达到的共识，进而为马来西亚效力。参见马来西亚华人公会网站，2017年11月10日，http://www.mca.org.my/1/Content/SinglePage?_param1 = 15 - 112017 - 88872 - 11 - 201715 & _param2 = TS。

② 指一个包含族群而跨越族群的施政框架。简单来说，文明磁场的定义就是把马来西亚的多元文化提升为国际竞争力，让极端主义无法立足。参见马来西亚华人公会网站，2017年11月10日，http://www.mca.org.my/1/Content/SinglePage?_param1 = 15 - 112017 - 87469 - 11 - 201715 & _param2 = TS。

③ 马华公会在2015年9月提出的一个经济发展计划，包含现代化农业、新型城镇化、"一带一路"、技职教育、木材工业、小商小贩、旅游业、资讯科技、交通物流及融资等领域，以推动华社和整个马来西亚的发展。参见马来西亚华人公会网站，2017年11月10日，http://www.mca.org.my/1/Content/SinglePage?_param1 = 15 - 112017 - 104476 - 11 - 201715 & _param2 = TS。

在这方面占尽先机。在技术革命层面，马华积极推进"工业4.0"的建设，积极促进电子商务和数字经济的发展。

（二）中国共产党的外交思想新变化

中共十八大以来，中国共产党立足中国，放眼世界，总结历史，正视现实，根据国内外形势的新变化和国际国内的一些经验教训，对新时期中国国家未来的外交战略进行了概括并提出了新的指导思想。

首先，对国际形势的新判断。以习近平为核心的党中央认为"世界正处于大发展大变革大调整时期，和平与发展仍然是时代主题"。[①] 各国相互联系和依存相互加深，国际力量对比更趋平衡，和平发展大势不可逆转。在此基本判断下，要实现和平发展，推进政党外交，发展国际社会中对我友好力量显得格外重要。

其次，外交战略思想的调整。习近平在中共十九大报告中指出，明确中国特色大国外交要推动构建新型国际关系，推动构建人类命运共同体。[②] 这必须要统筹国内国际两个大局，始终不渝走和平发展道路、奉行互利共赢的开放战略，坚持正确的义利观，树立共同、综合、合作、可持续的新安全观，谋求开放创新、包容互惠的发展前景，促进和而不同、兼收并蓄的文明交流，构筑尊崇自然、绿色发展的生态体系，始终做世界和平的建设者、全球发展的贡献者、国际秩序的维护者。

二 中国共产党和马来西亚华人公会的党际交往历史概述

根据中国共产党和马来西亚华人公会以及中国和马来西亚两国之间交往的过程，将两党关系的发展总结为三个阶段。

[①] 习近平：《决胜全面建成小康社会 夺取新时代中国特色社会主义伟大胜利》，人民出版社2017年版，第58页。

[②] 同上书，第19页。

（一）冷漠阶段（1949—1974年）

由于马来亚共产党①武装反对英国殖民当局，英国殖民政府于1948年宣布马来半岛进入紧急状态，实行军事管制。马来亚共产党多数党员是华人，因此华人成了马共与英国殖民当局战争中的受难者。为了拯救华人同胞，由马来西亚土生华人陈祯禄②领导的马华公会于1949年2月成立了。

马华公会成立之后，致力于解决殖民当局和华人之间的诸多问题，并且为华人谋取利益，成功阻止了英政府因马共而驱逐华人回中国的计划。长期以来，马共被认为是中共在马来半岛的分支机构，在国际冷战的大背景下，东南亚地区亦不可避免地成为东西方冷战对抗的前线。

马华公会第三任会长陈修信在1965年4月公开表示，中国银行新加坡分行"正在协助某一大马政党"，并且表示大马政府正关注中共在新加坡两所银行的活动。③马华公会从创党开始，对共产党就有抵触，这也是显而易见的。马华公会虽然是由华人组成，但因家庭和教育的不同，党内的华人大体分为两种，第一种是富人家庭，接受英文教育；第二种就是普通家庭，接受华文教育。马华公会早期的领导人多接受英文教育，他们和马来人的领袖一样，都属于精英阶层，且他们当中很多人都和中国国民党有着直接或间接的联系，因此在对待共产党的问题上，他们大多持强硬抵触的态度，因此马华公会早期的政治理念和政治政策对中共非常冷漠。

---

① 马来亚共产党，简称马共（CPM），是曾活跃于马来半岛的共产主义政党，于1930年4月30日在马来亚森美兰州瓜拉比拉的乡村成立。1945年日本投降后，马共开始进行反殖民活动，1948年6月，英殖民政府宣布取缔马共，马共从和平斗争转为武装斗争，1989年，马共与马来西亚政府达成和解，宣布解散。参见阿杜拉·西·迪《马共主席阿杜拉·西·迪回忆录》，吉隆坡：21世纪出版社2007年版，序言第1—2页。

② 陈祯禄（1883—1960），马来西亚土生华人，在马来西亚建国史上，陈祯禄促使华人政治地位与马来人平起平坐。陈祯禄的历史意义在于他掌握了当时的历史潮流而融入了建国的行列中，为当时的华人政治发展注入了丰沛力量。参见何启良《马来西亚华人人物志》，吉隆坡：拉曼大学中华研究中心，2014年，第234—235页。

③ 《财长陈修信在新德里称政府正加以注视中共在星两银行活动》，马来西亚《中国报》1965年4月2日。

(二) 巫统领导框架下的有限党际接触 (1974—2008 年)

这一阶段从 1974 年马中建交到 2008 年大选。由于意识形态以及历史和现实的诸多因素，马华公会与中国共产党几乎没有公开报道的党际交往，交往只存在于以巫统①为主导的政府和中国政府的有限交往。

值得一提的是 1994 年 11 月 11 日马来西亚《星洲日报》的报道《内政部未决定解禁中共歌书》②。可以发现，直到 20 世纪 90 年代，在马共已经解散的情况下，马来西亚政府对中国共产党的活动仍有疑虑，党际交往上就更加谨慎。1996 年，时任马华公会总会长的林良实③在接见受国民阵线④邀请的中共代表团时表示，马中应互相尊重"我们坚决反对一些强国，强要他国仿效他们的政治制度"。⑤ 2002 年 7 月 5 日，中共中央党校教育团访问马华公会总部，双方进行了友好的交流，需要指出的是，此次活动是中共中央党校的系列活动，马华公会只是其中一站，并不是专访。2003 年 11 月 8 日，中国共产党第一次邀请马华公会到北京进行党对党的友好访问。⑥ 2006 年 6 月 4 日，马华公会邀请中共访问，副总会长

---

① 马来民族统一机构（UMNO），简称巫统，成立于 1946 年，是马来西亚最大的政党，自马来亚独立后，一直是该国的执政党，主导着马来西亚政治，致力于捍卫马来人权益，捍卫并发展马来西亚的伊斯兰教。参见陈剑虹《马来西亚华人史——战后大马华人的政治发展》，出版社不详，出版日期不详，第 100—102 页。
② 《内政部未决定解禁中共歌书》，马来西亚《中国报》1994 年 11 月 11 日。
③ 林良实，1943 年出生于马来西亚霹雳州江沙，1966 年在马来亚大学获得医学学士学位，随后赴槟城行医，不久加入马华公会，1986 年 9 月至 2003 年 5 月任马华公会第六任总会长。马来西亚华人公会网站，2017 年 11 月 12 日，https://img.mca.org.my/MCA/article/267dc455-42d2-4bf5-b7fd-fcfaa95335fb.pdf。
④ 国民阵线，简称国阵（BN），既是 1973 年成立的马来西亚执政党联盟，也是马来西亚国会里最大的政党联盟，该政党联盟主席纳吉·阿都拉萨是现任马来西亚首相。截至 2017 年 4 月，国阵共有 13 个成员党，其中包括巫统、马华公会、国大党等政党。参见马来西亚国民阵线网站，2017 年 11 月 14 日，http://www.barisannasional.org.my/en。
⑤ 《良实接见中共代表团表示马中互尊重友好》，马来西亚《南洋商报》1996 年 3 月 24 日。
⑥ 《获中共邀请，陈祖排率团访北京》，马来西亚《星洲日报》2003 年 11 月 9 日。

翁诗杰[①]认为"我国其他政党，如巫统，也都与中共交往，马华必须快马加鞭，与中共建立良好关系"。[②] 2007年，黄家定[③]率团到北京向中共"取经"[④]，学习廉正反贪课程，此次交流黄家定是以马来西亚"房屋与地方政府部长"的身份去的，交流的结果也主要限于政府部门内部，向马华公会党内推广的程度较小。

在这一阶段中，马华公会在政府中一直处于不断边缘化的过程，究其原因，除了公认的外部"5·13事件"[⑤]带来国内政治格局的变化外，党内派系乱斗，没有建立起良好的人事机制是其主要原因。华人对马华公会丧失了信心，选票流失，再加上巫统的压制，从而形成了一个恶性循环，即为了维持党的运作，马华公会必然要寻求巫统的协助，一旦寻求了巫统的协助，马华公会就会被认为出卖华社利益，从而进一步流失华人选票，政治上进一步被边缘化。在马华公会逐渐边缘化的过程中，与中国共产党的接触，只能通过巫统领导的马来西亚政府的管道进行有限接触。因此在和中国共产党接触时，马华公会的领导层大多选择以政府公职的身份或者在巫统与中共接触之后接触，极少单独进行与中共党对党的接触。

[①] 翁诗杰，1956年生于马来西亚吉隆坡谐街，1981年获马来亚大学机械工程荣誉学士学位，成为一名工程师，同年加入马华公会，开始政治生涯。2008年10月至2010年3月任马华公会第八任总会长。马来西亚华人公会网站，2017年11月12日，https://img.mca.org.my/MCA/article/68c2f7d9-3df6-4aa5-be78-ad92edb3c5c4.pdf。

[②] 《翁诗杰互动促进了解马华加强与中共联系》，马来西亚《星洲日报》2006年6月5日。

[③] 黄家定，1956年出生于马来西亚霹雳州玲珑镇，华校出身，后来到拉曼学院修读大学先修班，获得政府助学金进入马大深造，考获理科荣誉学位与教育文凭，1979年加入马华公会，2003年5月至2008年6月任马华公会第七任总会长，2008年先后卸下内阁职务及党职，被誉为马华公会的革新者。参见何启良《马来西亚华人人物志》，吉隆坡：拉曼大学中华研究中心，2014年，第474—475页。

[④] 《学习廉正反贪课程，黄家定向中共党校"取经"》，马来西亚《南洋商报》2007年9月15日。

[⑤] 指爆发于1969年5月13日马来西亚的骚乱事件，官方解释此事件主要是马来人与华人之间的种族冲突，原因是在当时各种间的政治及经济能力有很大的差异，导致了马来人针对华人展开的屠杀。这次血腥的种族冲突导致了多人死亡和负伤。事后马来西亚政府开始执行新经济政策以消除各种族在政治以及经济能力的差异，主要内容为给土著特权。此事件被公认是马来西亚政治的一个重要转折点。参见廖小健《战后马来西亚族群关系——华人与马来人关系研究》，暨南大学出版社2012年版，第53—54页。

(三) 马华公会开始的独立自主党际交往（2008年至今）

根据均势理论①，我们可以得到马华公会和巫统在互动中，由于支持马华公会的华人越来越少，加之马来西亚华人总数的逐渐降低，马华公会深知自身在政党博弈中的优势已经在逐渐丧失，所以加强对巫统实力的"制衡"，独立自主地与中共进行交往，使中共成为自己的"盟友"，便成为必要的选项。

2008年大选，马华公会遭到前所未有的大溃败。国民阵线长期占有的2/3国会席次的优势瞬间被打破，在222个国会议席中，在野党赢得的82席国会议席，其中行动党赢得28席，公正党赢得31席，回教党赢得25席。② 马华公会不只在国会议席中折损甚多，在槟州、霹雳、雪州的州议席中，也兵败如山倒，这些都是华人集中的城镇地区。③ 党魁黄家定引咎辞职并表示马华公会将不在政府内任职。这场危机使马华公会处在生死存亡的边缘，连以巫统为主导的国阵的执政也险些被反对党轮替。之前的依靠巫统来维系政党运作的方式没办法再持续下去。党内的各派系均认为马华公会要进行改革。马华元老曾永森在大选过后指出"青黄不接，马华领导断层令人忧"。④ 事实上，早在2006年，时任马华总会长的黄家定就表示应该向中共学习⑤，培养后备力量。但因当时没有迫切的需求，因而只停留在单方面向中共学习，而没有深入到和中共交往的程度。马华公会在处理完大选的遗留问题之后，2009年5月7日，马青访华团考察北京中共市委党校⑥，认为马华公会要学习中共的管理制度，输送人才，为马华公会培养后备军，以缓解党内青黄不接、人才流失的现状。

---

① 均势理论，是国际政治理论中的经典理论。美国学者肯尼斯·沃尔兹认为均势战略的实现，必须借助一些手段和方法。这些方法不外乎两种：一种是增加自己的力量，另一种是削弱对手的力量。增强自身力量的有效办法之一就是结盟，结盟能有效限制对手的力量。

② 《第12届大选新闻辑》，马来西亚《当今大马》2008年3月19日。

③ 根据马来西亚《星洲日报》统计，马华公会2008年大选国会议席竞选40席，中选15席，州议席竞选90席，中选31席。

④ 《曾永森：青黄不接，马华领导断层令人忧》，马来西亚《中国报》2008年8月7日。

⑤ 《黄家定：向中共看齐，马华应及早栽人才》，马来西亚《中国报》2006年7月4日。

⑥ 《考察中共党校运作，马华取长补短》，马来西亚《光华日报》2009年5月7日。

笔者认为这是马华公会代表自身政党独立自主与中共交往的开始。在此之后马华公会又陷入党争的泥潭，但是与中共独立自主的交流在慢慢发展，两党的互信也在不断增加。

2013年，在马华公会和中国共产党都完成新一届领导班子的换届之后，同年7月31日，马华公会总会长廖中莱率团访华与中共交流①，此次交流的目的在于为革新马华公会取经，廖中莱一行不仅会见了中共高层领导，还考察了北京市丰台区的一个农村，这是马华公会第一次与中国的基层领袖会面，对中共的基层组织有了一定的了解。在巫统正式与中共建立党际外交4年后，2014年7月17日，马华公会总秘书黄家泉率领马华公会代表团，与中国共产党对外联络部部长王家瑞会面，双方签署了两党合作交流备忘录②，这是两党正式交往的开始，也是两党交往常态化的标志。2015年5月15日，在中国共产党的邀请下，马华公会总会长廖中莱首次率领马华公会中央委员访问中国③，加深了两党之间的友好交流，加深了彼此之间的合作关系。2016年4月13日，廖中莱在接见中共中央对外联络部部长宋涛时明确表示"马华支持'一带一路'的建设，希望继续通过党对党的渠道促进有关合作，深化两党交流互鉴和人员往来，推动马中关系的不断发展"。④2017年11月5日，在首相纳吉的主持下，马华第64届中央代表大会开幕，中国驻马大使馆向马华公会移交中共中央对外联络部发来的贺文，祝马华公会第64届代表大会取得圆满成功。⑤

这一阶段，马华公会和中共的关系取得了巨大的飞跃。党际交往不

---

① 《廖中莱率革新马华委会，赴北京拜会中共数部门》，马来西亚《南洋商报》2013年8月1日。
② 《黄家泉：马华中共签备忘录，深化交流利惠两国》，马来西亚《中国报》2014年7月24日。
③ 《廖中莱：访中共成果丰硕，马中共识推动数航线直飞》，马来西亚《南洋商报》2015年5月16日。
④ 《廖中莱晤中联部代表团，盼马华中共深化交流》，马来西亚《星洲日报》2016年4月14日。
⑤ 《向纳吉展示团结气势　廖中莱：马华已整装迎战大选》，马来西亚东方日报网，2017年11月5日，http://www.orientaldaily.com.my/s/219072#。

再像以前一样只是面子上的交流，两党的交流进入深层次实质性的阶段。特别是在两党完成新一届领导人的换届之后，各领域的合作进一步开展。中共近年来与马华友好关系快速发展，两党高层交往频密，干部考察合作密切，治国理政经验交流深入并加深了彼此了解与友谊。在两党的交流中，马华公会实质上已经成了马来西亚对中国合作开展"一带一路"的主要渠道，马华公会不仅全面响应，成立了"一带一路"中心，也积极参与"一带一路"项目。马华公会在"一带一路"框架下与中共的关系更加亲密友好。

三 现阶段中国共产党与马来西亚华人公会的交流

2014年7月17日，马华公会总秘书黄家泉率领马华公会代表团，与中国共产党对外联络部部长王家瑞会面，双方签署了两党合作交流备忘录。其中，马华公会与中共达成四项共识：①密切党际高层交往，加强治党理政经验交流；②加强各层次人员往来，交流政治理念和建党经验，增进对对方党和国家情况的全面了解，促进共同发展；③展开干部考察培训合作，提高各自干部的能力素质；④双方支持两国智库，媒体等组织开展友好交流，夯实中马友好的民意基础。

（一）两党交往的内容

以下的统计是2008年以来两党中央层面的直接交流，两党的地方系统以及两党在国内和国际框架下的交流因数量庞大未统计在内。两党本着"独立自主、完全平等、互相尊重、互不干涉内部事务"的原则，关系取得了重大的进步。

表1　　　　　　2008年以来马华公会与中共的直接党际互动

2009年1月	马华公会总会长翁诗杰访华
2009年3月	翁诗杰向中联部建议探讨中国人到马来西亚自由行

续表

2009 年 5 月	马青访华团考察中共中央党校
2009 年 10 月	马华公会邀请中共代表团访问马来西亚
2010 年 4 月	中共中央政治局委员李源潮访问马六甲
2012 年 11 月	蔡细历①祝贺中共十八大胜利召开
2013 年 7 月	廖中莱率领革新马华委员会委员向中共组织取经
2013 年 8 月	廖中莱与中共交流
2014 年 7 月	马华公会与中共签署备忘录
2015 年 1 月	马华公会邀请中国学者谈中共未来发展
2015 年 5 月	中共邀请马华公会访问中国
2015 年 5 月	马华公会与中共推动多条马来西亚到中国到直飞航线
2015 年 7 月	马华公会和中共联办"一带一路"研讨会
2015 年 10 月	中共代表团出席马华公会全国代表大会
2015 年 10 月	中联部副部长会见了马华公会总会长廖中莱
2016 年 4 月	廖中莱会见中联部代表团
2016 年 6 月	宋涛会见马华公会总会长廖中莱
2017 年 10 月	马华公会祝贺中共十九大胜利召开

注：以上信息来源于《星洲日报》《南洋商报》《中国报》以及中共中央对外联络部等。

1. 高层交流

在马来西亚和中国的政治与经济交往日益紧密的背景下，马华公会和中共两党加深党际交流，促进各领域的发展与合作。两党高层常态化互访，在治党理政方面互相交流经验，加深了两党高层的感情和对彼此的认识，对彼此之间的利益摩擦能够理性看待，相互尊重各自的核心利益。

2. 人才培养

党员干部素质是决定一个政党战斗力的关键因素，马华公会多年以来饱受党争和分裂之苦，政党组织力严重不足。通过向中共学习党的组

---

① 蔡细历，1947 年出生于马来西亚柔佛州峇珠巴辖。马来亚大学医学系毕业，1979 年加入马华公会，1990 年起出任柔佛州行政议员，2004 年至 2008 年任马来西亚卫生部长，2010 年 3 月至 2013 年 12 月任马华公会第九任总会长。马来西亚华人公会网站，2017 年 11 月 12 日，https://img.mca.org.my/MCA/article/9deae171-29f6-4539-938e-396745b83864.pdf。

织建设、思想建设、干部建设等内容，马华积极开展党内改革，并设立马华党校以培训党员，不仅送党员到中国学习，还请中国专家到马华公会进行培训。

除了党员干部的培养外，马华公会持续推动拉曼大学与中国的合作，拉曼大学与阿里巴巴签署备忘录，合作培养电子商务人才；拉曼大学与清华大学签署备忘录达成协议共同培养多元化人才；拉曼大学与中国政法大学合作，建立联合中心等。

3. 人员往来

通过与中共的接触，马华总会长兼交通部长廖中莱与中国多家航空公司如国航、东航及吉祥航空等达成共识，积极推动吉隆坡至北京、上海，以及中国到马来西亚其他地区的直飞航线；在入境签证方面，马华公会通过政府正积极探索商贸免签、公务免签、团体免签等多种形式便捷两国人员的往来。

4. 智库合作

马华与中共合作，智库合作包括经济、政治、文化等多领域。开办各类论坛和研讨会："'一带一路'国际合作高峰论坛"，探讨多国合作的新模式；"'一带一路'旅居文化国际论坛"，分享各国的民俗民情，发挥各自的文化软实力；"'一带一路'马中文化艺术论坛"，探讨马中两国的文化艺术交流等。

（二）两党交往的成果

本文界定马华公会和中国共产党交往成果的主要标准是，具有马华公会身份的人直接推动或者执行的成果，即看作马华公会与中国共产党交往的成果。这些成果，一方面与马中两国的友好大环境密不可分；另一方面，参与这些成果推动的个人和组织也功不可没。依据此标准，2008年以来，中国共产党和马华公会的交流成果如下[①]：

---

① 以下资料来源于马来西亚当地华文媒体，主要有《星洲日报》《南洋商报》《中国报》《东方日报》《光明日报》《光华日报》等。

1. 交通航运

2012年12月，廖中莱推动中国投资关丹码头建设。

2014年11月，廖中莱见证，马来西亚机场快铁公司与中国北车签约，订购6列机场快铁列车。

2014年12月，廖中莱见证，中国出口马来西亚米轨动车组列车。

2015年2月，马来西亚交通部决定吸引更多航班，增加中国游客人数。

2015年7月，霹雳州的中国中车轨道交通装备中心成立。

2015年9月，马来西亚交通部推动港口与中国结盟，加速进出口程序。

2015年11月，马来西亚交通部批准与中国合作建设马六甲皇京港。

2016年6月，关丹、惠州结成姐妹港。

2017年5月，马来西亚交通部与中国签署基础设施合作备忘录。

2. 金融贸易

2015年1月，马来西亚对中国21世纪海上丝绸之路的意见被中国纳入纲要。

2015年7月，马华公会设立中小企业拓展中心，协助本国青年创业，对接"一带一路"。

2016年1月，马华公会全力推动"一带一路"。

2016年8月，马华公会举办马中工商界对话会。

2017年4月，马来西亚外贸局帮助中小企业进军中国市场。

2017年5月，马华公会支持马来西亚与中国合作项目采用本地供应链。

2017年5月，马华公会创立企业义诊流动中心。

2017年11月，马来西亚数字自贸区正式启动。

3. 人文教育

2009年4月，教育部副部长魏家祥，推动大马60所卓越学校与北京师范大学附属中学交流。

2010年3月，高教部副部长何国忠，推动马来西亚和中国互认大学文凭。

2015年1月，厦门大学代表团拜访廖中莱、何国忠等，汇报厦大分校的工程进展。

2015年3月，马华公会派村长去中国学习，提升新村发展。

2015年10月，配合中国崛起，马华公会承诺办好华文教育。

2016年10月，马华公会与中国华侨大学签署备忘录。

2016年11月，拉曼大学与清华大学签署备忘录。

2016年11月，中国欢迎马来西亚独中生报考中国大专院校。

4. 医疗卫生

2010年5月，廖中莱与中国卫生部部长达成共识，两国合作在马来西亚建立中医医疗中心。

2010年6月，廖中莱与中国卫生部部长达成共识，马中互承认药品认证。

2011年9月，廖中莱推动马中签署传统草药备忘录。

2011年10月，廖中莱推动与中国合作拟定燕窝标准。

2012年11月，廖中莱推动承认中国医学文凭。

5. 事件管控

（1）"血燕事件"。2011年8月，浙江查处了一批来自马来西亚的亚硝酸盐含量超标的血燕，据调查，市场上销售的血燕几乎全是由普通燕窝染色而成。事件发生之后，中国政府随即禁止进口马来西亚燕窝。

2011年8月2日，马华会长理事会指示卫生部部长廖中莱和农基部副部长蔡智勇出面协调。8月6日，廖中莱经查发现，马来西亚没有不合格的燕窝出口中国。10月，廖中莱推动与中国合作拟定燕窝标准。经调查中国的假燕窝全部都是进口马来西亚的真燕窝，再经过人为加工，变成的假"血燕"。2014年，马来西亚燕窝重新出口中国，事件平息。

（2）"MH370事件"2014年3月8日，马来西亚航空由吉隆坡前往北京的MH370号班机北京时间（UTC+08：00）凌晨0：41失联。机上共载有239人，当中大部分乘客为中国公民。该班机原定计划于北京时间（UTC+08：00）6：30抵达北京首都国际机场，但起飞后不足一小时便在马来西亚与越南海域的交界处、土珠岛（也译"土朱岛"）以南约140海里及哥打巴鲁东北东约90海里处与马国梳邦空管中心（Air Traffic Control Centre Subang）失去联系。

事件爆发之后，马来西亚政府委派马华公会副总会长周美芬为特使，处理善后事宜；马来西亚首相对华特使、前马华公会总会长黄家定也出面解决；马华公会积极接待中国遇难乘客家属，并组织华团在马华公会总部举行祈福会①，做乘客家属的坚强后盾。2014年6月27日，马华公会总会长廖中莱被委任为交通部部长，继续处理"MH370事件"②。对此，中国驻马大使黄惠康表示"经过MH370事件后，两国在患难中见真情，共渡时艰"。廖中莱随后率团到北京进行协调。最终，经过两国双方的管控，事件并没有造成恶劣影响，没有影响下半年马来西亚与中国建交40周年的系列外交活动，也没有影响中马关系。

四 中国共产党推进与马华公会的关系有重要意义

两党新时期的交流对马来西亚和中国以及马华公会和中共都是双赢的，对于中国共产党来讲。

第一，有利于涵养侨务资源。

侨务资源是我国的一项特殊而重要的资源。长期以来，我国的侨务政策"多用少养"，给外界的华侨华人造成了不好的影响，造成的侨务资源损失有些是不可逆的。对侨务资源涵养的最有效方式是促进民心相通。马来西亚是以马来人、华人和印度人三大种族为主组成的国家，马华公会是由华人组成的政党，在华社有一定的地位和代表性，与马华公会保持重要的伙伴关系能在马来西亚华人和中国之间建立起一个交流的桥梁。马来西亚政府多年实行不平等的种族政策使马来西亚华人人才流失严重，华人不能在马来西亚很好地发展是重要原因，通过与马华公会合作，各类中资企业纷纷在马落地，华语人才的需求量大，对马来西亚华人的生

---

① 《廖中莱：过程出现不足，大马认真面对客机失联》，马来西亚《光明日报》2014年4月7日。

② 《总会长廖中莱率领马华正副部长宣誓就职》，马来西亚《光华日报》2014年6月28日。

存环境带来了一定意义上的改善，人才外流的状况得到一定的缓解。马华公会开展各类的联谊活动、学术论坛、文化活动等，对维持马来西亚华人的中华文化认同、增进两国民众的交往、促进民心相通起到重要作用，最终实现侨务资源的可持续发展。

第二，发展友好的国际力量。

冷战结束后，东西方国际关系逐渐缓和，意识形态虽然不是影响外交的主要因素，但是意识形态的潜在作用仍然非常可观。消除意识形态影响，发展对中国友好的国家显得十分必要。近年来马来西亚和中国的关系有了明显进步，2017年11月13日，马来西亚副首相阿末扎希认为虽然中国依然奉行共产主义，但两国的交好不会对国家构成威胁。[①] 马来西亚是东盟中的核心国家，在东南亚的中心，地理位置十分重要。在这种背景下，继续推进中国共产党和马华公会的关系，不仅有利于树立好相互尊重的党际交流形象，促进两国人民的民心相通，更有助于发展中国和东盟国家的外交关系。

第三，有利于推进"一带一路"建设。

马华公会是世界上少有的敢于在其国内支持并主动宣传"一带一路"的政党。由于马来西亚是议会制国家，各党派的政治理念各不相同，反对党认为中国的"一带一路"建设是剥夺马来西亚主权的行为，对其持反对态度。[②] 正如中国驻马来西亚大使黄惠康所说"若没有了马华，华人在政府内将缺少发言权"。[③] 因此处理好与马华公会的关系，把两国两党的合作项目落到实处，兑现马华公会对马来西亚公民的政治许诺，使广大马来西亚公民受益，有利于稳定马来西亚政局，有利于在国际社会中树立良好的形象，对推进"一带一路"建设有重要的促进作用。

对于马华公会来讲，也有重要意义。

---

① 《与共产中国交好，大马政府不认为有威胁》，马来西亚《当今大马》2017年11月13日。
② 《黄惠康：造福人民，马中务实合作何来卖国？》，马来西亚《中国报》2016年11月18日。《马哈迪：过于依赖中国贷款，国家主权恐受威胁》，马来西亚《南洋商报》2016年11月4日。
③ 《没马华，华人缺发言权，黄惠康：政府内华人代表》，马来西亚《星洲日报》2016年10月17日。

第一，改善了在政府中的地位。

自"5·13"事件以来，马华公会在政治上一直依附于巫统领导的国民阵线政府，在政府内部的政党博弈中，长期以来处于不利地位，话语权不足，直到2008年政治海啸，面临生死存亡的危机，使马华公会终于开始慢慢走向独立自主。通过与中共交流带来的巨大现实利益，首先一定程度上消除了马华党争使巫统认为马华公会没用的印象，促进了巫统和马华公会的友好关系；其次马华公会在政府中讨价还价的筹码在逐渐增多，政党博弈中的不利地位开始改善。

第二，凝聚了华人社会的民心。

马来西亚华人社会对中国的感情源远流长，从来没有因为政局的变化而变化，马中两国民间交流虽然程度已经较高，但一些政策性壁垒仍然存在。多年来，华社对马来西亚政治普遍没有信心，马华公会的党争进一步加剧了他们对政府的不信任。马来西亚一位大学教授告诉笔者，这两年随着中国崛起和马中关系的改善，马来西亚华人的生存状况有了一定好转。① 马华公会主导下的中马之间的各项合作项目，使马来西亚华人社会受益，华人对政治的信心正慢慢回流。

第三，巩固了自身政党的实力。

通过与中共交流，完善党内各项制度，马华公会内部的凝聚力不断上升，虽然党争的影响短期内不能完全消除，但是团结起来，搞好与中共的关系，努力成为中国与马来西亚国家关系的中间人，几乎成了马华公会的必然选择。

五 马来西亚华人公会与中国共产党交往的新变化

马来西亚华人公会和中国共产党的交往是受到国内环境影响的。在国内，马华公会受到巫统的影响最大，从马来西亚华人公会建党开始与

---

① 《没马华，华人缺发言权，黄惠康：政府内华人代表》，马来西亚《星洲日报》2016年10月17日。

巫统的关系可以基本概括如下：

在马来西亚建国初期的一段时期内，马华公会的领导与巫统领袖一样多来自精英阶层，因此在马来西亚建国至"5·13事件"爆发的这一段时期内，马华公会与巫统的关系是彼此独立的"竞争型"友党关系。① 后因马来西亚的国内政治问题导致种族问题日益凸显，爆发了"5·13事件"，之后马来西亚政府打压华族，这使巫统与马华公会的关系也趋于紧张，马华公会对巫统造成了压力，两党关系成为"紧张型"政党关系。1974年，李三春②任马华公会总会长，之前由精英阶层领导的马华公会第一次由底层平民出身的马华党员领导，同年中国和马来西亚建交。马华公会积极在政府中协助巫统处理内部事务，马华公会与巫统的关系成为"助理型"友党关系。随着马华公会在华人中的代表性下降以及党争带来的负面影响，至2008年大选，马华公会已经从"助理型"友党关系几乎沦为被巫统厌恶的"负资产"，面临生死存亡危机的马华公会痛定思痛，开始改革。2013年之后，随着马华公会的革新，马华公会和巫统有一种从"助理型"友党关系转变为"竞争型"友党关系的新趋势。

我们综合马华公会与巫统领导人的关系、马华公会和巫统的互动，得出了图1，其中纵坐标是马华公会和巫统互动的关系指数，"竞争型"友党指数为5—7；"紧张型"党际关系为8—10；"助理型"友党关系指数为3—4；"负资产"党际关系为0—2。

---

① 本文将马华公会和巫统的关系定义为四种关系："竞争型"友党关系，是指两党彼此独立，相互竞争，实力相当的关系；"紧张型"政党关系，指两党的友好关系程度下降，彼此之间的摩擦变大，紧张程度加深的政党关系；"助理型"友党关系，指在政府中，以巫统为主导，马华公会居于次要位置，马华公会成为巫统处理国内外事务的主要帮手的政党关系；"负资产"，指巫统开始视马华公会为"累赘"的现象，马华公会不仅不能为巫统分忧，反而为其制造了诸多麻烦。

② 李三春，1935年出生于马来西亚彭亨州北根。1975年正式担任总会长至1983年。期间，他改变了马华公会由精英掌控政党的形象，为马华公会带来了新发展，应对了政府对华人政党代表性地位以及巫统霸权的挑战。被视为草根崛起的华人政治领袖。参见何启良《马来西亚华人人物志》，拉曼大学中华研究中心，2014年，第662—663页。

图1 马华公会与巫统的互动关系

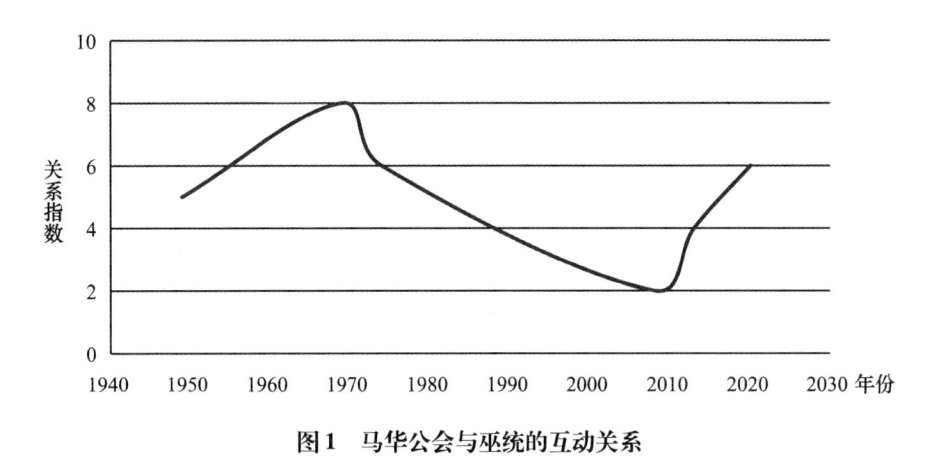

从政党长远发展的目标来看,马华公会和巫统的关系指数在3—7之间是对马华公会最安全、利益最大的。马华公会发展与中国共产党的关系,而保持与巫统关系稳定是前提。因此,我们对马华公会与中国共产党交往的建议是,小范围党对党接触,大范围在巫统领导下的马来西亚政府框架内合作,保持马华公会、巫统与中共三边关系的稳定,在此基础上继续发展。

六 结语

马华公会和中国共产党的互动交往,不仅促进了两党关系,更推动了两国在各领域的合作,成为新时期党际交流的典范。两党在交往中,呈现出交往渠道多、合作范围广、相互学习借鉴、共同发展的特点。进入新世纪以来,两党交往呈加速的趋势。中国共产党和马华公会虽然在意识形态、人权等问题上还有小的分歧和摩擦,但是双方没有根本利益的冲突,而且双方在国际国内事务中都需要和对方合作。综上所述,中国共产党和马来西亚华人公会的关系在可预见的将来必将进一步发展。

晚清客家籍外交官与美洲华侨

叶小利[*]

在封建社会的家国同构观念下，清廷初期承袭前朝海禁政策，将华侨视之为"不惜背弃祖宗庐墓，出洋谋利"的化外之民，甚至将其视为罪犯，要求外国将华侨引渡回中国，受清律制裁，"托故不归，复偷渡私回者一经拿获，即行请旨正法"，长期执行禁止出国和敌视华侨的政策。第二次鸦片战争后，西方列强急需廉价劳动力，清廷被迫签订《北京条约》，其中第五款规定"以后凡有华民情甘出口……毫无禁阻"，清廷由此被动明文允许华侨出国，但同时实行海禁，却并未转变对侨态度，也不重视侨务管理。

直至国内政治格局发生巨大变化——地方汉人官僚集团成为权势中心，发起以自强为中心的洋务运动，在置办洋务过程中，洋务官员逐渐认识到华侨可为清廷振兴之利用力量，丁日昌于1867年在《自强变法条陈》"仍令该官于该处华人，访其有奇技异能，能制造船械以及驾驶轮船，并精习洋枪兵法之人，给资送回中国，以收指臂之用"，加之，在与秘鲁交涉华工问题中，再次认识到遣使设领保护华工的紧迫性，为此开始遣使设领，也由此造就一批客家籍外交官群体，如何如璋、黄遵宪、黄锡铨等。以往较多关注这个群体在亚洲的护侨活动，在美洲的涉外交涉和护侨活动较少关注。其实在美洲客家籍外交官虽然人数不多、任职

---

[*] 叶小利，广东嘉应学院讲师。

时间不长，但是他们心怀祖国与民族尊严、心系华侨疾苦与权益，在其职责范围内，积极主动对外交涉，与当地国、西方列强据理力争，保护美洲侨民合法的出入境、经商等权益。

一 积极进行有利于华侨的对外交涉

（一）力争美洲华侨出入境的合法权益

时任美国旧金山总领事的黄遵宪刚一到任，便面临美国最严重的排华时期。1882年5月6日，美国国会通过了美国史上第一个针对某一特定族群的限禁外来移民法案——根据中国续约之后美国国会通过《关于执行有关华人条约诸规定的法律》，也就是俗称的"排华法案"，尽管允许在1880年以前居留美国的华工以及持有中国政府英文证件、说明依约有权之华人（通常为华商）可暂时自由出入美国，但是对于1880年以后的华工严格限制入境。同时美国社会不断出现排华暴力，在华侨聚居颇多的加州洛杉矶和旧金山情况最为严重。特别是在旧金山，旧金山海关官员拒绝回国探亲的华工重新入境，或回国探亲的华人如到期未返，则将其财产抄没。① 甚至，根据1884年修改的排华法案，对于途经旧金山的华侨（时华侨去往美洲须先在旧金山登岸而后再转往各地），不管其国籍如何，都不准其登岸，或者借故留难。

本来排华法案主要禁止华工入境，但是"累及往来之商人"。时巴拿马华商途经旧金山换船回国时被美国海关拒绝登陆，黄遵宪得知此事之后时刻关注进展，并上奏公使郑藻如建议与美交涉。按照美国法律程序，此事需经过司法审判，当时较为正直的美国司法官员费卢"断令该商上岸"，并"此后自他国前来自商人，不领执照，亦能上岸"，但是没有作出最终的裁决。此事让黄遵宪了解美国政治体制运作方式——三权分立下司法独立，有任何争议可诉之于法庭。这让其在处理华侨出入境事务时，非用中国之方法而是采取美国司法程序方式去交涉，聘请律师、进行上诉、依约依法辩驳。此事之后，有许多由美回华的华商以及华工都

---

① 郑海麟：《黄遵宪传附黄遵楷传》，中华书局2006年版，第128页。

不敢回国，而借道美国的华商、华工也遭遇留难。

黄遵宪得悉此情况后，认真研习中美新约以及美国《关于执行有关华人条约诸规定的法律》条款，聘请、询问美国律师麦家利士，研究之下，得出以下看法：其一，新约和新条例禁止的是新到美之华工，而非之前居留美国而后由中国回美的华工和华商，甚至借道的华商和华工也不在此限制之内；其二，"一则谓中国发给商人执照原按照新例，原不过借以表明此人系不在限制值内者，故借之为凭据，并非为禁止彼等往来"①；其三，"华商来美须凭护照，然未行新例之前，其人不在中国，则彼等来美无需执照"，"则华商之自他国前来及曾居美国再来者，均无须持照"。②按此观点，黄遵宪决定要求华商备好汇票、商据等身份证明，先自行核定华商之身份，然后在巴拿马华商案诉讼审理过程中，依据新约驳控旧金山海关曲解《新例》，最终促使美国法官作出裁决"华商由他国来者，均无须执照"。经过黄遵宪的努力，这场诉讼获得了胜利，根据美国英美法系的惯例，此判决可作为而后类似案件的判决依据。于是黄遵宪"将判词洋文刊布，分交个轮船公司，寄与各国，以便各处船主搭载，俟详细译就后再函告各处华商，令其如悉"。③并且根据华侨欧阳锦堂的建议向郑公使建议："宜请宪台将费卢所断持见外部，托其转交户部（类似美国民政部和移民署），请户部饬知各处税关一体遵办，并请其出示布告，庶各国船主闻知，更无推诿。"④促使美国移民署函告美国海关，将费卢判决向华侨布告。

黄遵宪依据费卢的判决以及对中美新约和美国排华新例的钻研，积极为实行新例之前已经居留美国而后由中国回美的华工和华商，争取自由出入美国的权利。1882年10月，时值三名美国华侨回美，本来美国移民署已经函告旧金山海关，此类华侨可以放行，但是三名美国华侨却被海关阻留，为此黄遵宪决定提出告诉，与海关律师反复辩驳，最后"经臬司哈富文审断，又复放行"。而后又有阿拉璧船载华工被阻留一案，黄

---

① 郑海麟：《黄遵宪传附黄遵楷传》，中华书局2006年版，第128页。
② 同上。
③ 同上。
④ 陈铮编：《上郑钦使第二十一号》，载《黄遵宪全集》上，中华书局2005年版，第467页。

遵宪亦提出告诉，最后也得到准予放行的公平判决。"阿拉璧船载来华人，不悕持有领事执照者准令卜岸，而户部布告更推及华工之在美国者再来，亦准上岸，此外，则华商由美国出口往来，领有领事执照，税关亦准放行。"①

由此可见，黄遵宪钻研中美新约，通过法律手段据理力争，驳控美国排华法案，并向郑公使提出行之有效的建议与美有关当局交涉，积极为华商和华工争取自由出入美国的部分正当权益。

（二）抵制排华，积极维护美国、加拿大华侨的合法经济权益

在美国社会遭受排斥和暴力对待的华侨，黄遵宪也竭力予以积极交涉，保护合法权益。当时在美国的华侨，除了为矿工与铁路筑路工之外，餐馆与洗衣馆便是华侨从事最多的行业，由于华侨勤奋价低，洗衣馆生意"足以夺西人生业者"，"即金山一埠，业此者既由五六千人"。加州因而对华侨洗衣馆增设限制新例，"去年曾设一例，非砖屋不能开馆；本年又设一例，非有近邻十二名实业土人荐引，不能营业"，而后新例又出，要求华侨洗衣馆"必须议局领取牌照"，但是实际上，黄遵宪已经看出加州当局时借领取牌照之名义，"苛刻挑剔，加以驱逐"。加州当局按照新例逮捕未领取执照的十余间洗衣馆华侨，黄遵宪一方面将他们尽数保释，另一方面要求洗衣馆先遵守合理的条款，如"防火灾、修水渠"。最重要的是黄遵宪再次为洗衣馆华侨向加州当局提出告诉，驳斥新例不合理之处，并持续跟进审理，由于法官苏耶与哈富文意见不合，最后将之诉之于华盛顿最高法院，为使该案件尽快审理，黄遵宪令律师将为审理期间拘捕的华侨所写之辩状上交最高法院，尽早争取公平合理判决。当时加州更通过针对华侨的苛刻"方尺空气"法例，规定每人卧室须有五百方尺空气，违者罚款或监禁，但是华侨多为贫苦人家，多聚居斗室，加州当局因此以华侨违反"方尺空气"法例罚款入狱。黄遵宪以子之矛攻子之盾，亲自到狱中命随从丈量面积，严厉要求美国官员按"方尺空气"法例给予华侨囚犯须有的五百方尺空气面积，最后美方不得不释放华侨，

---

① 陈铮编：《上郑钦使第二十八号》，载《黄遵宪全集》上，中华书局2005年版，第478页。

而"方尺空气"法例也最终废除。面对被美国当局按排华法案拘捕的华侨，黄遵宪也竭尽全力营救，并告知雇主保留其职位。黄遵宪在美国华侨心目中，认为其是"中国历来驻美外交官中唯一能保护华侨工作之人"。①

而黄遵宪此时的副手——副领事黄锡铨也在协助黄遵宪处理加拿大华侨事宜。当时的加拿大也奉行排华政策，特别是在域多利（维多利亚市）的华侨遭受磨难者多。域多利议设管理华人之例极为苛刻。其时该埠选派绅商四人前来旧金山，递禀请为设法料理。经黄遵宪批文，发动联合众侨商，延聘律师进行讼驳。时加拿大政府也派外交人员来旧金山，又经黄遵宪面述各节，刊布新闻。最后阻止苛刻法令通过，加政府与华人华侨始得相安如故。②"此例纵华人有所不甘，然在域埠想无控驳之法，即诸君历试艰难，欲求土客之相安，谅亦不再行控诉矣。唯已在英属之华商工人等，出口复来，以何为妥当凭据？新来之华商学习游历传教人等，又以何为妥当凭据？方不致混入工人，致遭抽税。此两层弟处未得闻悉，望诸公详考例文，预筹妥法，使行之可久而无弊，是为至要。"从黄遵宪因加拿大中华会馆赠予其万名（民）伞、德政牌而后回赠加拿大域多利中华会馆的楹联可以看出，加拿大华侨对其护侨交涉的肯定与感激。

1885年黄锡铨旋调纽约领事，纽约当局排斥华工、华侨，侨胞常受不合理之严苛限制，动辄遭拘留，滥加罚金方释放；或今日甫释明日复拘，侨民忍苦痛久矣③，积极与纽约当局交涉，并向法院诉讼，最后才得以将部分苛例删除，华侨至感庆幸。当时有华侨已坐七年冤狱，起因是为一纽约谋杀案，纽约当局以嫌疑逮捕香山籍华工三人，用伪造证污蔑华工并服拘役终身。经黄锡铨领事察实，讼于法院才得以释放。此后多有授案以误判而得释免者，"故侨胞深感清廷所派得人，使在海外谋生之游子得护保障"。1885年，美国怀俄明州石泉城爆发大规模排华以及大量屠杀华工事件，清廷总理各国事务衙门便由驻美公使郑藻如指派纽约领

---

① 司徒美堂：《我痛恨美帝》，《光明日报》编辑所，1951年。
② 刘亦宏：《黄遵宪热心保护加拿大华侨》，《梅州日报》2014年5月21日。
③ ［美］黄和英：《黄锡铨社会活动思想述略》，《嘉应学院学报》2009年第1期。

事黄锡铨前往调查事实真相。黄锡铨立即赶赴，费时一周，救死扶伤，深入调查，并造册登记伤亡人数以及千人华侨的财产房屋被焚毁掠夺的损失情况，具文详细报告。清廷以此报告向美提出严重抗议，要求赔偿并严惩凶手，还要求采取安全措施，以防止类似事件的发生。美国国务卿却以此暴动是外来移民间的互相斗殴、无美国公民介入为借口，推却责任。黄锡铨于是奔走呼吁，联络纽约市巨绅、教士以及报界知名人士出面主持正义与公理，群起责难美国政府。时任美国总统克利夫兰不得不请美国国会拨出体恤金十四万七千元救助华侨受害者，此项拨款是华侨自19世纪初到末叶，百年来获得的唯一一次在饱受掠夺杀戮迫害的事件中争取而来的补偿。第二年，当黄锡铨调任中美洲秘鲁任二等参赞代办使事，彼时，英属加拿大对华侨入境例有严苛，需向当局缴交五百金入境费。驻英公使深知黄锡铨精通外交，便派其向加方交涉，几经周折，果允废除。借他调任，后继者非其人，故此苛例不久又复实行，黄锡铨闻知深以为憾。①

在檀香山，祖籍梅县的古今辉凭其才智与勇武获得当地首脑的认可，并被清政府倚重，先后被清政府委任为驻檀香山领事馆的正副领事，以及中华会馆的正副商董。1899年，檀香山归美国统治之后，美国保生局以华人居住区发生似疫非疫的流行病为由，出动大批警察拘捕部分病者与非病者，将华人区列为禁区，放火焚烧，制造惨痛的灾疫事件。领事馆立即照会美保生局，阻止暴行，护卫了华侨的生命财产安全。此外还在檀香山创设中西义学，培育华裔；建惠华医院医治华人病苦，数万旅檀香山华侨无不敬佩。②

作为弱国的外交官员，客家籍外交官群体，处理侨务过程中积极主动与当地国交涉，且不卑不亢，为华侨正当权益据理力争，敢于与西方列强抗争，充分体现其爱国爱民之情、以法护侨之思想。尤其在晚清举国上下还将华侨视之为弃民、乱民之时，客家籍外交官群体却能将华侨视之为理应受到中国政府保护之国民，并且以国际公法、惯例之先进思

---

① ［美］黄和英：《黄锡铨社会活动思想述略》，《嘉应学院学报》2009年第1期。
② 梅县方志办、梅县方志学会编：《梅县客家杰出人物》，2007年。

想一方面给予其合法国民身份；另一方面依据此保护华侨正当之权益，可见其思想之独特、做法之独创，于当时可谓为中国之先进。

二 积极推动有利于美洲华侨的国内立策、侨务管理

（一）首创护照制度，给予美洲华侨国民身份，为借道美国的华工争取合法出入美国的权利

国民出入境、到境外旅行居住须持有本国护照，在18世纪就已成国际惯例。但当时中国由于清廷还实行海禁政策，禁止和限制华民出入境，护照制度更无从谈起。直至黄遵宪任旧金山总领事时期，由于美国开始实行排华法案，要求华商必须持有效执照方能入境，问题在于中国政府如何给予其执照证明其身份，遂"捧读钧示，拟为各国来往华商给发护照，具仰护商至意，无微不到"。因而对于实行新例以后，来美的华商和借道美国的华工必须要有清廷出具的身份证明才可入境，黄遵宪独创护照制度。华商知悉之后，向其请领执照，而且按照条约酌拟给发，"自二月二十日起至四月初七日止，共发去五百一十八张"，并且行之有效。时有香港轮船公司载有一持照之华商来美，"云户部电饬税关准华人上岸，税关接电，旋于申初许其人上岸矣"，美国海关准予放行。同时一方面建议郑公使，"既商户部，应请其函饬税关，以后见有此照，一概放行为恳"；另一方面"见关张谢卢云，谈及此事，亦云当为代请户部示遵云云"。

但是事情并未顺利，有一华商从加拿大域多利回来，虽然领有其颁发的执照，但是仍然被扣留，不予入境，之后黄遵宪立即前往关长处，交涉此事准予放行，关长些卢云原意本来是要放行，却因为其幕僚朱霖以及总巡冒顿、博朗等人非常憎恶华侨，从中阻挠，所以本来已经得到些卢云的面许，却因其多病少理事而遭遇变局，但谓"领事发商人执照，即能作准与否，则吾不敢知，仍须户部指挥或臬司判断为准"。黄遵宪立即反驳道："按新例第六条，商人等照由中国朝廷给发，领事系中国朝廷所派之员，且既奉钦宪命准发此项执照，应请准行。"力证中国领事颁发

的执照有效，应给予放行。尽管后来经过与美国户部（移民署）的交涉，准予放行，为了证明中国领事颁发执照可行不再受海关阻挠，黄遵宪与傅领事、律师麦家利士大商量，决定将此提出告诉，理由有三："一则领事发照是各国通例；二则按新例第六条，商人照由中国朝廷给发，领事系中国朝廷所派之官，且既奉钦使命，由发给此照之权；三则按例第四条，税关只给工人执照，华商由此望域多利、巴拿马，如不令领事照，该处船主若不搭载，何以再来？"希望法官哈门做出公正裁决——中国领事颁发华商执照合法可行，并以此为准。随后黄遵宪命傅领事会见关长些卢云，将此打算告知，提醒他如果再有留难持照华商之事，则会将此上述法庭，而后些卢云承诺有中国领事所发执照的华商一律放行，不必上诉，此事终以黄遵宪的努力而胜利结案。而且黄遵宪将此经验禀告郑公使，将此执照样式给予古巴刘总领事，让其颁发给古巴华商以此过美境，此后有商人从古巴领事馆领取执照，进入美国纽约，海关官员都给以放行。黄遵宪独创的给予华商的护照制度最终得到美国海关承认。

黄遵宪心系华侨之难，在其职责范围内，通过对国际相关法律、惯例的熟知以及对美国政治架构、运作的了解与操作，用尽外交、法律等各方法为华商、华工争取出入美国的合法权益，更难能可贵的是利用国际惯例与美国相关法律，独创护照制度，为中国政府首次为华侨提供合法的官方证明，保障了华侨权益的同时，促成华侨对祖国的改观，促进祖国与华侨联系。

（二）整合美洲华侨会馆

时任旧金山总领事黄遵宪从法治角度对美国旧金山华侨会馆进行整治与革新，借以改善华侨内部环境，整合华侨力量，并改善华侨对外形象，联合抵制排华。

面对华侨社会地域性会馆间纷争以及会馆内部的权力斗争，黄遵宪首先整合华侨会馆。在与各会馆商董议论之后，向郑藻如公使提出合并中华会馆的建议，"中华会馆与总会馆现议合报而为一，既据两馆绅董联名同递一禀，为之草立章程，亦经与各董商妥，仍声明佚呈请宪台核定后乃作为定章"。① 为使会馆事务有章可循，他整理各会馆规条，替中华会馆订立章程，规范中华会馆，比如合并后中华会馆内部的款项，"本年聘律师麦加利士大，初虑总会馆所收回华银，不能敷用，届时向该商拨支。"② 使之成为内定而规范的会馆，并使之成为领事馆与华侨社会、当地政府的交往纽带。黄遵宪要求会馆聘请常年律师，按当地法律进行诉讼保护华侨权益。有关诉讼案件，完全交给美国律师处理，会馆所聘用的麦加士利大、利亚顿律师在马典、华工假道、洗衣馆新例等案件中，帮助不少。在加利福尼亚的华侨案件，律师必须亲自处理，而在各州的案件，在告知中华会馆后，黄遵宪也要求所聘请的律师要指点一切，并代写信函。

晚清客家籍外交官不仅在涉及华侨权益的对外交涉上不遗余力，且在此过程中逐渐认识到华侨对清廷的重要性和华侨来自祖国保护的需求，遂积极推动有利于华侨的对外交涉和国内立策，在转变清廷对侨态度和政策上起着重要作用，促使清廷开始重视和保护、利用华侨，为中国侨务管理近代化作出有益探索。

---

① 陈铮编：《上郑钦使第二十一号》，载《黄遵宪全集》上，中华书局2005年版。
② 同上。